一本書讀懂國學句典

讀書人一定要讀　智華/著

Chinese Literature

一目了然，給記憶一個重要的位址

中國人不可不讀的文化寶典

最短的時間領悟經典國學名句精髓

序言

　　一個村子裡住著一位老人和小孫子。每天早上，老人坐在小板凳上帶著他的小孫子，搖頭晃腦地讀著《詩經》、《春秋》、《三國志》等古籍，書聲琅琅，為這個古樸的村落增添了一份別樣的韻味。

　　有一天，小孫子問道：「爺爺，我試著像您一樣讀《道德經》，但是不知怎麼回事，我都猜不透那裡面的意思。有時，我似乎理解了一點點，可是一闔上書，腦袋中又立刻忘記了，讀這些書能有什麼收穫呢？」

　　老人將一些煤塊從籃子中倒出，然後對孩子說：「用這個裝煤的籃子去水塘裡打一籃子水回來。」

　　孩子照做了，可是籃子裡的水在他回來之前就已經漏完了。孩子一臉不解地望著滿臉滄桑的爺爺。老人看看他手裡的空籃子，微笑著說：「你應該跑快一點。」說完讓孩子再試了一次。

　　這一次，孩子加快了速度，但是籃子裡的水依然在他回來之前就漏光了。他對爺爺說道：「用籃子打水是不可能的。」說完，他機靈地跑去房間，提了一個水桶來。

　　老人說：「我不需要一桶水，而是需要一籃子水。你可以的，你只

是沒有盡全力而已。」接著，他來到屋外，看著孩子再試一次。

現在，孩子已經知道用籃子盛水是行不通的。儘管他跑得飛快，但是，當他跑到老人面前的時候，籃子裡的水還是漏光了。

孩子喘著氣說：「爺爺，您看，這根本沒用的。」

「你真的認為這樣一點用處都沒有嗎？」老人微笑著說：「你看看這籃子。」

孩子看了看籃子，發現它與先前相比的確有了變化。籃子十分乾淨，已經沒有煤灰沾在竹條上面了，連提手也變得有光澤了。

「孩子，這和你讀書是一樣的道理。你可能只記住了隻言片語，它的意思或許你一點也不理解，但是，在你閱讀的過程中，那些文字，以及你朗誦時的氣氛，會影響你，會淨化你的心靈。」

孩子記住了這句話。後來，他本著這樣的信念，終身與書籍為伴，不斷進取，終於成為一代大學問家。

他總結自己求學心得時，曾提及這件事情，感歎道：「那些語句，即使你未曾記住一句話、一個字，卻依然會感染你，讓你受益終生。因為，它會讓你的心靈如泉水般清澈、純淨。悄然無聲中，你創建了一片完全屬於自己的純淨天地。」

讀一本好書，能悅心娛性，使躁動不羈的身心安靜下來。讀一些流傳千古的經典語錄，可以開拓視野，昇華境界，提升自己的修養和品性。

這是一本有關中華傳統語言的精彩彙編，也是瞭解古代文化、傳習古代經典、掌握古人智慧的優秀普及讀本。

語言有著神奇的魔力，人類的文明史，就是一部語言不斷發展的歷史。博大精深的漢語，是中華民族的文化瑰寶，作為歷史的縮影，智慧的結晶，漢語言的精華閃爍著璀璨的光芒。而流傳數千年的最為經典的語言，就像埋沒於泥土中的金子，在拂去塵埃後方顯示出其光芒和價值。

源遠流長的文明，波瀾壯闊的歷史，是產生精彩語言深厚而肥沃的

土壤，書中編選的鮮活精彩語言，都是經漫漫歷史長河沖刷、淘汰之後沉澱下來的瑰寶，不少語言都與一段動人的故事聯結在一起，為此，我們從文化、修辭、趣味的角度，精選了數百則故事，為讀者提供理解中華文化的一個視角。

　　本書收錄的內容，行文言簡意賅，融趣味性、知識性、實用性於一體，對格物致知有極大的幫助。閱讀本書，流連於古代的文化殿堂，能讓你在短時間內瞭解中國傳統文化的精髓，掌握很多具有現實意義的警句，知道一些趣味典故的由來，助您在各種場合增加話題，成為最受歡迎的知識達人！

　　由於時間倉促，書中難免存在疏漏之處，希望讀者不吝賜教，批評指正。

目錄

| 上部・名言警句 |

一本書讀懂國學句典

｜下部・語典故事｜

一本書讀懂國學句典

謎語趣話

奇思妙語

對聯趣事

歇後語篇

一本書讀懂國學句典

修身篇

律己

【君子不器，不以一能而盈諸身；及其使人也，器之，不以眾能而責諸人】　出自宋代楊萬里《庸言》。意思是：君子不像一件器物一樣，不能因為有了一技之長就滿足；而用人的時候，就要像使用器物一樣，不能苛求其各方面都有才能。

【非莫非於飾非，過莫過於文過】　出自（五代‧前蜀）貫休《續姚梁公座右銘‧並序》。意思是：最大的錯誤莫過於掩飾錯誤，最大的過失莫過於掩飾過失。說明人不能文過飾非。

【相鼠有皮，人而無儀；人而無儀，不死何為】　出自《詩經‧鄘風‧相鼠》。相：看。儀：禮儀，指尊嚴。意思是：看看那老鼠尚且還有一層皮呢，而人卻這樣的沒有廉恥；這樣的沒有廉恥，還活著幹什麼呢？

【臨財毋苟得，臨難毋苟免】　出自《禮記‧曲禮上》。毋：不要。苟：隨便。意思是：面對財物，不要隨隨便便就去佔有；面對困難，不要輕易就設法逃避。

【敖不可長，欲不可從，志不可滿，樂不可極】　出自《禮記‧曲禮上》。敖：同「傲」，驕傲。從：同「縱」，放縱。意思是：驕傲的習氣不可以助長，世俗的欲望不可以放縱；志氣不可以滿足，快樂不可以過頭。

【修身潔行，言必由繩墨】出自王安石《命解》。意思是：提高自己的品德修養，檢查自己的行為，言出必須符合準則。

【君子之道，辟如行遠必自邇，辟如登高必自卑】　出自《中庸》。意思是：君子的中庸之道，就像是走路，一定要從近的地方開始；又像是登山，要從低的地方開始。

【夫君子之行，靜以修身，儉以養德】　出自諸葛亮《誡子書》。意思是：以靜來修養自己的身心，以節儉來培養自己的美德。

【得官不欣，失位不恨。處逸樂而欲不放，居貧苦而志不倦】出自王充《論衡‧自紀》。恨：遺憾。意思是：做了官，不覺得很高興，沒官做了也不感到遺憾。處在安樂的情況下，不放縱自己的欲望；處於貧苦困窘的時候，不放鬆自己的志向。

【禮義廉恥，可以律己，不可以繩人】　出自宋代林逋《省心錄》。意思是：禮義廉恥，可以用來要求自己，不可用來要求別人。

【寧公而貧，不私而富。寧讓而損己，不競而損人】　出自張養浩《牧民忠告》。意思是：寧願秉公而貧窮，不願徇私而富足。寧可由於謙讓而使自己受到損失，不應為了爭奪而有損於他人。

【過而改之，是猶不過】　出自《說苑‧君道》。意思是：犯了錯就馬上改掉，那就相當於沒有犯過錯。

【聰明睿智而守以愚者益，博聞多記而守以淺者廣】　出自《說苑‧敬慎》。意思是：聰明而又有才幹還處處持守幾分愚笨的，一定能獲得更大的益處；多聽多記，還持守幾分淺薄的樣子，他的知識一定更廣博。

【博學而不自反，必有邪】出自《管子‧戒》。意思是：如果

博學多識，但不知反省自己的作為，必然會做出不正當之事。

【見毀，而反之身者也】 出自《墨子·修身》。意思是：聽見別人詆毀你，應當檢查一下自己。

【見素抱樸，少私寡欲】 出自《老子》。意思是：表現出單純，執著於樸素，減少私心，克制欲望。

【直而不肆，光而不耀】 出自《老子》。意思是：正直但不莽撞放肆，光輝但不耀眼刺人。

【天地不交，否。君子以儉德辟難，不可榮以祿】 出自《周易·否·象辭》。否：音「匹」，閉塞不通。意思是：天地陰陽不交接，是阻塞之象。君子應當檢點自己的品德以規避災害，不能以福祿作為榮耀。

【沉憂損性靈，服藥亦枯槁】 出自唐代孟郊的《怨別》。沉憂：深憂，憂慮太深。性靈：性情；精神。枯槁：憔悴。意思是：憂慮太深會損傷人的精神，經常服藥也會使人臉色憔悴。說明一個人的精神是最重要的。

【故君子和而不流】 出自《中庸》。意思是：所以君子性格平和而不隨波逐流。

【凡生之長也，順之也；使生不順者，欲也。故聖人必先適欲】 出自《呂氏春秋·重己》。意思是：大抵生命長久的，都是順從生命的發展，使生命不順遂的是人的欲望，所以聖人一定首先使欲望適度。說明節制欲望才是長壽的道理。

【不恆其德，或承之羞】 出自《周易·恆·爻辭》。意思是：如果不能長久地保持其君子之德，就可能蒙受羞辱。

【君子遵道而行，半塗而廢。吾弗能已矣】 出自《中庸》。塗：同「途」。意思是：君子依據中庸之道行事，有的人卻半途而廢，可是我卻不能中途中止。

【口腹不節，致病之因；念慮不正，殺身之本】 出自宋代林逋《省心錄》。口腹：指飲食。節：節制。念慮：思慮。意思是：飲食沒有節制，這是導致疾病發生的原因；心裡想的是一些歪門邪道，這

是招致殺身之禍的因由。

【必有忍，其乃有濟；有容，德乃大】 出自《尚書·周書·君陳》。意思是：一定要有所忍耐，那才能有成；有所寬容，德才算是大。

【居處不理，飲食不節，佚勞過度者，病共殺之】 出自漢代韓嬰的《韓詩外傳》。佚：放蕩。意思是：生活沒有條理，飲食不加節制，放蕩、勞累過度的人，疾病就會侵害他的身體。說明生活要有規律。

【人皆知有用之用，而莫知無用之用也】 出自《莊子·人間世》。意思是：人們都知道顯示自己才能的用處，但並不知道自認為沒有本領有最大的用處。

【病不許治者，病必不治。治之無功矣】 出自《素問·五藏別論》。意思是：生了病而不允許醫生治療的，他得的病一定不能治療，勉強給他治療也沒有任何功效。

【糟糠不飽者不務粱肉，短褐不完者不待文繡】 出自《韓非子·五蠹》。務：從事。粱肉：美食佳餚。文繡：繡有彩色花紋的衣服。意思是：連糟糠這樣的食物有時都吃不起的人，不會要求美食佳餚；連粗布短衣都穿得不完整的人，不會期待華麗而帶刺繡的衣服。

【富貴不能淫，貧賤不能移。威武不能屈，此之謂大丈夫】 出自《孟子·滕文公下》。意思是：富貴不能亂了我的心，貧賤不能改變我的志向，威武不能屈我的節操，這樣才叫做大丈夫。

【善養生者，若牧羊然，視其後者而鞭之】 出自《莊子·達生》。若：像。然：那樣。意思是：善於養生的人，就像放牧羊群一樣，看到落在後面的羊就用鞭子抽打他。比喻養生要全面才能使身體康健。

【駒隙百年，誰保無恙？治之弗失，危者安矣】 出自明代張介賓的《類經·序》。意思是：人生百年就像白駒過隙，稍縱即逝，誰能保證不生病？生了病就應當及時治療，才能轉危為安。

【病已成而後藥之，亂已成而後治之，譬猶渴而穿井，鬥而鑄錐，不亦晚乎】 出自《素問・四氣調神大論》。意思是：等到疾病已形成然後才去治療，等到禍亂已形成才去治理，就好比渴了才去掘井取水，要打仗了才去製造武器，不都是一樣晚了嗎？

【緣督以為經，可以保身，可以全生，可以養親，可以盡年】 出自《莊子・養生主》。督：中間。經：常。生：通「性」，性靈。親：通「新」，此指新的生命活力。意思是：遵循中間之道，而且習以為常，就可以保全自身，可以修身養性，可以頤養新的生命活力，可以享盡天年。

【人之所取畏者，衽席之上，飲食之間，而不知為之戒者，過也】 出自《莊子・達生》。衽席：臥席。此指色欲之事。過：過錯。意思是：人最可怕的，是在臥席之上，飲食之間，而對於這些事情又不知道警惕，這是過錯啊！

【忍泣目易衰，忍憂形易傷】 出自唐代孟郊的《贈別崔純亮》。意思是：強忍著眼淚不讓它流出來會使眼睛受到損害，強忍著愁苦不將它發洩出來會使身體受到危害。

【飯疏食飲水，曲肱而枕之，樂亦在其中矣】 出自《論語・述而》。疏食：粗糲的食物。肱：胳膊。意思是：吃一口粗糧，喝一瓢涼水，彎著胳膊當枕頭枕著睡覺，這其中也有一種樂趣。表現了孔子安貧樂道的思想。

【樂易者常壽長，憂險者常夭折】 出自《荀子・榮辱》。樂易：指心中樂觀泰然。壽長：猶「長壽」。憂險：指心中憂懼。夭折：短命早死。意思是：和悅樂觀的人大多數都能長壽，多愁多慮的人難免早逝。說明情緒對人的健康影響很大。

【人生口腹何足道，往往坐役七尺軀】 出自宋代陸游的《戲書》。口腹：飲食。坐：因，由於。役：役使，驅使。七尺：人身高約相當於古尺七尺，故以「七尺」代稱身軀。意思是：人生活上的飲食是不值得稱道的，正因為為了吃往往忙壞了自己的身體。

【病之為患也，小則耗精，大則傷命，隱然一敵國也】 出自清代徐大椿的《用藥如用兵論》。意思是：疾病造成的危害，小病將會耗損人的元氣，大病就要傷害人的生命，這種疾病對人體造成的危害，就像有一個敵對國家形成的隱患一樣嚴重。說明有病應及時治療，否則會對身體造成嚴重危害。

【被褐欣自得，屢空常晏如】 出自晉代陶潛的《始作鎮軍參軍經曲阿作》。褐：粗毛或粗麻織的短衣，泛指貧苦人穿的粗布衣服。晏如：安然。意思是：穿著粗布衣服而欣然自得，盛食物的器具經常空著卻感到安然。

【人體欲得勞動，但不當使極爾】 出自《三國志·魏志·華佗傳》。極：至，達到最高限度。意思是：人的身體需要勞動來活動一下筋骨，但是在勞動中不能太過勞累。說明勞動有益於健康，但要勞逸結合。

【聖人不求譽，不辟誹，正身直行，眾邪自息】 出自《淮南子·繆稱》。譽：美名。誹：誹謗。意思是：有德行的人不求美名，不怕誹謗，立身正派行為端正，各種邪惡自然平息。

【釋正而追曲，倍是而從眾，是與俗儷走，而內行無繩】 出自《淮南子·繆稱》。釋：放棄。儷：並列。意思是：放棄公正而去追求邪曲，背離正確而隨從眾人，這是與世俗隨波逐流，而內心品行沒有準則。

【子不能治子之身，惡能治國政】 出自《墨子·公孟》。惡：怎麼。意思是：你不能修身，怎麼能夠治理好國家呢？

【得財失行，吾所不取】 出自《資治通鑑·陳紀》。意思是：得不義之財，我是不幹的。

【節欲之道，萬物不害】 出自《管子·內業》。意思是：倘能制服嗜欲，什麼禍害對你都是無可奈何的了。

【凡人之所以貴於禽獸者，以有禮也】 出自《晏子春秋·內篇諫上》。意思是：人之所以比禽獸尊貴，是因為人懂得禮數。

【不作威，不作福，靡有後羞】 出自《史記·三王世家》。

靡：沒有。意思是：不依仗地位和權勢要威風，逞霸道，就不會在以後遭到羞辱。

【反聽之謂聰，內視之謂明，自勝之謂強】 出自《史記·商君列傳》。反聽：外聽他人意見。內視：自我省察。自勝：自我克制。意思是：聽了批評的意見，能自我反省的叫做聰明，能主動檢查自己的叫做明智，能克制自己私心的叫做有力量。

【知者動，仁者靜。知者樂，仁者壽】 出自《論語·雍也》。知：同「智」，聰明、有智慧。仁：孔子的道德標準，其核心是人與人相親，愛人。意思是：聰明人活動，仁人安靜；聰明人快樂，仁人長壽。說明安靜能使人長壽。

【聖人之於聲色滋味也，利於性則取之，害於性則舍之，此全性之道也】 出自《呂氏春秋·本生》。性：生命。此意為：聖人對於聲音、顏色、滋味的態度是：有利於生命的就取用它，有害於生命的就捨棄它。這是保全生命的方法。

【五色令人目盲，五音令人耳聾，五味令人口爽】 出自《老子》。五色：青、黃、赤、白、黑，也泛指各種色彩。五音：宮、商、角、徵、羽。五味：酸、苦、甘、辛、鹹。爽：傷敗，敗壞。意思是：五色使人目盲，五音使人耳聾，五味使人口傷。

【大甘、大酸、大苦、大辛、大鹹，五者充形則生害矣】 出自《呂氏春秋·盡數》。甘：甜。辛：辣。形：身體。意思是：過甜、過酸、過苦、過辣、過鹹，這五種東西充滿了身體，那麼生命就會有害了。說明「五味」不可偏食。

【大喜、大怒、大憂、大恐、大哀，五者接神則生害矣】 出自《呂氏春秋·盡數》。意思是：過喜、過怒、過憂、過恐、過哀，這五種東西和精神混亂在一起，就會使生命受到危害。

【嗜肉者，非腐鼠之謂也；嗜酒者，非敗酒之謂也；尊生者，非迫生之謂也】 出自《呂氏春秋·貴生》。嗜：愛好。迫生：不義而生，苟且偷生。意思是：喜歡吃

肉，並不是說連腐爛的老鼠也吃；喜歡喝酒，並不是說連變質的酒也喝；珍惜生命，並不是說不義偷生也算。

【凡食，無強厚味，無以烈味重酒，是以謂之疾首】 出自《呂氏春秋·盡數》。意思是：大抵是飲食，滋味不要過於濃烈，不要吃濃重味道的食物，不喝濃烈的酒，否則，這些東西都是招致疾病的開端。說明飲食應注意節制。

【為食也，寧失之少，勿犯於多】 出自清代李漁的《閒情偶寄·頤養·太飢勿飽》。意思是：吃飯，寧可吃得少，也不能吃得多。說明暴食暴飲有害身體健康。

【沉憂能傷人，綠鬢成霜鬢】 出自唐代李白的《怨歌行》。沉憂：深憂。綠鬢：烏亮的鬢髮。霜鬢：白色的鬢髮。意思是：憂慮太深會損傷人的健康，能使人烏黑的鬢髮過早變白。意謂憂愁使人衰老。

【人生歸有道，衣食固其端】 出自晉代陶潛的《庚戌歲九月中於西田獲早稻》。歸：歸依，依附。有道：有常理。道，規律、道理。固：本來。意思是：人生的依附有常理，穿衣吃飯原本是最首要的，詩句表達出衣食的重要地位。

【菽麥實所羨，哪敢慕甘肥】 出自晉代陶潛的《有會而作》。菽麥：指豆麥之類的粗糧。甘肥：美味濃厚的食品。意思是：吃著粗茶淡飯實是我所羨慕的，哪敢追求什麼美味珍饈呢。

【撫枕不能寐，振衣獨長想】 出自晉代陸機的《赴洛道中作》。意思是：頭靠著枕頭久久不能入睡，抖一抖衣服，長時間地獨自凝思。詩句表達了詩人在旅途夜宿時的憂思。

【縱耳目之欲，恣支體之安者，傷血脈之和】 出自漢代枚乘的《七發》。恣：放縱。支體：即肢體。血脈：此指身體內部的器官。意思是：放縱耳目對聲色的貪欲，放任身體安逸的人，會損害身體的內部器官。

【為善則預，為惡則去】 出自《顏氏家訓·省事》。意思是：做好事就要積極參與，對待壞事要

避而不做。

【德行廣大，而守以恭者榮】
出自《說苑‧法戒》。恭：恭敬，謙遜有禮。意思是：品德高尚的人能保持謙虛，就會永遠立於不敗之地。

【反本修邇，君子之道也】
出自《說苑‧建本》。意思是：從本身、從近處做起，這是君子立身行事的道理。

【怒則思理，危不忘義】　出自《說苑‧立節》。意思是：憤怒的時候要保持理智，危難關頭不要忘掉道義。

【泰山崩於前而色不變】　出自蘇洵《心術》。意思是：泰山在眼前崩倒了也能保持臉不變色，心態淡然。意指做大事業的人要沉著冷靜。

【知過必改，得能莫忘】　出自梁周興嗣《千字文》。意思是：知道錯了必定改正，學到的知識技能一定要牢記。

【不貴於無過，而貴於能改過】　出自王守仁《教條示龍場諸生》。意思是：一個人可貴之處不在於沒有犯錯，而在於有錯能改。

【廉恥，士君子之大節】　出自歐陽修《廉恥說》。意思是：廉潔知恥是一個正人君子最重要的節操。

【人之為善，百善而不足；人之為不善，一不善而足】　出自楊萬里《庸言》。意思是：人要做好事，一百件也不算多；若做壞事，一件就足夠了。意指好事多多益善，壞事一件也不能做。

【其所善者，吾則行之；其所惡者，吾則改之】　出自《左傳‧襄公三十一年》。意思是：人們認為好的，我就施行它；人們討厭的，我就改正它。

【君子言有壇宇，行有防表，道有一隆】　出自《荀子‧儒效》。壇宇：界限。防表：標準。一隆：專一。意思是：君子說話有界限，行為有標準，用心能專一。

【不慮前事之失，複循覆車之軌】　出自《後漢書‧竇武列傳》。循：遵循。意思是：不記得以前的失誤，又走上翻車的舊路。

【不偏不黨，王道蕩蕩】　出

自《尚書‧洪范》。意思是：不偏私，不結黨，道路就廣遠。

【是故君子有諸己，而後求諸人；無諸己，而後非諸人】 出自《大學》。意思是：所以有德行的君子自己首先做到，然後才去要求別人；自己不去做壞事，然後才去責備做壞事的人。

【非澹薄無以明德，非寧靜無以致遠】 出自《淮南子‧主術訓》。意思是：沒有清心寡欲就無法昭示自己的道德，沒有寧心靜氣就不能達到目標。

【獨悲愁其傷人兮，憑鬱鬱其何極】 出自戰國宋玉的《九辯》。憑：憤懣。鬱鬱：憂傷、沉悶。極：窮盡，終了。意思是：獨自憂愁會傷人身體啊，憤懣憂傷什麼時候才能終了？

【狂吟不是誇強健，老氣如山未許摧】 出自宋代陸游的《小雨雲門溪上》。意思是：說句大話，不是自誇自己身體強健，老來氣概穩如泰山，是不會被摧毀的。詩句表現了作者老而彌堅的氣概。

【殘燈明滅枕頭欹，諳盡孤眠滋味】 出自宋代范仲淹的《御街行》。欹：斜側。諳盡：嘗盡。意思是：夜已經深了，屋內的燈光忽明忽暗，燈下的人兒難以入睡，斜靠在枕頭上，嘗盡了孤枕難眠的滋味。二句詞寫深夜獨眠時的寂寞和惆悵。

【人亦有言，憂令人老；嗟我白髮，生一何蚤】 出自三國曹丕的《短歌行》。蚤：同「早」。意思是：人們常說，憂愁能使人衰老。令人感歎的是，我頭上的白髮，怎長出來的這樣早？

【八十可憐心尚孩，看山看水不知回】 出自宋代陸游的《初歸雜詠》。意思是：都已經到了八十歲的年齡了，可是貪玩之心還和孩子一樣呢；遊山玩水，以至於流連忘返。

【苦遭白髮不相放，羞見黃花無數新】 出自唐代杜甫的《九日》。黃花：菊花。意思是：苦於滿頭的白髮總是不肯放過自己；人老了，羞於見到那些年年新開的菊花。詩句用常開的菊花來感歎歲月的無情。

【君子不恤年之將衰，而憂志之有倦】　出自漢代徐幹的《中論·修本》。恤：憂慮。意思是：君子憂慮的不是年老體衰，憂慮的是意志消沉。

【睡起莞然成獨笑，數聲漁笛在滄浪】　出自宋代蔡確的《夏日登車蓋亭》。莞然：微笑的樣子。滄浪：水名，在湖北境內。意思是：午睡醒來獨自微笑，忽然聽到從滄浪江上傳來斷斷續續的漁笛聲。詩句寫出安閒逸樂的情境。

【老來行路先愁遠，貧裡辭家更覺難】　出自金代元好問的《羊腸阪》。意思是：年紀大了以後，每次出外行路總是先為路遠而發愁；生活貧窮離家外出時，身上沒有盤纏更加覺得艱難。

【東園載酒西園醉，摘盡枇杷一樹金】　出自宋代戴敏的《初夏遊張園》。意思是：攜帶著酒，從東園遊到西園，最後酣飲而醉，看見一棵枇杷樹，盡情地摘著滿樹的金黃色的枇杷。詩句寫出士大夫曠達自適的生活情趣。

【屏風有意障明月，燈火無情照獨眠】　出自南朝陳江總的《閨怨篇》。障：遮擋。意思是：屋裡的屏風好像懂得人的心意，遮住了照在屋內的月光，但閃爍的孤燈卻無情地照著難以入眠的孤獨的人。

【雲無心以出岫，鳥倦飛而知還】　出自晉代陶潛的《歸去來兮辭》。無心：無意。岫（音同秀）：山穴，代指山巒。意思是：天空漂浮的白雲悠悠，無意地從山巒峰頂飄走了；鳥飛累了，知道回巢棲息。詩句寫出隱居後自由自在的閒適生活。

【雲淡風輕近午天，傍花隨柳過前川】　出自宋代程顥的《春日偶成》。午天：正午的時候。意思是：淡淡的白雲，輕柔的春風，這時正是接近中午的時候，我在花叢柳樹間行走，不覺已來到前面的河邊。詩句寫出春日踏青的樂趣。

【南風不用蒲葵扇，紗帽閒眠對水鷗】　出自唐代李嘉祐的《竹樓》。意思是：一陣南風吹來，不再用蒲扇扇風，把紗帽放在一邊，伴著水上的鷗鳥悠閒地睡覺。詩句反映了作者悠然自得的生活。

【人無釁焉，妖不自作】 出自《左傳・莊公十四年》。釁：橫行無忌。妖：反常之意。意思是：人要是不惹是生非，妖就不會自己作祟。用來比喻做事考慮周全，反常的事就不會發生在他身上。

【人必其自愛也，然後人愛諸；人必其自敬也，然後人敬諸】出自漢代揚雄《法言・君子》。諸：之。意思是：人一定要先自愛，然後別人才會愛他；一定要先自敬，然後別人才會尊敬他。

【人有過失，己必知之；己有過失，豈不自知】 出自宋代林逋《省心錄》。意思是：別人有了過錯，自己肯定會知道；自己有了過錯，怎麼能自己不知道呢？

【人知糞其田，莫知糞其心】出自漢代劉向《說苑・建本》。糞：培養。意思是：人們只知道培育自己的田地，卻不知道培養自己的修養。

【人誰無過？過而能改，善莫大焉】 出自《左傳・宣公二年》。意思是：人，有誰能夠沒有過錯呢？有了過錯能夠改正，就是

再好不過的事了。

【士不可以不弘毅，任重而道遠】 出自《論語・泰伯》。士：讀書人。弘毅：抱負遠大。意思是：讀書人不能沒有遠大的抱負，因為他對社會的責任重，要走的路還很長。

【大行不顧細謹，大禮不辭小讓】 出自《史記・項羽本紀》。細謹：細節。讓：指責。意思是：做大事情不要計較細枝末節，講大禮不必在意繁文縟節。說明做事要從大處著眼，不要被一些細節所左右。

【不知而言，不智；知而不言，不忠】 出自《韓非子・初見秦》。意思是：自己不知道而信口開河，這是不明智；自己知道卻故意不講，這是不忠實。

【不誘於譽，不恐於誹】 出自《荀子・非十二子》。意思是：不為虛名所誘惑，不為誹謗所嚇倒。

【不患人之不己知，患不知人也】 出自《論語・學而》。意思是：不擔心別人不瞭解自己，而是

害怕自己還不瞭解別人。

【見賢思齊焉，見不賢而內自省也】 出自《論語・里仁》。齊：看齊，趕上。意思是：見到賢人，就應該向他看齊；見到不賢的人，就要自我反省，引以為戒。

【為善易，避為善之名難；不犯人易，犯而不校難】 出自宋代林逋《省心錄》。犯而不校：受到侵犯而不計較。意思是：做好事容易，但能夠迴避做好事帶來的名譽就難了；不侵犯別人容易，但受到侵犯而不去計較就難了。

【目短於自見，故以鏡觀面；知短於自知，故以道正己】 出自《韓非子・觀行》。知：同「智」，智慧。意思是：人的眼睛無法看到自己，所以要用鏡子來觀看自己的面容；人的智慧常常無法認識到自己，所以要用法則來糾正自己。

【寧人負我，無我負人】 出自《晉書・沮渠蒙遜載記》。負：辜負，對不起。意思是：寧可讓別人對不起我，也不願自己對不起別人。

【自知而不自見，自愛而不自貴】 出自《老子》。見：同「現」，表現。意思是：有自知之明，但卻不自我顯露；能自愛自尊，但卻不自命高貴。說明待人處世要謙虛。

【江海不與坎井爭其清，雷霆不與蛙蚓鬥其聲】 出自明代劉基《郁離子・韓垣干齊王》。坎井：廢井。意思是：大江大河不會與廢井爭比清濁，響雷不會與青蛙蚯蚓比鬥聲響。用來比喻大人物不會與平庸之徒爭比高下。

【吾日三省吾身：為人謀而不忠乎？與朋友交而不信乎？傳不習乎】 出自《論語・學而》。省：反省，檢查。傳：老師講授的知識。意思是：我每天都用三件事來檢查自己：為別人做事是否忠誠？與朋友交往有沒有不守信用？老師傳授的知識都學了嗎？

【但攻吾過，毋議人非】 出自《陳確集・別集・不亂說》。意思是：一心只想克服自己的缺點，不要對別人的是非妄加評論。

【君子有三憂：弗知，可無憂

與？知而不學，可無憂與？學而不行，可無憂與】　出自《韓詩外傳》。意思是君子有三種憂慮：不知道有哪些學問，能不憂慮嗎？知道了卻又不能去學，能不憂慮嗎？學了卻又不能去實行，能不憂慮嗎？

【是以進不失廉，退不失行也】　出自《晏子春秋・內篇問上》。行：操守。意思是：升官時仍要保持廉潔，退位後也要堅守節操。

【怠慢忘身，禍災乃作】　出自《荀子・勸學》。意思是：對自己放縱鬆懈，災禍就要發生。

【論至德者不和於俗】　出自《商君書・更法》。意思是：道德高尚的人，必然不會去附和凡俗。

【故君子能無以利害義，則恥辱亦無由至矣】　出自《荀子・法行》。義：道義。意思是：因此君子如果能夠做到不以利益危害道義，那麼恥辱也就沒有理由到來了。

【不勁直，不能矯姦】　出自《韓非子・孤憤》。勁：堅強有力。意思是：自己不正直的話，就不能去糾正別人的錯誤行為。

【宮有堊器，有滌則潔矣。行身亦然，無滌堊之地，則寡非矣】　出自《韓非子・說林下》。意思是：屋子的牆上要用白灰粉刷，器皿要經常洗滌，就會明潔。人的行為也是這樣，到了沒有需要清洗的地步，就少有缺點了。

【盛而不驕，勞而不矜其功】　出自《國語・越語下》。意思是：自然法則應當是偉大而不驕傲，勤勞而不自誇有功。

【歸真反璞，則終身不辱】　出自《戰國策・齊策四》。意思是：去其外飾，還其真實面貌，就會一生不蒙受羞辱。

【庸言必信之，庸行必慎之】　出自《荀子・不苟》。庸：平常的。意思是：日常的言論一定要守信用，日常的行為一定要謹慎。

【小善雖無大益，而不可不為；細惡雖無近禍，而不可不去】　出自晉代葛洪《抱朴子・君道》。意思是：小的好事雖然沒有什麼大的好處，但不可以不做；小

的壞事雖然不會立刻招致災禍，但卻不可以不改掉。

【世治則以義衛身，世亂則以身衛義】 出自《淮南子・繆稱訓》。意思是：在天下太平之時，就用大義來防止自身腐化墮落；國家動亂之時，就用自身來衛護大義。

【身勞而心安者為之，利少而義多者為之】 出自《荀子・修身》。意思是：身體勞累而心裡感到安定的事情，應當去做；利益雖少，但極為符合道義的事情，應當去做。

【人有求於我，如不能應，當直告以故，切莫含糊，致誤乃事】 出自清代申涵光《荊園小語》。意思是：別人有求於我的事，如果無法辦到，就應當直接告訴人家原委，千萬不要含糊，以免耽誤了大事。

【勝任之於善也，無小而不舉；其於過也，無微而不改】 出自《淮南子・主術訓》。意思是：聖賢之人，對於別人的長處，即使再小也不會不用；對於個人的過失，即使再小也一定會改正。

【聞榮譽而不歡，遭憂難而不變】 出自晉代葛洪《抱朴子・行品》。意思是：不因為聽到了別人的讚揚就欣喜若狂，也不因為遭受了憂患和困難就改變自己的操守。表達了一種自安恬然的處世態度。

待人

【人之有德於我也，不可忘也；吾有德於人也，不可不忘也】 出自《戰國策・魏策》。意思是：別人對我有恩德的時候，千萬不能忘掉；自己有恩於別人的時候，千萬不能老記著。說明人應知恩而知圖報，施恩而無所求。

【矜物之人，無大士焉】 出自《管子・法法》。意思是：對人驕傲無禮的人，成不了大人物，即成不了大氣候。

【士君子貧不能濟物者，遇人癡迷處，出一言提醒之】 出自《菜根譚》。意思是：善良高尚的人，在貧窮而沒有能力去用物質接濟別人的情況下，如果遇到別人有

迷惑犯傻的地方，能用一句好話來提醒他們。

【遇人急難處，出一言解救之，亦是無量功德】 出自《菜根譚》。意思是：遇到別人有著急和困難的地方，能用一句好話來解救他們，那麼他的功業與德行同樣是無法計算的。

【古之君子，其責己也重以周，其待人也輕以約。重以周，故不怠；輕以約，故人樂為善】 出自韓愈《原毀》。意思是：古代的君子，他們要求自己既嚴格又全面，對別人的要求既寬容又平易。對自己的要求嚴格而全面，就不會懈怠；對別人的要求寬容而平易，別人就樂意同他交好。

【貴其所以貴者，貴】 出自《戰國策·韓策一》。意思是：尊重應該尊重的，就會受到別人的尊重。

【善人者，人亦善之】 出自《管子·霸形》。意思是：你對人好，別人對你也這樣好。

【人善我，我亦善之；人不善我，我則引之，進退而已耳】 出

自《韓詩外傳》。意思是：別人對我好，我也對他好；別人對我不好，我就引導他，接近他或疏遠他罷了。

【不可以己所能而責人所不能也】 出自《三國志·魏書·王脩傳》。責：要求。意思是：不能因為自己對某一件事情擅長，就要求別人也擅長。

【不以人所短棄其所長】 出自《三國志·吳書·諸葛恪傳》。意思是：不要因為別人有短處就放棄他的長處不予使用。

【夫愛人者不阿，憎人者不害。愛惡各以其正，治之至也】出自《商君書·慎法》。意思是：對我所喜愛的人不徇私不阿附，對我所憎惡的人不去陷害他，愛與厭惡都以正直相待，就能把事情管理好。

【與人善言，暖於布帛；傷人以言，深於矛戟】 出自《荀子·榮辱》。意思是：贈人以美好的言辭，比布帛更能溫暖別人；而用惡語傷人比用矛戟刺人傷得還要深。

【審去之身，雖兄弟之母，可

化而使之惡】　出自《管子‧小稱》。意思是：即使是兄弟父母這樣的親人，如果自己沒有謙虛敬愛之心感化他們，也會招來他們的怨恨。

【不遷怒，不貳過】　出自《論語‧雍也》。意思是：不將對甲的怒氣轉到乙的頭上，也不重犯同一種過失。

【兩喜，必多溢美之言；兩怒，必多溢惡之言】　出自《莊子‧人間世》。意思是：彼此喜歡的人，肯定會互相說出過分讚美的話；而互相對立的人，必然也會說出過分的話而相互詆毀。

【不吹毛而求小疵，不洗垢而察難知】　出自《韓非子‧大體》。疵：小毛病。意思是：不去吹開獸皮上的毛以尋找細小的毛病，不洗掉汙垢以查找難以知道的東西。用來比喻故意挑剔別人的毛病或缺點。成語「吹毛求疵」即由此而來。

【上天下澤，履。君子以辨上下，定民志】　出自《周易‧履‧象辭》。意思是：上天下澤符合上下尊卑之禮，整個社會循規蹈矩，便會安泰。君子應當分辨上下尊卑，以安定民眾的心願。

【反古未可非，而循禮未足多也】　出自《戰國策‧趙策二》。反：違反。可：宜。循：遵守。意思是：違反古代的禮儀不宜非議，遵循古代的禮儀不值得稱道。

【耳不聞人之非，目不視人之短，口不言人之過】　出自宋代林逋《省心錄》。聞：探聽。意思是：耳朵不要探聽別人的錯誤，眼睛不要盯著別人的短處，嘴不要說道別人的過失。

【君子和而不同，小人同而不和】　出自《論語‧子路》。意思是：君子和睦相處，而對問題的看法不一定相同；小人同流合汙，而內部卻勾心鬥角。

【同於我者，何必可愛；異於我者，何必可憎】　出自漢代仲長統《昌言》。何必：不一定。意思是：與自己態度一致的，不一定就值得喜愛；與自己態度相悖的，不一定就要憎恨。說明不能以自己為標準來定親疏。

【窮則獨善其身，達則兼善天下】 出自《孟子‧盡心上》。意思是：不得志時就修養自身品德，得志時就幫助天下人民都走善道。

【好事須相讓，壞事莫相推】 出自唐代王梵志詩《好事須相讓》。意思是：碰到好事要互相謙讓，遇到不好的事情不要互相推託。

【投我以木瓜，報之以瓊琚】 出自《詩經‧衛風‧木瓜》。意思是：他送我木瓜，我就送他佩玉。

【投我以桃，報之以李】 出自《詩經‧大雅‧抑》。意思是：別人給了我一個桃子，我一定要送給他一個李子作為回報。現常用來比喻人與人之間的交往應禮尚往來。

【和以處眾，寬以待下，恕以待人，君子人也】 出自宋代林逋《省心錄》。意思是：對待眾人要和氣，對待下屬要多寬容，對待別人要多諒解，這是君子的為人。

【貧賤之知不可忘，糟糠之妻不下堂】 出自《後漢書‧宋弘傳》。糟糠之妻：指共患難的妻子。下堂：指被丈夫休退。意思是：貧困時結交的朋友不能忘掉；曾經共患難的妻子不能拋棄。

【乘人之車者載人之患，衣人之衣者懷人之憂，食人之食者死人之事】 出自漢代司馬遷《史記‧淮陰侯列傳》。載：分擔。死：效命。意思是：坐人家的車子，就要分擔人家的禍患；穿人家的衣裳，就要憂慮人家的憂愁；吃人家的飯食，就要為人家的事情而效命。

【不苟訾，不苟笑】 出自《禮記‧曲禮》。訾：詆毀。苟：隨便，輕易。笑：譏笑。意思是：不隨隨便便詆毀別人，也不隨隨便便譏笑別人。

【不面譽以求親，不愉悅以苟合】 出自唐代魏徵《群書治要‧體論》。意思是：不當著別人的面吹捧人家，以求得別人對自己的歡心，也不毫無原則地隨聲附和。

【不可以律己之律律人】 出自元代張養浩《牧民忠告》。意思是：不能拿著要求自己的準則來要求別人。

【不以小故妨大美】 出自唐代魏徵《群書治要・體論》。意思是：看待別人，不要因為一個小的缺點，就否定其大的優點。

【勿以人負我而隳為善之心，當其施德，第自行吾心所不忍耳，未嘗責報也。縱遇險徒，止付一笑】 出自林逋《省心錄》。意思是：不要因為別人辜負我就打消行善濟人的念頭，想想我當初幫助別人時，只不過是在同情心驅使下做出的舉動，並未想著要別人報答。至於說遇上了忘恩負義的小人，不必與之計較，付之一笑就夠了。

【事後論人，局外論人，是學者大病。事後論人，每將智人說得極愚；局外論人，每將難事說得極易。二者皆從不忠不恕生出】 出自魏禧《日錄裡言》。意思是：事情過後議論別人，身在局外議論局內人，是做學問的人最容易犯的毛病。在事後議論別人，往往將聰明人說得極其愚笨；身在局外議論局內的人，往往將困難的事情說得極其容易，這兩種毛病都是由待人不忠誠、不寬容而引起的。

【己所有者，可以望人，而不敢責人也；己所無者，可以規人，而不敢怒人也】 出自《省心錄》。意思是：自己所具備的美德，可以希望別人也具有，但是不能強求別人具有；自己所沒有的品德，可以規勸他人具有，卻不能怪罪別人沒有。

【恕者推己以及人，不執己以量人】 出自《省心錄》。意思是：待人寬容的人根據自己的心理來體察別人的感受，絕不按照自己的情況來衡量別人。

【故君子責己，小人責人】出自《論語・學而篇》。意思是：君子只嚴格要求自己，小人則對別人求全責備。

【言無陰陽，行無內外】 出自《晏子春秋・內篇問上》。意思是：不管人前人後，說話都要一樣；不論是親是疏，做事都要公平。

【待己當從無過中求有過，待人當於有過中求無過】 出自《格言聯璧・接物》。意思是：對待自己，要從沒有過失中發現過失；對待別人，即使其有所過錯，也要從

中找到其可取之處。說明人應當嚴於律己，寬以待人。

【責己要厚，責人要薄】 出自《養正遺規》。厚：嚴格。意思是：對待自己要要求嚴格，而對待別人則要多加寬容。

【當著矮人，別說短話】 出自清代曹雪芹《紅樓夢》。意思是：在矮人的面前，不要說別人個子矮小之類的話。形容不要當面揭露別人的短處。

【涉世應物，有以橫逆加我者，譬猶行草莽中，荊棘之在衣，徐行緩解而已。所謂荊棘者，亦何心哉！如是則方寸不勞，而怨可釋】 出自《省心錄》。意思是：為人處世，遇到有人對我蠻橫無理，就要像走在灌木草叢中一樣，荊棘掛住了衣服，只要緩慢前行小心地撥開荊棘就是了，荊棘也不是存心阻人啊。只要這樣，心裡就沒有煩惱，怨氣也會消融。

【錢財如糞土，仁義值千金】 出自馮夢龍《醒世恆言》。意思是：對於一個有才德的人來說，錢財不過是糞土，仁義才價值千金。

【度量如海涵春育，應接如流水流雲】 出自《格言聯璧·持躬類》。意思是：對待別人，要像大海般包容萬物、像春天般孕育一切。迎接事物，要像流水和流雲般自如。

【凡論人，必先稱其所長，則所短不言自見】 出自《資治通鑑·晉紀》。意思是：評論一個人，一定要先品評其長處，這樣其短處即使不說也可以知道了。

【凡取人，當舍其舊而圖其新】 出自《薛文清公要語》。意思是：看一個人如何，要看其現在的表現如何，而不應去計較他過去做了什麼。

德行

【才者德之資也，德者才之帥也】 出自《資治通鑑·周紀》。資：資本。帥：統帥。意思是：才能是德行的資本，德行是才能的統帥。

【沒齒而無怨言，聖人以為難】 出自《資治通鑑·魏紀》。

意思是：一輩子連句怨恨的話都不說，這恐怕連聖人也難以做到。

【端慤生達，詐偽生塞】 出自《說苑・至公》。意思是：端正誠實就產生曠達，欺騙虛偽就產生蔽塞。

【德勝才，謂之君子；才勝德，謂之小人】 出自《資治通鑑・唐紀》。意思是：德行勝過才能，叫做君子；才能勝過德行，就叫做小人。

【為人君，止於仁；為人臣，止於敬；為人子，止於孝；為人父，止於慈；與國人交，止於信】
出自《大學》。意思是：做國君時，他施行了仁政；做人臣時，他做到了恭敬；做兒子時，他盡到了孝道；做父親時，他體現了慈愛；與國人交往時，他堅守誠信。

【善在身，介然必以自好也；不善在身，菑然必以自惡也】 出自《荀子・修身》。介然：耿介的樣子。好：愛。菑：同「災」，引申為渾濁的意思。意思是：好的品行在身，就感到堅定自信，自己必定喜歡；不好的品行在身，就感到全身汙濁，自己必定討厭。

【君子崇人之德，揚人之美，非諂諛也】 出自《荀子・不苟》。崇：推崇。意思是：君子推崇別人的品德，表揚別人的優點，這不是阿諛奉承。

【德則無德，不德則在有德】 出自《韓非子・解老》。意思是：自以為有德就是無德的表現，不自以為有德卻真正是有德。

【凡事只要看其理如何，不要看其人是誰】 出自宋代陸九淵《語錄下》。意思是：不管什麼事情，只要看它是否符合道理就行了，而不要看是誰做的。

【金心在中不可匿】 出自《管子・心術下》。金：比喻光明潔淨。匿：掩蓋。意思是：一個人的心靈美好，就會從外表表現出來，任何事物都不能掩蓋它。

【釣名之人，無賢士焉】 出自《管子・法法》。意思是：沽名釣譽的人，不是有道德的人。

【殺一無罪，非仁也；非其有而取之，非義也】 出自《孟子・盡心上》。意思是：殺一個無罪的

人，是不仁；不是自己所有，卻去取了過來，是不義。

【海不辭東流，大之至矣】
出自《莊子・徐無鬼》。意思是：海洋所以這樣大，是因為它能接納百川的流水。比喻善於包容可以使人變得更博大、深沉。

【風雨極知雞自曉，雪霜寧與菌爭年】 出自宋代黃庭堅詩《再次韻寄子由》。寧：怎麼能夠。意思是：就算風雨再大，相信雄雞還是會準時報曉的；霜雪都已經降下了，又何必與那些只能活一天的菌類爭年月呢？詩句表現了志士賢人不忘使命，不與應付時令之人爭短長的高尚品格。

【仁者以財發身，不仁者以身發財】 出自《禮記・大學》。意思是：仁德的人利用財富完善自身的修養，不仁德的人不惜生命去聚斂財富。

【寧為雞口，無為牛後】 出自《戰國策・韓策一》。牛後：指牛肛門。意思是：寧願做小而潔淨的雞口，也不願做大而骯髒的牛肛門。現多用來比喻人寧願在小地方自主，也不願在大地方受人支配。

【《詩》三百，一言以蔽之，曰：「思無邪」】 出自《論語・為政》。意思是：《詩經》三百首，用一句話可以概括，即：「思想純正，沒有邪惡的東西。」「思無邪」是《詩經・魯頌・駉》中的一句。

【道德當身，故不以物惑】
出自《管子・戒》。惑：迷惑。意思是：如果自己道德高尚，就不會被外界不正的東西所迷惑。

【我心如冰劍如雪，不能刺讒夫，使我心腐劍鋒折】 出自唐代韓愈詩《利劍》。讒夫：愛用中傷造謠等方法鑽營的小人。腐：這裡指憤恨至極。意思是：我的心像冰一樣晶瑩，我的劍像白雪一樣純潔，不能用我的劍刺殺那些讒夫，真是讓我憤恨，空將劍鋒折斷。

【君子成人之美，不成人之惡；小人反是】 出自《論語・顏淵》。意思是：君子幫助人取得成績，不促使人陷入失敗；小人相反。

【君雖尊，以白為黑，臣不能

聽；父雖親，以黑為白，予不能從】　出自《呂氏春秋·應同》。意思是：皇帝雖然尊貴，但若將白說成黑，我也不能聽從他；父親雖然親近，但若將黑說成白，我也不能順從他。說明即使權位尊大，如果曲直不分，也不能苟同。

【地勢坤，君子以厚德載物】　出自《周易·坤·象辭》。意思是：君子應當效仿大地負載萬物的厚德。

【海棠不惜胭脂色，獨立濛濛煙雨中】　出自宋代陳與義詩《春寒》。意思是：海棠花一點也不顧惜自己驕人的紅姿，獨自傲立於細雨中。作者藉海棠花抒發自己不畏強權勢力的精神。

【君子周而不比，小人比而不周】　出自《論語·為政》。意思是：君子團結群眾而不互相勾結，小人互相勾結而不團結群眾。

【弓調而後求勁焉，馬服而後求良焉，士信愨而後求知能焉】出自《荀子·哀公》。調：調試。勁：強勁。愨：誠實、謹慎。意思是：弓經過調整才要求它強勁有力，馬在馴服後才要求牠為良駿，讀書人有誠信後才要求他聰明能幹。

【不學問，無正義，以富利為隆，是俗人者也】　出自《荀子·儒效》。隆：興隆。俗人：平庸的人。意思是：不學習，缺乏正義感，只求財富興隆，這是庸俗的人。

【野夫怒見不平處，磨損胸中萬古刀】　出自唐代劉叉詩《偶書》。萬古刀：萬代留傳的寶刀，這裡喻指正義感。意思是：我這個草野匹夫一見到不平的事就怒不可遏，就連胸中的寶刀也被銷損了。形容作者極具正義感。

【有匪君子，如切如磋，如琢如磨】　出自《詩經·衛風·淇奧》。意思是：這個文雅的君子，如琢骨器、象牙和雕玉石般完美無瑕。

【人不知而不慍，不亦君子乎】　出自《論語·學而》。慍：惱怒。意思是：別人不瞭解自己，而自己也不怨恨，不也算得上是君子嗎？此句表現了一個人的高度修

養。

【不知則問，不能則學，雖能必讓，然後為德】 出自《荀子·非十二子》。讓：謙讓。意思是：不知道的就要問，不會做的就要學，即使能做也要謙讓，這樣才能成為有德行的人。

【成功非難，處成功尤難】 出自明代張居正《答中丞孫槐溪》。意思是：一個人要成功並不難，難的是處身於成功當中。說明成功而不驕逸是修養的一個重要方面。

【汝惟不矜，天下莫與汝爭能；汝惟不伐，天下莫與汝爭功】 出自《尚書·大禹謨》。矜：自誇賢能。伐：自誇功高。意思是：只要你不自視賢能，天下就沒有人與你爭賢能的高下；只要你不自視功高，天下就沒有人與你爭奪功勞大小。

【去就以道，可謂君子矣】 出自《資治通鑑·晉紀》。去：離開。就：進。道：正理。意思是：離開自己的職位，或繼續留任，都能出於正理，這就是高尚的人了。

【夫厚性寬中近於仁，犯而不校鄰於恕】 出自《後漢書·卓茂傳》。鄰：近。意思是：性格厚道、心胸寬廣的人近乎仁慈，受到了冒犯而不計較的人近乎恕道。

【君子養心莫善於誠，至誠則無他事矣】 出自《荀子·不苟》。意思是：君子修養心性最重要的是誠信，達到最誠信的程度就不會有別的麻煩事發生了。

【故君子恥不修，不恥見汙；恥不信，不恥不見信；恥不能，不恥不見用】 出自《荀子·非十二子》。意思是：君子以品德修養不夠為恥辱，不以受到了侮辱為恥；以沒有誠信為恥，不以不受信任為恥；以沒有能力為恥，不以不被任用為恥。

【儉，德之共也；侈，惡之大也】 出自《左傳·莊公二十四年》。共：大。意思是：節儉，是禮儀善舉中的大德；奢侈，是邪惡中的大惡。

【以修身自名，則配堯禹】 出自《荀子·修身》。意思是：通過修身養性來達到自我強大，那麼

（他的）聲名也可以與堯和禹這樣的聖人相比。

【長短不飾，以情自竭，若是則可謂直士矣】 出自《荀子·不苟》。直士：正直坦率的人。意思是：不隱瞞自己的優缺點，對實際情況從不掩飾，這樣便可稱為坦直的人了。

【不厚其棟，不能任重。重莫如國，棟莫如德】 出自《國語·魯語上》。厚：使粗壯。任：擔任。意思是：不使用巨大的房樑，就不能承受屋頂的分量。沒有什麼分量比國家的利益更重要的，沒有什麼棟樑比品德高尚的人更合適的。

【夫人必知禮然後恭敬，恭敬然後尊讓】 出自《管子·五輔》。意思是：人一定要懂得禮數之後才能產生恭敬的心理，產生恭敬之心以後才能有所尊敬，有所禮讓。

【聲聞過情，君子恥之】 出自《孟子·離婁下》。聲聞：聲譽，名聲。意思是：如果自己的名聲超過了實際情況，君子就會覺得恥辱。

【良賈深藏若虛，君子盛德，容貌若愚】 出自《史記·老莊申韓列傳》。賈：商人。意思是：善於經營的商人總是將自己的財富隱藏起來，好像什麼都沒有；修養深厚的君子總是謙虛忍讓，看起來就像愚笨遲鈍的人一樣。

【君子貴人而賤己，先人而後己】 出自《禮記·坊記》。貴：尊重。賤：低賤，看低。意思是：君子總是尊重別人而看輕自己，凡事總是先想到別人，然後才想到自己。

【責人斯無難，惟受責俾如流，是惟艱哉】 出自《尚書·秦誓》。俾：使。如流：比喻謙虛。意思是：指責別人的過錯並不難，難的是讓自己能夠像流水一樣從容地接受別人的指責。

【所謂愚不肖，只是自是；所謂賢人君子，只是不自是】 出自清代陳確《辰下雜言·聞過》。自是：自以為是。意思是：所說的愚笨和不賢德之人，不過是因為他們自以為是；所說的賢德之人和仁人

君子，不過是因為他們不自以為是。

【金以剛折，水以柔全；山以高移，谷以卑安】　出自晉代葛洪《抱朴子·廣譬》。金：金屬。以：因為。移：被挖掘。卑：低下。意思是：金屬之所以被折斷，是因為其太過剛硬了，流水之所以能保全，是因為其柔和；高山之所以被挖掘，是因為其高大，而山谷之所以能安全無事，是因為其低下。用來比喻做人不可鋒芒畢露，應當謙虛謹慎。

【聞善言則拜，告有過則喜】　出自宋代林逋《省心錄》。拜：古代一種禮節，同現在的作揖，意為感謝。意思是：聽到別人的善言規勸，就表示感謝；聽到有人指出自己的過失，就感到欣喜。

【滿招損，謙受益】　出自《尚書·大禹謨》。意思是：驕傲自滿會招致損害，謙虛謹慎會帶來益處。告誡人們應謙虛處世。

【德日新，萬邦惟懷。志自滿，九族乃離】　出自《尚書·商書·仲虺之誥》。意思是：德行日新，萬國歸附；如果驕傲自滿，親戚也會疏離。

【心無愧怍，則無入而不自得；心無貪戀，則無往而不自安】　出自宋代羅大經《鶴林玉露·小官對移》。愧怍：慚愧。意思是：只要心裡沒有抱愧之事，無論在哪兒都能悠然自得；只要心裡沒有貪念，無論去哪兒都不會心有不安。

【但教方寸無諸惡，狼虎叢中也立身】　出自後唐馮道詩《偶作》。諸惡：各種邪惡的念頭。狼虎叢：比喻危險的境地。意思是：只要心中沒有邪念，就算是在豺狼虎豹之中，也能立身。

【清風兩袖朝天去，免得閭閻話短長】　出自明代于謙詩《入京》。朝天：即進京。閭閻：泛指民間，也指代百姓。意思是：我甩著兩隻長袖，什麼也不帶地進京去，省得人們說短道長。詩句表現了作者為官清廉的思想和作風。

【智者不為非其所為，廉者不為非其所有】　出自漢代韓嬰《韓詩外傳》。意思是：聰明的人不會去做他不應該做的事情，廉潔的人

一本書讀懂國學句典

不會去佔有他不該佔有的東西。

【以信接人，天下信之；不以信接人，妻子疑之】　出自晉代楊泉《物理論》。妻子：指妻子和兒女。意思是：誠心誠意地對待別人，全天下的人都會信任你；不誠心誠意地對待別人，就算是自己的妻子兒女也會懷疑你。

【古者言之不出，恥躬之不逮也】　出自《論語·里仁》。躬：指身體，引申為親身。逮：趕上，不逮，即趕不上，做不到。意思是：古人不輕易說話，怕說了以後又做不到，這是很羞恥的事情。

【讓爵辭祿，以釣虛名，則不如本無讓也】　出自晉代葛洪《抱朴子·詰鮑篇》。意思是：用退讓官爵、辭掉俸祿來沽名釣譽，還不如根本就不辭讓。

【丈夫開口即見膽】　出自宋代文天祥詩《去年十月九日余至燕城今周星不報為賦長句》。意思是：大丈夫開口說話就能看見其肝膽。形容人說話坦率。

【先天下之憂而憂，後天下之樂而樂】　出自范仲淹《岳陽樓記》。這裡的「憂」不是簡單的擔憂，而是一種沉邃的思考。意思是：思慮在天下人之前，享樂在天下人之後。

【百尺竿頭須進步，十方世界是全身】　出自釋道原《景德傳燈錄·招賢大師偈》。意思是：百尺竿頭上再往上走一步，離開了立足的竿頭立身於十方空靈世界，也能平靜自如，那才算修成了正果，得到了真諦。

【孝敬忠信為吉德，盜賊藏姦為凶德】　出自《左傳·文公十八年》。意思是：孝順、尊敬、忠義、誠信是吉德，偷盜、搶劫、窩藏是凶德。

【厚者不毀人以自益也，仁者不危人以要名】　出自《戰國策·燕策三》。要：求取。意思是：敦厚的人不詆毀別人而使自己得到益處，仁愛的人不危害別人而取得名聲。

【乘人之危，非仁也】　出自《後漢書·蓋勳列傳》。意思是：趁著別人遭難的時候，而去要脅、侵害人家，這不是有道德的人所能

幹出來的。

【耳不聞學，行無正義，迷迷然以富利為隆，是俗人也】　意思是：耳朵不聽正理，行為不合正義，迷迷糊糊地崇尚財富，這是俗人。

【知無不言，言無不行】　出自宋代蘇軾《策略第三》。意思是：知道什麼就說什麼，毫無保留；只要自己說了的，就一定要做到。

【一德立而百善從之】　出自宋代楊時《河南程氏粹言·論道篇》。意思是：高尚的道德確立起來了，各種善行就會相應產生。說明品德修養之重要。

【人之生也，無德以表俗，無功以及物，於禽獸草木之不若也】　出自宋代林逋《省心錄》。俗：俗人，一般人。物：指代人們。意思是：人生在世，如果沒有高尚的品德來為一般人做出表率，如果沒有功德惠及眾人，就連禽獸草木都比不上了。

【萬事莫貴於義】　出自《墨子·貴義》。意思是：天下所有的事沒有比正義更可貴的了。

【不患位之不尊，而患德之不崇；不恥祿之不夥，而恥智之不博】　出自（南朝·宋）范曄《後漢書·張衡傳》。患：擔憂。夥：多。意思是：不擔心自己地位不高貴，只擔心自己的品德不高尚；不因為俸祿不多而感到恥辱，而是以才智不廣博為恥辱。

【勿慕貴與富，勿憂賤與貧，自問道何如，貴賤安足云】　出自唐代白居易《續座右銘》。意思是：不要羨慕別人的富貴，不要憂慮自己的貧賤，應該問問自己的道德究竟怎樣，富貴和貧賤有什麼可值得說呢？人應注重自己的道德修養，而不要總是關注富貴與貧賤。

【平生德義人間誦，身後何勞更立碑】　出自唐代徐寅詩《經故翰林楊左丞池亭》。意思是：人活著的時候，品行高尚，被世人稱頌，死去之後哪還用得著樹碑立傳呢？

【貧而無諂，富而無驕】　出自《論語·學而》。意思是：雖然貧窮，但不諂媚；雖然富有，但不

驕傲。說明人貧而自重，富而謙遜的高貴品格。

【德比於上，欲比於下。德比於上故知恥，欲比於下故知足】出自漢代荀悅《申鑑·雜言下》。意思是：在德行上，要與比自己高的人比；在欲望上，要和比自己低的人比。和德行比自己高的人相比，就會知道羞愧；和欲望比自己低的人相比，就會知道滿足。

【德有餘而為不足者謙，財有餘而為不足者鄙】出自宋代林逋《省心錄》。為：認為。意思是：品德很高尚，還認為不足的人是謙虛；而財富很多，還覺得不足的人，是貪鄙。

【安能摧眉折腰事權貴，使我不得開心顏】出自唐代李白詩《夢遊天姥吟留別》。安能：怎能。摧眉：低眉。折腰：彎腰。事：侍奉，伺候。意思是：我怎麼能夠低眉彎腰、卑躬屈膝地侍奉那些權貴，讓我心裡不痛快呢？詩句生動地反映了作者傲視權貴的高尚品格。

報國

【人生自古誰無死，留取丹心照汗青】出自宋代文天祥詩《過零丁洋》。意思是：自古以來，人生誰沒有一死，要緊的是使自己報國忠心能夠永遠在青史閃耀。

【烈士之愛國也，如家】出自《抱朴子·廣譬》。意思是：壯烈之士愛國好像愛自己的家一樣。

【保天下者，匹夫之賤，與有責焉耳矣】出自顧炎武《日知錄》。意思是：保衛國家，雖然是地位低微的平民百姓也有責任。

【位卑未敢忘憂國】出自陸游《病起書懷》。意思是：地位低下也不敢忘記為國擔憂。

【大丈夫處世，當掃除天下，安事一室乎】出自《後漢書·陳蕃列傳》。掃除：這裡喻指整治。意思是：大丈夫活在世上，應當以治理天下為己任，怎麼會只顧自己一家呢！

【大丈夫處世，當為國家立功邊境】出自《後漢書·張奐列

傳》。意思是：男子漢活在世上，就應當奔赴邊疆報國立功。

【得拘絜而失才能，非立功之實也】　出自《後漢書‧仲長統列傳》。絜：同「潔」。拘絜：束身自潔，即隱逸之人。意思是：為保身自潔而不去發揮才能，這樣的人哪裡能為國立功呢？

【極身毋二，盡公不還私】　出自《戰國策‧秦策三》。意思是：終身盡忠而無二心，一心為公，不謀私利。

【鞠躬盡力，死而後已】　出自諸葛亮《後出師表》。意思是：不辭勞苦地獻出自己的畢生精力，直到死才停止。

【丈夫所志在經國，期使四海皆衽席】　出自明代海瑞詩《樵溪行送鄭一鵬給內》。衽席：寢處之所，這裡指安居樂業。意思是：大丈夫的志向是要為國家的治理作貢獻，希望天下的黎民百姓都能夠安居樂業。

【平生鐵石心，忘家思報國】　出自宋代陸游詩《太息》。意思是：我平生的意志如鐵石般堅硬，

就是要將家庭置之腦後，一心建功報國。

【壯心未與年俱老，死去猶能做鬼雄】　出自宋代陸游詩《書憤》。意思是：我報國的雄心壯志並沒有隨著我年齡的變老而衰減，就算是死去了，也要做鬼中的雄傑與敵人搏鬥。

【遠路不須愁日暮，老年終自望河清】　出自清代顧炎武詩《五十初度時在昌平》。河：黃河。意思是：路途遙遠，也不必為天色將晚而煩惱；老年人還在每天企盼著哪一天能看到黃河之水變得澄清。詩句表達了作者對祖國的振興所抱的堅定的信念。

【男兒要當死於邊野，以馬革裹屍還葬耳】　出自《後漢書‧馬援傳》。馬革裹屍：用戰馬的皮包裹屍體，比喻戰死沙場。意思是：好男兒應當為國家而戰死沙場，用戰馬的皮包裹著自己的屍體回來安葬啊！

【身既死兮神以靈，魂魄毅兮為鬼雄】　出自（戰國‧楚）屈原《九歌‧國殤》。意思是：肉體雖

然死去了，但精神不死，堅毅的靈魂仍然要做群鬼中的豪傑。頌揚了將士們為國捐軀的壯烈精神。

【苟利國家生死以，豈因福禍避趨之】　出自清代林則徐詩《赴戍登程口占示家人》。苟：如果。以：給予，交出。意思是：如果是對國家有利，我的生命都可以交出來，怎麼能夠見福就迎受、見禍就逃避呢？

【苟利國家，不求富貴】　出自《禮記‧儒行》。意思是：如果有利於國家，則不求個人富貴。

【金甌已缺總須補，為國犧牲敢惜身】　出自近代秋瑾詞《鷓鴣天》。金甌：原是金製酒器，比喻疆土完整。金甌已缺：指臺灣和遼東半島被帝國主義所霸佔。意思是：國家的部分領土已被別人霸佔，山河破碎，總要將它收復回來，為了國家的事業，我甘願犧牲自己的生命，還怎麼敢吝惜自己呢？

【封侯非我意，但願海波平】　出自明代戚繼光詩《韜鈐深處》。海波：海上的波浪，這裡指

倭患，因為當時倭寇經常侵擾我國沿海地區。意思是：我的意願並不是封侯拜相、獲取功名，我一心想的是早日讓海上的倭患平息下來。

【帶長劍兮挾秦弓，首身離兮心不懲】　出自（戰國‧楚）屈原《九歌‧國殤》。秦弓：古代以秦國的弓最為強勁，這裡指最強的弓。懲：害怕，恐懼。意思是：身佩長劍，手持強弓，奔赴沙場，就算身首異處也毫不畏懼。

【常思奮不顧身，而徇國家之急】　出自漢代司馬遷《報任少卿書》。徇：同「殉」，為了某種目的而犧牲自己的生命。意思是：常常想到要奮不顧身，犧牲自己的生命來解救國家的危難。

【楚雖三戶能亡秦，豈有堂堂中國空無人】　出自宋代陸游詩《金錯刀行》。意思是：過去楚國只剩了最後三戶人家，尚且將秦國滅掉了，堂堂的中國怎麼會沒有人來抵禦侮辱呢？

【僵臥孤村不自哀，尚思為國戍輪台】　出自宋代陸游詩《十一月四日風雨大作》。輪台：今新疆

維吾爾自治區，這裡指代邊塞。意思是：僵臥在荒涼孤寂的小村莊裡也不感到悲傷，心裡所想的依然是要到邊塞守衛國家的安全。

【但期處死得其所，一死政自輕鴻毛】　出自宋代劉過詩《從軍樂》。但期：只希望。政：同「正」。意思是：只希望我能夠死得其所，為了國家而死，我就將生命看得和鴻毛一樣輕。詩句表現了戰士為國捐軀的偉大志向。

【只解沙場為國死，何須馬革裹屍還】　出自清代徐錫麟詩《出塞》。意思是：我只知道要征戰沙場，為國捐軀，何必非要用馬革將屍體包裹回來安葬呢？

【豈無懷土心，所羨千里途】　出自清代顧炎武詩《丈夫》。意思是：哪裡是我不懷戀故鄉呢？但大丈夫更嚮往的是在千里征途有所建樹。詩句表達了作者願為國家有所作為的積極心態和愛國熱情。

【我願平東海，身沉心不改；大海無平期，我心無絕時】　出自清代顧炎武詩《精衛》。意思是：我立定志向要填平東海，就算是身體被海水淹沒，我的志向也不會改變。只要東海填不平，我的心志就永遠不會終止。表達了作者將復國的行動進行到底的決心。

【鼎，君子以正位凝命】　出自《周易・鼎・象辭》。意思是：木上有火，君子應當端正自己的位置，固守安國定邦的使命。

【上醫醫國，其次疾人】　出自《國語・晉語八》。意思是：最高明的醫生能醫治國家的疾病，然後才為人看病。

【先國家之急而後私仇也】出自《史記・廉頗藺相如列傳》。意思是：把國家的危急放在前面，個人恩怨放在後頭。

【秋風不用吹華髮，滄海橫流要此身】　出自金代元好問詩《壬辰十二月車駕東狩後即事》。滄海橫流：比喻社會局勢動盪不安。意思是：秋風不斷吹動我花白的頭髮，國家這種危難的局勢還需要我去盡心挽救。詩句表達了作者雖近暮年，但依然不忘報國的高尚情操。

【將相本無種，男兒當自強】

一本書讀懂國學句典

出自宋代汪洙詩《神童》。意思是：王侯將相本來就不是天生的，好男兒只要能發憤圖強，就一定會有所作為。

【人生一死渾閒事，裂眥穿胸不汝忘】　出自宋代宇文虛中詩《在金日作》。裂眥：撕裂眼角。不汝忘：不忘汝。汝，指國家。意思是：死是非常平常的事，就算是被挖去了雙眼，剖開了胸膛，也不會忘記自己的國家。

【臣心一片磁鍼石，不指南方不肯休】　出自宋代文天祥詩《揚子江》。磁鍼石：用磁石磨製的磁鍼。南方：代指南宋。意思是：我的心就像磁鍼一樣，不指向南方就絕不肯甘休。詩句表現了作者永遠忠於國家的拳拳愛國之心。

【苟利社稷，死生以之】　出自明代張居正《答福建巡撫耿楚侗談王霸之辯》。以：給予，付與。意思是：如果對國家、對社稷有好處，我就會連生命都全部獻上。

【捐軀赴國難，視死忽如歸】出自（三國·魏）曹植《白馬篇》。忽：輕視。意思是：為了國難而犧牲自己，把死看得和回家一樣從容。

【三十功名塵與土，八千里路雲和月。莫等閒，白了少年頭，空悲切】　出自宋代岳飛詞《滿江紅》。塵與土：比喻沒有價值的東西，即沒有成就，這裡做謙詞。雲和月：指作者南征北戰的生活。意思是：年近三十，可為祖國所作的貢獻還是那樣微不足道，為了收復疆土，還要披星戴月，轉戰千里。千萬不要虛度年華，不然，到老時，就只有徒然悲歎了。幾句詞表現了作者視「功名」如「塵土」，卻渴望與雲、月作伴，馳騁疆場，報效國家的愛國精神。

【雙鬢多年作雪，寸心至死如丹】　出自宋代陸游詩《感事六言》。意思是：我的頭髮早在多年以前就白了，但我的心卻至死都是赤誠的。兩句詩表達了作者至死為國的忠誠。

濟民

【丈夫貴兼濟，豈獨善一身】

出自唐代白居易詩《新製布裘》。意思是：大丈夫貴在以天下人的利益為重，怎麼能夠僅僅滿足自己，而不顧別人呢？《孟子‧盡心上》中曾有：「窮則獨善其身，達則兼善天下。」表現了作者救世濟民的偉大抱負。

【生有益於人，死不害於人】出自《禮記‧檀弓上》。意思是：活著的時候要對人民有益，死了也不做害人的惡鬼。

【士君子盡心利濟，使海內少他不得，則天亦少他不得，即此便是立命】 出自《省心錄》。意思是：靠正道謀生的人都盡心盡力去做些有益於他人和世界的事，這使得世人都離不開他，老天爺自然也離不得他。如此做法才是一個人安身立命的最好途徑。

【天命之謂性，率性之謂道，修道之謂教】 出自《中庸》。意思是：自然形成的稟賦叫做人性，遵循各自的人性叫做道，修明並推廣這些道叫做教化。

【謀度於義者必得，事因於民者必成】 出自《晏子春秋‧內篇問上》。意思是：為正義事業而謀求的必有所獲，為民眾利益辦事的必然成功。

【才所以為善也，故大才成大善，小才成小善】 出自《三國志‧魏書‧盧毓傳》。才：才幹，才能。意思是：才幹是用來做善事的，因此才幹大的能做成大善事，才幹小的能做成小善事。

【但得眾生皆得飽，不辭羸病臥殘陽】 出自宋代李綱詩《病牛》。羸病：瘦弱有病。意思是：只要能夠讓人們都能吃飽飯，就算是耕地累得病倒在殘陽之下，也在所不辭。詩句表達了作者為國為民的高尚情操和偉大的奉獻精神。

【君子之為君子也，一人死而萬人壽，一人痛而萬人癒，一人憂而萬人樂，一人勞而萬人逸】 出自明代莊元臣《叔苴子內篇》。意思是：君子之所以稱為君子，是因為他所企求的是犧牲他一個人，而讓萬人得以長存；病倒他一個人，而使萬人痊癒；煩勞他一個人，而讓萬人得以快樂；辛苦他一個人，而讓萬人得以安逸。

一本書讀懂國學句典

【帶得無邊春下，等待江山都，教看鬢方鴉】 出自宋代辛棄疾詞《水調歌頭》。帶得：帶來。鬢方鴉：鬢髮如烏鴉一樣的黑，比喻青春常在。意思是：將無邊的春色帶到人間，等到江山垂老，看看我們依然是鬢髮烏黑。這首詞為作者給朋友祝壽所作，詞以收復失地，報國雪恥與朋友互勉，其中也寄託著作者本人的豪情壯志。

【費千金為一瞬之樂，孰若散而活凍餒幾千百人；處眇軀以廣廈，何如庇寒士於一廬之地】 出自宋代林逋《省心錄》。凍餒：受凍挨餓。眇軀：短小的身軀。廬：古代指一戶人家所住的房屋。意思是：與其耗費千金來博取一時的快樂，哪比得上將這些錢分散給挨餓受凍的人讓他們活命呢？與其用寬敞高大的房子來安頓自己短小的身軀，哪比得上將貧苦之人都庇護起來，給他們每人一小塊地方呢？

【得志澤加於民，不得志修身見於世】 出自《孟子·盡心上》。見：通「現」。意思是：得志的時候，要將恩澤施於百姓，不得志的時候，要修養身心，將自己

的高尚品德展現於世。此二句表達了作者的濟民利國之志。

【願為飛絮衣天下，不道邊風朔雪寒】 出自清代陳恭尹詩《木棉花歌》。衣天下：給天下人做衣裳。意思是：我願意化作漫天飛揚的木棉花絮，給天下人當做衣裳，讓他們不再抱怨風雪的寒冷。

【丈夫不逆旅，何以及蒼生】 出自明代俞大猷詩《秋日山行》。逆旅：客舍，四海為家，這裡指南征北戰。意思是：大丈夫如果不轉戰南北，四海為家，怎麼能夠為百姓出力呢？

【但願蒼生俱飽暖，不辭辛苦出山林】 出自明代于謙詩《詠煤炭》。作者以煤炭自喻，託物言志。意思是：只要能夠讓天下的百姓都吃飽穿暖，就會不辭辛苦地走出山林。詩句抒發了作者想為百姓獻身的博大胸懷。

【但願天下人，家家足稻粱！我命渾小事，我死庸何傷】 出自宋代文天祥詩《五月十七日夜大雨歌》。庸何傷：有什麼可悲傷的呢？意思是：只要天下百姓家家都

能豐衣足食，即使我死了，又有什麼可悲傷的呢？

【何當一夕金風起，為我掃卻天下熱】　出自唐代王轂詩《苦熱行》。意思是：如何才能在一夜之間刮起秋風，為我掃除天下的酷熱呢？詩句表達了作者想為人民解除酷熱的急切心情。

【英雄心性由來熱，待競蒼生衣被功】　出自《嶺雲海日樓詩鈔·棉雪歌》。衣被功：指為人們謀福利。意思是：英雄志士向來都是滿腔熱情，他們的心願就是要為天下百姓謀福利。

【力薄不能推一飯，義深長願散千金】　出自宋代陸游詩《冬夜思里中多不濟者愴然有感》。意思是：我家道貧困，不能為飢餓的人們送上一粥一飯，對他們深深的情義讓我總盼望著有一天能夠給他們散發千金！詩句表現了作者關心人民疾苦的高尚境界。

【不能手提天下往，何忍身去遊其間】　出自宋代王令詩《暑旱苦熱》。意思是：如果不能帶著全天下的人前往乘涼，我怎麼忍心獨

自去遊歷呢？「何忍」二字充分顯示了作者甘願與人民同甘共苦的高尚情懷。

【長安有貧者，為瑞不宜多】　出自唐代羅隱詩《雪》。瑞：這裡指降雪，因有「瑞雪兆豐年」之說，故稱。意思是：在長安還有許多飢寒交迫的人，因此，即使是瑞雪，也還是不宜多下。

【寧吾廬獨破受凍死，不忍四海寒颼颼】　出自宋代王安石詩《杜甫畫像》。廬：簡陋的房舍。颼颼：颱風的聲音。意思是：我寧願只讓我一個人的草房破舊，寧可讓我凍死，也不忍心看著天下百姓都在瑟瑟的寒風中顫抖。作者用杜甫自己的詩句讚揚了杜甫體恤百姓的高尚精神。

【民安足遂心中願，年壯何妨到處家】　出自明代于謙詩《連日燈花鵲噪漫成》。意思是：百姓能夠安居樂業就是我最大的心願了，我現在正值年壯，四海為家又有什麼關係呢？詩句平白真摯，將作者為了天下蒼生的安定生活寧願自己吃苦受累的高尚精神表現得酣暢淋漓。

【安得廣廈千萬間，大庇天下寒士俱歡顏，風雨不動安如山！嗚呼！何時眼前突兀見此屋，吾廬獨破受凍死亦足】　出自唐代杜甫詩《茅屋為秋風所破歌》。大庇：全部遮護。寒士：受凍的人。見：同「現」，出現。意思是：怎麼才能得到成千上萬間高大的房子，能夠遮蔽著天下所有貧寒的人，使他們都笑顏逐開地住在那裡，無論颶風下雨，都安然不動、穩如泰山呢？如果真能有那麼一天，就算只讓我一個人的房子破陋，受凍致死，我也心滿意足了。幾句詩充分表現了作者捨己為民的高尚情操。

【身為野老已無責，路有流民終動心】　出自宋代陸游詩《春日雜興》。野老：田野間的老人，這裡指普通百姓。流民：四處流浪的人民。意思是：我現在也成了普通的百姓，已經沒有什麼責任了，然而，一見到路上有四處流浪的人民，我的心就忍不住蕩起波瀾。詩句表現了作者對貧苦百姓的深切同情。

【憂民之溺，由己之溺；憂民之飢，由己之飢】　出自宋代鄧牧《見堯賦》。溺：落水，比喻陷入困境。憂：同「猶」，猶如。意思是：為人民的憂困擔憂，就如同為自己的憂困擔憂；為人民的飢餓憂傷，就如同為自己的飢餓憂傷。

【願移災咎及予躬，免使蒼生受憔悴】　出自明代于謙詩《入春狂風大作加以久無雨雪因以自咎》。予躬：我一個人的身體。意思是：我願意將全部災禍都轉移到我一個人的身上，而讓天下的百姓免受困苦。

慎行

【一字不可輕與人，一言不可輕許人，一笑不可輕假人】　出自清代王豫《蕉窗日記》。假：給予。意思是：不可以輕易對人講一個字，不可以輕易對人許諾一句話，不可以輕易對人施予一個笑容。說明待人接物應慎之又慎。

【一切言動，都要安詳；十差九錯，只為慌張】　出自呂得勝《小兒語》。意思是：說話做事都要沉得住氣，出差錯就是因為太慌

張。

【動則三思，慮而後行】　出自《三國志・魏書・楊阜傳》。意思是：行動之前，一定要經過深思熟慮，考慮周全以後再行動。

【能勤小物，故無大患】　出自《說苑・貴德》。意思是：在小的事情上都能隨時注意，所以能避免大患。

【稱身居位，不為苟進；稱事受祿，不為苟得】　出自《晏子春秋・內篇問下》。苟：苟且，隨便。祿：俸祿，薪餉。意思是：要衡量自己的德才如何，才決定擔任適合的職務，萬不能不該擔任的職位而去擔任了；要合計一下自己的功勞如何，再去領俸祿，切不可無功受祿。

【君子不失足於人，不失色於人，不失口於人】　出自《禮記・表記》。意思是：君子不讓自己的行為有不檢點的地方，不讓別人對自己的儀態有輕視的地方，不讓自己無意中說出不該說的話。

【一言僨事，一人定國】　出自《禮記・大學》。意思是：一句話就可以使事業失敗，謹慎處理就可以使國家安定。

【見其可利也，則必前後慮其可害也者】　出自《荀子・不苟》。意思是：看到它多利的某方面，一定也要看到它多害的方面。可：多。

【牆有耳，伏寇在側】　出自《管子・君臣下》。意思是：牆上有耳朵，身旁有隱藏的敵人。

【居善地，心善淵，與善仁，言善信，政善治，事善能，動善時】　出自《道德經》。意思是：居住要善於擇地，心靈要深沉如淵，交友要表現出仁善，語言要令人信服，施政要無為而治，辦事要會用竅門，行為要待機而動。

【盡天下之卵，其石猶是也，不可毀也】　出自《墨子・貴義》。意思是：用世上所有的雞蛋去碰石頭，石頭也會依然如故，不會被毀壞。

【不知戒，後必有；恨後遂過不肯悔，讒夫多進】　出自《荀子・成相》。恨：同「很」，不聽從。後：係「復」字之誤，同

一本書讀懂國學句典

「愎」，拒絕規勸。讒夫：說壞話的人，引申為壞人。意思是：不知警惕，還要重犯錯誤；拒絕規勸，堅持錯誤，必然讓壞人鑽漏洞。

【事不中法者，不為也】 出自《商君書·君臣》。中：適合。意思是：事情不適合法度，就不要去做。

【一言而非，駟馬不能追】 出自漢代劉向《說苑·說叢》。駟馬：四匹馬拉的車。意思是：一句話說錯了，就算用四匹馬拉的車也追不回來。

【耳司聽，聽必順聞，聞審謂之聰】 出自《管子·宙合》。意思是：耳朵是負責聽的，聽了之後再加以審察，這叫做聰明。

【慎終如始，則無敗事。是以聖人欲不欲，不貴難得之貨；學不學，復眾人之所過】 出自《老子·六十四章》。意思是：結束時像開始時那樣謹慎，就不會失敗。因此，聖人追求俗人所不追求的，不看重身外之物；學習別人所不學習的，補救眾人常犯的過錯。

【人必自侮，然後人侮之】

出自《孟子·離婁上》。意思是：人一定是先自取侮辱了，然後別人才會來侮辱他。

【慢藏誨盜，冶容誨淫】 出自《周易·繫辭上》。慢藏：保管疏忽。冶容：妖冶的容顏。意思是：財物收藏不慎，則不啻是教誨於偷東西的人；打扮得妖冶，不知檢點，則不啻是教誨於荒淫無恥的人。

【十目所視，十手所指，其嚴乎】 出自《禮記·大學》。意思是：許多人的眼睛都盯著你，許多人的手指都指著你，這是多麼嚴厲呀！說明人的言行會受到公眾嚴厲的監督。

【汝不知夫螳螂乎？怒其臂以當車轍，不知其不勝任也】 出自《莊子·人間世》。意思是：你沒見過螳螂嗎？牠怒氣衝衝地伸出胳臂妄圖阻擋車輪前進，可是牠並不明白這是無濟於事的。

【君子戒慎乎其所不睹，恐懼乎其所不聞】 出自《禮記·中庸》。意思是：君子對自己不是親眼所見、親耳所聽的事情，總是抱

十分謹慎的態度。

【入竟而問禁，入國而問俗，入門而問諱】　出自《禮記・曲禮上》。竟：同「境」，疆界。禁：法律習慣所不容許的事情。國：國都。意思是：到了一個國家，就要先瞭解該國法令所不容許的事情，進入一個都城，就要先弄清那裡的風俗習慣，到了某一家，就要先問清其家中是否有什麼忌諱的事情。

【君子有三戒：少之時，血氣未定，戒之在色；及其壯也，血氣方剛，戒之在鬥；及其老也，血氣既衰，戒之在得】　出自《論語・季氏》。意思是：君子有三種事情應引以為戒：年輕時，血氣還不成熟，要戒除對女色的迷戀；到了壯年，血氣方剛，要戒除與人爭鬥；等到老年，血氣已經衰弱了，要戒除貪得無厭。

【口如扃，言有恆；口如注，言無據】　出自明代文皇后《內訓》。扃：門戶，門閂。注：傾瀉。意思是：一個人的嘴巴如果像門一樣能夠關得緊，那麼他說的話就能經得起考驗，就真實可信；如果一個人說話像流水一樣滔滔不絕，那麼他說的話就是無所憑據的，就不可信。

【禮不可妄說人，不辭費；禮不逾節，不侵侮，不好狎】　出自《禮記・曲禮上》。意思是：於禮不可以隨便取悅別人，不可說些做不到的話；行為要不越軌，不侵犯侮慢別人，不隨便與人故作親熱。

【小善不足以蔽身，勿以小善而自怠；小惡不足以滅身，勿以小惡而自暇】　出自宋代黃晞《聱隅子・道德篇》。蔽身：遮護自身。意思是：小的善行雖然不足以庇護自身，但不要因為是小善就懶得去做；小的惡行雖然不足以毀掉自身，但也不要因為是小惡就輕易而為之。說明「勿以善小而不為，勿以惡小而為之」的道理。

【士見危致命，見得思義，祭思敬，喪思哀，其可已矣】　出自《論語・子張》。意思是：士遇見國家危難時能獻出自己的生命，看見有利可得時能考慮是否符合義的要求，祭祀時能想到是否嚴肅恭敬，臨喪的時候想到自己是否哀傷，這樣就可以了。

【天作孽，猶可違；自作孽，不可活】 出自《孟子‧離婁上》。意思是：如果是自然所造成的災害，還可以避免；但如果是自己種下的罪孽，則是不能逃避的。

【禍福無不自己求之者】 出自《孟子‧公孫丑上》。意思是：禍害或者幸福沒有不是自己找來的。

【不可乘喜而多言，不可乘快而易事】 出自明代薛瑄《薛子道論‧中篇》。快：快樂。意思是：不要趁著高興就多說話，不要趁著快樂就輕率地做事。

【天地以順動，故日月不過，而四時不忒；聖人以順動，則刑罰清而民服】 出自《周易‧豫‧彖辭》。意思是：天地順自然而動，所以日月運行不會有差錯，四季的更替也不會有差錯；聖人順自然之理而動，則刑罰清明而百姓順服。

【勿以惡小而為之，勿以善小而不為】 出自《三國志‧蜀志‧先主傳》。意思是：不要因為一件壞事很小，就放任自己去做；不要因為一件善事很小，就放任不做。

【時止則止，時行則行，動靜不失其時，其道光明】 出自《周易‧艮‧彖辭》。意思是：該停止的時候就停止，該行進的時候就行進，動與靜都不失時機，必達光明之境。

【為善如負重登山，志雖已確，而力猶恐不及；為惡如乘馬走坡，雖不鞭策，而足亦不能制】 出自宋代林逋《省心錄》。鞭策：用鞭子抽打。意思是：做善事就好比是身背著重物登山，儘管志向已經明確，但還是擔心力量不夠；做壞事就好比是騎著馬走下坡路，儘管不用抽打，但馬還是收不住腳步。

【天下雷行，物與無妄。先王以茂對時，育萬物】 出自《周易‧無妄‧象辭》。意思是：天威下達，雷屬風行，萬物不敢虛妄。先王辦事，就好像四時使萬物茂盛一樣，不虛妄地養育萬物。

【心欲小而志欲大，智欲員而行欲方，能欲多而事欲鮮】 出自《淮南子‧主述訓》。員：同「圓」。這裡指靈活，圓滑。意思是：考慮問題要謹慎，但志向一定

要遠大；思想智慧要靈活，但行為一定要方正；才華能力要多方面，但做事不要大小都管。

【惟事事，乃其有備。有備無患】 出自《尚書‧商書‧說命中》。意思是：做事情，就要有準備，有準備才沒有後患。

【節食則無疾，擇言則無禍】 出自宋代何坦《西疇老人常言》。意思是：能夠節制食欲，就不會生病，謹慎自己的言語，就不會招致災患。

【不役耳目，百度惟貞。玩人喪德，玩物喪志】 出自《尚書‧周書‧旅獒》。意思是：不被歌舞女色所役使，百事的處理就會適當。戲弄他人就喪失自身品德，沉迷外物就喪失原有的壯志。

【出無謂之言，行不必之事，不如其已】 出自宋代晁說之《晁氏客語》。已：停止。意思是：說些沒有意義的話，做些沒有必要的事，還不如不說不做。

【修身踐言，謂之善行。行修言道，禮之質也】 出自《禮記‧曲禮上》。意思是：注重修養並實現諾言，這才是美好的行為。追求言行一致，這才是禮的本質。

【瓜田不納履，李下不正冠】 出自《樂府詩集‧相和歌辭‧君子行》。納履：提鞋。意思是：經過別人的瓜田，不要彎腰提鞋；經過別人的李樹，不要舉手端正自己的帽子。用來比喻做任何事情都應儘量避免嫌疑。

【行坦途者肆而忽，故疾走則蹶；行險途者畏而懼，故徐步則不跌】 出自宋代林逋《省心錄》。蹶：跌倒。意思是：走平坦道路的人，容易放縱自己的腳步，因為疏忽而走得快，所以容易跌倒；而走艱險道路的人，則因為畏懼而走得很慢，因此不容易跌倒。

【多行不義，必自斃】 出自《左傳‧隱公元年》。斃：死亡。意思是：多做不道義的事情，一定會自取滅亡。

【盡美固可揚，片善不可遏】 出自唐代孟郊詩《投所知》。遏：拒絕。意思是：盡善盡美固然是值得稱頌的，但對於微小的長處也不應該阻止或拒絕，即做人應不

辭小善。

【違彊凌弱，非勇也】　出自《左傳・定公四年》。違：躲避。彊：強。意思是：見強硬的就躲避，見軟弱的就欺負，不是勇敢。

【聲無小而不聞，行無隱而不形】　出自《荀子・勸學》。隱：藏而不顯。意思是：聲音再小，也不會不被人聽到；行動再隱祕，也總會被人知道。說明人應當謹言慎行。

【利一而害百，君子不趨其利；害一而利百，君子不辭其害】　出自清代陳確《葬書・深葬說下》。趨：求取。意思是：對一個人有利，而使百人蒙受損害，君子不會求取這樣的利益；對一個人有損害，但卻對百人都有益處，君子不會推託。

【言行，君子之樞機。樞機之發，榮辱之主也】　出自《易經・繫辭上》。樞機：比喻事物的關鍵部分。意思是：言行，是君子立身處世的關鍵。言行一旦發出，就成了事情成敗、人身榮辱的主宰。

【出言不當，反自傷也】　出自《說苑・談叢》。意思是：話說得不正確，反而使自己受到損失。

【百尋之屋，以突隙之煙焚】　出自《淮南子・人間訓》。尋：古時八尺長叫尋。以：因為。隙：縫隙。意思是：一百尋那麼高的房屋，因煙囪的小孔而焚燒。

【立功者患信義不著，不患名位不高】　出自《資治通鑑・晉紀》。意思是：立功的人擔心自己的信義不顯著，而不必憂慮自己的名譽和地位不高。

【不察事之是非而悅人贊己，闇莫甚焉】　出自《資治通鑑・周紀》。闇：愚昧。意思是：不辨別事情的是非而喜歡別人稱讚自己，世上的確沒有比這更糊塗的了。

【利不苟就，害不苟去】　出自《漢書・賈誼傳》。苟：苟且，隨便。意思是：利益不要隨便去求取，禍害也不要苟且躲避。

【堤潰蟻孔，氣洩鍼芒】　出自《後漢書・陳忠傳》。意思是：一個小小的螞蟻窩可以使堤壩被水沖毀，一個小小的針眼可以使氣全部洩出。

【不加功於亡用，不損財於亡謂】 出自《漢書・楊王孫傳》。亡：通「無」。意思是：不在無用的事情上用工夫，不在無意義的事情上耗費錢財。

【君子動則思禮，行則思義，不為利回，不為義疚】 出自《左傳・昭公三十一年》。動：行動。行：辦事。回：奸邪。意思是：君子行動就要想著與禮義的要求合乎與否，辦事就要想著合乎道義與否。不做因私利而違背禮義的事情，不做因不合乎禮義而使自己感到內疚的事情。

【君以為易，其難也將至矣】 出自《國語・晉語四》。意思是：往往在你覺得是輕而易舉的時候，困難也就跟來了。說明做事不能輕忽大意。

【夫謀必素見成事焉，而後履之】 出自《國語・吳語》。意思是：凡是計畫一件事，一定要預見到肯定能成功，然後才去實行。

【一之謂甚，其可再乎】 出自《左傳・僖公五年》。意思是：一件事發生一次就已經過分了，怎麼可以再讓它發生呢？比喻同樣的錯誤不能犯兩次。

【千丈之堤，以螻蟻之穴潰】 出自《韓非子・喻老》。意思是：長達千丈的大堤，由於小小的蟻穴而崩潰。

【蛇固無足，子安能為之足】 出自《戰國策・齊策二》。意思是：蛇本來沒有長腳，你怎麼為牠畫腳了呢？

【君子居必擇鄉，遊必就士，所以防邪僻而近中正也】 出自《荀子・勸學》。遊：交遊。意思是：君子居住一定要選擇好的鄉鄰，交遊一定選擇可靠的人，這樣是為了防止自己走上邪路，為了接近中正之道。

【雨落不上天，水覆難再收】 出自唐代李白詩《妾薄命》。意思是：雨水從天上滴落後，就再也無法回到天上去了，水被潑出去以後，就再也收不回來了。原來比喻漢武帝皇后阿嬌失寵以後再也不能被寵幸了，後用來比喻事情已成定局，無法挽回。

【治身養性，務謹其細，不可

以小益為不平而不修，不可以小損為無傷而不防 出自晉代葛洪《抱朴子·極言》。治身：修身。平：同「評」，評論。意思是：修身養性，即使是極其微小的地方，也務必要謹慎，不能因為小的進步微不足道就不再修養，也不能因為小的損害對大體沒有影響就不加以提防。

【聞毀勿戚戚，聞譽勿欣欣，自顧行何如，毀譽安足論】 出自唐代白居易《續座右銘》。戚戚：憂懼的樣子。欣欣：喜悅的樣子。意思是：聽到別人誹謗的話，不要憂懼恐惑，聽到別人讚揚的話，也不要欣喜若狂。要看看自己做得到底怎麼樣，這樣，那些誹謗和稱頌還有什麼可值得理會呢？

【不蹟於山，而蹟於垤】 出自《韓非子·六反》。蹟：跌倒。垤：小土堆。意思是：人們不會在經過山嶺時跌倒，卻總是在過小土堆時跌倒。

【君子博學而日參省乎己，則知明而行無過矣】 出自《荀子·勸學》。意思是：君子博學，而且每天檢查、反省自己，就能聰慧明達，行為沒有過失了。

節操

【看取蓮花淨，方知不染心】
出自唐代孟浩然《題義公禪房》。意思是：看到了潔淨的蓮花，才知道它雖出淤泥，但卻不染半點汙垢。用來比喻人應保持高尚的節操。

【火不熱貞玉，蠅不點清冰】
出自白居易《反白頭吟》。意思是：火燒不熱堅貞的玉石，清明透亮的堅冰不會被蒼蠅弄汙。比喻品行端正的仁人志士，能經得起艱難困苦的考驗。

【名節重泰山，利欲輕鴻毛】
出自于謙《無題》。意思是：名聲與氣節重如泰山，個人小利與欲望則輕如鴻毛。

【丹可磨而不可奪其色，蘭可燔而不可滅其馨，玉可碎而不可改其白，金可銷而不可易其剛】 出自北齊劉畫《劉子·大質》。意思是：朱砂可以被研磨但不能改變它的紅色，蘭草可以被焚燒但不能消

除它的芳香，玉可碎但不能改變它的潔白，金可熔但不能改變它的剛韌。

【芳槿無終日，貞松耐歲寒】

出自關漢卿《望江亭·中秋切鱠》。芳槿：有香氣的木槿花。意思是：氣味芳香的木槿花連一天也堅持不住就凋謝了，而堅貞的松柏在嚴寒時卻翠色不減，巍然傲立。

【鏡破不改光，蘭死不改香】

出自孟郊《贈崔純亮》。意思是：鏡雖破，其光不改；蘭雖死，其香不變。比喻忠貞的美德。

【吾不能變心以從俗兮，故將愁苦而終窮】　出自屈原《九章·涉江》。意思是：我不能改變志向而隨波逐流，因此我只能終身為國憂患。

【我是個蒸不爛，煮不熟，捶不匾，炒不爆，響噹噹一粒銅豌豆】　出自關漢卿《南呂一枝花·不伏老》。銅豌豆：指性格堅強。意思是：我是一顆蒸不爛、煮不熟、捶不扁、炒不爆，響噹噹的銅豌豆。

【人有非上之所過，謂之正士】　出自《管子·桓公問》。意思是：一個人如果敢於對他的上級的錯誤提出批評，便可叫做正直的人了。

【君子陷人危，必同其難。豈可以獨生乎】　出自《資治通鑑·漢紀》。意思是：因為自己的原因而使人陷入危境，君子必定要和他共患難，怎麼可以獨自活下來？

【桃李不言，下自成蹊】　出自漢代司馬遷《史記·李將軍列傳》。意思是：桃樹和李樹本不會講話，但因為其花果能吸引人們，所以，樹下人來人往自然就踏出小路來了。用來比喻品德高尚的人不尚虛名，而實至名歸。

【揀盡寒枝不肯棲，寂寞沙洲冷】　出自宋代蘇軾詞《卜算子》。意思是：孤獨的鴻雁飛來飛去，將寒枝都選遍了，卻不願停下來在上面休息，最後還是落在了荒涼淒冷的沙洲。形容作者寧處困境也不與濁世苟合的孤傲品格。

【不義而富且貴，於我如浮雲】　出自《論語·述而》。意思是：用不仁義的方法得到的榮華富

一本書讀懂國學句典

貴，對我來講就好像天上的浮雲一樣。表現了孔子對不義之財的鄙視和淡漠。

【苟余心其端直兮，雖僻遠之何傷】　出自屈原《九章·涉江》。意思是：假如我的心正直無私，即使身處僻壤又為何感傷呢？

【飢不從猛虎食，暮不從野雀棲】　出自宋代郭茂倩《樂府詩集·相和歌辭·猛虎行》。意思是：飢餓也不依靠強暴者來謀求飯食，夜晚睡覺也不會寄宿於野雀的巢下。比喻不和壞人同流合汙，保持自己的節操。

【我以不貪為寶，爾以玉為寶，若以與我，皆喪寶也，不若人有其寶】　出自《左傳·襄公十五年》。意思是：我將自己的不貪婪視為珍寶，而你將自己的寶玉視為珍寶，如果你將寶玉給了我，那我們就都失去了自己的珍寶，還不如我們各自保存著自己的珍寶。形容高尚的品德比玉石更為寶貴。

【志士不飲盜泉之水，廉者不受嗟來之食】　出自（南朝·宋）范曄《後漢書·列女傳·樂羊子妻》。盜泉：在今山東省。相傳孔子曾路過盜泉，但因為厭惡其名，雖渴也不喝盜泉之水。嗟：不禮貌的招呼聲。意思是：品德高尚的人不會喝盜泉的水，廉潔清正的人不會吃別人帶有侮辱態度提供的飯食。

【水本至清，以泥沙涽之則不清；鏡本至明，以塵垢蔽之則不明】　出自明代張居正《送起居館講大寶箴記事》。涽：「混」的異體字。意思是：水原本是極為清澈的，但混入了泥沙，就渾濁不清了；鏡子原本是極為明亮的，但沾上了塵土就不再明亮了。用來比喻人應清除私心雜念，保持自己的節操。

【一片至堅操，那憂歲月侵】　出自唐代王貞白詩《太湖石》。那：通「哪」。侵：侵蝕。意思是：太湖石有著堅貞的節操，哪裡會擔憂歲月的不斷侵蝕呢？比喻人有節操，就能經得起時間的考驗，表達了作者對堅貞的節操的嚮往。

【人無剛骨，安身不牢】　出自明代施耐庵《水滸傳》。意思是：人沒有剛強的性格，堅強的骨

氣，就無法堅定地立身。

【人生孰無死，貴得死所耳】
出自明代夏完淳《獄中上母書》。死所：即死得其所，死得有意義。意思是：人生一世，誰能免於一死呢？但重要的是應該死得有價值，有意義。

【土能濁河，而不能濁海；風能拔木，而不能拔山】 出自唐代羅隱《兩同書‧厚薄第五》。意思是：土能夠讓河水變得汙濁，但卻不能讓大海變得汙濁；風能將樹木拔起，但卻不能將大山拔起。用來比喻品格低下的人只能動搖庸人的思想，卻動搖不了君子的節操。

【大丈夫寧可玉碎，不能瓦全】 出自唐代李百藥《北齊書‧元景安傳》。意思是：寧可做玉器被打碎，也不能做陶器而得到保全。用來比喻為了保持氣節寧可犧牲，也不會不顧名節地苟且偷生。「寧為玉碎，不為瓦全」即由此而來。

【與其忍恥貪生，遺臭萬年，何如含笑就死，流芳百世】 出自《鏡花緣》。意思是：與其蒙受羞辱苟且偷生，惡名流傳萬年，倒不如面帶笑容從容就義，讓美名世世流傳。

【千年成敗俱塵土，消得人間說丈夫】 出自宋代文天祥《金陵驛》。消得：要能夠。意思是：千年萬年的歷史上，一時的成敗得失都不過像塵土一樣的無足輕重，只要能夠堅持自己的操守和正義，世人仍舊會稱你為大丈夫。

【咬定青山不放鬆，立根原在破岩中。千磨萬擊還堅勁，任爾東南西北風】 出自鄭板橋《題畫‧竹石》。意思是：竹子牢牢扎根青山不放鬆，那根原來是埋在破敗的岩石中。儘管遭到千萬次磨礪打擊依然堅強挺立，任你們東南西北風吹打依舊從容。詩句表達了作者對剛勁風骨的崇敬和追求。

【廣車不能脅其轍以苟通於狹路，高士不能樽其節以同塵於隘俗】 出自晉代葛洪《抱朴子‧廣譬》。廣車：寬大的車子。轍：車輪。樽：同「撙」，抑。意思是：寬大的車子不能為了適應狹窄的道路就將自己的車輪收起來，有高尚品德的人也不會屈抑自己的節操來

一本書讀懂國學句典

與狹隘的世俗同流合汙。

【小人自齷齪，安知曠士懷】
出自（南朝·宋）鮑照詩《代放歌行》。齷齪：不潔淨。曠士：心胸曠達之人。意思是：小人本自鑽營好利、心胸狹隘，怎麼可能瞭解曠士寬廣豁達、蔑視權貴的胸懷呢？

【天意憐幽草，人間重晚晴】
出自唐代李商隱詩《晚晴》。意思是：上天也愛憐那些偏僻幽靜處的野草，所以雲散日出，使其不致腐爛；斜陽銜山，儘管短暫，但人們依舊很珍視那傍晚時的晴天。用來比喻人應當珍惜晚節，不斷努力。

【無義而生，不若有義而死；邪曲而得，不若正直而失】　出自五代王定保《唐摭言》。意思是：不講道義地活著，還不如恪守道義地死去；用不正當的手段得到，還不如正直無私地失去。說明人應當重義。

【木槿爭春榮，松柏彌見貞】
出自清代鄭世雲詩《感懷雜詩》。彌：久。意思是：木槿花只能爭得一時的榮耀，而松柏卻能經冬不凋，越久越能顯示出它的堅貞。說明人應當像松柏一樣保持堅貞的節操。

【不學腰如磬，徒使甑生塵】
出自唐代劉禹錫詩《學阮公體》。磬：古代的一種樂器，形狀類似曲尺，用玉或石製成。甑：古代的炊具。《後漢書·范丹列傳》中曾記載：「范丹極貧，久不為炊，『甑中生塵，釜中生魚』。」意思是：絕不會學腰彎得像磬一樣的勢利小人，寧可一貧如洗，甑中生塵。

【不要人誇顏色好，只留清氣滿乾坤】　出自元代王冕詩《墨梅》。意思是：用不著別人誇讚如何姿色美好，只想把清香的氣息留在天地之間。

【吾不能為五斗米折腰，拳拳事鄉里小人邪】　出自房玄齡等《晉書·陶潛傳》。意思是：我不能為那微薄的官俸彎腰行禮，侍奉鄉里的小人。

【臨官莫如平，臨財莫如廉，不可攻也】　出自《說苑·政

理》。意思是：做官要平實，面對金錢要廉潔，平實和廉潔的操守是不可攻破的。

【膽勁心方，不畏強禦。義正所在，視死猶歸】　出自《抱朴子‧行品》。意思是：有大無畏的膽略，堅定的信念，就能不畏強敵；正義在手，就能為了正義而視死如歸。

【不恥身之賤，而愧道之不行；不憂命之短，而憂百姓之窮】　出自《淮南子‧修務訓》。身：自己。意思是：不以自己的身份低賤為恥辱，而以道義不能推行為恥辱；不為自己的生命短暫而憂愁，而為百姓窮苦感到憂愁。

【拱木不生危，松柏不生埤】　出自《國語‧晉語八》。拱木：可用兩手圍抱的樹。危：這裡指屋脊。意思是：合抱的大樹不生在屋脊上，松柏不生在矮牆上。

【當官不撓貴勢，執平不阿所私】　出自《三國志‧魏書‧杜恕傳》。當：面對。撓：屈服。意思是：當官的不向那些權勢之人屈服，主持公道不偏袒那些與自己有私交的人。

【不須更待妃子笑，風骨自是傾城姝】　出自宋代蘇軾詩《四月十一日初食荔枝》。妃子：指楊貴妃，唐代杜牧曾有詩句「一騎紅塵妃子笑，無人知是荔枝來」。姝：美好。意思是：荔枝本來就不用特意等著楊貴妃用笑容認可，它的資質早就可以傾動全城了。用來比喻凡是美好的事物不必非要有人誇獎，其自有超凡脫俗的秉性。

【仁者不以盛衰改節，義者不以存亡易心】　出自《資治通鑑‧魏志》。意思是：仁義之士不會因為形式的盛衰而改變自己的氣節，志士不會因為失敗或者成功而改變自己的心志。

【為草當作蘭，為木當作松；蘭幽香風遠，松寒不改容】　出自唐代李白詩《於五松山贈男陵常贊府》。意思是：如果是棵草，就要是棵寒秋飄香的蘭草，如果是棵木，就要是棵經冬不凋的松木；蘭草的幽香可以隨風飄到很遠的地方，而青松抗雪鬥霜，依然不改其容顏。比喻人應當有如蘭如松般的高貴品格和堅強的意志。

一本書讀懂國學句典

【古來多被虛名誤，寧負虛名身莫負】　出自宋代晏幾道詞《玉樓春》。負：違背，辜負。意思是：自古以來，許多人都為虛名所耽誤，我寧願拋棄虛名，也不願違背了自己的心志。

【歎息青青長不改，歲寒霜雪貞松枝】　出自唐代皇甫冉詩《寄劉方平》。歎息：讚歎。意思是：我讚歎青松一年四季都是枝葉青蔥，即使天寒地凍、大雪紛飛也永遠保持著它堅貞的氣節。

【生當為鳳友，死不作雁奴】出自明代張煌言詩《秦吉了》。鳳：傳說中的神鳥，作者用其比喻南明統治者。雁奴：夜裡司職警戒的大雁，作者用其比喻為清朝服務的人。意思是：活著，就要與鳳鳥一樣高尚的人為友，寧可死去也不做為雁群放哨的雁奴。

【寧為宇宙閒吟客，怕作乾坤竊祿人】　出自唐代杜荀鶴詩《自敘》。竊祿人：拿著俸祿但又不給人民辦事的人。意思是：我寧可做一個吟詩作賦的閒人，也不願空拿著俸祿，充當一個庸碌的官吏。

【寧以義死，不苟幸生，而視死如歸】　出自宋代歐陽修《縱囚論》。意思是：寧可為正義而死，也絕不願苟且偷生，把死看得就像是回家一樣。

【寧可抱香枝上老，不隨黃葉舞秋風】　出自宋代朱淑真詩《黃花》。抱香：守著香氣。意思是：我寧願守著香氣枯萎在枝頭，也不願隨著枯黃的葉子在秋風中舞動。詩句藉詠菊表達了作者堅守節操的高尚品格。

【寧作沉泥玉，無為媚渚蘭】出自宋代梅堯臣詩《聞尹師魯謫富水》。渚蘭：沙洲上的蘭花。意思是：我寧願做一塊埋在泥裡的美玉，也不願做取悅沙洲的蘭草。比喻做人要有骨氣。

【寧直見伐，無為曲全。寧渴而死，不飲盜泉】　出自明代王廷陳《矯志篇》。伐：砍頭。盜泉：古泉名，在今山東省。《屍子》記載：「孔子過於盜泉，渴矣而不飲，惡其名也。」意思是：寧可正直不阿而喪生，也不願阿諛奉承而苟活；寧可無水乾渴而死掉，也不飲盜泉之水而求生。

【出淤泥而不染，濯清漣而不妖】　出自宋代周敦頤《愛蓮說》。濯：洗。意思是：蓮花雖然是從淤泥中生長出來，但卻纖塵不染；儘管在清澈的水中滌蕩，但卻毫不妖豔。作者藉由對蓮花的讚美，表達了自己對貞潔不渝的情操的嚮往和追求。

【芝蘭生於深林，不以無人而不芳】　出自《孔子家語・在厄》。意思是：芝蘭生長在森林的深處，但它並不因為沒人觀賞就不散發自己迷人的香氣。

【有欲則不剛，剛者不屈於欲】　出自宋代楊時《河南程氏粹言・論學篇》。欲：私欲。意思是：人有了私欲就會變得不剛正，而剛正的人是不會向私欲屈服的。

【古之所謂豪傑之士，必有過人之節】　出自蘇軾《留侯論》。意思是：古代所謂的英雄豪傑必定具有超過常人的節操。

【死猶未肯輸心志，貧亦其能奈我何】　出自清代黃宗羲詩《山居雜詠》。輸心志：這裡指出賣良心、出賣靈魂。意思是：就是死都不能讓我出賣我的良心，窮困又能把我怎麼樣呢？

【竹死不變節，花落有餘香】　出自唐代邵謁詩《金谷園懷古》。意思是：即使竹子死了，它的節也不會改變；即使花兒凋落了，也還能繼續飄香。比喻忠義之人能夠至死都堅守節操。

【眾木盡搖落，始見竹色真】　出自唐代孟郊詩《獻漢南樊尚書》。意思是：在萬木都凋落之時，才顯示出竹子青色純真的本色。

【志士仁人，無求生以害仁，有殺身以成仁】　出自《論語・衛靈公》。意思是：仁人志士，沒有為了求生而損害仁義的，卻有為了仁義而獻出自己生命的。

【嚴霜降處，難傷夫翠松青竹；烈火焚時，不損其良金璞玉】　出自唐代徐夤《釣磯文集・避世金馬門賦》。意思是：嚴霜來臨，也難以損傷青松翠竹；烈火焚燒，也難以損傷良金美玉。比喻品德高潔之人，即使是在惡劣的景況下，也能保持自己的操守。

立業篇

勵志

【男兒生身自有役，那得誤我少年時】　出自張籍《樂府詩・別離曲》。意思是：男兒生下來就是要有一番作為的，怎麼可以虛度了自己的青春年華呢？

【月不勝日，時不勝月，歲不勝時】　出自《荀子・強國》。不勝：不如。時：季。意思是：做事按月計算不如按日計算，按季計算不如按月計算，按年計算又不如按季計算。意在警戒人們要珍惜時間。

【劍一人敵，不足學，學萬人敵】　出自《史記・項羽本紀》。意思是：只能抵擋一個人的劍法，不值得學習，要學就學抵抗萬人的兵法。

【大上有立德，其次有立功，其次有立言，雖久不廢。此之謂不朽】　出自《左傳・襄公二十四年》。意思是：第一是樹立高尚的道德，第二是有功於世，第三是有著作流傳於世，這才是人生崇高不朽的偉業。

【塗之人可以為禹】　出自《荀子·性惡》。塗之人：普通人。意思是：普通的人都可以成為像大禹那樣的聖人。

【青，取之於藍而青於藍；冰，水為之而寒於水】　出自《荀子·勸學》。意思是：青色染料是從藍草裡提煉出的，但顏色比藍草更深；冰是由水凝結而成的，而比水還寒冷。

【海不辭水，故能成其大；山不辭土石，故能成其高；明主不厭人，故能成其眾；士不厭學，故能成其聖】　出自《管子·形勢解》。意思是：海不排斥水，所以能成就它的闊大；山不排斥土石，所以能成就它的高峻；明君不厭惡人民，因此能擁有天下；士人不厭棄學問，所以能成為聖賢。

【知人者智，自知者明；勝人者有力，自勝者強】　出自《道德經》。意思是：瞭解別人的人有智慧，瞭解自己的人有洞察力；戰勝別人的人有力量，戰勝自己的人才是強者。

【後生可畏，焉知來者之不如今也】　出自《論語·子罕》。意思是：年輕人是值得敬畏的，怎麼就知道後一代不如前一代呢？

【篤志而體，君子也】　出自《荀子·修身》。篤：固，堅定。體：履，實踐，奮鬥。意思是：有堅定的意志，為事業孜孜奮鬥的人，就叫做君子。

【歲老根彌壯，陽驕葉更陰】　出自宋代王安石詩《孤桐》。陽：茂盛。意思是：年歲越久，桐樹的根就越壯，陽光越強烈，桐樹的葉子就越繁茂。比喻人老志更堅，遭受厄運更加堅強的精神。

【江河之水，非一源之水也；千鎰之裘，非一狐之白也】　出自《墨子·親士》。意思是：江河的水之所以浩浩蕩蕩，並非只由一個源頭流出來；無比珍貴的皮衣，並非只由一隻狐狸的毛皮所能製成。

【歲寒，然後知松柏之後凋也】　出自《論語·子罕》。意思是：到了寒冷的季節，才知道松柏是最後凋謝的。

【人無善志，雖勇必傷】　出自《淮南子·主述訓》。意思是：

一本書讀懂國學句典

人如果沒有一個好的志向，即便勇敢，也必定會遭受傷害。

【身不善之患，毋患人莫己知】 出自《管子‧小稱》。患：怕，擔心。意思是：只怕自己沒有道德才學，不怕別人不瞭解自己。

【不患人之不己知，患其不能也】 出自《論語‧憲問》。意思是：不怕沒人瞭解自己，就怕自己沒有能力。

【彼君子兮，不素餐兮】 出自《詩經‧魏風‧伐檀》。意思是：君子們啊，可不是吃白飯啊！素餐：白吃飯。

【人患志之不立，亦何憂令名不彰邪】 出自晉代劉義慶《世說新語‧自新》。令名：美好的名聲。意思是：人只怕不能確立堅定的志向，又何必擔心美名傳揚不出去呢？

【三軍可奪帥也，匹夫不可奪志也】 出自《論語‧子罕》。三軍：軍隊的統稱。意思是：可以俘虜一支軍隊的主帥，但卻不能改變一個普通人的志向。

【丈夫為志，窮當益堅，老當益壯】 出自（南朝‧宋）范曄《後漢書‧馬援列傳》。益：更加。意思是：大丈夫立志，越是處境困難時越是堅定不移，越是年老，其志向越是雄壯。後常用來形容一個人經得起考驗，越是條件不好，越是年老，越有雄心壯志。

【丈夫生世會幾時，安能蹀躞垂羽翼】 出自（南朝‧宋）鮑照詩《擬行路難》。蹀躞：形容邁著小步走路的樣子。意思是：大丈夫一生能有多長時間，怎麼能邁著小步，耷拉著翅膀走呢？說明大丈夫不能意志消沉，應振翅高飛。

【不須浪飲丁都護，世上英雄本無主】 出自唐代李賀詩《浩歌》。浪飲：狂飲，沒有節制地飲酒。丁都護：一作「丁督護」，為南朝時一種樂曲的名稱。意思是：不要在哀傷的樂曲中狂飲作樂，世界上的英雄本來就不屬於特定的人。說明人只要積極向上，都有可能成為英雄。

【少年心事當拏雲，誰念幽寒坐嗚呃】 出自唐代李賀詩《致酒歌》。拏云：凌雲。幽寒：處境困難。坐：徒然。嗚呃：悲歎的樣

子。意思是：年輕人應當有凌雲的壯志，而不應老是顧念著暫時的困苦而空自哀嘆。

【心不清則無以見道，志不確則無以立功】 出自宋代林逋《省心錄》。道：道理，真理。確：堅定。意思是：心裡不潔淨，就不能發現真理，志向不夠堅定就不能建功立業。

【古之立大事者，不唯有超世之才，亦必有堅忍不拔之志】 出自宋代蘇軾《晁錯論》。意思是：古代能夠成就大功、建立大業的人，不僅僅具有超出常人的才能，也一定具有堅忍不拔的意志。

【業無高卑志當堅，男兒有求安得閒】 出自宋代張耒《北鄰賣餅兒，每五鼓未旦即繞街呼賣，雖大寒烈風不廢，而時略不少差。因為作詩，且有所警，示秬秸》。業：職業。意思是：職業並沒有高低貴賤之分，重要的是男兒應有所追求，怎麼能夠安閒地虛度一生呢？

【老當益壯，寧移白首之心？窮且益堅，不墜青雲之志】 出自唐代王勃《滕王閣序》。寧：怎麼能。白首：老年。意思是：人老了，志氣應更加旺盛，怎能因為頭髮變白就改變自己的雄心壯志呢？處境艱難而意志更加堅定，決不會喪失自己的凌雲壯志。

【安求一時譽，當期千載知】 出自宋代梅堯臣詩《寄滁州歐陽永叔》。意思是：怎麼能夠只企求一時的榮譽呢？應當求得千年之後仍為人們所瞭解和知曉才對。

【志之難也，不在勝人，在自勝】 出自《韓非子·喻老》。勝：克制。意思是：立志的難處，不在於戰勝別人，而在於戰勝自己。

【志不求易，事不避難】 出自《後漢書·虞詡傳》。意思是：立志向不求輕而易舉就能完成，但做事絕不要逃避困難。

【男兒無英標，焉用讀書博】 出自宋代劉過詩《懷古四首為知己魏倅元長賦兼呈王永叔宗丞戴少望》。英標：遠大的目標。意思是：如果男兒沒有遠大的目標，就算讀再多的書又有什麼用呢？

【男兒何不帶吳鉤，收取關山五十州】　出自唐代李賀詩《南國十三首》。吳鉤：古時吳地出產的一種刃稍彎的戰刀，後用吳鉤泛指戰刀。五十州：指唐代藩鎮割據的黃河南北的大片土地。意思是：男子漢為何不提上戰刀，將五十州的失地收回呢？說明男子漢應橫刀躍馬，建功立業。

【男子千年志，吾生未有涯】　出自宋代文天祥詩《南海》。千年志：形容志向遠大。意思是：好男兒有著遠大的志向，就算奮鬥一輩子也不算完。

【吞舟之魚，不游枝流；鴻鵠高飛，不集汙池】　出自《列子·楊朱》。枝：通「支」，枝流，即支流。意思是：能將船吞下的大魚，不會在江河的支流中游泳；翱翔萬里的鴻鵠，不會棲息在汙濁的池塘邊。比喻英傑志向遠大，秉性高潔。

【但令毛羽在，何處不翻飛】　出自唐代呂溫詩《賦得失群鶴》。意思是：只要有毛羽在，在哪裡不能高飛呢？用來比喻，只要有真才實學，在哪裡都能有所作為。

【物情大忌不自量，立志亦復嘉專精】　出自宋代劉過詩《呈陳總領》。物情：物理人情。嘉：好。意思是：做事最忌諱的就是不自量力，所以確立志向也應該勉勵自己要專精。

【自古英雄出少年】　出自吳敬梓《儒林外史》。意思是：英雄大多是從少年時期就展現出過人之處。

【做第一等人，幹第一等事，說第一等話，抱第一等識】　出自呂坤《續小兒語》。意思是：做第一等人，就要幹第一等的事，說第一等的話，持第一等的見識。

【生當作人傑，死亦為鬼雄】　出自李清照《夏日絕句》。意思是：活著的時候應當做人中豪傑，就是死了，也要成為鬼中的英雄。

【誰道人生無再少？門前流水尚能西】　出自蘇軾《浣溪沙·遊蘄水清泉寺，寺臨蘭溪，溪水西流》。意思是：誰說人生不能再變得年輕些？門前溪水東流還能轉為西行呢！

【不畏浮雲遮望眼，只緣身在最高層】　出自王安石《登飛來峰》。意思是：不怕浮雲遮住了遠望的眼光，只是因為身在最高層。

【天生我材必有用，千金散盡還復來】　出自李白《將進酒》。意思是：上天既然生下我，必將有我用武之地；千金花盡，還會重新回到我身上。

【會當凌絕頂，一覽眾山小】　出自杜甫《望岳》。意思是：應當登到山頂上去，俯瞰那眾山，而眾山就會顯得很小。

【好事盡從難處得，少年無向易中輕】　出自李咸用《送譚孝廉赴舉》。意思是：好事都是從艱難處得來的，所以年輕人不要去貪圖那些輕而易舉的事情。

【志當存高遠】　出自諸葛亮《誡外生書》。意思是：一個人應當有遠大的志向。

【甘瓜抱苦蒂，美棗生荊棘】　出自無名氏《古詩·甘瓜抱苦蒂》。意思是：瓜是甜的，卻有個苦的瓜蒂；棗是漂亮的，卻長在荊棘上。

【受屈不改心，然後知君子】　出自唐代李白詩《贈韋侍御黃裳》。屈：挫折。意思是：受到挫折和打擊後仍然能夠不改變自己的志向，這樣的人才是大丈夫。

【哀莫大於心死，而人死亦次之】　出自《莊子·田子方》。意思是：人最大的悲哀莫過於心如死灰，相比之下，生命的結束倒顯得次要了。後常用來指喪失理想和信念勝過喪失生命。

【蚯蚓霸一穴，神龍行九天】　出自明代方孝孺詩《閒居感懷》。意思是：蚯蚓佔據了一個洞穴就感到滿足，而神龍卻要飛上九天翱翔。用來比喻庸俗小人只慮及安身，而英雄豪傑卻志存高遠。

【願保金石志，勿令有奪移】　出自唐代孟郊詩《同年春宴》。意思是：但願能夠永遠保持金石那樣堅定的志向，不要有任何動搖。

【願將黃鶴翅，一借飛雲空】　出自唐代孟郊詩《上包祭酒》。黃鶴：傳說中是仙人所乘的一種鶴。意思是：希望能藉助黃鶴的翅膀飛上九天，翱翔萬里。

【人生志氣立，所貴功業昌】

出自唐代陶瀚詩《贈鄭員外》。意思是：人生立下大志，最可貴的是建立宏大的功業。

【大鵬一日同風起，扶搖直上九萬里，假令風歇時下來，猶能簸卻滄溟水】 出自唐代李白詩《上李邕》。假令：假使。簸卻：掀起、退卻。意思是：有朝一日，大鵬鳥隨風飛起，乘著旋風直飛上九萬里的高空。就算風停下來，大鵬落下，也會掀起巨大的波浪。比喻人抱負遠大，一旦時機到來，將不斷進取，施展自己的才華。

【丈夫可為酒色死？戰場橫屍勝床第】 出自宋代陸游詩《前有樽酒行》。床第：床席，喻指貪戀安逸的生活。意思是：大丈夫怎麼能為酒色而死呢？戰死在沙場勝過死於床第之間。

【丈夫貴功勳，不貴爵祿饒】

出自唐代姚合詩《送王歸湘鄉兼寄曾九弟》。貴：看重。意思是：大丈夫應注重建立功勳，而不必看重俸祿的多少。

【馬思邊草拳毛動，雕盼青雲睡眼開】 出自唐代劉禹錫詩《始聞秋風》。拳毛：捲曲的毛。意思是：戰馬思念著邊塞的草，連身上的毛也不住地抖動；大雕渴望著廣闊的天空，困倦的雙眼也頓時睜開了。詩句寫出了作者在垂暮之年仍想有所作為的奮發精神。

【長風破浪會有時，直掛雲帆濟滄海】 出自唐代李白詩《行路難》。濟：渡。意思是：總有一天會揚起高高的風帆，乘風破浪，在滄海上自由航行。比喻遭遇困難時應滿懷信心，相信自己的抱負一定能夠實現。

【刑天舞干戚，猛志固常在】

出自晉代陶淵明詩《讀山海經十三首》。刑天：《山海經》中的神話人物，傳說刑天與天帝爭權，敗給了天帝，被天帝砍頭。但他不甘屈服，以雙乳為眼，肚臍為嘴，手裡依舊拿著武器揮舞。干戚：武器。干，盾牌；戚，大斧。意思是：雖然刑天被砍掉了頭顱，但他仍然揮舞著盾牌和大斧，他勇猛的鬥志是永遠存在的。

【老驥伏櫪，志在千里；烈士暮年，壯心不已】 出自（三

國・魏）曹操《步出夏門行・龜雖壽》。驥：千里馬。烈士：有志之人。已：停止、衰減。櫪：馬槽。意思是：年老的千里馬伏在馬棚裡，但牠仍然想要馳騁千里；有志之人雖然到了晚年，但其雄心壯志依然不會衰減。

【仰天大笑出門去，我輩豈是蓬蒿人】　出自唐代李白詩《南陵別兒童入京》。蓬蒿人：比喻默默無聞的鄉野之人。意思是：仰天大笑出門進京，我怎麼可能是那種一輩子都默默無聞的鄉野之人呢？詩句描繪了作者進京時得意忘形的神態和躊躇滿志的心理。

【壯士不死即已，死即舉大名耳，王侯將相寧有種乎】　出自《史記・陳涉世家》。舉大名：圖大事。意思是：英雄志士不死就算了，要死就要為大事而死，王侯將相難道是天生的嗎？

【滄海可填山可移，男兒志氣當如斯】　出自宋代劉過詩《盱眙》。意思是：滄海能夠填平，高山可以移走，但男兒的志向卻應該總是堅定如初。

【大丈夫當雄飛，安能雌伏】　出自《後漢書・趙典列傳》。雄飛：比喻奮發有為。雌伏：比喻退藏，不進取，無所作為。意思是：大丈夫應當像雄鳥那樣展翅高飛，怎麼能像雌鳥那樣伏在那裡？

【登山不以艱險而止，則必臻乎峻嶺矣。積善不以窮否而怨，則必永其令問矣】　出自《抱朴子・廣譬》。意思是：登山不因為艱難險阻而停止，就一定會到達峻嶺。積善不因為自己窮困潦倒而埋怨，就一定會使自己的美譽長久。

【天將與之，必先苦之；天將毀之，必先累之】　出自《說苑・談叢》。意思是：老天要給誰好處，一定先讓他受苦；老天要毀掉誰，一定會先讓他積功積業，讓他不可一世。

【良馬，期乎千里】　出自《呂氏春秋・察今》。意思是：好馬的志向在於能馳騁千里。

【當為秋霜，無為檻羊】　出自《後漢書・廣陵思王荊列傳》。意思是：要成為那摧毀萬物的秋霜，不做那被關在木籠裡待宰的羔

羊。

【有志者，事竟成也】　出自《後漢書·耿弇列傳》。竟：結果，終究。意思是：有志向的人，事業終究是會成功的。

【藍有青，而絲假之，青於藍；地有黃，而絲假之，黃於地】　出自《韓詩·外傳》。假：藉助。意思是：蓼藍含有青色的色素，絲用青染料去染它，青的顏色勝過了蓼藍；黃土含有黃色的色素，絲用黃染料去染它，黃的顏色超過黃土。

【良馬不念秣，烈士不苟營】　出自唐代張籍詩《西州》。秣：草料。烈士：有抱負的人。意思是：好馬不會貪戀馬廄中的飼料，有抱負的志士也不會貪圖眼前的利益。說明志士應胸懷天下。

【櫪驥不忘千里志，病鴻終有赤霄心】　出自明代張居正詩《尉劉生臥病苦吟》。櫪驥：伏櫪之驥。鴻：鴻鵠。赤霄：紅色的天空，指極高的天空。意思是：伏在馬廄裡的千里馬時刻都沒有忘記自己要馳騁千里的志向，疾病中的鴻鵠一直都盼望著能再度沖上九霄。比喻有志之士雖然遇上暫時的挫折，但一定要堅持自己的抱負。

【畫工須畫雲中龍，為人須為人中雄】　出自近代秋瑾詩《贈蔣鹿珊先生言志且為他日成功之鴻爪也》。雲中龍：傳說龍在雲中時最為活躍和神氣。意思是：畫工要作畫，就要畫雲中的飛龍，人要做人，就要做人中的豪傑。詩句表現了作者非凡的氣概和志向。

【桑弧未了男子事，何能局促甘囚山】　出自宋代文天祥詩《生日和謝愛山長句》。桑弧：用桑木製成的弓。《禮記·內則》中曾記載：「射人以桑弧蓬矢六，射天地四方。」比喻志在四方。局促：狹小，狹窄。囚山：囚禁在山中，比喻幽居在山裡。意思是：男兒的桑弧之志還尚未完成，怎麼能夠甘心就這樣像囚禁似的隱居在狹小的山裡呢？比喻好男兒應志在四方。

【壯懷不逐秋容變，一任瀟瀟雨滿簾】　出自明代于謙詩《清秋述懷倒前韻》。壯懷：壯志。逐：跟隨。秋容：秋景，比喻晚年。意思是：我的壯志不會隨著秋色的漸

漸老去而衰減，任憑那瀟瀟的細雨打濕我的窗簾。

勉勵

【路曼曼其修遠兮，吾將上下而求索】　出自（戰國・楚）屈原《離騷》。曼曼：即漫漫，遙遠。修：長。意思是：人生的道路艱難而漫長，為了實現理想，我將四處去追尋和探索。

【不奮苦而求速效，只落得少日浮誇，老來窘隘而已】　出自清代鄭板橋《題畫》。意思是：不經過艱苦的奮鬥，就想快速取得收效，只會落得年輕時候浮誇，年老時候窘困罷了。

【米千粒，酒一滴；蠶千頭，絹一尺】　出自牛樹梅《天谷老人・小兒語補》。意思是：一千粒米才能釀一滴酒，一千隻蠶吐的絲才能織一尺絹。

【常將有日思無日，莫待無時思有時】　出自馮夢龍《警世通言》。意思是：生活富裕不能浪費，否則窮途必悔。

【試玉要燒三日滿，辨材須待七年期】　出自白居易《放言》之三。意思是：要檢驗是真玉還是假玉，就要用火燒它三天三夜；辨別良材則要等上七年的時間。

【春蠶到死絲方盡，蠟炬成灰淚始乾】　出自李商隱《無題》。意思是：春蠶一生吐絲，到死才會停止；蠟炬點燃自己照亮他人，直到燒盡身體才會熄滅。

【崇一簣而弗休，必鈞高乎峻極矣】　出自《抱朴子・勖學》。意思是：不斷地用一筐筐的土堆上去，就會堆積成高高的山峰。

【不飽食以終日，不棄功於寸陰】　出自《抱朴子・勖學》。意思是：不要飽食終日無所用心，不要忽視一分一秒的工夫。

【不能耕而欲黍粱，不能織而喜采裳，無事而求其功，難矣】出自《淮南子・說林訓》。黍粱：糧食、穀物。意思是：不會耕種而想收穫糧食，不會織布而好穿美麗的衣裳，想不勞而獲是不可能的。

【不益其厚，而張其廣者毀；不廣其基，而增其高者覆】　出自

《淮南子・泰族訓》。益：增加。意思是：不增加厚度卻擴展廣度的一定會毀壞，不擴展根基卻增加高度的一定會傾覆。

【皇天不負苦心人】　出自清代李寶嘉《文明小史》。意思是：上天不會辜負用心良苦的人。比喻只要肯努力奮鬥，就一定能夠取得成功。

【聖人千慮，必有一失；愚人千慮，必有一得】　出自《晏子春秋・內篇雜下》。意思是：有大智慧的人考慮上千次，也會有疏漏的時候；愚笨的人考慮上千次，總會有得當的時候。

【道雖邇，不行不至；事雖小，不為不成】　出自《荀子・修身》。邇：近。意思是：路程雖然近，但不走的話就無法到達；事情雖然小，但不去做的話就不會成功。

【百發失一，不足謂善射；千里跬步不至，不足謂善禦】　出自《荀子・勸學》。意思是：射出一百支箭，只有一支沒命中目標，這不能說善於射箭；走了一千里的路就差半步而沒到達終點，這不能說善於駕車。比喻做事要做到完美。

【天下難事，必作於易；天下大事，必作於細】　出自《道德經》。意思是：做天下的難事，一定要從做易事開始；做天下的大事，一定要從做小事開始。

【人一能之，己百之；人十能之，己千之】　出自《禮記・中庸》。意思是：別人一次就能做好的事情，只要自己肯做上一百次一定也能做好；別人要十次能做好的事情，只要自己肯做上千次一定也能做好。說明只要肯下工夫，就是再愚笨的人也一定能取得好成績。

【千淘萬漉雖辛苦，吹盡狂沙始到金】　出自唐代劉禹錫詞《浪淘沙》。意思是：雖然上千遍的淘洗、上萬遍的過濾十分辛苦，但只要泥沙除盡，就會得到金子。原比喻被讒言所害的人終有一天可以洗清罪名。後常用來比喻只有付出努力，才能獲得成功。

【天將降大任於斯人也，必先苦其心志，勞其筋骨，餓其體膚，

空乏其身，行拂亂其所為】　出自《孟子·告子下》。拂：違背。意思是：上天要將重大的責任降臨給某人時，一定會先讓他的內心經受痛苦，讓他的身體經受勞累，使他經受飢餓、經受貧窮，使他的所為遭受不順。說明做任何事都要經歷一番苦難。

【故君子博學深謀，修身端行，以俟其時】　出自《荀子·宥坐》。俟：等待。意思是：所以君子要做到增長知識，提高能力，培養好道德修養，端正品行，等待機遇到來。

【北海雖賒，扶搖可接】　出自唐代王勃《滕王閣序》。賒：遙遠。接：到達。意思是：北海雖然遙遠，但只要乘著盤旋而上的暴風，仍然可以到達。比喻凡事只要經過努力，總可以實現。

【少不勤苦，老必艱辛】　出自宋代林逋《省心錄》。意思是：年輕的時候不勤勞刻苦，到年老的時候必定要備受艱辛。

【從來好事天生儉，自古瓜兒苦後甜】　出自元代白樸曲《喜春來·題情》。儉：少。意思是：本來天降好事的時候就少，自古以來，瓜總是先苦後甜。比喻任何理想都要經過努力才能得以實現。

【功崇惟志，業廣惟勤】　出自《尚書·周官》。意思是：立下大的功勞，是由於有了遠大的志向；取得大的成果，是由於付出了辛勤的努力。

【業精於勤，荒於嬉；行成於思，毀於隨】　出自唐代韓愈《進學解》。意思是：學業所以專精，在於勤奮，所以荒廢，在於散漫；事情做得好，在於深思熟慮，做得不好，在於因循隨俗。說明做事要多下工夫，多動腦筋。

【合抱之木，生於毫末；九層之台，起於累土；千里之行，始於足下】　出自《老子》。合抱：一抱粗。毫末：形容微小的東西。意思是：一棵大樹，也是由幼小的樹苗長成的；九層高的樓臺，也是用一塊塊泥土慢慢壘成的；千里遠的路程，也是從腳下第一步開始的。原意是說事物都是由微小到巨大來發展變化的，告誡人們要防患於未然。後喻指大的事業也是由小到

大、由少到多積累起來的。

【飽食終日，無所用心，難矣哉】　出自《論語‧陽貨》。意思是：整天吃得飽飽的，什麼也不想，這可不行啊！用以告誡人們不可好逸惡勞、無所事事。

【克勤於邦，克儉於家】　出自《尚書‧大禹謨》。意思是：報效國家，要能夠勤勞；主持家政，要能夠節儉。

【憂勞可以興國，逸豫可以亡身】　出自宋代歐陽修《五代史‧伶官傳序》。逸豫：安逸享樂。意思是：思慮操勞可以使國家興盛，安逸享樂會使自身墮落。用來告誡人們不能貪圖安逸，要想成就事業必須操勞勤苦。

【建大功於天下者，必先修於閨門之內；垂大名於萬世者，必先行於纖微之事】　出自漢代陸賈《新語‧慎微》。閨門：比喻小范圍。意思是：為天下建立大功的人，一定是先在小的方面修養自己；名聲流傳千古的人，一定從微小的事情做起。說明建功立業一定要從小事做起，不可好高騖遠。

【勉之期不止，多獲由力耕】　出自宋代歐陽修詩《送唐生》。期：期望。意思是：希望你永遠都不要鬆懈，豐碩的成果是由於努力耕耘而獲得的。說明人只有勤勞，才能有所收穫。

【惟日孜孜，無敢逸豫】　出自《尚書‧君陳》。逸豫：安逸享樂。意思是：每天都努力不怠，不敢貪圖安逸和享樂。

【力學勿忘家世儉，堆金能使子孫愚】　出自劉克莊《貧居自警三首》之一。意思是：努力學習，不要忘記自己家裡世代治家都是很儉樸的；金銀財寶多了，只會使子孫變得愚蠢。

【丈夫之志，能屈能伸】　出自程允升《幼學瓊林‧身體》。意思是：大丈夫志在高遠，能上能下，不計較一時得失。

【一粥一飯，當思來處不易；半絲半縷，恆念物力維艱】　出自朱柏廬《朱子治家格言》。意思是：一碗粥飯，當想來之不易；半根絲線，常記織得艱難。意指衣食來之不易，不能浪費。

【富貴本無根，盡從勤裡得】

出自明代馮夢龍《醒世恆言·徐老僕義憤成家》。意思是：富貴本身並不是固定屬於誰的，而是透過辛勤的努力得來的。

【天行健，君子以自強不息】

出自《易經·乾》。健：剛健。意思是：自然界運行剛健有力，周而復始，君子也應像自然界一樣努力向上，永無休止。這句話原是用來解釋「乾」卦的，後常被用來自勉與勉人。成語「自強不息」即由此而來。

【為者常成，行者常至】 出自《晏子春秋·內篇雜下》。意思是：能夠堅持不懈地做下去的人，常常能獲得成功；能夠不斷行走的人，常常可以達到目的地。說明做事只要堅持不懈，就能獲得成功。

【苟日新，日日新，又日新】

出自《禮記·大學》。苟：如果。意思是：如果每天都能讓自己更新，那就應該日日更新，不斷進入新的境界。說明每天都應讓自己有所提高和進步。

【一日一錢，千日千錢。繩鋸木斷，水滴石穿】 出自宋代羅大經《鶴林玉露》。意思是：一天一枚錢，一千天就是一千枚錢；只要天長日久，用繩子也能把木頭鋸斷，用水滴也能把石頭滴穿。原意是說官吏貪汙可以積少成多，現多用來比喻只要堅持不懈，力量再小也終究會有大的成就。

【如垤而進，吾與之；如丘而止，吾已矣】 出自《荀子·宥坐》。垤：小土堆。意思是：即使成績如土堆一樣小，只要能努力進取，我便讚許他；即使成績如丘陵一樣大，如果止步不前，我也不讚賞他。說明做事貴在每天都取得進步，而不是看取得了多大的成績。

【涓流積至滄溟水，拳石崇成泰華岑】 出自宋代陸九淵詩《鵝湖和教授兄韻》。滄溟：大海。拳石：拳頭大小的石頭。崇：積聚。泰華：指泰山和華山。岑：高山。意思是：涓涓的細流匯聚在一起，就會形成大海；拳頭大小的石頭，只要壘積起來，就能夠成為像泰山和華山那樣高的大山。

【鑿不休則溝深，斧不止則薪多】 出自漢代王充《論衡·命

祿》。意思是：只要不停地開鑿，溝渠就會很深；只要不停地砍斫，就會得到很多的柴薪。用來比喻只要不斷奮鬥，就會取得好的成績。

【靡不有初，鮮克有終】 出自《詩經・大雅・蕩》。靡：無，沒有。鮮：少。克：能夠。意思是：沒有人一開始就不做的，但很少有人能堅持到底。說明人們做事多是有始無終。

【割而舍之，鎮邪不斷肉】 出自《淮南子・說山訓》。舍：放棄，停止。鎮邪：寶劍名，以鋒利著稱。意思是：割一下就停下來，即使像鎮邪那樣的寶劍也無法將肉割斷。比喻做事一定要堅持不懈。

【貧賤憂戚，庸玉汝於成也】 出自張載《西銘》。庸：或許。玉：相助。意思是：貧窮、低賤、憂患、愁苦，也許能幫助你在事業上有所成就。

【老禾不早殺，餘種穢良田】 出自《資治通鑑・陳紀》。穢：田中多草，荒蕪。意思是：殘留在地裡頭的季穀不早點割掉，它落下的稻粒必然使良田荒蕪。

【精誠所致，金石為開】 出自《後漢書・廣陵思王荊列傳》。意思是：只要有至誠之心，就是金石也能夠斷開。

【璧瑗成器，礛諸之功；鎮邪斷割，砥礪之力】 出自《淮南子・說林訓》。璧瑗：寶玉。鎮邪：古寶劍名。意思是：寶玉之所以成器，是由於思量；寶劍之所以那樣鋒利，是由於磨礪。

【敗不可悔，時不可失】 出自《後漢書・馮衍列傳》。意思是：既然失敗了，就不必老是後悔，重要的是要把握時間再做一次。

【反水不收，後悔無及】 出自《後漢書・光武帝紀上》。反水：覆水，即潑出去的水。意思是：潑出去的水再也無法收回來了，說錯話、做錯事後悔也來不及了。

【欲窮千里目，更上一層樓】 出自唐代王之渙詩《登鸛雀樓》。窮：到達。意思是：要想看到更遠的地方，就要登上更高的一層樓。用來比喻要想取得更好的成

續，就要付出更多的努力。

【寒不累時則霜不降，溫不兼日則冰不釋】　出自漢代王充《論衡・感虛》。累：連續。兼：連續。意思是：寒冷不連續地累積一段時間，就不會結霜；溫熱不連續保持一段時間，寒冰就不會被融化。用來比喻事物的發展總是有一個從量變到質變的過程。

惜時

【志士惜年，賢人惜日，聖人惜時】　出自清代魏源《默觚・學篇》。意思是：有志之士珍惜每一年的光陰；賢德之人，珍惜每一天的光陰；而聖人則會珍惜每一寸的光陰。

【光陰似箭催人老，日月如梭趕少年】　出自高明《琵琶記・牛相教女》。意思是：光陰飛逝如箭催人漸老，日月往來如梭，催趕著少年人天天長大。

【人間只道黃金貴，不問天公買少年】　出自元好問《無題》。意思是：世人只知道黃金的珍貴，可是縱有千金也買不到一寸光陰；又有誰能用黃金，向天公買回少年時代的青春歲月呢？

【尺璧非寶，寸陰可惜】　出自梁蕭繹《金樓子・立言上》。意思是：直徑一尺的玉璧不寶貴，一寸光陰應當珍惜。

【大禹聖人，猶惜寸陰。至於凡俗，當惜分陰】　出自南朝宋劉義慶《世說新語・政事》注。意思是：像大禹那樣的聖人都珍惜每一寸光陰，一般人更應當珍惜每一分光陰。

【尋春須是先春早，看花莫待花枝老】　出自南唐李煜《菩薩蠻》。意思是：要尋找春天，就要在春天到來之前去尋找；想看花，就莫要等到花要凋謝了才去欣賞。

【一寸光陰一寸金】　出自唐代王貞白詩《白鹿洞》。一寸光陰：日影移動一寸，形容時間很短。意思是：日影移動一寸，就像一寸長的金子一樣的貴重。比喻時間寶貴。

【一年好景君須記，最是橙黃橘綠時】　出自宋代蘇軾詩《贈劉

景文》。君：指劉景文。最：一作「正」。橙黃橘綠時：橙黃橘綠正是夏秋之際，比喻人的青壯年時期。意思是：你可要記住一年中最好的景色，那正是柳丁金黃、橘子正綠的時候。

【明日復明日，明日何其多！我生待明日，萬事成蹉跎！世人若被明日累，春去秋來老將至。朝看水東流，暮看日西墜。百年明日能幾何？勸君聽我《明日歌》】 出自錢鶴灘《明日歌》。意思是：明天又明天，明天何等多！如果我們一生做事都要等待明天，那麼勢必虛度光陰，一切事情就會錯過機會。一般的人苦於被明日牽累，春去秋來衰老將到。早晨看河水向東迅速流逝，傍晚看太陽向西瞬息墜落。人的一生能有多少個明天？請您聽取我的《明日歌》。說明做事要今日事今日畢，不能一味拖延。

【少壯不努力，老大徒傷悲】

出自《樂府詩集‧相和歌辭‧長歌行》。意思是：年輕力壯的時候不發奮努力，等到老了，就只剩空自歎息了。告誡人們應趁年輕時有所作為，不要等老了後悔莫及。

【人生處一世，去若朝露晞】

出自（三國‧魏）曹植詩《贈白馬王彪》。晞：晒乾。意思是：人生一世，就如同朝露一樣，轉瞬即逝。說明人生短暫，應珍惜時光。

【人生百年幾今日？今日不為真可惜】 出自明代文嘉詩《今日歌》。意思是：人生一世，能有多少個今天呢？不能抓住今天努力做事，實在是太可惜了。說明應抓住每一個今天。

【人生非寒松，年貌豈長在】

出自唐代李白詩《古風五十九首》。意思是：人的生命不是寒松翠柏，怎麼會不老呢？說明人生易老，應珍惜時光。

【人行猶可復，歲行那可追】

出自宋代蘇軾詩《別歲》。意思是：人走過的路、做過的事還可以再重來一次，可是時光流走了，怎麼能夠追得回呢？說明時光一去不復返。

【少年辛苦終身事，莫向光陰惰寸功】 出自唐代杜荀鶴詩《題弟侄書堂》。意思是：年輕的時候受些辛苦是關係到自己一輩子的

事，切不可偷懶耍滑，虛擲光陰。

【少年易學老難成，一寸光陰不可輕】　出自宋代朱熹詩《偶成》。意思是：年輕的時候學習的效果最好，最容易學有所成，但到年老的時候再學東西就難以學成了，所以不可輕視每一寸光陰。

【少壯輕年月，遲暮惜光輝】　出自（南朝‧梁）何遜詩《贈諸遊舊》。遲暮：指老年。光輝：光陰。意思是：年輕的時候常常不知道時光的寶貴，等到老的時候才懂得珍惜光陰。

【勸君莫惜金縷衣，勸君惜取少年時。花開堪折直須折，莫待無花空折枝】　出自唐代杜秋娘詩《金縷衣》。意思是：我奉勸你不要愛惜金線織就的衣裳，奉勸你要珍惜年少的大好時光。有花可折的時候就應該折取，不要等到花謝了再去折取無花的樹枝。此詩用折花來喻勸人應珍惜年少時光，讀來迴腸盪氣，給人們留下特別強烈的感受。

【今日不為，明日亡貨；昔之日已往而不來矣】　出自《管子‧

乘馬》。亡：同「無」，沒有。貨：財物。意思是：今天不努力做事，明天就會財貨貧乏。過去的時光已經過去了，再也不會回來了。

【勿謂寸陰短，既過難再獲】出自清代朱經詩《責己》。意思是：不要說一寸的光陰太短暫，而不去珍惜，一旦過去，就再也難以獲得了。說明人應珍惜時間。

【功者難成而易敗，時者難得而易失】　出自《史記‧淮陰侯列傳》。意思是：事情要取得成功很難，但失敗卻非常容易；時機要得到很難，但失去卻十分容易。說明要有所作為，一定要抓住時機。

【聖人不貴尺之璧，而重寸之陰】　出自《淮南子‧原道訓》。尺之璧：直徑為一尺的璧，形容極其珍貴。意思是：聖明的人不以盈尺的璧玉為珍貴，而是珍愛寸長的光陰。說明時間之寶貴，勸人們應當珍惜。

【東隅已逝，桑榆非晚】　出自唐代王勃《滕王閣序》。東隅：東方太陽升起的地方，比喻年輕的時光。桑榆：太陽將落時餘暉所照

一本書讀懂國學句典

的地方，比喻人的老年。意思是：早晨已經逝去了，但黃昏應還不算晚。比喻人老也同樣可以有所作為，同樣應珍惜時光。

【白日去如箭，達者惜分陰】

出自宋代朱敦儒詞《水調歌頭·白日去如箭》。達者：明白大義的人。意思是：太陽就像離弦的箭一樣，忽地一下飛過去了，明達之人會愛惜每一寸光陰。

【白日莫空過，青春不再來】

出自唐代林寬詩《少年行》。意思是：大好的時光可不要白白浪費掉，青春一旦逝去就不會再回來了。

【絲染無復白，鬢白無重黑。努力愛青春，一失不再得】 出自清代施閏章詩《古意》。意思是：絲織的東西被染黑以後就再也無法變成白色的了，頭髮一旦白了，也就不能再變黑了。一定要加倍愛惜自己的青春年華，一旦失去後，它就再也不會回來了。

【百川赴海返潮易，一葉報秋歸樹難】 出自唐代鮑溶詩《始見二毛》。意思是：大江大河流入海洋，而潮水回溯是很容易的；但秋天黃葉落地，卻再也無法回到樹上了。

【百年能幾日，忍不惜光陰】

出自唐代杜荀鶴詩《贈李蒙叟》。意思是：人生在世不過百年，能有幾個今天呢？怎麼忍心不珍惜光陰呢？

【歲月已往者不可複，未來者不可期，見在者不可失】 出自宋代林逋《省心錄》。複：回來，返回。見：同「現」，見在，現今存在。意思是：已經過去的歲月不可能再回來了，尚未到來的日子不能一味等待，而現在的時光一定不能失去。說明不能沉溺於對過去的追悔和對未來的期待，而是要抓住當前。

【歲月不居，時節如流】 出自（三國·魏）孔融《與曹公論盛孝章書》。居：停止。意思是：歲月不停留，時光就像流水一樣一去不回。

【安得萬垂柳，系教春日長】

出自宋代程垓詞《菩薩蠻》。意思是：怎麼樣才能得到萬條長長的

垂柳枝，用它繫住春天的美好時光，讓它永遠停駐呢？表達了作者對大好春光的惜戀。

【吾令羲和弭節兮，望崦嵫而勿迫】 出自（戰國·楚）屈原《離騷》。羲和：神話中太陽神的駕車者。弭：緩行，停止。崦嵫：山名，在今甘肅省天水縣。神話中的西方神山，太陽歸宿的地方。意思是：我要讓羲和停下他的鞭子啊，希望太陽不要落入崦嵫山。表現了作者對時光飛逝的一種緊迫感。

【花有重開日，人無再少年】 出自元代關漢卿雜劇《竇娥冤》楔子。意思是：花兒凋零了，還有重新開放的時候，而人一旦老去了，就再沒有青春年少的時候了。說明人應珍惜大好時光，發憤圖強。

【花到三春顏色消，月過十五光明少】 出自元代王和卿詩《自歎》。三春：指春天的第三個月。意思是：花到了晚春時節，就不再那麼鮮豔了；月亮過了十五以後，就不再那麼明亮了。比喻人過了壯年後，精力就不再那麼旺盛了，因

此要珍惜青春時光。

【男兒生身自有役，那得誤我少年時】 出自唐代張籍詩《別離曲》。役：事業。那：同「哪」。意思是：好男兒一生下來就是要成就一番事業的，怎麼能夠虛度自己的青春呢？

【君看白日馳，何異弦上箭】 出自唐代李益詩《遊子吟》。意思是：你看那太陽飛馳而過，多像離弦的箭啊！詩句慨歎時光易逝，日月如梭。

【青春背我堂堂去，白髮欺人故故生】 出自唐代薛能詩《春日使府寓懷》。堂堂：大搖大擺的樣子。故故：連連。意思是：青春就這樣從我的背後大搖大擺地走了，白髮像欺負人似的一根根長了出來。

【往者不可諫，來者猶可追】 出自《論語·微子》。諫：挽回，改正。意思是：過去了的已經無法挽回了，但未來的還來得及。說明人應抓住以後的時光，奮發努力，而不要沉浸在對過去的追悔之中。

一本書讀懂國學句典

【青春須早為，豈能長少年】

出自唐代孟郊詩《勸學》。意思是：人應當趁著青春年少的時候奮發有為，誰能夠青春永駐呢？

【金烏長飛玉兔走，青鬢長青古無有】　出自唐代韓琮詩《春愁》。金烏：傳說太陽裡有三足烏，因此稱太陽為金烏。玉兔：傳說月亮裡有白兔，因此稱月亮為玉兔。意思是：太陽一直在飛旋，月亮一直在奔走，但自古以來，能夠讓鬢髮常青的人卻一個也沒有。

【枯木逢春猶再發，人無兩度在少年】　出自《重訂增廣》。意思是：乾枯的樹木到了春天還會再發出新芽，但人卻不可能有兩次青春年少。比喻青春寶貴。

【流光容易把人拋，紅了櫻桃，綠了芭蕉】　出自宋代蔣捷詞《一剪梅‧舟過吳江》。流光：時光。意思是：如流水般逝去的年華將人拋卻，轉眼間，櫻桃紅了，芭蕉也綠了。說明時光匆匆，應倍加珍惜。

【流年莫虛擲，華髮不相容】

出自唐代方干詩《送從兄郜》。容：寬恕。意思是：時光如水般匆匆流逝，切不可虛度年華，要知道，白髮可是不饒人的！

【難將百鎰金，挽留一寸晷】

出自《野人清嘯》。鎰：古代的重量單位，一鎰為一金，即二十四兩。晷：日影，這裡指光陰。意思是：即使用一百金也無法挽留住一寸光陰。說明時光寶貴，人應當爭分奪秒。

【盛年不重來，一日難再晨；及時當勉勵，歲月不待人】　出自晉代陶淵明《雜詩十二首》。意思是：人的青年時期一過去，就不會再來，一日之間，不會有第二個早晨。因此，應及時努力，時間是不會等人的。

【黃河清有日，白髮黑無緣】

出自唐代劉采春詩《囉嗊曲》。無緣：沒有理由，不可能。意思是：黃河的水總會有變清的一天，但人的頭髮變白了，就再也不能變黑了。比喻青春易老。

【驚風飄白日，光景馳西流】

出自（三國‧魏）曹植《箜篌引》。驚風：疾風。光景：時光。

意思是：疾風伴著白日，使時光迅速地向西流駛。比喻時光如流水。

【題詩寄汝非無意，莫負青春取自慚】　出自明代于謙詩《示冕》。意思是：我給你寄這首詩不是沒有用意的，希望你不要辜負了大好時光，免得將來自己感到慚愧。

善為

【一忍可以支百勇，一靜可以制百動】　出自宋代蘇洵《心術》。支：支撐、抵禦。制：克制。意思是：忍耐一下可以抵得住種種急躁和魯莽，沉著冷靜可以克制種種衝動。本句原指戰爭中該忍就忍，該靜就靜，不能憑一夫之勇來行事，後常用來說明遇事要冷靜沉著。

【寬小過，總大綱】　出自《後漢書·班超列傳》。意思是：寬恕小的過失，抓住大事。

【建大業者，不拘小節】　出自《三國志·魏書·文帝紀》。意思是：創造宏偉事業的人不拘泥小節。

【百言百當，不如擇趨而審行也】　出自《淮南子·人間訓》。意思是：就是百句話都說對了，也不如選擇一句可行的加以審慎地去實行。

【蝮蛇螫手，壯士解其腕】出自《三國志·魏書·陳泰傳》。意思是：壯士的手被毒蛇咬傷之後，就立即砍斷手腕，免得毒性蔓延到全身。

【明者，銷禍於未萌】　出自《資治通鑑·漢紀》。萌：萌芽。意思是：聰明的人總能把禍患消滅在沒有產生的時候。

【苟不能以善始，未有能令終者也】　出自《三國志·魏書·后妃傳》。苟：假如。意思是：假如沒有一個好的開始的話，就不會有好的結局。

【塞水不自其源，必復流】出自《國語·晉語一》。意思是：堵塞流水不從發源的地方堵，水必定還要流出來。比喻處理問題必須從根本抓起。

【不為不可成，不求不可得】

出自《管子・牧民》。意思是：不做不可能成功的事情，不尋求不可能得到的東西。

【是以聖人不行而知，不見而名，不為而成】　意思是：所以，聖人不必親身經歷就知道事情的始終，不必親眼去看就明白發生了什麼，不必親自去做就能讓事情成功。

【不出戶，知天下；不窺牖，見天道】　出自《道德經》。意思是：不出門戶，能知天下大事；不窺視窗外，能知天理人心。

【聖人不能為時，時至而弗失】　出自《戰國策・秦策三》。意思是：聖人不能製造時勢，但時機一旦來臨就絕不會失掉它。

【是以聖人後其身而身先，外其身而身存。非以其無私邪？故能成其私】　出自《道德經》。意思是：所以說，聖人不為天下先，反而能佔先；將生命置之度外，反而能生存。不正是由於他表現出大公無私嗎？反而能成就其個人。

【君子不鏡於水而鏡於人。鏡於水，見面之容；鏡於人，則知吉與凶】　出自《墨子・非攻中》。意思是：君子不以水為鏡子，而以人為鏡子對照檢查自己，以水為鏡能看到自己的面容，而以人為鏡，便會知道吉和凶。

【彼節者有間，而刀刃者無厚；以無厚入有間，恢恢乎其於遊刃必有餘地矣】　出自《莊子・養生主》。恢恢：闊綽。意思是：牛的骨節有間隙，而刀刃薄得幾乎沒有厚度。用薄的沒有厚度的刀刃在牛的骨節空隙下刀，那就會很寬綽，運轉刀刃就有餘地了。

【觀國者觀君，觀軍者觀將】　出自《管子・霸言》。意思是：看一個國家要看它的君主如何，看一支軍隊要看它的主將如何。

【苟不求助，何能舉】　出自《荀子・大略》。意思是：不求賢人幫助，怎麼能辦好事情呢？

【三思而後行】　出自《論語・公冶長》。三思：指經過多次考慮。意思是：做事一定要經過深思熟慮後才去行動。

【尺蠖之屈，以求信也；龍蛇之蟄，以存身也】　出自《周

易・繫辭下》。屈：彎曲；信：音「申」，意「伸」。意思是：尺蠖將自己的身軀盡量地彎曲，是為了伸展前進；龍蛇冬眠，是為了保全生命。

【生而不有，為而不恃，功成而弗居。夫惟弗居，是以不去】出自《道德經》。意思是：生養了萬物，但不據為己有；做了事情，但不恃功自傲；大功告成，但不坐享自居；正因為不居功，所以功績不會失去。

【凡人之患，蔽於一曲，而暗於大理】 出自《荀子・解蔽》。曲：局部，偏見。暗：糊塗，不明白。大理：全面的正確的道理。意思是：人的通病往往都是被局部的現象所蒙蔽，而看不清全面的正確的道理。警戒人們看問題要全面，不要拘泥於片面的成見。

【士雖有學，而行為本焉】出自《墨子・修身》。意思是：讀書人雖然有書本知識，但最根本的還是在於把書本知識變為實際行動。

【凡舉事無為親厚者所痛，而為見仇者所快】 出自漢代朱浮《為幽州牧與彭寵書》。親厚者：自己人，親近的人。見仇者：敵對的人。意思是：不管做什麼事情，都不能讓親近的人感到心痛，而讓與自己敵對的人感到痛快。成語「親痛仇快」「親者痛，仇者快」即來源於此。

【深則厲，淺則揭】 出自《詩經・邶風・匏有苦葉》。厲：連衣涉水；揭：撩起衣服。意思是：河水若深，索性連著衣服涉水，水淺時便撩起衣服跳過去。比喻處理問題要因地制宜。

【伐柯伐柯，其則不遠】 出自《詩經・豳風・伐柯》。柯：斧柄。意思是：砍樹枝做斧柄，手裡的斧柄的尺度就是伐取的標準。

【無欲速，無見小利。欲速，則不達；見小利，則大事不成】出自《論語・子路》。意思是：做事不要急於求成，不要只顧眼前的小利。急於求成，反而達不到預期的目的；只顧小利，就做不成大事。成語「欲速則不達」即由此而來。

【若夫坐如屍，立如齊。禮從宜，使從俗】　出自《禮記・曲禮上》。意思是：坐，要坐得端正；站，要站得恭敬。在遵從禮制的時候要因時因地來行權宜之變，出使別國要順應當地的風俗。

【不涸澤而漁，不焚林而獵】　出自《淮南子・主術訓》。涸澤：枯竭、水乾。意思是：不把池裡的水汲乾了捕魚，不把樹林焚燒了來獵獸。比喻做事要從長遠來考慮，不能只顧眼前的利益。

【予其懲，而毖後患】　出自《詩經・周頌・小毖》。予：我。懲：警戒。毖：謹慎。意思是：我要將過去的錯誤作為警戒，以後謹慎，以免招來禍患。後以「懲前毖後」說明吸取以前失敗的教訓，以後謹慎，不致重犯。

【功之成，非成於成之日，蓋必有所又起；禍之作，不作於作之日，亦必有所由兆】　出自宋代蘇洵《管仲論》。由起：緣由，起因。由兆：緣由先兆。意思是：事情的成功，並不是在成功的當天成功的，而必定有它的緣由和起因；災禍的發生，並不是在災禍的當天發生的，而必定有它的緣由和先兆。

【權，然後知輕重；度，然後知長短】　出自《孟子・梁惠王上》。權：稱一稱。度：量一量。意思是：稱一稱，這樣才能知道是輕還是重；量一量，這樣才能知道是長還是短。原來是孟子勸齊宣王權衡利弊，決定取捨的話，後人常用來比喻無論做什麼事，都要權衡利弊得失。

【危者使平，易者使傾】　出自《易經・繫辭下》。危：感到危險。易：覺得容易。意思是：能夠感覺到危險而保持警惕的人，就會平安無事；認為事情容易而失去戒心的人，就會跌倒，甚至一敗塗地。

【善張網者引其綱】　出自《韓非子・外儲說右下》。引：拉著。綱：網的主繩。意思是：善於撒網捕魚的人總是拉著網的主繩撒網的。

【使除患無至，易於救患】出自《戰國策・燕策二》。無至：未到。意思是：假如禍患在發生前

就消滅它，這比禍患發生了再去補救要容易得多。

【聰者聽於無聲，明者見於未形】　出自《漢書・伍被傳》。聰：聽覺靈敏。明：眼睛明銳。意思是：聽覺靈敏的人，人家未說之前已經耳有所聞了；目光銳利的人，在事物還未出現之前，就已經覺察到了。

【時不可失，喪不可久】　出自《國語・晉語二》。意思是：要緊緊抓住時機不能錯過，錯過了也不能延誤太久。

【登高而招，臂非加長也，而見者遠；順風而呼，聲非加疾也，而聞者彰】　出自《荀子・勸學》。招：招手。疾：壯，指聲音洪亮。彰：明，清楚。意思是：站在高處向人招手，胳膊並未加長，而遠處的人可以看見；順著風對人呼喊，聲音並沒有更洪亮，但能使聽者聽得更清。

【弓矢不調，則羿不能中微；六馬不和，則造父不能以致遠】出自《荀子・議兵》。意思是：后羿雖然善射，沒有好的弓箭也不能

命中微小的目標；造父雖然善於駕車，馬不聽使喚也不能走到很遠的地方去。

【善為士者不武，善戰者不怒，善勝敵者不與，善用人者為天下，是謂不爭之德，是謂用人之力】　出自《道德經》。意思是：一個好的士兵並不一味逞武，善於作戰的人並不表現出他的憤怒，會打仗取勝的人並不跟敵人周旋，善於用人的人對人態度謙虛，這叫做不與人爭的德行，這叫做利用他人之力。

【夙夜罔或不勤，不矜細行，終累大德。為山九仞，功虧一簣】　出自《尚書・周書・旅獒》。意思是：早晚不努力勤奮地工作，不注意小節和作風，終究會掩蓋或否定自己的成績和功勞。比如築九仞高的土山，因為只差一筐土而沒有完成。

【事以密成，語以洩敗】　出自《韓非子・說難》。密：縝密。意思是：事情因為縝密而成功，話語因為洩露而失敗。

【盲人騎瞎馬，夜半臨深池】

一本書讀懂國學句典

出自（南朝・宋）劉義慶《世說新語・排調》。意思是：盲人騎著瞎馬，半夜走到深水池旁。作者用「盲人」、「瞎馬」、「夜半」「深池」比喻處境的危險，告誡人們不可盲目行動。

【見虎一文，不知其武；見驥一毛，不知善走】 出自《淮南子・說林訓》。文：同「紋」，花紋。意思是：只是看到老虎的一點斑點，不可能知道老虎的威猛；只見到駿馬的一根毫毛，不可能瞭解牠善於奔跑。

【戰戰兢兢，如臨深淵，如履薄冰】 出自《詩經・小雅・小旻》。孔：很。集：成。意思是：小心謹慎，就好像走近深淵旁邊，踏在薄冰之上一樣。用來比喻處事謹慎。

【臨事貴守，當機貴斷，兆謀貴密】 出自清代申涵煜《省心短語》。意思是：面臨危難的時候，貴在能持守；在事情的關鍵時刻，貴在善於決斷；而對於事先的謀劃，貴在計畫周密。

【聞而審，則為福矣；聞而不審，不若無聞矣】 出自《呂氏春秋・察傳》。審：審查、核實。意思是：聽到傳聞能夠加以考察，就會帶來好處；聽到傳聞卻不加以考察，倒不如不聽。

【前事之不忘，後事之師】 出自《戰國策・趙策一》。師：這裡指借鑑。意思是：不忘記以前做事的經驗教訓，以後做事就可以有所借鑑了。

【晝之所為，夜必思之】 出自宋代林逋《省心錄》。意思是：白天所做的事情，到了晚上一定要好好地思考一下。說明做事要及時反省，總結經驗，吸取教訓。

【顧小利，則大利之殘也】 出自《韓非子・十過》。意思是：只顧眼前的小利，勢必會損害到大的利益。說明做事要從大處著眼。

【心病終須心藥治，解鈴還是繫鈴人】 出自清代曹雪芹《紅樓夢》。意思是：思想上的病最終還要從思想上去解決，要想解下鈴鐺還是要由當初繫鈴的人來解。說明哪兒有問題就解決哪兒，誰做的事就由誰來解決。

【以肉去蟻，蟻愈多；以魚驅蠅，蠅愈至】 出自《韓非子·外儲說左下》。意思是：用肉來驅趕螞蟻，螞蟻會越來越多；用魚來驅趕蒼蠅，越趕蒼蠅就會越來。說明處理問題要有正確的措施。

【傳聞不如親見，視景不如察形】 出自《後漢書·馬援傳》。景：同「影」，影子。意思是：憑藉傳聞瞭解事情，不如親眼觀看，只看看影子，不如直接觀察事物的形狀。說明「百聞不如一見」的道理。

【耳聞之不如目見之，目見之不如足踐之，足踐之不如手辨之】 出自《說苑·政理》。意思是：耳朵聽到不如眼睛看到，眼睛看到不如身臨其境，身臨其境不如親手實踐。

【口說不如身逢，耳聞不如目睹】 出自《資治通鑑·唐紀》。口說：聽人說的。意思是：聽人說的不如親身經歷，親耳聽到不如親眼見到。

【百聞不如一見】 出自《漢書·趙充國傳》。意思是：聽別人說一百次，也不如自己親自看一次。

【求木之長者，必固其根本；欲流之遠者，必浚其泉源】 出自唐代魏徵《諫太宗十思疏》。意思是：要想使樹木長得高大，一定要使它的根部穩固；要想讓水流得更遠，一定要疏通它的源頭。比喻做什麼事情都要抓住其根本。

【抱薪救火，薪不盡，火不滅】 出自《史記·魏世家》。薪：柴火。意思是：抱著柴火去救火，柴火不燒完，火就不會滅。比喻用錯誤的方法消滅危害，只能使危害擴大。

【二者不可得兼，捨魚而取熊掌者也】 出自《孟子·告子上》。意思是：當兩個不能同時得到時，就捨棄魚而選擇熊掌。比喻當所想要的東西發生矛盾時，要捨棄次要的，而選擇重要的。

【將治大事者不治細，成大功者不成小】 出自《列子·楊朱》。細：指小事。意思是：要做大事業的人不會去做那些瑣碎的事情，要成就大功的人不會去求取那

一本書讀懂國學句典

些小的功績。說明胸懷大志的人不會在小事上耽誤工夫。

【射人先射馬，擒賊先擒王】

出自唐代杜甫詩《前出塞》之六。意思是：要想射人，應先射他的馬；要想擒賊，應該先擒住他們的首領。比喻解決問題應找到問題的關鍵，抓住要害。

【善除害者察其本，善理疾者絕其源】出自唐代白居易《策林》。意思是：善於消除災禍的人，總是先查找其根由；善於調理疾病的人，總是先斷絕疾病的源頭。比喻解決問題要找到問題的癥結，進行根治。

【成事不說，遂事不諫，既往不咎】出自《論語·八佾》。咎：追究。意思是：已經做成的事就不要再解釋了，已經決定的事就不要再勸阻了，已經過去的事情就不要再去責怪了。成語「成事不說」、「既往不咎」即由此而來。

【滄浪之水清兮，可以濯吾纓；滄浪之水濁兮，可以濯吾足】出自（戰國·楚）屈原《楚辭·漁父》。滄浪：古代水名，在今湖北境內。濯：洗。纓：古代的帽子上系在頷下的帶子。意思是：滄浪的水清啊，可以洗洗我的冠帶；滄浪的水濁啊，可以洗洗我的雙腳。此句原為漁父勸屈原明哲保身的話，現多用來比喻人的行為應適應客觀環境。

【嘗一脟肉而知一鑊之味，一鼎之調】出自《呂氏春秋·察今》。脟：同「臠」，切成小塊的肉。鑊：古代的一種大鍋。意思是：品嘗一塊肉就知道了一整鍋肉的味道，進而知道一鼎肉的味道是否調和。

【任人者，故逸】出自《呂氏春秋·察賢》。意思是：善於用人，當然就輕鬆。

【夫濟大事，必以人為本】出自《三國志·蜀書·先主傳》。濟：成。意思是：要想成就大事業，必然要以人為根本。

【官無二業，事不並濟】出自《後漢書·張衡列傳》。意思是：當官的人不能兼做其他職業，做事情不能許多事情一起做。

【蒼蠅之飛，不過十步；自託

【騏驥之尾，乃騰千里之路】 出自《後漢書·隗囂列傳》注。意思是：蒼蠅飛起來，不過十幾步遠；但如果依附在駿馬的尾巴上，就能騰飛千里遠的路程。

【非成業難，得賢難；非得賢難，用之難；非用之難，任之難】 出自《三國志·吳書·鍾離牧傳》注。意思是：成就大的事業並不難，難的是得到有才能的賢人；得到賢人並不難，難的是使用他們；使用他們並不難，難的是信任他們。

【得時無怠，時不再來，天予不取，反為之災】 出自《國語·越語下》。意思是：得到了時機就不要懈怠，時機一旦錯過，就不會再度重來。上天給予的良機，如果不能利用，反而會遭受災禍。

【魚乘於水，鳥乘於風，草木乘於時】 出自漢代劉向《說苑·建本》。乘：憑藉。時：時令，季節。意思是：魚是憑藉著水的力量才能遊動，鳥是憑藉風的力量才能飛翔，花草樹木是憑藉著季節的變化而生長。用來比喻做事要善於藉助外界力量。

【一進一退，一左一右，六驥不致】 出自《荀子·修身》。六驥：用六匹好馬拉的車。意思是：一會向前，一會向後，一會向左，一會向右，即使用六匹馬的好車也無法到達目的地。比喻做事要專心。

【見兔而顧犬，未為晚也；亡羊而補牢，未為遲也】 出自《戰國策·楚策四》。牢：牲口圈。意思是：看見兔子後，再回頭喚狗去追捕，也不算晚；羊丟了以後，再將牲口圈修補好，也不算遲。用來比喻事故發生後，再想辦法補救也來得及。

【當斷不斷，反受其亂】 出自漢代司馬遷《史記·齊悼惠王世家》。意思是：應該做出決斷的時候而不做出決斷，反而會給自己招來災禍。

【舉棋不定，不勝其耦】 出自《左傳·襄公二十五年》。耦：下棋的對手。意思是：下棋的人拿著棋猶豫不決，就無法戰勝自己的對手。比喻做事要拿不定主意，就取得不了成功。

學問篇

治學

【才多俗美，更數十年猶得收其實用者，其教使之然也】　出自明代張嶽《草堂學則》。更：經歷。意思是：人才之眾多，風俗之淳美，再經歷十年仍能受益，這都是教育帶來的結果。

【不以規矩，不能成方圓】　出自《孟子・離婁上》。規：圓規。矩：曲尺。意思是：不使用圓規和曲尺，就不能準確地畫出方形和圓形。用來比喻行事如果沒有準則，就什麼事情也辦不好。

【學問無大小，能者為尊】　出自李汝珍《鏡花緣》。意思是：在學問上不分年齡大小，學問大的受到尊重。

【人之為學，不可自小，又不可自大】　出自顧炎武《日知錄》。意思是：一個人在學習上不可以自卑，也不可以妄自尊大。

【凡讀書……須要讀得字字響亮】　出自朱熹《訓學齋規》。意思是：讀書……必須逐字逐句聲聲洪亮，不能馬虎。

【不學而求知，猶願魚而無網焉，心雖勤而無獲矣】 出自《抱朴子・勖學》。意思是：不學習而想得到知識，就好比想捕魚而沒有網，心情雖然迫切，但沒有收穫。

【君子不羞學，不羞問】 出自《說苑・談叢》。意思是：君子不羞於學習，不羞於詢問。

【傾則不精】 出自《荀子・解蔽》。精：精心，專一。意思是：心有偏向，辦事就不能專誠。

【常玉不琢，不成文章；君子不學，不成其德】 出自《漢書・董仲舒傳》。琢：雕刻。意思是：平常的玉不雕琢，就不會有好看的花紋；君子不學習，就不能成就他的德行。

【大匠不為拙工改廢繩墨，羿不為拙射變其彀率】 出自《孟子・盡心上》。大匠：高明的工匠。彀率：標準。意思是：高明的工匠不會因為拙笨的工人不會使用就改廢繩墨，羿不會因為拙劣的射手就改變其拉弓射箭的準則。說明教育應有一定的法則，不能因為學生的問題就輕易改變。

【教不立，學不傳，人材不期壞而自壞】 出自宋代楊時《二程粹言・論學篇》。意思是：如果不興辦教育，如果沒有老師傳授學問，那麼，本來可以不廢棄的人才也自然會廢棄。

【教人者，成人之長，去人之短也】 出自清代魏源《默觚下・治篇》。意思是：教導別人，就是要使其長處得以發揚，使其短處得以遏制。

【志不強者智不達】 出自《墨子・修身》。意思是：意志不堅強的人智慧就得不到充分的發揮。

【敬教勸學，建國之大本；興賢育才，為政之先務】 出自清代朱舜水《勸興》。勸：鼓勵。意思是：尊重教育、鼓勵辦學，是國家建設的根本；挖掘賢士、培養人才，是治理政務的首要。

【師之所以為師，言必出於道，行必由於道，教必本於道】出自明代薛瑄《送孔節文分教徐州序》。道：道德規範。本：依據。意思是：老師之所以能為人師表，

一本書讀懂國學句典

是他的言談必然出自道德，他的行為必定符合道德，他的授教一定依據道德。

【師非道也，道非師不幬；師非學也，學非師不約】 出自明代何心隱《師說》。幬：覆蓋，這裡指廣為傳播。約：簡明。意思是：老師不等於真理，但是沒有老師，就無法讓真理廣為人知；老師不等於學問，但是沒有老師，就不能讓學問簡約明朗。

【弟子不必不如師，師不必賢於弟子】 出自唐代韓愈《師說》。不必：不一定。意思是：做弟子的不一定比不上老師，做老師的不一定比弟子高明。

【大匠誨人必以規矩，學者亦必以規矩】 出自《孟子·告子上》。規矩：法則。意思是：高明的工匠教授別人，一定會按照法則，而學習的人本身也應當遵循法則。

【不憤不啟，不悱不發。舉一隅不以三隅反，則不復也】 出自《論語·述而》。憤：苦思冥想仍想不明白。悱：想說而又說不來。

隅：一角，一方面。意思是：不到他苦思冥想而仍想不明白的時候，就不要去開導他；不到他想說又說不出來的時候，就不要去啟發他。如果教給他一個方面，他卻不能推知其他三個方面，那就不再教他了。

【中也養不中，才也養不才】 出自《孟子·離婁下》。中：道德品質很好的人。養：教育。才：有才能的人。意思是：讓道德品性好的人去教育那些道德品性不好的人，讓有才能的人去教育那些沒有才能的人。

【引而不發，躍如也】 出自《孟子·盡心上》。意思是：教育別人就像教別人射箭一樣，只將弓拉滿，但不發箭，只做出一種躍躍欲試的樣子。比喻教育要善於啟發。

【可以語上而不語之，是抑其所可至；不可語上而語之，是強其所未能，皆非聖人因材之教也】出自明代孫應鰲《四書近語》。上：高深的學問。意思是：可以教授他高深的知識而不教授，就抑制了他能達到的水準；不能教授他高

深的知識卻教授了，是強其所難。這兩種做法都不符合聖人因材施教的原則。

【生而同聲，長而異俗，教使之然也】　出自《荀子·勸學》。意思是：人剛一生下來時，哭聲都是一樣，但長大後卻有了不同習俗，這是因為受了不同教育的結果。

【朽木不可雕也，糞土之牆不可杇也】　出自《論語·公冶長》。杇：同「圬」，泥瓦匠抹牆的工具，這裡指粉刷牆壁。意思是：腐爛的木頭不能再用來雕刻了，用糞土壘成的牆不能粉刷了。比喻對無法造就的人，用不著再去培養他了。

【有教無類】　出自《論語·衛靈公》。意思是：教育不應分貧富貴賤、地域種族等類別，而是應當對於什麼樣的人都應該給予教育。

【身教親於言教】　出自清代魏源《默觚·學篇》。意思是：以實際行動來教育別人比用言語去教育別人更好。

【言近而指遠者，善言也】出自《孟子·盡心下》。近：淺顯。指：同「旨」，意義。意思是：語言雖然淺顯，但意義深遠，這才稱得上是「善言」。說明教育應由近及遠，深入淺出。

【君子之於子，愛之而勿面，使之而勿貌，導之以道而勿強】出自《荀子·大略》。勿面：不表現在臉上。意思是：對於自己的孩子，君子雖然喜愛，但卻不表現在臉上，如果使喚他，也不用好的臉色，教導他要用道理來誘導他，而不是強制他。

【苟不可以為天下國家之用，則不教也；苟可以為天下國家之用者，則無不在於學】　出自宋代王安石《上仁宗皇帝言事書》。苟：如果。意思是：如果不能夠為國家的治理所用，這樣的學問就不要教授它；如果能夠為國家的治理所用，這樣的學問就應該全部列入學校的教育范圍。

【學即教，教即學，互相資矣】　出自明代王肯堂《交友》。資：依託，憑藉。意思是：學就是教，教就是學，二者是相互依託，

相輔相成的。

【愛子，教之以義方，弗納於邪】　出自《左傳‧隱公三年》。義方：道義。意思是：疼愛子女，就要用高尚的道義來教育他，而不要讓他接納邪惡的東西。

【教學相長】　出自《禮記‧學記》。長：增進。意思是：教育和學習是相互促進、相互提高的。

【人莫欲學御龍，而皆欲學御馬；莫欲學治鬼，而皆欲學治人，急所用也】　出自《淮南子‧說林訓》。意思是：沒有人想去學怎樣駕馭龍的，卻都願意學怎樣駕馭馬；沒有人想去學怎樣治理鬼的，卻都願意學怎樣治理人。這是因為人們都想學急需且實用的東西啊。說明學問應能為實際所用。

【無財之謂貧，學而不行之謂病】　出自漢代劉向《新序‧節士》。病：弊病，弊端。意思是：沒有錢財叫做貧窮，學了知識而不能實踐叫做弊病。

【為學無別法，只是知一字，行一字，知一句，行一句，便有益】　出自明代薛瑄《薛文清》。

意思是：求學沒有什麼別的方法，只要是能夠知道一點，就做一點，知道一些，就做一些，就會有所裨益。

【廢學若斷織】　出自漢代劉向《烈女傳》。意思是：學習半途而廢，就好比織布時斷了線一樣。

【文章合為時而著，歌詩合為事而作】　出自唐代白居易《與元九書》。合：應當。時：時代。意思是：文章應該為時代而作，歌詩應該為事理而作。

苦讀

【少而不學，長無能也】　出自《孔子家語‧三恕》。意思是：年少的時候不好好學習，長大了以後就不會有什麼才能。

【學不可以已】　出自《荀子‧勸學》。已：停，止。意思是：學習是不可以停止的。

【少而習焉，其心安焉，不見異物而遷焉】　出自《管子‧小匡》。意思是：人在年幼時就開始

學習，用心容易專一，沒有別的事情干擾，所以容易學成。

【列士並學，能終善者為師】

出自《晏子春秋・內篇諫上》。列：各。善：學得最好。意思是：士子一起求學，最後學得最好的人，可以做老師。

【世人不問愚智，皆欲識人之多，見事之廣，而不肯讀書，是猶求飽而懶營饌，欲暖而惰裁衣也】

出自《顏氏家訓・勉學》。意思是：不管是蠢人還是聰明人，總想自己見多識廣，但不肯讀書，這就等於想吃飽卻懶得做飯，想穿暖卻懶得縫製衣服。

【劍雖利，不厲不斷；材雖美，不學不高】　意思是：劍雖然鋒利，不去磨它就不能砍斷東西；資質雖然好，不學習才能就不高。

【觀天下書未遍，不得妄下雌黃】　出自《顏氏家訓・勉學》。意思是：沒有讀遍天下之書，就不能信口雌黃。

【人才雖高，不務學問，不能致聖】　出自《說苑・建本》。聖：作「用」。意思是：有的人雖然天資很高，但如果不努力學習，最後也不能成才。

【飾治之術，莫良乎學。學之廣在於不倦，不倦在於固志】　出自《抱朴子・崇教》。意思是：完善自我的方法，沒有比學習更好的。學習能學得廣博，在於不知疲倦，能做到不知疲倦，在於鞏固自己的志向。

【少而好學，如日出之陽；壯而好學，如日中之光；老而好學，如炳燭之明】　出自漢代劉向《說苑・建本》。炳：點燃。意思是：小的時候愛好學習，就好像是初升的太陽；到了壯年的時候愛好學習，就好像是中午的陽光；到了老年的時候才愛好學習，就好像是點燃的蠟燭的亮光。說明人只要肯努力學習，不管什麼時候，總會看到光明。

【君子之學，死而後已】　出自清代顧炎武《與人書》。意思是：君子對學問的追求，直到死才肯結束。

【君子食無求飽，居無求安，敏於事而慎於言，就有道而正焉，

【可謂好學也已】　出自《論語·學而》。求：追求。正：糾正。意思是：君子不追求飲食的飽足，不追求居住的安逸，做事勤敏而說話謹慎，親近有德之人來匡正自己，這就算得上是好學了。

【知無務，不若愚而好學】出自《淮南子·修務訓》。知：同「智」，聰明。意思是：人雖聰明，但如果不能專心致力於學習，還不如愚鈍而好學的人。說明人應勤奮好學，不能自恃聰明。

【敏而好學，不恥下問】　出自《論語·公冶長》。意思是：機敏而好學，不以向不如自己的人請教學問為恥辱。

【學，須是如飢之須食，寒之須衣始得】　出自宋代朱熹《上蔡先生語錄》。須：第一個「須」為必須；後兩個為需要。意思是：對於學習，應該像飢餓的人對飯食的需要，寒冷的人對衣物的需要一樣才行。

【人之為學，不日進則日退】出自清代顧炎武《與人書》。意思是：人們的學習，如果不能每天進步，那麼就會每天都退步。說明學習應勤奮。

【人之為學有難易乎？學之，則難者亦易矣；不學，則易者亦難矣】　出自清代彭端淑《為學一首示子侄》。意思是：做學問有難易之分嗎？如果真正學起來，難的也變得容易了；如果不學，簡單的也就變難了。

【人莫不知學之有益於己也，然而不能者，嬉戲害之也】　出自《淮南子·泰族訓》。嬉戲：玩耍。意思是：沒有人不知道學習對自己是有好處的，但之所以沒有學習，都是因為貪玩所害呀。

【不可怙者天，不可畫者人】出自宋代楊萬里《庸言》。怙：依賴。天：天資，天賦。畫：劃界限，局限。人：指後天努力。意思是：不可以依賴的是自己的天分，不可限量的是後天的努力。

【不積跬步，無以至千里；不積小流，無以成江海】　出自《荀子·勸學》。跬步：半步。意思是：沒有半步半步的積累，就無法行走千里的路程；不匯聚細小的溪

流，就不能匯聚成廣闊的江海。比喻學習在於積累。

【不登高山，不知天之高也；不臨深溪，不知地之厚也】　出自《荀子·勸學》。深溪：深谷。意思是：不登上高山，就不知道天有多麼高遠；不看到深谷，就不知道地有多麼深厚。

【古人學問無遺力，少壯功夫老始成】　出自宋代陸游詩《冬夜讀書示子聿》。意思是：古人學習總是不遺餘力的，從少壯時就開始努力用功，到年老的時候才能有所成就。

【聖人是肯做工夫庸人，庸人是不肯做工夫聖人】　出自清代顏元《習齋先生言行錄·齊家》。意思是：智能高的人是勤奮好學的庸人，而那些無所作為的庸人則是不肯用功的聖人。說明只要肯用功，即便是庸人也能變為聖人，如果不肯用功，就是聖人也會變成庸人。

【發憤忘食，樂以忘憂，不知老之將至】　出自《論語·述而》。意思是：發奮讀書，便忘記了吃飯，學有所得就高興地忘記了憂愁，不知道老年就要到了。形容學習之勤奮。

【有一時之暇，即一時可學也；有一日之暇，即一日可學也】　出自明代薛瑄《論取友為學答周秉忠書》。意思是：有一時的閒暇，就可以用這一時的閒暇來學習；有一天的閒暇，就可以用這一天的閒暇來學習。

【求之而後得，為之而後成，積之而後高，盡之而後聖】　出自《荀子·儒效》。意思是：不斷地追求，然後才能有所收穫；不斷地實踐，然後才能有所成就；不斷地積累，然後才能有所提高；不斷地完善，然後才能成為聖人。

【君子之於學也，其不懈猶上天之動，猶日月之行，終身亹亹，沒而後已】　出自漢代徐幹《中論·治學》。亹亹：勤勉不倦的樣子。沒：死去。意思是：君子對於學習，就好比是上天的運動、日月的運行一樣，始終不停歇，直到死去的那一刻。

【君子之學也，其可一日而息乎】　出自宋代歐陽修《雜說》。

意思是：君子好學，怎麼能夠有一日停歇呢？說明學習應始終堅持不懈。

【學之廣在於不倦，不倦在於固志】 出自晉代葛洪《抱朴子·崇教》。意思是：要想取得廣博的知識，就在於要孜孜不倦地學習，能夠孜孜不倦地學習，就在於有堅定的志向。說明取得廣博知識的基礎和保障就是要立志勤學。

【學無早晚，但恐始勤終隨】 出自宋代張孝祥《勉過子讀書》。隨：不努力，放任。意思是：學習不在於起步的早晚，只怕開始的時候勤奮，到最後就放任。

【學而不已，闔棺乃止】 出自漢代韓嬰《韓詩外傳》。闔棺：蓋上棺蓋，比喻去世。意思是：學習沒有完結的時候，直到死去才算停止。

【學而不厭，誨人不倦】 出自《論語·述而》。厭：滿足。誨：教導。意思是：對自己的學習不感到滿足，教誨別人不覺得厭倦。後多用這兩句來形容人勤奮學習、耐心教人的高尚行為。

【學者用功，須是漸進而不已，日計不足，歲計則有餘】 出自明代朱舜水《題安秋覺逐日功課自實策》。意思是：鑽研學問應該循序漸進，從不間斷。每天積累一點，雖然不算多，但若能長年累月地堅持，知識自然就會豐富起來了。

【學海迷茫未有涯，何來捷徑指褒斜】 出自清代趙翼詩《上元後三日藏堂過訪草堂》。褒斜：山谷名，在陝西省終南山，這裡指終南山。意思是：知識就像廣闊的海洋一樣無邊無際，哪裡有什麼捷徑登上終南山呢？說明只有勤奮刻苦，才能學有所成。

【雖有嘉肴，弗食不知其旨也；雖有至道，弗學不知其善也】 出自《禮記·學記》。意思是：縱然有最美味的佳餚，不親自品嘗，就不知道它的味道；縱然有最好的學說，如果不去學習，也無法瞭解它的益處。

【莫言大道人難得，自是功夫不到頭】 出自唐代呂巖詩《絕句》。大道：大道理。意思是：不要說大道理難以理解，那只是因為

自己的學問還不到家。

【著述須待老，積勤宜少時】
出自宋代歐陽修詩《獲麟贈姚辟先輩》。著述：著書立說。積勤：努力學習，積累學識。意思是：撰寫文章、著述立說要等到年老時再開始，但積累學問卻要從年少時就開始。

【黑髮不知勤學早，白首方悔讀書遲】 出自唐代顏真卿《勸學》。意思是：年輕的時候不知道應該努力學習，到老的時候才後悔讀書太晚了。

【鍥而舍之，朽木不折；鍥而不捨，金石可鏤】 出自《荀子‧勸學》。鍥：刻。鏤：雕刻。意思是：如果刻了幾下就放棄，那麼腐朽的木頭也刻不斷；如果堅持不懈地刻下去，就是金石也可以雕刻成功。比喻學習應持之以恆、堅持不懈。

【無冥冥之志者，無昭昭之明；無惛惛之事者，無赫赫之功】
出自《荀子‧勸學》。冥冥：專心致志，不見他物。昭昭：明白，融會貫通。惛惛：意同「冥冥」，

專心致志。赫赫：顯耀盛大的樣子。意思是：沒有專心致志的思想，就不能達到融會貫通；不能潛心刻苦地鑽研，就不會取得顯赫的業績。

【不學自知，不問自曉，古今行事未之有也】 出自漢代王充《論衡‧實知》。意思是：不學習就能掌握，不勤問就能通曉，從古到今，還沒有這樣的事呢。

【讀書破萬卷，下筆如有神】
出自唐代杜甫詩《奉贈韋左丞丈二十二韻》。破：透徹理解。萬卷：虛數，指很多書。有神：有神靈相助，即有了靈感。意思是：熟讀萬卷書，寫作起來得心應手，就像有神靈相助一樣。

善學

【進學不誠則學雜】 出自宋代楊時《二程粹言‧論學篇》。意思是：如果學習不能專心，就會雜亂無章。

【學古之道，猶食筍而去其籜也】 出自魏源《默觚‧治篇

五》。意思是：學習古人知識文化，須去其糟粕，取其精華。

【於不疑處有疑，方是進矣】
出自張載《經學理窟·義理》。意思是：能在別人不會懷疑的地方提出疑問，這才會有長進。

【知之者不如好之者，好之者不如樂之者】 出自《論語·雍也》。意思是：知道學習不如喜歡學習，喜歡學習不如以學習為快樂。

【舊書不厭百回讀，熟讀深思子自知】 出自蘇軾《送安惇秀才失解西歸》。意思是：古人所著的書不要滿足於反覆地讀，熟讀了，再加上深入地思考，你自然會領悟其中的意思。

【察伯樂之圖，求騏驥於市】
出自《漢書·梅福傳》。意思是：就是把伯樂的相馬經反覆默誦，背得爛熟，也無法在集市上買到千里馬。

【吹響呼吸，吐故納新】 出自《莊子·刻意》。響：張口吐氣。意思是：張口呼吸，吐出體內的混濁氣體，吸進新鮮空氣。比喻棄舊揚新。

【能擇善者而從之，美自歸己】 出自《資治通鑑·宋紀》。擇：選擇。善：優點。從：追隨。意思是：能選擇別人的長處去學習它，這種長處自然也就屬於自己的了。

【大抵學問文章，善取不如善棄……成己欲其精專，取人貴於兼攬】 出自《劉刻遺書·與周次列舉人論刻先集》。攬：收羅，吸取。意思是：大體來說，讀書或做學問，善於吸收，不如善於摒棄。要想成就一家之言就要精專，向別人學習，貴在能夠兼取百家之長。

【禮聞取於人，不聞取人】
出自《禮記·曲禮上》。意思是：我只聽說禮是要人主動取法的，沒聽說主動登門傳授的。

【文學之於人也，譬乎藥。善服，有濟；不善服，反為害】
出自唐代皮日休《鹿門隱書六十篇》。意思是：文學對於人，就像是藥。服用的對了，就有益處；服用的不對了，反倒有害處。比喻讀書應當有正確的方法。

【凡學，官先事，士先志】
出自《禮記‧學記》。意思是：凡學習做官，先學習管理事情，要做一個讀書人，先學習立志。

【凡學之道，嚴師為難。師嚴然後道尊，道尊然後民知敬學】
出自《禮記‧學記》。意思是：求學的道理，尊敬老師是最難做到的。老師受到尊敬，然後真理學問才會受到敬重。真理學問受到尊敬，然後人民才會敬重學問，認真學習。

【紙上得來終覺淺，絕知此事要躬行】 出自宋代陸游詩《冬夜讀書示子聿》。意思是：從書本上學來的東西終究是膚淺的，要想透徹地瞭解某事，就一定要親自嘗試才行。

【不聞不若聞之，聞之不若見之，見之不若知之，知之不若行之】 出自《荀子‧儒效》。聞：聽。行：履行。意思是：沒有聽到不如聽到，聽到不如見到，見到不如理解，理解不如實行。

【時過然後學，則勤苦而難成】 出自《禮記‧學記》。意思

是：一旦錯過了時機以後再學，即使再刻苦，也很難有所成就。

【學而時習之，不亦說乎】
出自《論語‧學而》。時：適當的時候。說：同「悅」，高興。意思是：對於學過的知識，能在適當的時候去溫習，不也是件很令人高興的事情嗎？

【人之為學，心中思想，口中談論，盡有百千義理，不如身上行一理之為實也】 出自《顏習齋先生言行錄》。意思是：人在學習時，大腦中想的，口中談論的，儘管有上百上千條真理，但卻不如以自己的實際行動實踐一條真理。

【乃知學在少，老大不可強】
出自宋代歐陽修詩《鎮陽讀書》。老大：年齡大了。意思是：才知道學習最好是趁年少，等老了以後就勉為其難了。

【三人行，必有我師焉。擇其善者而從之，其不善者而改之】
出自《論語‧述而》。意思是：三個人同路走，其中必定有能做我老師的人，對於他們的優點，就要學習，對於他們的缺點，則要加以克

一本書讀懂國學句典

服。

【不廣求，故得；不雜學，故明】　出自隋代王通《中說‧魏相》。意思是：學習不貪多，所以能有所收穫；不雜亂著學習，所以能明瞭深刻。

【不好問詢之道，則是伐智本而塞智原也，何以立軀也】　出自漢代劉向《說苑‧建本》。意思是：不願意向別人請教，就是切斷了智慧的根本、堵塞了智慧的源頭，怎麼能夠處身立世呢？

【不學操縵，不能按弦】　出自《禮記‧學記》。操縵：調弦。按弦：熟練地彈琴。意思是：不先學會調弦，就不能熟練地彈琴奏曲。比喻學習應循序漸進、由淺入深。

【為學之道，必本於思。思則得知，不思則不得也】　出自宋代晁說之《晁氏客語》。意思是：學習的方法是要以思考為本，思考了就能得到知識，不思考就不能得到知識。

【他山之石，可以攻玉】　出自《詩經‧小雅‧鶴鳴》。攻：攻錯，打磨。意思是：別座山上的石頭，也可以用來磨治玉器。原來比喻別國的有識之士也可以為本國效力，現常用來比喻取人之長，補己之短。

【良冶之子，必學為裘；良弓之子，必學為箕】　出自《禮記‧學記》。冶：冶煉、鑄造。弓：射箭。箕：竹製的器具。意思是：優秀冶匠的兒子，一定是先學習縫製皮衣；優良射手的兒子，一定是先學會用竹條編製器具。比喻學習一定要由淺入深。

【知之為知之，不知為不知，是知也】　出自《論語‧為政》。意思是：知道就是知道，不知道就是不知道，這才是真正的有智慧。說明做學問應實事求是。

【學者工夫，須要極細密，越細密越廣大】　出自《楓山章先生語錄‧學術類》。意思是：學者的工夫在於能夠極其的縝密，越是縝密就越能廣博。

【學者有二病：積學未厚而用之遽，養德未足而談有餘】　出自明代崔銑《松窗寤言》。意思是：

人們常有兩種毛病：一個是知識積累還不夠豐厚就急於應用，一個是品德修行還不夠完善就妄加談論。說明學習和修行都不能急躁。

【多聞而體要，博見而善擇。偏修一事，不足必賴也】 出自《抱朴子·微旨》。賴：依靠。意思是：學習時要體會它的要點，要多看，從中有選擇地吸收正確的和自己需要的東西。若只鑽研一件事情，那是不可靠的。

【多聞而擇焉，所以明智也】 出自《說苑·建本》。意思是：要多多聽並加以選擇，自然就能增加智慧。

【從水之道而不為私焉，此吾所以蹈之也】 出自《莊子·達生》。意思是：我只是順從水性而絕對不憑個人好惡，這就是我的游水之道。比喻辦任何事情，只要掌握了其中的規律，就會達到嫻熟的境界。

【善學者盡其理，善行者究其難】 出自《荀子·大略》。意思是：善於學習的人能徹底瞭解其中的道理，善於實行的人能探究其中

的疑難困惑。

【學者貴好學，尤貴知學】 出自明代呂坤《問學》。知學：這裡指會學習。意思是：對於學習的人，可貴的是他能愛好學習，但更為可貴的是能夠知道怎樣學習。

【學莫大於知本末終始】 出自宋代楊時《二程粹言·論學篇》。意思是：為學之道，沒有比能弄清事物的前因後果、來龍去脈更重要的了。

【獨學而無友，則孤陋而寡聞】 出自《禮記·學記》。意思是：只有自己一個人學習，而沒有一個朋友相互切磋、相互探討，學識就會淺顯。現在常用「孤陋寡聞」形容人知識淺陋、見識不廣。

【聞見廣則聰明辟，勝友多而學易成】 出自清代魏源《默觚下·治篇九》。辟：打開。勝友：有學識的朋友。意思是：聽得多了，見得多了，腦子就會聰明起來；有學識的朋友多了，做學問也就容易了。

【博學之，審問之，慎思之，明辨之，篤行之】 出自《禮記·

中庸》。意思是：學者要能廣泛地學習，詳細地詢問，慎重地思索，明白地分辨，切實地執行。這是儒家從「學」、「問」、「思」、「辨」、「行」五個方面提出的一套學習過程和認識方法，對學者有一定的借鑑意義。

【溫故而知新，可以為師矣】出自《論語・為政》。故：指舊知識。意思是：溫習舊的知識，從而得到新的領悟，獲得新的知識，可以做老師了。

【善學者，假人之長以補其短】出自《呂氏春秋・用眾》。假：利用。意思是：善於學習的人，能夠取別人的長處來彌補自己的短處。

【三月不知肉味】出自《論語・述而》。意思是：孔子欣賞音樂，沉醉其中，以致後來很長一段時間吃肉時都感覺不出肉的香味。後常用來形容人專注於某事而忘記其他事情。

【大道以多歧亡羊，學者以多方喪生】出自《列子・說符》。歧：岔路。多方：多個方向，這裡指目標不專。生：年華，歲月。意思是：大的道路由於岔路太多而跑丟了羊，求學的人因為目標太多而荒廢了年華。比喻做學問應專精，才會有所成就。

【少則得，多則惑】出自《老子》。意思是：學習知識，少一點反而能夠有所收穫，多了反而讓人疑惑。說明學習應該專精，不應龐雜。

【心不在焉，視而不見，聽而不聞，食而不知其味】出自《禮記・大學》。意思是：心思不在，即使大睜著眼睛也看不見，豎著耳朵也聽不見，嘴裡吃著也不知道是什麼滋味。說明不專心致志就難有所成，成語「心不在焉」即由此而來。

【君子之學貴一，一則明，明則有功】出自宋代楊時《二程粹言・論學篇》。意思是：君子為學，貴在專一，專一就能明於事理，明於事理就會有所收穫。

【雖有天下易生之物，一日暴之，十日寒之，未有能生者也】出自《孟子・告子上》。暴：同

「曝」，晒。意思是：即便天下有一種東西容易生存，如果晒它一天，又凍它十天，那它也就不能生存了。比喻學習應持之以恆。後常用「一曝十寒」形容人沒有恆心。

【弈之為數，小數也，不專心致志，則不得也】 出自《孟子·告子上》。弈：下圍棋。數：技藝，技術。意思是：下棋雖然只是一門小技藝，但如果不能專心致志也是無法學會。

【善學者窮於一物，不善學者窮於物物】 出自明代莊元臣《叔苴子內篇》。窮：追尋到盡頭。物物：各種事物。意思是：善於學習的人抓住一個事物，探究到底；不善於學習的人則什麼事物都想碰觸和探究。

【善學者，當求其所以然之故，不當誦其文過目而已也】 出自宋代楊時《二程粹言·論學》。意思是：善於學習的人，應當求其甚解，瞭解其所以然，不能只求背誦文章，看看就算了。

【廣識未必皆當，而思之自得者真；泛講未必吻合，而習之純熟者妙】 出自明代王廷相《慎言·潛心篇》。吻合：合乎事理。習：運用。意思是：博覽群書不一定都得當，只有善於思考，自己才有所體會；空泛地講說不一定都能合乎事理，只有透過實踐能熟練地掌握才算是高妙。

【不思，故有惑；不求，故無得；不問，故不知】 出自宋代晁說之《晁氏客語》。意思是：不用心思考，就會有疑惑；不努力探求，就不會有所得；不虛心好問，就會變得無知。

【為學患無疑，疑則有進】出自宋代陸九淵《語錄下》。意思是：求學最怕沒有疑問，能夠提出疑問了，也就進步了。

【心之官則思，思則得之，不思則不得也】 出自《孟子·告子上》。心：古代人認為心臟是用來思考的。官：功能。意思是：心是用來思考的，思考了就會有所收穫，不思考就不會有所得。說明學習應善於思考。

【問訊者，知之本；念慮者，知之道也】 出自漢代劉向《說

苑‧談叢》。問訊：詢問。知：同「智」。意思是：詢問是增長知識的根本，思考是增進智慧的途徑。

【有學而無問，雖讀書萬卷，只是一條鈍漢爾】　出自清代鄭板橋《隨獵詩草‧花間堂草跋》。鈍漢：愚蠢的人。意思是：只知道自己埋頭苦讀，而不知道請教別人，即使讀再多的書，也不過是個愚蠢的人罷了。

【學不進，率由於因循】　出自明代薛瑄《薛子道論‧上篇》。率：一般，大多。意思是：學問之所以沒有長進，大多由於因循守舊，沒有獨立思考的精神。

【學而不思則罔，思而不學則殆】　出自《論語‧為政》。罔：迷惘，迷惑。殆：危險。意思是：只讀書而不思考，就會迷惘，無所得；只空想而不讀書，就會感到疲憊而無所獲。

【學而思則學因思而益精，思而學則思因學而有據】　出自明代孫應鰲《四書近語》。意思是：學習當中同時要注意多加思考，這樣，學習就會因為有了思考而更加

精熟；思考當中同時也應注意學習，這樣，思考就會因為有了學習而更加有根據。說明學習與思考是相輔相成、相得益彰的。

【洪鐘未嘗有聲，由扣乃有聲；聖人未嘗有知，由問乃有知】　出自宋代楊時《二程粹言‧論學篇》。扣：敲打。意思是：洪鐘原本是沒有聲音的，因為有人敲打才有了聲音；聖人原本也並非是生來就有智慧的，因為常向人詢問請教才有了智慧。

【未得乎前，則不敢求其後；未通乎此，則不敢志乎彼】　出自宋代朱熹《讀書之要》。志：記，記住。意思是：前面的東西還沒有弄懂，就不要去看後面的東西；這裡的東西還沒有明白，就不要急著要記住那裡的東西。

【循序而漸進，熟讀而精思】　出自宋代朱熹《讀書之要》。意思是：學習要按照一定的步驟逐步深入或提高，並且要反覆閱讀，認真思考。

文道

【短長肥瘦各有態，玉環飛燕誰敢憎】　出自宋代蘇軾《孫莘老求墨妙亭詩》。玉環：楊玉環，唐玄宗的妃子。飛燕：趙飛燕，漢成帝的皇后。意思是：楊玉環、趙飛燕，一個豐盈、一個纖瘦，各有其美，誰敢說她們不漂亮呢？比喻書法藝術不必偏重一方。

【詩言志，歌永言，聲依永，律和聲】　出自《尚書·虞書·舜典》。意思是：詩是表達思想情感的，歌是吟唱表達思想情感的語言，音調要合乎吟唱的音律，音律要諧和五聲。

【詩者，根情，苗言，華聲，實義】　出自白居易《與元九書》。意思是：詩這個東西，感情是它的根本，語言是它的苗葉，聲音是它的花朵，思想是它的果實。

【解人不為法縛，不死句下】　出自清代蒲松齡《聊齋志異·高序》。解人：精通文辭的人。意思是：精通文辭意趣的人不會受章法所局限，不會被詞句卡死。

【詩質要如銅牆鐵壁，氣要如天風海濤】　出自清代劉熙載《藝概·詩概》。意思是：詩的內容質地要像銅牆鐵壁般厚實，而詩的氣勢要像天風海濤一樣磅礡。

【道非文不著，文非道不生】　出自元代郝經《陵川集·原古錄序》。意思是：沒有文章的宣傳，義理就不能發揚光大；如果文章離開了義理，也就不稱其為文章了。

【飢者歌其食，勞者歌其事】　出自漢代何休《公羊傳·宣公十五年》。勞者：指勞動者。事：從事，這裡指艱苦的勞動。意思是：飢餓的人用歌來表達他們對食物的渴望，勞動的人用歌來表達他們勞累的心情。

【詩，可以興，可以觀，可以群，可以怨】　出自《論語·陽貨》。詩：指《詩經》。興：《詩經》六義之一，即因事寄興。觀：對事物的看法和態度。群：合群。怨：通「蘊」，蘊藏，蓄積。意思是：《詩經》可以陶冶人的情操，培養人的觀察能力，增強團結，積累知識。

【不以文害辭，不以辭害志】
出自《孟子・萬章上》。文：文字。害：妨害。辭：詞句。志：思想，主旨。意思是：不因為個別的文字而妨害對詞句的理解，不因為某些詞句而曲解文章的本意。

【心哀而歌不樂，心樂而哭不哀】 出自《淮南子・繆稱訓》。意思是：如果心裡哀傷，就是唱歌也表現不出歡樂的樣子；如果心裡高興，就是哭泣也表現不出哀傷的樣子。說明「情發乎中而必見於外」的道理。

【心畫心聲總失真，文章寧複見為人】 出自元好問《論詩三十首》。寧複：豈能在。意思是：言語和所作詩文往往失真，和一個人的思想行為往往發生背離。因此，僅從詩文表面是不能見出一個人真正的思想和品行的。

【一語天然萬古新，豪華落盡見真淳】 出自元好問《論詩三十首》。一語天然：指詩歌語言自然，未加修飾。豪華：指華麗的辭藻。落盡：去掉。意思是：陶淵明的詩歌是發自內心的真情實感的流露，他的詩意境優美，含義豐富，

語言卻平淡自然，沒有刻意修飾的辭藻，而是天然去雕琢的淳樸，因此受到歷代詩家的高度評價。

【石韞玉而山輝，水懷珠而川媚】 出自晉代陸機《文賦》。韞：同「蘊」，蘊藏。意思是：石頭裡面蘊藏著美玉，整座山都有光輝；水裡面含有珍寶，連河流都更加嫵媚。用來比喻文章中精彩的詞句可以讓整篇文章生輝。

【言之無文，行而不遠】 出自《左傳・襄公二十五年》。言：語言。文：文采。行：流傳。意思是：語言沒有文采，就難以流傳久遠。

【狀難寫之景如在目前，含不盡之意見於言外】 出自宋代歐陽修《六一詩話》。意思是：描繪難以描繪的情景，要寫得生動得如同在眼前一樣；蘊涵的旨趣要深遠，要表現為弦外之音。

【畫竹必先成竹於胸中】 出自宋代蘇軾《文與可畫篔簹谷偃竹記》。意思是：在畫竹子之前，心中一定要先構思好要畫的竹子。成語「胸有成竹」即由此而來。

【詩有恆裁，思無定位，隨性適分，鮮能通圓】　出自（南朝·梁）劉勰《文心雕龍·明詩》。意思是：詩歌有固定的體裁，但思想卻沒有固定的規矩。隨個人的性情來適應，很難有能將各種體裁都做得好的。

【詩者，志之所之，在心為志，發言為詩】　出自《關雎序》。意思是：詩是用來表達人的思想感情的，思想感情蘊藏在心裡就是心志，將它形成語言文字，就是詩。

【詩畫本一律，天工與清新】　出自宋代蘇軾詩《書鄢陵王主簿所畫折枝二首》。天工：自然形成，比喻技藝高超。意思是：作詩與作畫的要求和規律在本質上是一樣的，但都需要有自然的巧思和清新的風格。

【辭必高然後為奇，意必深然後為工】　出自唐代孫樵《與友人論文書》。工：巧妙、細緻。意思是：寫文章要言辭高妙，語出不俗，這樣才能稱得上新奇；文章的思想主旨一定要深遠遼廣，這樣才能稱得上工巧。說明寫文章一定要

言辭美好、意義深遠。

【和氏之璧，不飾以五采】　出自《韓非子·解老》。和氏之璧：相傳是楚國人卞和進獻給楚王的寶玉。采：同「彩」。意思是：和氏之璧本身就有著自然之美，用不著各種顏色來加以裝飾。比喻文章也應保持清新自然之美。

【美物者貴依其本，贊事者宜本其實】　出自晉代左思《三都賦》。意思是：美化一樣東西，貴在能按照它本來的面貌，而不加以誇大；讚賞一件事情，也應按照事情的實際情況，不做任何虛構。說明文章應反映事物的本來面貌，尊重事實，不要刻意文飾，過分美化。

【常行於所當行，常止於所不可不止】　出自宋代蘇軾《與謝民師推官書》。行：指寫文章。意思是：寫文章該寫的就盡情地寫下去，不該寫的就收筆不寫。

【清水出芙蓉，天然去雕飾】　出自唐代李白詩《經亂離後天恩夜郎憶舊遊書懷贈江夏韋太守良宰》。芙蓉：指荷花。意思是：文

章應該像出水芙蓉一般清新、自然，毫無雕飾做作。

【琢雕自是文章病，奇險尤傷氣骨多】 出自宋代陸游詩《讀近人詩》。氣骨：指文章的精神和內容。意思是：在詞句上過分雕琢本來就是文章的一大弊病，刻意標新立異，追奇求險，尤其會損害文章的精神和內容。

【博士買驢，書卷三紙，未有「驢」字】 出自《顏氏家訓·勉學》。博士：指學識淵博的人。意思是：有一個學識淵博的人想買驢，結果寫了三頁紙也沒有出現一個「驢」字。現常用來諷刺文章文辭繁冗、不得要領、蒼白空洞。

【兩句三年得，一吟雙淚流】 出自唐代賈島詩《題詩後》。兩句：是指《送無可上人》中「獨行潭底影，數息樹邊身」兩句。意思是：寫兩句詩用了三年的時間，一聲長吟不禁流下兩行熱淚。表現了作者對創作一絲不苟的態度和刻苦精神。

【為人性僻耽佳句，語不驚人死不休】 出自唐代杜甫詩《江上值水如海勢聊短述》。耽：迷戀，嗜好。意思是：我為人性情古怪，偏好題詩作句，如果詩句不能打動人心，我至死也不肯甘休。表現了作者對創作嚴肅認真的態度。

【吟安一個字，撚斷數莖鬚】 出自唐代盧延讓詩《苦吟》。意思是：為了用妥一個字，要反覆推敲，連鬍鬚都撚斷了好幾根。描述作者冥思苦想、斟詞酌句之艱苦情態。

【新篇日日成，不是愛聲名，舊句時時改，無妨悅性情】 出自唐代白居易詩《詩解》。意思是：每天都有新作寫成，這不是為了名聲。將舊時的詩句拿來不斷地進行修改潤色，還可以藉此愉悅性情。說明創作要勤於修改。

【文章千古事，得失寸心知】 出自唐代杜甫詩《偶題》。得：寫得好。失：寫得不好。寸心：指作者自己的心。意思是：著書立說是流傳千古的大事，寫得好與不好，只有作者自己的心裡清楚。

【有第一等襟抱，第一等學識，斯有第一等真詩】 出自清代

沈德潛《說詩晬語》。襟抱：胸懷抱負。斯：那麼，就。意思是：有了最遠大的抱負，最淵博的知識，才能寫出第一流的詩文。

【若待上林花似錦，出門俱是看花人】　出自唐代楊巨源詩《城東早春》。上林：指上林苑，故址在今陝西西安市西，代指京城長安。意思是：若是等到上林苑繁花似錦的時候再去看花，那時一出門到處都擠滿了看花的人，也就沒有什麼清新之致了。比喻寫詩作文要有敏銳的感覺，善於最先擷取好的素材。

【問渠那得清如許？為有源頭活水來】　出自宋代朱熹詩《觀書有感》。那：同「哪」。意思是：若問池塘裡的水為什麼這麼清澈？這是因為水的源頭是長流不斷的活水。用來比喻只有不斷地從生活中汲取營養，才能創作出動人心弦的好作品。

【汝果欲學詩，工夫在詩外】　出自宋代陸游詩《示子遹》。意思是：如果你真的想學詩的話，就要在作詩之外多下工夫。說明詩人應多觀察生活，參加實踐。

【作文勉強為，荊棘塞喉齒。乃興勃發處，煙雲拂滿紙】　出自清代鄭板橋詩《贈胡天游弟》。乃：如果。煙雲：比喻文章。意思是：寫不出來時勉強為之，就好比在喉嚨裡塞上了荊棘一樣。如果是在興致勃發的時候寫，文章就會如行雲流水，躍然紙上。

【酌奇而不失其真，玩華而不墜其實】　出自（南朝·梁）劉勰《文心雕龍·辯騷》。酌：考慮，採取。華：指華麗的辭藻。墜：失掉。實：果實。意思是：採擇奇偉的內容而不失掉其真實的精髓，賞鑑花朵但不弄掉它的果實。比喻學習古代作品應注意保持其真切純正的東西，而不是只注重內容奇巧和辭藻華麗。

【眼處心生句自神，暗中摸索總非真】　出自金代元好問詩《論詩三十首》。意思是：文章如果是根據自己的觀察，並且是發自內心的，那麼自然就會傳神生動，而閉門苦思，即使搜腸刮肚也不能寫得真實貼切。

【登臨自有江山助，豈是心中不得平】　出自宋代洪適詩《此韻

一本書讀懂國學句典

蔡瞻明登巾山》。登：登山。臨：臨水。江山：指自然景物。意思是：登上高山或者面臨大海，大自然的秀麗景色都會促使你的文思湧動，怎麼能說只有在心境愁苦、百般抑鬱的時候才能寫成文章呢？說明外界的客觀事物對創作有著推動作用。

【操千曲而後曉聲，觀千劍而後識器】　出自（南朝・梁）劉勰《文心雕龍・知音》。操：掌握，演奏。器：這裡指劍。意思是：演奏了上千個曲子以後才懂得音樂，觀察了上千把劍以後才能識別寶劍。比喻要評論別人的作品必須有廣博的知識和文學修養，只有自己讀得多了，才有能力評論。

【不依古法但橫行，自有雲雷繞膝生】　出自清代袁枚詩《謁岳王墓十五絕句》。橫行：按照自己的意願行事。意思是：為文作詩不必非要依照古法，只要獨具匠心，就按照自己的風格和想法來寫，自然會有雷電雲雨繞膝而生。說明寫文章不要拘泥於古法，要敢於打破常規和傳統。

【我手寫我口，古意豈能牽】

出自清代黃遵憲詩《雜感》。意思是：我寫文章，是用我自己的手寫我口中想說的話，前人的語意觀點怎麼能拘束我呢？

【縱橫自有凌雲筆，俯仰隨人亦可憐】　出自金代元好問詩《論詩》。意思是：每個人都可以手握自己的凌雲大筆縱橫揮灑，如果只是跟在別人身後亦步亦趨，那就實在太可憐了。說明文章一定要有自己的獨到之處，絕不能只是一味地仿效別人。

【學詩須透脫，信手自孤高】　出自宋代楊萬里詩《和李天麟二首》。意思是：學習古人的詩作，不能被其束縛，做到不囿於俗見，不因襲他人，自然會富於獨創。

【須教自我胸中出，切忌隨人腳後行】　出自宋代戴復古詩《論詩十絕》。意思是：寫詩一定要寫出自己的特點和風格，切忌跟在別人身後模仿因襲。

【請君莫奏前朝曲，聽唱新翻楊柳枝】　出自唐代劉禹錫詩《楊柳枝九首》。前朝曲：指過去的曲子。意思是：請你不要彈奏那些以

前的曲子了，還是聽聽新編成的《楊柳枝》吧。

【隨人作計終後人，自成一家始逼真】 出自宋代黃庭堅詩《以右軍書數種贈丘十四》。意思是：沒有自己的見解，只知道跟著別人跑，那麼永遠都是落在別人後面，只有另闢蹊徑，形成自己的特色，才能達到真正的高境界。

文采

【日試萬言，倚馬可待】 出自唐代李白《與韓荊州書》。倚馬：指身靠戰馬寫文章，《世說新語》中記載：晉代袁宏隨桓溫出征，曾倚馬起草文書，當即完成，後常用「倚馬可待」形容才思敏捷、一揮而就。意思是：一天之內就能寫出一萬字的文章，靠在戰馬前動筆，當即就可以完成。

【詩中有畫，畫中有詩】 出自宋代蘇軾《東坡題跋·書摩詰藍關煙雨圖》。意思是：詩中隱蘊著畫的意境，畫中飽含著詩的美妙。

【思風發於胸臆，言泉流於脣齒】 出自晉代陸機《文賦》。意思是：文思發自於內心，如風飛揚；言語流於脣齒，似泉流淌。詩句用風和泉形容人才思敏捷、文筆流暢。

【嬉笑怒罵，皆成文章】 出自宋代黃庭堅《東坡先生真贊》。意思是：說笑、惱怒、謾罵，隨口說出的話，都是好文章。用來讚揚文章文筆靈活絕妙。

【質勝文則野，文勝質則史。文質彬彬，然後君子】 出自《論語·雍也》。意思是：一個人的內在質樸勝過外在的文采就會粗野，文采勝過質樸就會浮華。只有文采和質樸配合恰當，才是君子。

【不著一字，盡得風流】 出自唐代司空圖《二十四詩品·含蓄》。著：同「著」，接觸到。風流：指詩韻味盎然。意思是：不使用一個直接的詞語，卻將事物的精神實質表達得透徹淋漓、美妙超逸。

【吟詠之間，吐納珠玉之聲】 出自（南朝·梁）劉勰《文心雕龍·神思》。吐納：談吐，發出聲

音。珠玉：比喻詩文之美。意思是：吟誦詠唱詩文的時候，發出的聲音就好像吐珠納玉般的悅耳動聽，形容詩文語言的美妙和生動。

【筆落驚風雨，詩成泣鬼神】

出自唐代杜甫詩《寄李十二白二十韻》。驚風雨：形容迅速、敏捷。泣鬼神：形容神妙。意思是：下筆猶如急風暴雨，詩寫成能使鬼神感動而哭泣。讚歎李白下筆之敏捷，詩篇之神妙。

【精騖八極，心游萬仞】　出自晉代陸機《文賦》。騖：急馳。八極：八方的極邊，形容極遠。仞：古代的長度單位，萬仞，形容極高。意思是：精神飛馳於八極之遠，心神遊覽於萬仞之高。用來比喻作品想像力豐富，不受時空的限制和束縛。

【仰之彌高，鑽之彌堅】　出自《論語・子罕》。彌：更加，越發。鑽：鑽研。意思是：越是抬頭仰望，越覺得高遠；越是用心鑽研，越覺得深奧。原是孔子的學生顏淵對孔子道德、學問的讚歎。後多用來讚揚某人的才學。

【閎其中而肆其外】　出自唐代韓愈《進學解》。閎：也作「宏」，博大精深。中：指內容。肆：奔放自由。外：文辭，即文章的形式。意思是：文章的內容博大精深，而其形式和文辭上卻流暢奔放。極言文章之妙。

【小詩有味似連珠】　出自宋代蘇軾詩《生日王郎以詩見慶次其韻並寄茶二十一片》。連珠：古代文體名，晉代玄傅曾說其「辭麗而言約」、「歷歷如貫珠」，因此而得名。意思是：詩文雖然短小，但每一句都雋永有味，就像串聯的珠子，每一粒都晶瑩剔透。

【此中有真意，欲辨已忘言】

出自晉代陶淵明詩《飲酒》。辨：同「辯」，解說。意思是：置身於大自然中，其中有不盡的妙趣真意，想要解說，但卻忘記了該怎麼去說。詩句原意是讚譽作者的隱居生活，現常用來形容詩文蘊涵著不可言傳的意趣和神韻。

【信手拈來世已驚，三江袞袞筆頭傾】　出自金代王若虛詩《論詩》。三江：指四川境內的岷江、涪江和沱江。袞袞：即「滾滾」，

形容大水奔流的樣子。意思是：寫詩作文時能熟練地運用各種資料，不假細琢，寫起來就像滾滾的江水一樣，豪放灑脫。詩句常用來讚譽寫作者才思敏捷、揮灑自如。

雜談

【學如弓弩，才如箭鏃，識以領之，方能中鵠】　出自袁枚《續詩品‧尚識》。意思是：學問的根基如弓，人的才能如箭，真知灼見引導箭頭射出，才能命中目標。

【鴛鴦繡了從教看，莫把金針度與人】　出自元好問《論詩三十首》。從教看：隨便給人看。金針度與人：指向人傳授。意思是：詩歌的創作和繡花一樣，精心繡出的鴛鴦可以任人觀賞，但是繡鴛鴦的訣竅卻不能輕易傳授給人。

【物有本末，事有終始，知所先後，則近道矣】　出自《禮記‧大學》。意思是：世上的萬物都有根本和枝節，天下的萬事都有開端和結局，知道了道德修養的先後次序和輕重緩急，也就接近於做學問

的方法了。

【好學近乎知，力行近乎仁，知恥近乎勇】　出自《中庸》。意思是：好學不倦就接近明智了，努力行善就接近仁義了，懂得恥辱就接近勇敢了。

【或生而知之，或學而知之，或困而知之。及其知之，一也】出自《中庸》。意思是：有的人天生就知道這些道理，有的人透過後天學習知道了這些道理，有的人則是遇到困惑之後，經過磨難才知道了這些道理，無論是哪種情況，他們最終瞭解這些道理的結果是一樣的。

【默而識之，學而不厭，誨人不倦。何有於我哉】　出自《論語‧述而》。意思是：將知識默記在心；學習時，不感到滿足；教人時，不感到疲倦。這三個方面我做到了哪些呢？

【朝聞道，夕死可矣】　出自《論語‧里仁》。意思是：早晨理解了真理，就算晚上死也值得。

【學博而後可約，事歷而後知要】　出自明代王廷相《慎言‧見

一本書讀懂國學句典

聞篇》。約：簡約，要領。要：重要。意思是：學識淵博了，然後才能得到其要領；事情經歷得多了，然後才能知道其重要。說明人應當多學習、多經歷。

【去小知而大知明】 出自《莊子·外物》。意思是：去掉小聰明，就會有更多的聰明才智。

【學不必博，要之有用】 出自宋代羅大經《鶴林玉露》。意思是：學識不一定要有多麼淵博，最重要的是能夠學以致用。

【萬般皆下品，唯有讀書高】 出自宋代汪洙《神童詩》。意思是：所有的行業都是沒有出息的，只有讀書是最高尚的。表現了古代社會對各行業的偏見。

【玉屑滿篋，不為有寶；詩書負笈，不為有道】 出自漢代桓寬《鹽鐵論·相刺》。篋：箱子。笈：竹製的書箱，能背在背上。意思是：碎玉滿箱，算不得擁有財寶；讀了幾箱子的書，也不等於就掌握了其中的道理。

【盡信書，則不如無書】 出自《孟子·盡心下》。書：這裡專指《尚書》。意思是：完全相信《尚書》裡的話，還不如沒有《尚書》。現多指不要迷信書本，不要被書本所束縛。

【但患不讀書，不患讀書無所用也】 出自清代朱舜水《送林道榮之東武序》。意思是：不擔心讀了書沒有用，只怕不肯讀書。

【讀書百遍，其義自見】 出自《三國志·魏志·王肅傳》注引《魏略》。意思是：書能讀到上百遍，書中的含義也就自然懂了。

【居近識遠，處今知古，惟學矣乎】 出自《文中子·禮樂篇》。意思是：要想住在近處而知道遠處的事，生活在現代而瞭解古代的事，只有求學才能做到啊。

【要知天下事，須讀古人書】 出自明代馮夢龍《醒世恆言·三孝廉讓產立高名》。意思是：要想瞭解天下的世事滄桑，只有讀通古人的書才行。

【讀十篇不如做一篇】 出自清代唐彪《文章多做始能精熟·引諺》。意思是：讀十篇文章也不如自己寫一篇文章的收穫大。

【讀書貴神解，無事守章句】
出自清代徐洪鈞詩《書懷》。事：從事。意思是：讀書貴在能夠領會書中的主旨要領，而不必拘泥於它的章節和句子。

【讀書切戒在荒忙，涵泳工夫興味長。未曉莫妨權放過，切身須要急思量】　出自宋代陸九淵詩《讀書》。荒忙：即慌忙。涵泳：慢慢體會消化。權：暫時。意思是：讀書最忌諱馬虎匆忙、急於求成，如果能夠靜下心來慢慢體會，會發現裡面有無窮的趣味。不能理解的地方不妨先放一放，但對自身急需的東西一定要立即動腦，把握時間思索。

【讀有字書，卻要識沒字理】
出自明代鹿善繼《四書說約》。意思是：讀書不能僅僅停留在文字的表面意思上，更重要的是要從中體會出處世的道理。

【人皆知以食愈飢，莫知以學愈愚】　出自《說苑・建本》。愈：痊癒，這裡作治療解。意思是：人們都知道用食物治療飢餓，卻不知道用學習來治療愚昧。

【可以與人終日而不倦者，其唯學乎】　出自《說苑・建本》。意思是：可以和大家談一天而仍不覺得疲倦的，恐怕只有學問吧！

【海以合流為大，君子以博識為弘】　出自《三國志・蜀書・秦宓傳》。意思是：滄海因為百川匯流而變得更為廣闊，君子因為博學多識而心志變得更為廣大。

【聞學而後入政，未聞以政學者也】　出自《左傳・襄公三十一年》。意思是：聽說過學業有成以後才能從政做官，沒聽說過用做官來學習的。

【砥礪思量非金也，而可以利金；詩書壁立，非我也，而可以屬心】　出自《說苑・建本》。意思是：磨刀石並不是金屬，但可以把金屬磨得更鋒利；詩書很多，並不就是代表我自己，但可以磨煉我的意志。

【不知而不疑，異於己而不非者，公於求善也】　出自《戰國策・趙策二》。意思是：對自己不熟悉的事情，不隨便懷疑；跟自己不同的意見，不輕易反對。這才是

一本書讀懂國學句典

大公無私、尋求真理的態度。

【君子之學也，入乎耳，箸乎心，布乎四體，形乎動靜】 出自《荀子・勸學》。箸：同「著」，附著。意思是：有德行人的學問，聽在耳裡，記在心中，流露在身體儀態上，表現在行為舉止中。

【不知理義，生於不學】 出自《呂氏春秋・勸學》。意思是：不懂得義理，根源在於不學習。

【胸中不學，猶手中無錢也】 出自王充《論衡・量知》。意思是：胸無學問，如手中沒有錢一樣。

【無貴無賤，無長無少，道之所存，師之所存也】 出自韓愈《師說》。意思是：無論貴賤，無論老少，只要是有道德學問，都可以做老師。

【人有知學，則有力矣】 出自王充《論衡・效力》。意思是：人有了知識、學問，就有了力量。

【夫德不優者，不能懷遠；才不大者，不能博見】 出自王充《論衡・別通》。意思是：人品不端的人，不能胸懷大志；才學膚淺

的人，沒有遠見卓識。

【不知而自以為知，百禍之宗也】 出自《呂氏春秋・謹聽》。意思是：不知道卻自以為知道，這是各種禍患的根源。

【吾生也有涯，而知也無涯】 出自《莊子・養生主》。意思是：我的生命是有限的，而知識卻是無止境的。

【一日不作詩，心源如廢井】 出自唐代賈島詩《戲贈友人》。意思是：一天不寫詩，就覺得自己的心如同廢棄的水井一樣乾枯。

【一字之褒寵逾華袞之贈，片言之貶辱過市朝之撻】 出自晉代范寧《春秋穀梁傳集解序》。逾：勝過。華袞：古代王公貴族的禮服。市朝：人群會集的地方。意思是：對作品哪怕一個字的褒揚，比送給王公貴族的禮服還榮耀；對作品哪怕隻言片語的貶抑，比在人群裡被鞭打一頓還羞辱。

【不薄今人愛古人，清詞麗句必為鄰】 出自唐代杜甫詩《戲為六絕句》。意思是：不輕視今人，同時也更推崇古人，只要有清詞、

麗句，有長處就要學習借鑑。

【爾曹身與名俱滅，不廢江河萬古流】　出自唐代杜甫詩《戲為六絕句》。爾曹：你們。江河：長江黃河。意思是：日後你們的身名俱滅了，可「四傑」的那些詩文仍將像長江黃河那樣永遠流傳下去。

【後之視今，亦猶今之視昔】　出自晉代王羲之《蘭亭集序》。意思是：後人評價我們，就像我們評價前人一樣。說明看待前人作品既不能厚古薄今，也不能厚今薄古。

【江山代有才人出，各領風騷數百年】　出自清代趙翼詩《論詩》。江山：國家。風騷：《風》和《騷》，即《國風》和《離騷》，這裡泛指詩文創作。意思是：歷史上每一朝代都會有有才華的人出現，各自開創一代新風，領導詩壇幾百年。

【奇文共欣賞，疑義相與析】　出自晉代陶淵明詩《移居二首》。奇文：好的文章。相與：共同。意思是：有好的文章一起賞識，疑難的問題，大家共同剖析。

後人常反其意而用之，指將不好的文章拿出來，供大家批評分析。

【春秋之法，常責備於賢者】　出自《新唐書‧太宗本紀》。春秋：即《春秋》，相傳為孔子所著，為儒家經典之一。意思是：《春秋》之中常常責備有才德的人。說明史書對人的評價是非常嚴格的。

【家有敝帚，享之千金】　出自（三國‧魏）曹丕《典論‧論文》。意思是：自己家裡的破掃帚即使不好，也倍覺珍惜。有時用於自謙。

【滿紙荒唐言，一把辛酸淚。都云作者癡，誰解其中味】　出自清代曹雪芹《紅樓夢》。意思是：在別人看來，滿篇都是荒誕的言語，而實際上卻飽含著作者的無限辛酸和苦澀。都說作者太過癡狂，可誰能真正瞭解其中的滋味呢？說明許多文章中，常隱藏著不為人知的思想感情。

日常

【人生歸有道，衣食固其端】

出自晉代陶淵明《庚歲戌九月中於西田穫早稻》。意思是：人生最終要歸依的道理就是要有衣穿、要有飯吃。

【衣食者民之本】　出自漢代桓寬《鹽鐵論・力耕》。意思是：吃飯、穿衣是百姓生活的根本。

【希言自然】　出自《道德經》。意思是：少說話是合乎自然的。

【善行無轍跡，善言無瑕謫】

出自《道德經》。意思是：善於走路，不留痕跡；善於言談，不留瑕疵。

【食不厭精，膾不厭細】　出自《論語・鄉黨》。膾：細切的魚肉。意思是：糧食不嫌舂得精細，魚肉不嫌切得細緻。

【黎明即起，灑掃庭除】　出自朱柏廬《朱子治家格言》。意思是：清早起來打掃庭院。

【食不重味，衣不雜采】　出自魏徵《群書治要・賈子》。意思

是：吃的東西花樣品種不多，穿的東西沒有繡上花紋。

【動搖則穀氣得消，血脈流通，病不得生】 出自《三國志·魏書·吳普傳》。意思是：人經常活動是袪病延年的重要途徑。

【夫寒之於衣，不待輕煖；飢之於食，不待甘旨】 出自《漢書·食貨志》。輕：輕軟華貴。煖：同「暖」。意思是：寒冷的人對於衣服，不要求輕軟華貴；飢餓的人對於食物，不要求甘甜美味。

【早起三朝當一工，常餘一勺成千鐘】 出自牛樹梅《天谷老人·小兒語補》。意思是：三個早晨早起工作能抵一整天，每天省下一勺糧食最終能積蓄成倉。

【心不在焉，視而不見，聽而不聞，食而不知其味】 出自《禮記·大學》。意思是：如果心態不端正、不安定，精力不集中，那麼就會視而不見，聽而不聞，東西吃到嘴巴裡也不知道是什麼味道。

【菽麥實所羨，孰敢慕甘肥】 出自晉代陶淵明詩《有會而作》。意思是：能有粗茶淡飯吃我都很羨慕了，哪裡還敢奢望美味佳餚呢？詩句表現了作者雖然貧困，但絕不向權貴低頭的精神。

【人之受用，自有劑量，省嗇淡泊，有久長之理，是可以養壽也】 出自宋代羅大經《鶴林玉露·儉約》。受用：需要。淡泊：清淡寡味。意思是：人對生活的需求，自是有一定的限量的，節制飲食、清淡寡味，才能常保健康，才可以長壽。

【睡側而屈，覺正而伸，早晚以時。先睡心，後睡眼】 出自蔡元定《睡訣》。意思是：側睡屈身，覺醒時擺正、伸開身子，起床、睡覺要有一定時間，先讓心靜下來，然後才閉上眼睡覺。

【動莫若敬，居莫若儉，德莫若讓，事莫若諮】 出自《國語·周語下》。意思是：行動時沒有什麼比小心謹慎、嚴肅行事更重要的了，居家時沒有什麼比勤儉更重要的了，道德修養沒有什麼比謙讓更重要的了，做事情沒有什麼比諮詢別人更重要的了。

【少嘗苦日苦，多嘗苦日甘】

出自《墨子‧非攻上》。意思是：很少嘗到苦味的人，一見苦就叫苦；而常嘗苦味的人便不覺得苦。

【凡人之情，窮則思變】 出自《資治通鑑‧唐紀》。情：本性。窮：盡頭，引申為無路可走。意思是：人的本性是在到了沒有辦法之時，就要設法改變現狀。

【人之情，不能樂其所不安，不能得其所不樂】 出自《呂氏春秋‧誣徒》。意思是：人之常情，不能樂意於他們所不安心的，不能滿足於他們所不樂意的。

【口腹不節，致病之因；念慮不正，殺身之本】 出自宋代林逋《省心錄》。口腹：飲食。意思是：不節制飲食是導致生病的原因；心術不正是引來殺身之禍的原因。

【齒堅於舌，而先之敝】 出自《淮南子‧原道訓》。堅：堅硬。敝：毀壞。意思是：牙齒比舌頭堅硬，但比舌頭先毀壞。

【久視傷血，久臥傷氣，久坐傷肉，久立傷骨，久行傷筋】 出自《素問‧宣明五氣》。意思是：看的時間長了就會損傷血液，躺的時間長了就會損傷元氣，坐的時間長了就會損傷肌肉，站的時間長了就會損傷骨骼，走的時間長了就會損傷筋骨。

【得眾動天，美意延年】 出自《荀子‧致士》。美意：樂意。延年：延長壽命。意思是：取得大眾的擁護就能經營驚天動地的事業，心情舒暢可以延長壽命。

【聰以知遠，明以察微】 出自《史記‧五帝本紀》。聰：聽力好。明：視力好。意思是：耳力好能聽得遠，視力好能看到微小的東西。

【不以物亂官，不以官亂心，是謂中得】 出自《管子‧內業》。意思是：不要讓外物擾亂了感官，不要讓感官擾亂了心志，這就叫做心中有所得。

【塞其兌，閉其門，終身不勤】 出自《道德經》。意思是：阻塞通達的感官，關上認識的大門，終身不會有勞苦愁煩。

【不樂損年，長愁養病】 出

自北周庾信《閒居賦》。損：減少。養：滋生。意思是：總是悶悶不樂會讓壽命減少，整日愁眉不展會讓疾病滋生。

【獨樂樂，與人樂樂，孰樂】
出自《孟子‧梁惠王下》。意思是：一個人獨自欣賞音樂快樂，和別人一道欣賞音樂也快樂，到底哪一個更快樂呢？

【樂太甚則陽溢，哀太甚則陰損】 出自《漢書‧東方朔傳》。意思是：過於高興就會散溢陽氣，過於哀傷就會減損陰氣。

【盈縮之期，不但在天；養怡之福，可得永年】 出自曹操《龜雖壽》。意思是：人生命的長短，不只是由天來決定的，只要能很好地保養身體，做到身心健康，是可以延年益壽的。

【樂易者常壽長，憂險者常夭折】 出自《荀子‧榮辱》。樂易：歡樂，平易。憂險：憂慮，擔憂。意思是：樂觀泰然的人總是容易長壽，而多愁多慮的人往往短命。說明人的情緒對健康有很大影響，人應保持積極樂觀的心態。

【戒爾勿嗜酒，狂藥非美味；能移謹厚性，化作凶頑類】 出自宋代范質《戒子》。意思是：我勸你不要總是喜歡喝酒，酒是讓你發瘋的狂藥，而不是美味。它能改變你謹慎敦厚的性格，讓你變成兇惡頑劣的人。

【病萬變，藥亦萬變】 出自《呂氏春秋‧察今》。意思是：疾病千變萬化，使用的藥物也要千變萬化。

【沉憂損性靈，服藥亦枯槁】
出自唐代孟郊《怨別》。性靈：健康。枯槁：憔悴。意思是：太過憂慮就會損傷人的健康，即使服藥也還會讓人形容憔悴。

【納爽耳目變，玩奇筋骨輕】
出自唐代劉禹錫詩《秋江早發》。納：吸收，吸取。玩：玩賞。意思是：呼吸清爽的空氣，可以讓人耳聰目明，玩賞奇特的景觀可以讓人筋骨輕鬆。

【縱耳目之欲，恣支體之安者，傷血脈之和】 出自漢代枚乘《七發》。支體：即肢體。和：和暢。意思是：放縱耳目的貪欲，放

任肢體的安逸，就會損害身體血脈的和暢。

【居住齊則色姝，食飲齊則氣珍】 出自《韓詩外傳》。意思是：生活能夠有規律，氣色就會好；飲食有規律，精神就會好。

【惱一惱，老一老；笑一笑，少一少】 出自清代錢大昕《恆言錄》。現在也常說：惱一惱，十年老；笑一笑，十年少。意思是：煩惱一次，就衰老一些；歡笑一次，就年輕一些。

【病從口入，禍從口出】 出自晉代傅玄《傅子》。意思是：疾病都是因為飲食不慎引起的，災禍都是因為說話不慎而招致的。

【酒能袪百慮，菊解制頹齡】 出自晉代陶淵明《九日閒居》。意思是：喝酒能夠讓人消除憂愁，服用菊花可以防止衰老。

【晚飯少吃口，活到九十九】 出自清代錢大昕《恆言錄》。意思是：晚飯適當吃少一點，會有利於健康和長壽。

【懲病克壽，矜壯死暴】 出自唐代柳宗元《敵戒》。克：能。

矜：自恃。意思是：知道警惕和防治疾病就能長壽，自恃身強力壯卻會突然死去。

【愁與髮相形，一愁白數莖】 出自唐代孟郊詩《自歎》。意思是：心情愁悶也會在頭髮上有所表現，煩惱一次，頭髮就會多白幾根。說明憂愁會讓人加速衰老。

【蠍盛則木朽，欲勝則身枯】 出自三國嵇康《答向子期難養生論》。蠍：木中蠹蟲的通稱。意思是：樹木中的蠹蟲多了，樹木就要枯朽，人的欲望太多了，身體就會垮掉。

【毛嬙、西施，天下之美人也。盛怒氣於面，不能以為可好】 出自《管子·小稱》。意思是：古代的毛嬙、西施，雖然是天下的美人，但在她們滿面怒容的時候，人家是看不出她們的美貌來的。

【非宅是卜，唯鄰是卜】 出自《左傳·昭公三年》。卜：選擇。意思是：不必選擇好的住處，而要選擇好的鄰居。

【養身莫善於習動】 出自清代顏元《習齋先生言行錄·學

人》。意思是：保養身體最好的方法莫過於多運動了。

【駒隙百年，誰保無恙？治之弗失，危者安矣】　出自明代張介賓《類經·序》。駒隙：比喻時光快速流失。意思是：人生百年匆匆而過，有誰能保證不生病呢？一旦生了病就要及時治療，這樣，就能轉危為安了。

【病非一朝一夕之故，其所由來漸矣】　出自《列子·力命》。意思是：疾病不是一朝一夕形成的，而是逐漸累積而成的。

【病已成而後藥之，亂已成而後治之，譬猶渴而穿井，鬥而鑄錐，不亦晚乎】　出自《內經·四氣調神大論》。鬥：戰鬥，鬥爭。治：治理。意思是：人的疾病已經形成了，才去治療，國家的禍亂已經形成了，才去治理，就好像覺得口渴了才掘井，就要戰鬥了，才去製造兵器，不是晚了嗎？

【君不見高堂明鏡悲白髮，朝如青絲暮成雪】　出自唐代李白《將進酒》。你沒有看到嗎？鏡子裡的頭髮，早上還如青絲一般，到了晚上就好像雪一樣白了。

【春風秋月不相待，倏忽朱顏變白頭】　出自明代于謙《靜夜思》。意思是：時光不待人，轉眼間，青春的容顏就變成了滿頭的白髮。

【人亦有言，憂令人老；嗟我白髮，生有何蚤】　出自（三國·魏）曹丕《短歌行》。蚤：同「早」。意思是：人們都說，憂愁會使人變得衰老；可嘆我頭上的白髮，怎麼生得這麼早呢？

【年在桑榆間，影響不能追】　出自（三國·魏）曹植詩《贈白馬王彪》。桑榆：落日的餘暉照著的地方。意思是：人正漸漸地走向衰老，過去的影子和聲音都無法再追回了。

心境

【江村獨歸處，寂寞養殘生】　出自杜甫詩《奉濟驛重送嚴公四韻》。意思是：我獨自回到江村的草堂裡，寂寞地度過我餘下的日子。

【孤舟蓑笠翁，獨釣寒江雪】
出自唐代柳宗元詩《江雪》。意思是：一位穿著蓑衣，戴著斗笠的老翁，獨自在孤單的漁舟上冒著寒冷的風雪垂釣。詩句描寫了一種孤寂淒涼的景象。

【慨當以慷，憂思難忘。何以解憂，唯有杜康】　出自曹操《短歌行》。意思是：滿懷著慷慨激昂的感情，是由於心中的憂患久久難忘。用什麼來釋解這無邊的愁思，只有那杯中的美酒杜康。

【無言獨上西樓，月如鉤，寂寞梧桐深院鎖清秋】　出自南唐李煜《相見歡》。意思是：默默無語地獨自上了西樓，抬頭一看，月亮形狀像鉤子一樣橫臥在天上。秋天到了，深深庭院裡，梧桐樹顯得寂寞孤單。

【冀以塵霧之微補益山海，熒燭末光增輝日月】　出自《三國志‧魏書‧陳思王植傳》注。冀：希望。意思是：希望用微薄的塵霧補益山海，用微弱的燭光為日月增輝。

【我有迷魂招不得，雄雞一聲天下白】　出自李賀《致酒行》。意思是：我的魂魄好像迷失在外似的，招不回來；當長夜過去，雄雞高唱，天下大白的時候，才會有我的出路。

【登高使人欲望，臨深使人欲窺，處使然也】　出自《淮南子‧說山訓》。窺：探究，引申為思慮深刻。意思是：登到高處可以使人開闊胸懷，對著深淵可以使人思想深邃，這是所處的環境促成的。

【老妻畫紙為棋局，稚子敲針作釣鉤】　出自唐代杜甫詩《江村》。意思是：相伴多年的妻子在紙上畫著棋盤，年幼的兒子敲彎了縫衣針要做成魚鉤。詩句表現了一家人悠閒安逸的生活。

【細數落花因坐久，緩尋芳草得歸遲】　出自宋代王安石《北山》。因：因此。意思是：因為在細細地數落花，所以坐的時間長了；慢尋芳草的蹤跡，因此，回去得晚了。

【春秋多佳日，登高賦新詩】
出自晉代陶淵明《移居》。意思是：春秋兩季，多的是風和日麗的

好天氣，這樣的好日子就登上高山，吟詩作賦。

【醉扶怪石看飛泉，又卻是前回醒處】　出自宋代辛棄疾詞《鷓鴣天》。意思是：喝醉了酒，扶著怪石觀賞飛流的山泉，不料這裡正是上次喝醉醒來的地方。

【此中有真意，欲辨已忘言】　出自晉代陶淵明《飲酒》。意思是：這之中有真意妙趣，想要將它解說出來，但卻忘記了該怎樣表達了。詩句表達了作者辭官歸田後過著自由自在的生活的真情實感，表現出寄身田園、與世無爭的情趣。後來用於表現樂在其中、可意會而不可言傳的事情上。

【聖人無常心，以百姓心為心。善者吾善之，不善者吾亦善之】　出自《道德經》。意思是：聖人沒有他固執的想法，以百姓的想法作為他的想法。百姓的想法善的，我就認為善；百姓的想法不善的，我也認為它善。

【東面望者不見西牆，南鄉視者不睹北方，意有所在也】　出自《呂氏春秋‧去尤》。睹：看見。

意思是：向東面看的見不到西面的牆，向南面看的望不見北方，這是因為心意有所集中啊。

【一壺濁酒喜相逢。古今多少事，都付笑談中】　出自明代楊慎詞《臨江仙》。濁酒：是用黃米和糯米釀成的酒，色澤渾濁，故稱「濁酒」。意思是：大家一起喝著濁酒，為相逢而萬分欣喜。古往今來，有多少天下興亡之事，都不過成為人們的談笑話題而已。詞句表達了作者一種鄙夷世事的豁達大度，廣為後人傳誦。

【苟全性命於亂世，不求聞達於諸侯】　出自《三國志‧蜀書‧諸葛亮傳》。意思是：在亂世中保全自己的性命，不追求在各個諸侯間聞達顯貴。

【九死南荒吾不恨，茲游奇絕冠平生】　出自宋代蘇軾詩《六月二十日渡海》。南荒：這裡指海南島。茲：這，此。意思是：就算在這萬里南荒死上多次，我也沒有什麼可遺恨的，這次遊歷中，那奇絕的景觀是我平生所未曾見過的。詩句表現了作者超然灑脫的人生態度。

【功名富貴若長在，漢水亦應西北流】　出自唐代李白詩《江上吟》。漢水：又名漢江，發源於陝西省寧強縣，從西北流向東南。意思是：如果功名富貴能夠長在，那麼，漢水也應該會向西北倒流了。抒發了作者將功名富貴看做過眼雲煙的釋然心境。

【其寢不夢，其覺無憂】　出自《莊子·大宗師》。寢：睡覺。覺：醒。意思是：修為高的人睡覺的時候不做夢，醒著的時候也沒有憂愁。形容人豁達開朗。

【采菊東籬下，悠然見南山】　出自晉代陶淵明詩《飲酒》。意思是：在東籬下採摘著菊花，悠閒自在地抬起頭望著遠處南山上的美景。詩句表現了作者嚮往的一種高雅閒適的生活，但或多或少還是有一點消極避世的思想。

【心遠地自偏】　出自晉代陶淵明詩《飲酒》。意思是：只要心遠離了塵世，自然就會感到居處偏僻幽靜。即所謂的心靜自然寧。

【胸中芥蒂未盡去，須信坦道多荊榛】　出自元代徐歎詩《馮公嶺》。芥蒂：指細小的梗塞物，這裡比喻心中的怨恨或不快。荊榛：荊棘叢，這裡比喻障礙。意思是：如果心中的不快和怨恨不能清除，可要知道，即使是行駛在寬闊的大路上，也會覺得荊棘叢生、障礙不斷。比喻放下心中的包袱，人生之路就會變得坦蕩寬闊。

【隨富隨貧且歡樂，不開口笑是癡人】　出自唐代白居易詩《對酒》。意思是：富也好，窮也罷，能歡樂的時候就盡情歡樂，不懂得盡情享樂的，那才是白癡。說明人生在世不應因為世路艱辛而抱怨歎息。

【人間桂花落，夜靜春山空】　出自唐代王維《鳥鳴澗》。意思是：人聲靜下來了，桂花無聲地飄落。夜靜了，春夜的深山更顯得格外空蕩。心境和春山的環境相互契合，自然成趣，表現了作者閒適的生活。

人事

【木屑竹頭，皆為有用之物；

【牛溲馬渤，可備藥物之資】　出自程登允升《幼學瓊林・人事》。意思是：即使是木屑或腐爛的竹頭，也有可用的地方；即使是牛糞與尿，也可以入藥。任何看似不起眼的東西都有適當的用途，不能輕易浪費。

【人之多言，亦可畏也】　出自《詩經・鄭風・將仲子》。多言：指愛說閒話。意思是：別人的閒談議論也能讓人感到畏懼。

【愛戴高帽，自受圈套】　出自牛樹梅《天谷老人・小兒語補》意思是：愛聽奉承話等於自己往圈套裡鑽。

【其曲彌高，其和彌寡】　出自宋玉《對楚王問》。意思是：曲子越高雅，產生共鳴的人越少。

【傳聞之事，恆多失實】　出自《後漢書・臧宮傳》。意思是：傳聞的事情，大多數都是不真實的。

【百里不同風，千里不同俗】　出自《漢書・王吉傳》。意思是：不同的地域會產生不同的人文與風俗習慣。

【口銳者，多誕而寡信】　出自《說苑・尊賢》。意思是：善於說話的人，常常多虛妄，少信用。

【三人疑之，則慈母不能信】　出自《戰國策・秦策二》。意思是：有三個人懷疑，連自己母親也不敢相信他了。比喻流言蜚語可以歪曲事實，混淆視聽，蠱惑人心。

【千人所指，無病而死】　出自《漢書・王嘉傳》。意思是：被群眾所怨恨，沒有病也會死掉。

【苟慮害人，人亦必慮害之；苟慮危人，人亦必慮危之】　出自《呂氏春秋・順說》。意思是：如果想著傷害別人，別人一定也會想著傷害你；如果想著危害別人，那麼別人也一定想著危害你。

【狐埋之，而狐搰之。是以無成功】　出自《國語・吳語》。搰：掘出來。意思是：狐狸實在多疑，剛把東西埋起來，又把它掘出來看看，一直到最後也沒藏好。

【人無害虎心，虎有傷人意】　出自元代紀君祥雜劇《趙氏孤兒》。意思是：人雖然沒有害虎的想法，但是老虎卻有傷人的心思。

說明必須提高警惕。

【非我族類，其心必異】　出自《左傳‧成公四年》。意思是：不是和我們同一族類的人，必然不會和我們同心。

【見微以知萌，見端以知末】出自《韓非子‧說林上》。微：隱微。意思是：察覺到了事物隱微的徵兆，就知道它昭顯之後的情形；看到事情的開始就知道它的結局。

【好面譽人者，亦好背而毀之】　出自《莊子‧盜跖》。譽：讚美。意思是：喜歡當面誇獎別人的人，也喜歡在背後詆毀別人。

【謀於長者，必操几杖以從之。長者問，不辭讓而對，非禮也】　出自《禮記‧曲禮上》。意思是：與長者商量事情，一定要操几執杖來護持，以示敬重。長者發問時，不謙辭推讓就來回答，是不合禮制的。

【為人子者，父母存，冠衣不純素。孤子當室，冠衣不純采】出自《禮記‧曲禮上》。意思是：作為兒子，父母在世時，穿衣戴帽不要都是純白色的。父母早逝，穿衣戴帽就不要全部是有紋彩的。

【夫為人子者，出必告，反必面，所遊必有常，所習必有業。恆言不稱老】　出自《禮記‧曲禮上》。意思是：作為後輩小子，出門之前一定要稟明父母，回來以後一定要請示問安，在外遊學一定要有規律，研習學問一定要走正路。在父母面前要注意說話避免用「老」字。

【年長以倍，則父事之；十年以長，則兄事之；五年以長，則肩隨之。群居五人，則長者必異席】出自《禮記‧曲禮上》。意思是：對年齡超過自己一倍的人，要用侍奉父親的禮制來服侍；超過十歲的人，以兄長的禮節侍奉；超過五歲（不到十歲）的，可以與之並肩而行。眾人相聚超過五個人的，要為長者單獨設席。

【為人子者，居不主奧，坐不中席，行不中道，立不中門】　出自《禮記‧曲禮上》。奧位：室內的西南角，古人設神主或尊長居坐的地方。意思是：作為後輩，閒坐之時不居奧位，餐飲之際不坐中

間，走路之時不占中道，站立之際不堵門中。

【孝子不服暗，不登危，懼辱親也。父母存，不許友以死，不有私財】 出自《禮記·曲禮上》。意思是：守孝道的人不背人做事，不登臨險境，是怕辱沒了親人。父母在世，不要答應為朋友兩肋插刀而死，不私自儲存錢財。

【凡為人子之禮，冬溫而夏清。昏定而晨省，在醜夷不爭】出自《禮記·曲禮上》。意思是：作為後輩的禮節，要講究冬天為父輩暖床防寒而夏天降溫去暑，天黑安靜地就寢而早晨殷勤地問安，在眾人和同輩面前不要爭執。

【從長者而上丘陵，則必鄉長者所視。登城不指，城上不呼】出自《禮記·曲禮上》。意思是：跟隨長輩登高望遠，就應當面向長輩所看的地方。登城的時候不指指點點，登上城頭不要大呼小叫。

【孝子之養老也，樂其心，不違其志，樂其耳目，安其寢處】出自《禮記·內則》。意思是：孝子對父母養老，要使父母從心裡感

到快樂，不違背他們的意思，想辦法讓他們賞心悅目，父母的寢室要安排得舒適。

【在天者莫明於日月，在地者莫明於水火，在物者莫明於珠玉，在人者莫明於禮義】 出自《荀子·天論》。意思是：在天上的事物裡，沒有比日月更明亮的；在地上的事物中，沒有比水火更能閃亮的；在所有的事物中，沒有比珍珠、美玉更光彩耀目的；在人的行為舉止裡，沒有比禮義更賢明的。

【輕則寡謀，驕則無禮】 出自《國語·周語中》。意思是：輕舉妄動的人做事缺乏思考，驕傲自滿的人待人無禮。

【才乘一線憑雲去，便有愚兒仰面看】 出自宋代王令詩《紙鳶》。愚兒：這裡指勢利小人。意思是：風箏才憑藉著一根線飛上了天，下面就有人仰著頭看。詩句深刻地諷刺了有些人剛看到有人得以高升，就攀附巴結的醜行。

【木秀於林，風必摧之；堆出於岸，流必湍之；行高於人，眾必非之】 出自（南朝·梁）蕭統

《昭明文選‧運命論》。意思是：如果樹木長得高出了樹林，那麼風就會先將它摧折；如果土堆突出了河岸，那麼湍急的流水就會將其沖毀；如果人的品行超出了眾人，那麼就會遭到眾人的非議。

【得之於手，而應於心】　出自《莊子‧天道》。應：順應。意思是：手上的操作很順利，與心裡想的配合得很一致。

【吉人之辭寡，躁人之辭多】　出自《周易‧繫辭下》。意思是：老實敦厚的人言辭少，浮躁虛妄的人言辭多。

【人而無信，不知其可也】出自《論語‧為政》。意思是：人無信譽，不知能幹什麼？

【道不同，不相為謀】　出自《論語‧衛靈公》。意思是：主張不同，不能互相商議謀劃。

【君子喻於義，小人喻於利】　出自《論語‧里仁》。意思是：君子通曉道義，小人通曉私利。

【君子中庸，小人反中庸】出自《中庸》。中庸：儒家的最高道德標準。「中」即折中，不偏不倚；「庸」即平常。意思是：君子的所作所為能符合中庸之道，小人的所作所為則違背中庸之道。

【為善者不云利，逐利者不見善】　出自宋代林逋《省心錄》。意思是：做善事的人從來不談利益，而追逐利益的人卻從來不見他做善事。

【以道觀之，物無貴賤】　出自《莊子‧秋水》。意思是：從自然規律來看，世間萬物沒有貴賤之別。

【自暴者，不可與有言也；自棄者，不可與有為也】　出自《孟子‧離婁上》。意思是：自己損害自己的人，不能和他談出有價值的言語；自己拋棄自己（對自己極不負責任）的人，不能和他做出有價值的事業。

【君子之過也，如日月之食焉。過也，人皆見之；更也，人皆仰之】　出自《論語‧子張》。意思是：君子的過錯好比日食月食。他犯過錯，人們都看得見；他改正過錯，人們都仰望著他。

【世事波上舟，沿洄安得住】

出自唐代韋應物詩《初發揚子寄元大校書》。意思是：世間的事就像波濤上的船一樣，怎麼能夠停得住呢？詩句表達了作者對世事多變的感歎。

【君子以裒多益寡，稱物平施】　出自《周易‧謙‧象辭》。意思是：君子應當對多的減損，對少的增加，要測出財物的多少，公平分配。

【古之從仕者養人，今之從仕者養己】　出自隋朝王通《中說‧事君篇》。意思是：過去的人做官是為了奉養別人，而現在的人做官為的是奉養自己。

【恭者不侮人，儉者不奪人】　出自《孟子‧離婁上》。意思是：對別人恭敬的人不會侮辱別人，自己節儉的人不會搶奪別人。

【八佾舞於庭，是可忍也，孰不可忍也】　出自《論語‧八佾》。意思是：（季氏）用天子的舞蹈陣容在自己的宗廟裡舞蹈，這樣的事可以容忍，什麼事不能容忍？

【平地把手笑，乘崖撥足擠】

出自宋代王令《交難贈杜漸》。把手：握手。意思是：平坦的道路上，彼此之間握手歡笑，但等登上了懸崖，就會挪動腳步，試圖將對方擠落到懸崖下面。

【愛人者，人恆愛之；敬人者，人恆敬之】　出自《孟子‧離婁下》。意思是：愛別人的人，會受到別人的愛；尊敬別人的人，會受到別人尊敬。

【道聽而塗說，德之棄也】出自《論語‧陽貨》。塗，同「途」。意思是：在路上聽到傳言就到處去傳播，從道德方面來說，是應唾棄的。

【名高毀所集，言巧智難防】出自唐代劉禹錫詩《萋兮吟》。意思是：人的名望高了，就會成為人們誹謗指責的目標，那些花言巧語的中傷，就算是智者也難以提防。

【保者倦矣，施者未厭】　出自《左傳‧僖公二十四年》。意思是：報答恩情的人都厭倦了，可是施與恩惠的人卻還沒有滿足。

【君子無易由言，耳屬於垣】

出自《詩經・小雅・小弁》。意思是：君子一定不要輕易講話，小人正把耳朵緊緊地貼在牆上。

【君子不怨天，不尤人】 出自《孟子・公孫丑下》。意思是：君子不抱怨天，不責怪人。

【若將世路比山路，世路更多千萬盤】 出自宋代范成大詩《四十八盤》。世路：人生道路。意思是：如果拿人生之路和山路相比，那麼人生之路要比山路曲折複雜上千萬道。說明人生之路更加艱險漫長。

【畫龍畫虎難畫骨，知人知面不知心】 出自明代施耐庵《水滸傳》。意思是：龍和虎的外形都容易描畫，但卻難畫其骨；認識這個人、認識他的面孔，但卻不知道他的心裡在想什麼。用來比喻人心難測。

【貧居鬧市無人問，富在深山有遠親】 出自明代羅貫中《三遂平妖傳》。意思是：家境如果貧寒，即使住在熱鬧的街道也沒有人探訪，家境如果富有，就算住在幽深的山谷也同樣有遠房的親戚去拜訪。詩句深刻揭露了以金錢交人的炎涼世態。

【將恐將懼，維予與女，將安將樂，女轉棄予】 出自《詩經・小雅・谷風》。將：正。與：幫助。女：同「汝」。意思是：在你擔驚受怕的時候，只有我幫助你；但你到了安樂的時候，反而要將我拋棄。

【朝真暮偽何人辨，古往今來底事無】 出自唐代白居易詩《放言》。朝：白天。底：什麼。意思是：白日裡裝得一本正經，但到了晚上就露出了虛偽的原形，誰能看得出呢？古往今來，這種事有什麼沒出現過呢？

【翻手作雲覆手雨，紛紛輕薄何須數】 出自唐代杜甫詩《貧交行》。數：列舉。意思是：手心向上時就像雲一樣聚合，手心向下時，又像雨紛紛落下，這麼多輕慢友情的人還用得著一一列舉嗎？

【一解市頭語，便無鄰里情】 出自唐代元稹詩《估客樂》。市頭語：指生意人說的行話。意思是：一懂得了如何做買賣，就連鄰

里之間的情分都不管了，只管一味賺錢。

【人心不同，各如其面；面從後言，古人之所誡也】 出自《三國志‧蜀志‧蔣琬傳》。意思是：人心各不相同，就像人的面貌各不相同一樣；古人所警惕的是那些當面聽從，而背後又反對的人。

【人有悲歡離合，月有陰晴圓缺，此事古難全】 出自宋代蘇軾詞《水調歌頭》。意思是：人生一世，總會或悲或歡，或離或合；月亮也有其陰晴和圓缺。自古以來，這種事都很難周全。

【人苦不知足，既平隴，復望蜀】 出自《漢書‧岑彭傳》。隴：指今甘肅省一帶。蜀：今四川省一帶。成語「得隴望蜀」即由此而來。意思是：人總是苦於不知足，得到了隴地，還想要得到蜀地。形容人的欲望總是沒有止境。

【人情翻覆似波瀾】 出自唐代王維詩《酌酒與裴迪》。意思是：人情世道像江河的波濤一樣翻覆不定。

【男兒有淚不輕彈，只因未到傷心處】 出自明代李開先《寶劍記》。意思是：男子漢是不輕易哭泣的，但那只是因為還沒有到達讓他傷心的地步。現在常用「男兒有淚不輕彈」來形容男子漢大丈夫應當意志堅強。

【上智者必不自智，下愚者必不自愚】 出自《陳確集‧瞽言》。上智：最具智慧之人。自智：自以為有智慧。下愚：最愚笨之人。自愚：自以為愚笨。意思是：最具智慧的人一定不會自以為智慧，最愚笨的人也一定不會自以為愚笨。

【山重水複疑無路，柳暗花明又一村】 出自宋代陸游《遊山西村》。意思是：山重重，水道道，讓人懷疑前面沒有路了。但繞過一看又是一個柳成蔭，花爛漫的村莊。用來比喻事情陷入困境後又出現轉機。

【義動君子，利動貪人】 出自漢代董仲舒《論禦匈奴》。意思是：正義能夠感動有德行的君子，利益能夠動搖貪婪的小人。

【當仁不讓於師】 出自《論

一本書讀懂國學句典

語‧衛靈公》。意思是：面臨著仁義，就是老師，也不必同他謙讓。

【小人之未得志也，尾尾焉；一朝而得志也，岸岸焉】 出自明代劉基《郁離子‧小人猶膏》。意思是：小人沒得志的時候，總是像個尾巴似的跟在別人後頭，一副垂頭喪氣的樣子；一旦有朝一日得志了，便立刻變得趾高氣揚，不可一世。

【受人之托，忠人之事】 出自馮夢龍《醒世恆言》。意思是：接受了別人的委託，就要忠實地去辦理。

【好事不出門，惡事行千里】 出自孫光憲《北夢瑣言》。意思是：好事或者一個人做了好事，往往得不到傳播；壞事、惡事，或一個人做了壞事、惡事，往往不脛而走，很快傳播出去，滿城風雨，甚至傳之千里。

【凡人為善，不自譽而人譽之；為惡，不自毀而人毀之】 出自蘇軾《擬進士對御試策》。意思是：一個人做好事，不必自誇，周圍的人也會稱許；一個人做壞事，不必自毀，周圍的人也會詆毀。

【不知恥者，無所不為】 出自歐陽修《魏公卿上尊號表》。意思是：不知羞恥的人，什麼事都幹得出來。

【殺人償命，欠債還錢】 出自李之彥《東穀所見》。意思是：殺害了別人，就須以自己的性命相抵償；欠了別人的債，須如數歸還。

【事有急之不白者，寬之或自明，毋躁急以速其忿】 出自《小窗幽記》。意思是：有時候遇到急切之下弄不明白的事情，應當適當寬緩一下，或許自然而然就真相大白了，不要操之過急，那樣會使當事人十分惱怒，反而增加了事情的複雜性。

【人有切之不從者，縱之或自化，毋操切以益其頑】 出自《小窗幽記》。意思是：有的人急切之下任你怎麼勸都不聽從，不妨隨他的便，不去勸他，他或許自己慢慢就會悔悟，不必採用強制手段逼迫他聽從，那樣只能激發他的反抗心理，使他更加冥頑不化。

【人勝我無害，彼無蓄怨之心；我勝人非福，恐有不測之禍】

出自《省心錄》。意思是：別人勝過我，沒有什麼害處，因為這樣的話，別人不會在他們的內心深處積下對我的怨恨；我勝過別人，不一定是什麼好事，因為這樣的話，那些心胸狹窄之人，恐怕會為我降下難以預測的災禍。

【天下皆知取之為取，而莫知與之為取】　出自《後漢書·桓譚馮衍列傳》。意思是：天下人都知道從別人那裡得到東西是「取」，卻不知道給予別人東西也是「取」。

【不識廬山真面目，只緣身在此山中】　出自宋代蘇軾《題西林壁》。廬山：在今江西省九江市南。意思是：無法看清廬山的真面目，是因為自己身在廬山之中。比喻當局者迷，旁觀者清。

【仁者見之謂之仁，知者見之謂之知】　出自《易經·繫辭上》。知：同「智」。意思是：對待同樣的問題，仁者見了說它是仁，而智者見了說它是智。說明同樣的事情，不同的人有不同見解。

【父母之愛子，則為之計深遠】　出自《戰國策·趙策》。意思是：父母疼愛自己的孩子，就要為他們做長遠的打算。

【心無結怨，口無煩言】　出自《韓非子·大體》。煩言：不滿或氣憤的話。意思是：心裡不結下怨仇，嘴上就不會說出憤懣的話。

【世人結交須黃金，黃金不多交不深；縱令然諾暫相許，終是悠悠行路心】　出自唐代張謂詩《題長安壁主人》。然諾：答應，應允。悠悠：漫不經心的樣子。意思是：現在的世道，與人交友就必須得有金錢，金錢不夠多，交情就不夠深。就算一時答應了你，也不會放在心上，到最後，還是會視同路人。詩句深刻揭示了當時的人情事態。

【本是同根生，相煎何太急】

出自（南朝·宋）劉義慶《世說新語·文學》（曹植詩）。意思是：豆子和豆萁本是同根所生，卻要用豆萁來熬煮豆子，這樣的煎煮何必太急呢？比喻骨肉兄弟不要相逼太狠。

【樂人之樂，人亦樂其樂；憂人之憂，人亦憂其憂】　出自唐代白居易《辯興亡之由策》。意思是：為別人的快樂而高興，別人也會為你的快樂而高興；為別人的憂愁而擔憂，別人也會為你的憂愁而擔憂。

【當局雖工，而蔽於求勝之心；旁觀雖拙，而灼於虛公之見】　出自《陳確集·別集·瞽言》。局：下棋。工：技藝高。蔽：蒙蔽，糊塗。虛公：無所牽掛和公正。意思是：下棋的人雖技藝高超，但卻因為求勝之心而易受蒙蔽；旁觀的人雖技藝拙劣，但因為其無所牽掛和偏私，反倒常有真知灼見。

【同欲者相憎，同憂者相親】　出自《戰國策·中山策》。意思是：有相同欲望的人會相互嫉恨，而有同樣憂慮的人則會相互親近。

【冰炭不同器，日月不並明】　出自漢代桓寬《鹽鐵論·刺賦》。意思是：冰和炭不能放在同一個容器之中，太陽和月亮也不會同時照耀大地。比喻君子與小人不能同處，或比喻相互矛盾的理論不能同時運用。

【好稱人惡，人亦道其惡；好憎人者，亦為人所憎】　出自漢代劉向《說苑·說叢》。意思是：愛講別人壞話的人，別人也會講他的壞話，喜歡憎惡別人的人，別人也會憎惡他。

【觀於海者難為水，遊於聖人之門者難為言】　出自《孟子·盡心上》。遊於聖人之門：在聖人的門下受過教育。意思是：曾經觀看過大海的人，很難再受到別的水流的吸引；曾經在聖人的門下受過教育的人，也很難有什麼言論能吸引他了。用來比喻閱歷豐富、眼界高遠、見過大場面。

【投之亡地然後存，陷之死地然後生】　出自《孫子兵法·九地》。《史記》中也作：「陷之死地而後生，置之亡地而後存。」意思是：置於必死的境地，然後才能奮起抵抗，奪得生路。

【近水樓臺先得月，向陽花木易為春】　出自宋代蘇麟詩句。意思是：靠近水邊的樓臺先得到月光，面朝著陽光的花木容易長得繁

茂。用來比喻有某種優越的條件就能先得到好處。

【君子千言有一失，小人千言有一當】 出自元代無名氏《錄齊郎》。意思是：有學問的人說上千句話也難免會有一句不恰當，平庸之輩說上千句話，也可能會有一句是得當的。

【君子之學進於身，小人之學進於利】 出自《文中子‧天地篇》。意思是：君子做學問的目的是提高自身的德行，而小人學習的目的是為了謀取利益。

【君子見人之厄則矜之，小人見人之厄則幸之】 出自《公羊傳‧宣公十五年》。厄：指陷入困境。矜：同情，憐憫。幸：幸災樂禍。意思是：君子見到有人陷入了困境，就會心生憐憫。而小人看見有人陷入了困境，則會幸災樂禍。

【君子坦蕩蕩，小人常戚戚】 出自《論語‧子路》。意思是：君子胸懷坦蕩，無憂無慮；小人心胸狹隘，常常憂慮重重。

【君子泰而不驕，小人驕而不泰】 出自《論語‧子路》。泰：

泰然，鎮定。意思是：君子泰然自若而不驕傲，小人驕傲卻不能泰然自若。

【上不怨天，下不尤人。故君子居易以俟命，小人行險以徼倖】 出自《中庸》。意思是：對上不抱怨老天，對下不責怪別人。所以，君子處在安全的地位而等待天命，小人則冒險以期徼倖成功。

【愚而好自用，賤而好自專】 出自《中庸》。意思是：愚蠢的人，喜歡憑主觀意願做事，自以為是；卑賤的人，喜歡獨斷專行。

【物苦不知足，得隴又望蜀】 出自李白《古風》。意思是：人往往苦於不知足，貪得無厭，如同取得隴地，還想取得蜀地。

【或譽之，而適足以敗之；或毀人，而乃反以成之】 出自《淮南子‧人間訓》。譽：稱讚，誇獎。毀：誹謗。意思是：有的時候，讚美別人，卻反而壞了他的事；有的時候，誹謗別人，卻恰恰又促成了他的成功。

【所見少，則所怪多，世之常也】 出自晉代葛洪《抱朴子‧論

仙》。清代蒲松齡《聊齋志異》中也作：「所見者愈少，所怪者愈多。」意思是：見識得少，覺得怪異的東西就越多。這是世間的常理。

【染於蒼則蒼，染於黃則黃；所入者變，其色亦變】　出自《墨子‧所染》。蒼：青色。意思是：將絲放入青色的染料中，它就會變成青色，將絲放入黃色的染料中，它就會變成黃色。絲的顏色改變了，而染料的顏色也變了。比喻接受外界事物要慎重。

【宵行者能無為奸，而不能令狗無吠也】　出自《戰國策‧韓策》。宵行：走夜路。意思是：走夜路的人，可以保證自己不做壞事，但卻沒有辦法讓狗別對著自己亂叫。比喻人可以行得正、坐得端，但卻不能阻止別人的議論。

【鷙鳥之不群兮，自前世而固然】　出自（戰國‧楚）屈原《離騷》。鷙鳥：像鷹隼一樣兇猛的鳥，這裡比喻品德高尚的人。意思是：鷙鳥不與燕雀之類的小鳥一起居住，自古就是這樣的。用來比喻具有高尚品德的人不與庸俗之輩同流合汙。

【朝菌不知晦朔，蟪蛄不知春秋】　出自《莊子‧逍遙遊》。晦朔：指黑夜和黎明。蟪蛄：寒蟬，春生夏死，夏生秋死。意思是：朝生暮死的朝菌不會知道什麼是黑夜，什麼是黎明；春生夏死，夏生秋死的寒蟬不會知道什麼是春，什麼是秋。

【悲莫悲兮生別離，樂莫樂兮新相知】　出自（戰國‧楚）屈原《九歌‧少司命》。新相知：新知己，新朋友。意思是：人生沒有什麼比活生生的別離更讓人悲傷的了，沒有什麼比交到新的知己更讓人高興的了。

【凡人之談，常譽成毀敗，扶高抑下】　出自《三國志‧蜀書‧姜維傳》。抑：壓抑。意思是：一般人在評論時，總是讚賞成功的，詆毀失敗的，抬高在上位的，貶低在下位的。

【客之美我者，欲有求於我也】　出自《戰國策‧齊策一》。意思是：客人當面吹捧我，那是對我有所求罷了。

【怒者常情，笑者不可測也】
出自《資治通鑑‧唐紀》。意思是：發怒是人之常情，但不發怒而常把笑容掛在臉上的人，這是最難讓人猜測的。

【幣厚言甘，古人所畏也】
出自《資治通鑑‧晉紀》。幣厚：禮物很多。甘：甜。意思是：送來的禮物很多，說的話又非常入耳，這是古人所最警惕的事。

【聰明流通者戒於太察，寡聞少見者戒於壅蔽】　出自《資治通鑑‧漢紀》。意思是：聰明通達的人要警惕過於明察；聽得少、見得少的人要避免閉塞無知。

【不誠於前而曰誠於後，眾必疑而不信矣】　出自《資治通鑑‧唐紀》。意思是：事前不誠實而事後卻表白自己誠實，必然會引起人們的懷疑而不相信。

【非好學深思，心知其意，固難為淺見寡聞道也】　出自《史記‧五帝本紀》。意思是：除了好學深思，領會書中意旨的人，本來就很難和見識淺薄、孤陋寡聞的人談論大道理。

【辨而不當理則偽，知而不當理則詐】　出自《呂氏春秋‧離謂》。辨：明察。偽：偽裝。意思是：明察而不在理就近乎取巧，聰明而不在理就近乎騙人。

【夫藏大不誠於中者，必謹小誠於外，以成其大不誠】　出自《晏子春秋‧外篇》。意思是：內心大奸大惡的人外表一定謹守小忠小信，用來成就他的大奸大惡。

【聞忠善以損怨，不聞作威以防怨】　出自《左傳‧襄公三十一年》。損：減少。威：權勢。意思是：聽說過做好事可以消除怨恨，沒聽說過依仗權勢可以防止怨恨的。

【奔驥不能及既往之失，千金不能救斯言之玷】　出自《抱朴子‧廣譬》。意思是：人有了過失，就是用快馬去追他也來不及；人說錯了話，縱然花千金也難以補救。

【醉翁之意不在酒，在乎山水之間也】　出自宋代歐陽修《醉翁亭記》。意思是：醉翁之意趣並不在於飲酒，其真正的意趣是欣賞令

人陶醉的山水景色。後常用「醉翁之意不在酒」來形容人的本意並不在這裡，而是另有企圖。

【世事洞明皆學問，人情練達即文章】 出自清代曹雪芹《紅樓夢》。意思是：能夠對世界上的事透徹瞭解，就是學問；能夠對人情世故熟悉通達也是文章。說明人情世故也是一門學問。

【人不可貌相，海水不可斗量】 出自元代無名氏《小尉遲》。意思是：評判一個人不能光看他的相貌，測量海水多少不可以用斗。

【人各有能有不能，有明有不明。若能為能，不能為不能；明為明，不明為不明，乃所謂明】 出自宋代陸九淵《與曹立之》。意思是：每個人都有擅長的和不擅長的，有知道的有不知道的。如果擅長就說擅長，不擅長就說不擅長；知道就是知道，不知道就是不知道，才是真正的知道。

【大直若屈，大巧若拙，大辯若訥】 出自《老子》。意思是：最正直的人表面上卻顯得委屈遷就，最靈巧的人表面上卻顯得十分笨拙，而最善辯的人則常常表現得很木訥。說明要透過表面看到問題的實質。

【小時了了，大未必佳】 出自《世說新語・言語》。了了：聰明。意思是：小的時候很聰明伶俐，等長大了後不一定才能過人。

【巧言令色，鮮矣仁】 出自《論語・學而》。意思是：凡是那些花言巧語，貌似可愛的人，很少有仁慈的。

【世有雷同之譽而未必賢也，俗有歡嘩之毀而未必惡也】 出自晉代葛洪《抱朴子・廣譬》。意思是：受到眾人一致稱頌的未必就是賢德之人，而受到眾人一致攻擊的也未必就是頑惡之人。說明對待眾人的稱頌和詆毀應認真鑑別，不可人云亦云。

【白石似玉，奸佞似賢】 出自晉代葛洪《抱朴子・祛惑》。意思是：白色的石頭看起來和玉十分相似，而邪惡諂媚之徒也常將自己偽裝得和賢德之人一樣。說明識人要看到本質，不要被表面的虛假所

迷惑。

【存乎人者，莫良於眸子】
出自《孟子・離婁上》。存：觀察。意思是：觀察一個人，沒有什麼比觀察他的眼睛更好的了。

【江山易改，本性難移】　出自元代無名氏《謝金吾》。明代馮夢龍《醒世恆言》中也作：「江山易改，稟性難移。」意思是：江河山川的地貌容易改換，而人的脾氣性格卻難以改變。

【觀其交遊，則其賢不肖可察也】　出自《管子・權修》。意思是：看人只要看他交往的朋友，就可以知道他是賢德還是不肖了。

【言而當，知也；默而當，亦知也】　出自《荀子・非十二子》。知：同「智」，智慧。意思是：說話說得得當，是明理和智慧的表現；不該說話的時候能沉默得得當，也是明理和智慧的表現。

【窮巷多怪，曲學多辯】　出自《商君書・更法》。曲學：邪曲古怪、見識不廣的學究。意思是：住在窮僻的小巷的人們總是愛少見多怪，而那些邪曲古怪，又見識不

廣的學究往往喜歡無謂的詭辯。

【君子之言，寡而實；小人之言，多而虛】　出自漢代劉向《說苑・說叢》。意思是：君子的話少而且實在，小人的話多而且虛妄。

【薄我貨者也，欲與我市者也；訾我行者，欲與我友者也】
出自宋代崔敦禮《芻言》。薄：挑剔，貶低。訾：貶斥。意思是：貶低我的貨物的人是想和我做生意，貶斥我的品行的人是想和我交朋友。《淮南子・說林訓》中也作：「刺我行者，欲與我交；訾我貨者，欲與我市。」

【辭多類非而是，多類是而非。是非之經，不可不分】　出自《呂氏春秋・察傳》。類：相似。經：理。分：明。意思是：有的話像是錯的，而實際卻是對的；有的話像是對的，但實際卻是錯的。正確與錯誤的界限，不能不分清楚。

【律己則寡過，繩人則寡合，寡合則非涉世之道】　出自《省心錄》。意思是：要求自己則能少犯過失，要求別人則難以與人和睦相處，難以與他人相處就不合乎處世

之道。

【必得之事，不足賴也；必諾之言，不足信也】 出自《管子·形勢》。賴：倚靠。意思是：肯定能辦成的事情，不一定可靠；肯定能兌現的話，不一定可信。

【察己則可以知人，察今則可以知古】 出自《呂氏春秋·察今》。意思是：明察自己就可以瞭解別人，明察現在就可以瞭解過去。

【凡有血氣，皆有爭心，故利不可強，思義為愈。義，利之本也】 出自《左傳·昭公十年》。道義，是利益的根本。愈：超過。意思是：凡是有血氣的人都有爭奪之心，所以禮義不能強取豪奪，心裡想著道義就能戰勝別人。

【德者人之所嚴，而才者人之所愛；愛者易親，嚴者易疏。是以察者多蔽於才而遺於德】 出自《資治通鑑·周紀》。意思是：有道德的人受人尊敬，有才的人被人喜歡；對所喜歡的人容易親密，對所尊敬的人容易疏遠；所以觀察一個人容易重視才能而忽略道德。

【夫禮者，所以定親疏、決嫌疑、別同異、明是非也】 出自《禮記·曲禮上》。意思是：禮，用來確定人際關係的親疏遠近，判斷事情是否混淆相似，分辨物類的大同小異，明確禮制運用正確與否。

【鄰國相望，雞犬之聲相聞，民至老死，不相往來】 出自《道德經》。意思是：各小國之間踮腳可望，雞鳴狗叫的聲音互相聽得見，人民直到老死，也互不往來。

【獨視者謂明，獨聽者謂聰】 出自《韓非子·外儲說右上》。意思是：見了事物能獨立判斷是或非，這叫做眼光明亮；聽了事情能獨立判斷錯或對，這叫做耳朵靈敏。

【夫見亂而不惕，所殘必多，其飾彌章】 出自《國語·周語下》。章：同「彰」，明顯。意思是：看到錯誤出現，若不警惕，損失就會更多；如果想掩飾自己的過錯，只會使過錯更加明顯地表露出來。

【虎尾不附狸身，象牙不出鼠

口】　出自晉代葛洪《抱朴子・清鑑》。狸：狸貓。意思是：老虎的尾巴不會長到狸貓身上，寶貴的象牙也不會長到老鼠的口裡。用來比喻品行低劣的人做不出什麼高尚的事情。

【賢愚在心，不在貴賤；信欺在性，不在親疏】　出自漢代王符《潛夫論・本政》。意思是：衡量賢愚的標準在於其思想，而不在於其是富貴還是貧賤；看人是誠實還是狡詐，要看他的本性，而不是看與他親近還是疏遠。

【相形不如論心，論心不如擇術】　出自《荀子・非相》。相：觀察，相形，即觀察人的外表。意思是：要瞭解一個人，觀察他的外表不如瞭解他的思想，瞭解他的思想不如看看他的實際行為。

【是是、非非，謂之知；非是、是非，謂之愚】　出自《荀子・修身》。是是：前一個「是」為動詞，肯定的意思；後一個「是」為名詞，意為正確的事物。非非、非是、是非：用法同前。意思是：肯定正確的、否定錯誤的，這叫智慧；否定正確的、肯定錯誤的，這叫愚鈍。

【銖銖而稱之，至石必謬；寸寸而度之，至丈必差】　出自宋代陸九淵《語錄上》。銖：古代重量單位，為一兩的二十四分之一。石：古代重量單位，一石為現在的一百二十市斤。度：丈量。意思是：一銖一銖地稱量，稱到一石時一定與一次稱足的一石有差別；一寸一寸地丈量，量到一丈時一定與一次量夠一丈有出入。用來比喻看人要看其總體，不能事無巨細地簡單相加，否則一定會有差錯。

【蓋棺始能定士之賢愚，臨事始能見人之操守】　出自宋代林逋《省心錄》。蓋棺：指人去世。意思是：一個人是賢是愚，只有到他生命結束後才能最後下定論，一個人的品行氣節如何，只有遇到事情的時候才能看出來。

【路遙知馬力，日久見人心】　出自元代無名氏雜劇《爭報恩》。意思是：長途跋涉，才能夠知道馬的力氣有多大；日久天長，才能夠看出人心到底是好是壞。

【燕雀不知天地之高也，坎井

之蛙不知江海之大】　出自漢代桓寬《鹽鐵論・復古》。坎井：壞井，廢井。意思是：燕雀不知道天有多高，廢井裡的青蛙不知道江海有多大。用來比喻平庸之人的眼界狹小和見識短淺。

交友

【一死一生，乃知交情；一貧一富，乃知交態；一貴一賤，交情乃見】　出自《史記・汲鄭列傳》。交態：指交情。見：同「現」。意思是：在生死攸關的時候，才能看出交情的深淺，在貧富有所不同，地位有所差別的時候，才能夠考驗友情的真偽。

【兼相愛，交相利】　出自《墨子・兼愛下》。意思是：互相有愛，都能夠得到利益。

【不挾長，不挾貴，不挾兄弟而友】　出自《孟子・萬章下》。意思是：交朋友時，不依仗自己年紀大，不仗恃自己地位高，不依仗自己兄弟們富貴。

【非誠心款契，不足以結師友】　出自《抱朴子・微旨》。款：誠懇。契：相合，投合。意思是：不是真誠地以心相見，不配結成師友。

【一飯之德必償，睚眥之怨必報】　出自《史記・范雎蔡澤列傳》。睚眥：瞪眼睛。意思是：受人一頓飯的恩惠也要報答，被人瞪一眼的怨恨也要報復。反映的是古人恩怨相報的標準。現常用「睚眥必報」來形容人斤斤計較的做法，含有貶義。

【親賢學問，所以長德也】出自《說苑・建本》。意思是：親近賢能的人，向他請教，就會對自己的才智道德有所幫助。

【伯樂不可欺以馬，而君子不可欺以人】　出自《荀子・君道》。欺：騙。意思是：只有伯樂最瞭解什麼樣的馬是駿馬，只有道德高尚的人才知道什麼樣的人是君子。

【知至至之，可與言幾也，知終終之，可與存義也。是故居上位而不驕，在下位而不憂，故乾乾因其時而惕，雖危無咎矣】　出自

《周易·文言》。意思是：能夠清楚自己所要達到的目標並最終實現了自己的目的，這樣的人是可以和他們研討事物的幾微的。他們知道在該終止的時候就及時地終止，這樣的人是可以同他們一起共同保存道義的。他們能居於上位而不驕傲，處下位而不憂愁。所以能夠恆久保持健強振作，隨時警惕慎行，即使處於險境也不會有災禍。

【士有妒友，則賢交不親；君有妒臣，則賢人不至】　出自《荀子·大略》。意思是：一個人有好嫉妒他人的朋友，那麼賢德的人就不會來親近他；國君有好嫉妒他人的臣子，那麼賢良的人就不會來輔佐他。

【不知其子視其友】　出自《荀子·性惡》。意思是：不知道兒子的好壞，只要看看他的朋友也就明白了。

【人未己知，不可急求其知；人未己合，不可急求之合】　出自《薛子論道·中篇》。意思是：別人還沒有瞭解你的時候，不要急著讓人瞭解你；別人還不能與你相處融洽時，不要急著與其相處。

【人生交契無老少，論交何必先同調】　出自唐代杜甫詩《徒步歸行》。交契：交情。同調：志趣相投。意思是：人生在世，交朋友不必區分老和少，也不必一開始就要求志趣相投。

【人生貴相知，何必金與錢】　出自唐代李白《贈友人》。意思是：人生最難能可貴的是找到知己，金錢又算得了什麼呢？

【人生結交在終始，莫為升沉中路分】　出自唐代賀蘭進明詩《行路難》。升沉：地位的升高或降低。意思是：人的一生，結交朋友應當善始善終，不要因為地位有所變化、際遇有所不同就半途而終。

【與人以實，雖疏必密；與人以虛，雖戚必疏】　出自漢代韓嬰《韓詩外傳》。疏：疏遠。戚：親近。意思是：真誠待人，即使表面上看來疏遠，但實際上還是親密的；待人虛偽，即使表面上看來親近，而實際上也是疏遠的。

【與不期眾少，其於當厄；怨不期深淺，其於傷心】　出自《戰

國策・中山策》。與：給予。期：決定於。厄：困境，窮困。意思是：給人東西，不在多少，而應當在別人正困難的時候給予；結怨不在深淺，而在於是否恰恰傷了他的心。

【與邪佞人交，如雪入墨池，雖融為水，其色愈汙；與端方人處，如炭入薰爐，雖化為灰，其香不滅】 出自宋代許棐《樵談》。端方：正直。意思是：與邪惡奸佞之徒交往，就像把雪放進墨池裡，即使化成了水，其顏色也顯得更骯髒了；與正直之人相處，就像把炭放入薰爐中，就算變成灰，其香氣也依然不滅。

【上交不諂，下交不驕】 出自漢代揚雄《法言・修身》。《易經・繫辭下》中也作：「上交不諂，下交不瀆。」意思是：與地位高的人交往不阿諛諂媚，與地位低的人交往不驕傲怠慢。

【久要不可忘，薄終義所尤】 出自（三國・魏）曹植詩《箜篌引》。久要：舊交，老朋友。尤：不允許。意思是：多年要好的朋友不能忘記，交朋友有始無終是道義所不容的。

【門內有君子，門外君子至】 出自明代馮夢龍《警世通言・俞伯牙摔琴謝知音》。意思是：屋裡面有君子住著，門外就會有君子到來。說明君子總是和君子在一起。

【小人槿花心，朝在夕不存】 出自唐代孟郊《審交》。槿花：木槿花，秋夏時節開放，朝開暮落。意思是：小人之心，就像木槿花一樣，早晨開放，到了晚上就不存在了。比喻和小人交朋友，友情不會長久。

【友如作畫須求淡，山似論文不喜平】 出自元代翁朗夫《尚湖晚步》。意思是：友情應當像作畫一樣追求清淡，而寫文章則要像大山一樣要追求一些跌宕起伏。

【友直、友諒、友多聞，益矣；友便辟、友善柔、友便佞，損矣】 出自《論語・季氏》。意思是：朋友正直、誠實、見多識廣，對你是有好處的；朋友虛情假意、附和應酬、花言巧語，對你是有害的。

【文情不厭新，交情不厭陳】

出自明代湯顯祖《得吉水劉年侄同升書喟然》。意思是：寫文章作詩，其內容和立意越新越好，但朋友之間的交情則是越久遠越好。

【以財交者，財盡而交絕；以色交者，華落而愛渝】　出自《戰國策·楚策》。華：年華，容顏。意思是：用金錢所結交的朋友，一旦你的財力用盡，交情也就斷絕了；用美麗的容顏來交好的，一旦年華老去，寵愛也就消失了。

【古之君子，交絕不出惡聲】　出自《戰國策·燕策》。惡聲：謾罵的話。意思是：古時候的君子，即便斷絕了交情，也不會口出惡言。

【外合不由中，雖固終必離】　出自晉代傅玄詩《何當行》。中：同「衷」，內心。意思是：朋友之間的交情，如果不是發自內心，而只是因為外部原因而結成，雖然看起來牢固，但終有一天會分道而行。

【禮尚往來。往而不來，非禮也；來而不往，亦非禮也】　出自《禮記·曲禮上》。意思是：禮所崇尚的是彼此之間要相互往來。有往而無來，不符合禮數，有來而無往，也不符合禮數。

【聖人先忤而後合，眾人先合而後忤】　出自《淮南子·人間訓》。忤：不合。合：結交。意思是：聖人總是先有爭執和不合，然後才結交成朋友；而一般的人總是先交好，然後又不合、起爭執。

【同聲相應，……同氣相求】　出自《易經·名爻通變》。意思是：聲調相同的，相互應和，氣味相同的，相互融合。用來比喻志趣相投的人容易走到一起。

【同事之人，不可不審察也】　出自《韓非子·說林上》。意思是：對於和自己一起共事的人，一定要進行詳細的考察。

【多言不可與遠謀，多動不可與久處】　出自隋代王通《中說·魏相》。意思是：對於喜歡說道的人，不可以與他商量重大的事情；對於輕舉妄動的人，不可以與他長期相處。

【吾榮時招之始來，吾患時不招自來，真友哉】　出自明代王肯

一本書讀懂國學句典

堂《交友》。意思是：在我榮耀顯赫時，請他來才來，在我患難時，不叫他反而主動來的，才是我真正的朋友。

【君子之接如水，小人之接如醴】 出自《禮記·表記》。醴：甜酒。意思是：君子之間的交往和接觸像水一樣清淡，而小人之間的交往接觸則像醴酒一樣甜蜜。

【實之與實，如膠如漆；虛之與虛，如薄冰之見晝日】 出自漢代韓嬰《韓詩外傳》。意思是：誠實人之間的交往就像膠和漆一樣親密無間、牢不可破，虛偽的人之間的交往，就像薄冰見到太陽一樣，很快就消融了。

【落地為兄弟，何必骨肉親】 出自晉代陶淵明《雜詩十二首》。落地：指人一生下來。意思是：人一生下來，本來就像兄弟一般，又何必非要骨肉相連才算親呢？

人生

【人生十年曰幼，學；二十曰弱，冠；三十曰壯，有室；四十曰強，而仕；五十曰艾，服官政；六十曰耆，指使；七十曰老，而傳；八十九十曰耄；七年曰悼。悼與耄，雖有罪，不加刑焉。百年曰期，頤】 出自《禮記·曲禮上》。意思是：人在十歲的時候稱為「幼」，開始求學；二十歲體質未強，稱為「弱」，可以戴冠了；三十歲血氣已定，稱「壯」，娶妻生子；四十歲氣血智力已成，稱為「強」，可以做官；五十歲力衰髮白，稱為「艾」，可做大夫治政；六十歲漸入老境，故稱為「耆」，可以指使別人做事；七十歲完全變老，所以稱「老」，要將經驗傳授給子孫了；八十歲、九十歲日漸衰老，稱為「耄」；七歲幼小無識，稱為「悼」。「悼」和「耄」即使有罪，也不會處以刑法。人生以百年為一個時期，百歲就要頤養天年了。

【人而好善，福雖未至，禍其遠矣；人而不好善，禍雖未至，福其遠矣】 出自漢代徐幹《中論·修本》。意思是：人如果樂於為善，福雖然還沒有到來，但與禍的

距離卻已經很遠了；人如果不樂於為善，災禍雖然還沒有到來，但與福的距離卻非常遠了。

【天有不測風雲，人有旦夕禍福】　出自元代無名氏雜劇《合同文字》。旦夕：形容極短的時間。意思是：天有意想不到的風雲變幻，人有意想不到的福禍交替。

【種瓜還得瓜，種豆還得豆】　出自施耐庵《水滸傳》。意思是：播種什麼就收穫什麼。強調一個人最終的結果由自己的行為決定。

【浩歌一曲酒千盅，男兒行處是，未要論窮通】　出自元好問《臨江仙》。意思是：放聲高歌一曲，把酒連喝千杯，男子漢的行為處世，走到哪裡算哪裡，只求一個「是」字，不必計較一生遭遇的窮困或通達。

【必出世者，方能入世，不則世緣易墮；必入世者，方能出世，不則空趣難持】　出自《小窗幽記》。意思是：必須有出世者的寬廣胸懷，才能入世，否則，很容易受到塵世的各種利誘糾纏而使自己迅速墮落；必須有入世者的深刻體驗，才能出世，否則，很容易變得空虛無聊而使自己難以把持人生。

【夫人小而聰了，大未必奇】　出自《後漢書‧孔融列傳》。意思是：小時聰明的人，長大以後不一定出眾。

【卑賤貧窮，非士之恥也】　出自《說苑‧立節》。意思是：一個人既無地位又無金錢，並不是他的恥辱。

【人惰而侈則貧，力而儉則富】　出自《管子‧形勢解》。意思是：一個人懶惰又奢侈，生活就會貧困；勤勞而節儉，生活就會富足。

【得失一朝，而榮辱千載】　出自《後漢書‧荀悅列傳》。意思是：得和失是暫時的，榮和辱則是長久的。

【禍與福相貫，生與亡為鄰】　出自《戰國策‧楚策四》。貫：相通。意思是：災禍和幸福相通，生與死緊鄰。

【善作者不必善成；善始者不必善終】　出自《戰國策‧燕策

一本書讀懂國學句典

二》。意思是：善於創作的人，不一定完成得很好；有個好的開頭的人，不一定能有一個好的結果。

【不幸福，斯無禍；不患得，斯無失；不求榮，斯無辱；不干譽，斯無毀】 出自清代魏源《默觚下·治篇十六》。幸：追求，希求。斯：這樣。干：追求。意思是：不追求福運，就不會有災禍；不計較所得，就不會有失去；不追求榮耀，就不會遭到辱沒；不企冀美名，就不會遭到詆毀。

【名滿於天下，不若其已也。名進而身退，天之道也】 出自《管子·白心》。意思是：名滿天下的人，不如早些隱退。因為在名聲高的時候隱退，才合乎天道。

【苟日新，日日新，又日新】 出自《禮記·大學》。意思是：假使能每天洗滌自身的汙穢，從而煥然一新，那麼就該天天這樣清洗，天天有新的面貌，常年保持，從不間斷，便能一天又一天地革新下去。

【以欲從人者昌，以人樂己者亡】 出自唐代吳兢《貞觀政要·儉約》。從：服從。意思是：讓自己的欲望服從別人的，就會昌盛；而讓別人服從一己之樂的，就會滅亡。

【安樂有致死之道，憂患為養生之本】 出自宋代林逋《省心錄》。意思是：安逸享樂有招致喪生的遺患，憂患則是調養身心的根本。

【君子能為善，而不能必得其福；不忍為非，而未能避免其禍】 出自《淮南子·繆稱訓》。意思是：君子雖然能夠做善事，但卻未必能因此而得到福運；雖然不忍心做壞事，但卻未必一定能因此而避免災禍。

【居安思危，思則有備，有備無患】 出自《左傳·襄公十一年》。意思是：身處安樂的環境要考慮到危險，考慮到了就能有所防備，有了防備也就沒有禍患了。成語「居安思危」即由此而來。

【福莫長於無禍】 出自《荀子·勸學》。意思是：沒有什麼比沒有災禍更幸福的了。

【結怨於人，謂之種禍；舍善

不為，謂之自賊】　出自宋代林逋《省心錄》。賊：傷害。意思是：與別人結下怨恨，就是給自己種下了禍根；對別人有好處的事情故意不做，就是自己傷害自己。

【大惑者，終身不解；大愚者，終身不靈】　出自《莊子·天地》。惑：糊塗。靈：知曉。意思是：最糊塗的人一輩子也不知道自己糊塗；最愚蠢的人，一輩子也不知道自己愚蠢。

【象以齒焚身，蜯以珠剖體】　出自漢代王符《潛夫論·遏利》。焚身：指喪命。蜯：同「蚌」。意思是：大象因為有了珍貴的象牙而遭到了殺身之禍，河蚌因為長有珍珠而被剖開了身體。比喻財大招禍。

【雞知將旦，鶴知夜半，而不免於鼎俎】　出自《淮南子·說山》。意思是：雞在天將明的時候報曉，鶴在夜半的時候鳴叫，牠們可謂先知，但還是免不了被人宰殺吃掉。

【善遊者溺，善騎者墮】　出自《淮南子·原道訓》。墮：落，掉下。意思是：善於游泳的人常常會被水所淹，善於騎馬的人往往會從馬上掉下來。

【福生於隱約，而禍生於得意】　出自漢代劉向《說苑·敬慎》。隱約：窮困。意思是：福總是在人窮困潦倒的時候到來，而災禍則常是在人志得意滿的時候到來。

【善吾生者，乃所以善吾死也】　出自《莊子·大宗師》。意思是：把我的生看為好事的，也應該把我的死看做好事。

【人無遠慮，必有近憂】　出自《論語·衛靈公》。意思是：人沒有長遠的考慮，必定有眼前的憂愁。

【人生一世間，如白駒過隙耳】　出自《史記·魏豹列傳》。白駒：駿馬。意思是：人的一生，就好像駿馬從一條縫隙上飛馳而過一樣，瞬間即逝。

【人生直作百歲翁，亦是萬古一瞬中】　出自唐代杜牧《池州宋孟遲先輩》。直：即使。意思是：人就算是活到了一百歲，但在悠悠

萬古的歷史中也不過還是一瞬間而已。說明人生之短暫。

【吾十有五而志於學，三十而立，四十而不惑，五十而知天命，六十而耳順，七十而從心所欲，不逾矩】　出自《論語・為政》。意思是：我十五歲立志於學習，三十歲有所建樹，四十歲不遇事困惑，五十理解什麼是天命，六十明辨是非，七十隨心所欲而能不超過規矩。

【人固有一死，或重於泰山，或輕於鴻毛】　出自漢代司馬遷《報任少卿書》。鴻毛：鴻雁的羽毛，比喻輕微。意思是：人總難免一死，但有的人死得比泰山還重，而有的人死得比鴻毛還輕。

【天若有情天亦老】　出自唐代李賀詩《金銅仙人辭漢歌》。意思是：如果上天富有情感，也會因這樣的愁悶而衰老的。詩句以奇特的想像、深刻的寓意慨歎了人世的盛衰。

【白絲與紅顏，相去咫尺間】　出自唐代邵謁詩《覽鏡》。咫尺：形容極短的距離。意思是：白

髮鬔鬔與青春紅顏之間不過是咫尺之遙。比喻人生易老。

【死生，命也，其有夜旦之常，天也】　出自《莊子・大宗師》。意思是：人類的生和死是一種自然現象，不可避免，那就像晝夜交替是永恆的，是自然規律。

【死去何所道，托體同山阿】　出自晉代陶淵明《挽歌詩三首》。阿：大陵，或山曲處。山阿，泛指山陵。意思是：人既已經死了，還有什麼好說的呢？不過是將身體寄託給山陵罷了。

【因病得閒殊不惡，安心是藥更無方】　出自宋代蘇軾《病中遊祖塔院》。惡：壞事。方：藥方，方法。意思是：因為生病而得到了空閒，那麼生病也不一定是壞事。靜心安養是最好的藥方，除此，再沒有什麼比這更好的藥方了。

【運去黃金失色，時來鐵也生光】　出自明代馮夢龍《警世通言・趙春兒重旺曹家莊》。時：時運，時機。意思是：時運不濟了，即便是黃金也會黯然失色；時來運轉了，即便是鐵塊也閃耀著光輝。

【吾不知青天高，黃地厚，唯見月寒日暖，來煎人壽】 出自唐代李賀《苦晝短》。煎：消磨。意思是：我不知道天有多高，地有多厚，我只看見寒來暑往，日行月移，不斷消磨著人的生命。

【莫不有終期，聖賢不能免】 出自（三國‧魏）曹操《精列》。意思是：人的生命總有終結的時候，就連聖賢之人也不免一死。

【蔬食足充飢，何必膏粱珍？繒絮足禦寒，何必錦繡文】 出自唐代白居易《贈內》。蔬：同「疏」。蔬食，即粗糙的食物。繒絮：指絲和棉。意思是：粗茶淡飯也足可以填飽肚子，何必非要山珍海味呢？粗糙的絲棉也能夠抵禦寒冷，何必非要錦衣華裳呢？

【如人飲水，冷暖自知】 出自宋代釋道原《景德傳燈錄》。意思是：人生就像喝水一樣，涼或熱只有喝的人自己知道。用來比喻人生道路上的苦辣酸甜只有自己才能體會。

【如今休去便休去，若覓了時了無時】 出自《小窗幽記》。意思是：只要現在能夠停下來休息，那麼就立刻停下來休息；如果要等到一切事情都辦妥時再停下來，那麼這樣的時刻永遠也不可能等到。

【常有小不快事，是好消息。若事事稱心，即有大不稱心者在其後。知此理可免怨尤】 出自《省心錄》。意思是：人生在世，常常遇到不如意的小事，這是好兆頭，可以避免重大的禍事發生。假如每件事都稱心如意，那麼必然會在以後遇到重大的挫折。明白這個道理，就會心平氣和，不再怨天尤人。

【能知足者，天不能貧；能無求者，天不能賤；能外形骸者，天不能病；能不貪生者，天不能死；能隨遇而安者，天不能困；能造就人才者，天不能孤；能以身任天下後世者，天不能絕】 出自《小窗幽記》。意思是：能經常感到滿足的人，上天不能使其淪落貧窮；能夠做到不貪求的人，上天不能使其卑賤；能將軀體看做身外之物的人，上天不能使其患病；能夠做到不貪戀生命的人，上天不能使其死

亡；能夠做到隨遇而安的人，上天不能使其困頓；能積極獎掖後進、培養人才的人，上天不能使其孤立；能挺身而出、為天下所有人以及子孫後代造福請命的人，上天不會使其陷入絕境。

【人生如朝露，白髮日夜催】

出自宋代蘇軾《登常山絕頂廣麗亭》。意思是：人生就像早晨的露珠，一眨眼就消失了，而白髮卻被日夜接連不斷地催逼而來。詩句感歎人生之短暫。

【欲渡黃河冰塞川，將登太行雪滿山】　出自唐代李白《行路難》。意思是：想要渡過黃河，可是河水竟結了冰，無法渡過；想要登上太行山，但大雪卻將山路埋沒，無法登攀。比喻人生道路曲折艱難。

事理

【豐草不秀瘠土，巨魚不生小水】　出自《抱朴子·審舉》。豐：茂盛。秀：成長。意思是：貧瘠的土地長不出茂盛的草，淺小的

水窪裡長不出巨大的魚。

【太山秋毫兩無窮，巨細本出相形中】　出自宋代蘇軾《軾在潁州與趙德麟同治西湖，未成，改揚州。三月十日湖成，德麟有詩見懷，次其韻》。太山：即泰山，比喻大的事物；秋毫：指鳥獸新長的細毛，比喻微小的事物。意思是：泰山雖然大，但卻不是最大的；秋毫雖然小，但也不是最小的。泰山的大，秋毫的小，是兩相比較而存在的。

【夫有始者必有卒，有存者必有亡】　出自《抱朴子·論仙》。意思是：有開始就一定有結束，有生存就一定有死亡。

【芳藻春耀不能離柯以久鮮，吞舟之魚不能舍水而攝生】　出自《抱朴子·博喻》。意思是：燦爛的花朵摘下後不能永久保持其色澤，大魚離水後便會死去。

【必死之病，不下苦口之藥；朽爛之材，不受雕鏤之飾】　出自《抱朴子·博喻》。意思是：病入膏肓者，不必施用良藥；朽爛的木頭不能被雕刻。比喻凡是腐朽的東

西是無法挽救的。

【大廈既燔，而運水於滄海，此無及也】　出自《抱朴子・廣譬》。燔：焚燒。意思是：大廈已經起火，到大海裡去取水救火就來不及了。

【蠹螽僕柱梁，蚊虻走牛羊】出自《說苑・談叢》。蠹、螽：蛀蟲。僕：倒。梁：屋樑。走：奔逃。意思是：蛀蟲能把屋樑推倒，蚊子和牛虻能把牛羊趕得四處奔逃。

【百川異源，而皆歸於海；百家殊業，而皆務於治】　出自《淮南子・氾論》。業：專業。務：致力。意思是：百川源頭各異，但同流歸大海；百家流派不同，但都致力於治理。

【本不正者，末必倚】　出自《說苑・建本》。倚：歪、偏、側。意思是：如果本源不正，其末必然是歪的。

【夫人必自侮，然後人侮之；家必自毀，而後人毀之；國必自伐，而後人伐之】　出自《孟子・離婁上》。意思是：人必先有自取

侮辱的行為，別人才侮辱他；家必先有自取毀壞的因素，別人才毀壞它；國必先有自取討伐的原因，別人才討伐它。

【水出於山而走於海，水非惡山而欲海也，高下使之然也】　出自《呂氏春秋・審己》。走：歸，傾注。然：這樣。意思是：水從山裡流入大海，並不是水愛海不愛山，而是地勢高低不同形成的。

【夫既朽不雕，衰世難佐】出自《後漢書・皇甫嵩列傳》。意思是：木頭已經爛了，就不要再雕琢；世道已經衰敗，難以輔佐了。

【夫愛之則不覺其過，惡之則不知其善】　出自《後漢書・爰延列傳》。意思是：喜歡一個人就不容易察覺他的過失，討厭一個人就往往看不到他的長處。

【蓋功冠天下者不安，威震人主者不全】　出自《後漢書・申屠剛列傳》。冠：超出眾人，居第一位。意思是：功勞大得是全天下第一的人，地位很難安穩；威名震撼國君的人，生命很難保全。

【欲勝人者必先自勝，欲論人

一本書讀懂國學句典

者必先自論，欲知人者必先自知】

出自《呂氏春秋·先己》。意思是：想戰勝別人必須首先戰勝自己，想評論別人必須先評論自己，想瞭解別人必須先瞭解自己。

【尺之木必有節目，寸之玉必有瑕瓋】　出自《呂氏春秋·舉難》。意思是：尺長的木頭必有節眼，寸大的玉塊必有斑紋。

【安有巢毀而卵不破乎】　出自《後漢書·孔融列傳》。意思是：哪有鳥窩毀壞了鳥蛋不破碎的呢？

【知薄者之不足，厚者之有餘】　出自《後漢書·朱暉列傳》。意思是：知道薄的東西總是不足的，厚的東西總是有餘的。

【大成若缺，其用不弊；大盈若沖，其用不窮。大直若屈，大巧若拙，大辯若訥】　出自《老子》。意思是：最圓滿的好似有缺憾，但它的作用不會敗壞；最充實的好似空虛，但它的用處不會窮竭。最正直的好似有些彎曲，最靈巧的好似有些笨拙，最善辯的好似口齒木訥。

【天下神器，不可為也。為者敗之，執者失之】　出自《老子》。意思是：天下是神祕的，不能逆理而為。逆理而為必然會把天下搞亂，越是執著把持，就越會失去。

【一尺之捶，日取其半，萬世不竭】　出自《莊子·天下》。捶，同「棰」，指棍或棒。意思是：一尺長的棍子，每天取一半，永遠也取不完。用來比喻事物的無限可分性。

【瞽者，無以與乎文章之觀；聾者，無以與乎鐘鼓之聲】　出自《莊子·逍遙遊》。瞽：盲人。意思是：失明的人，無法讓他觀看文章的美妙；耳聾的人，不能讓他聽見鐘鼓的聲音。

【窮則變，變則通，通則久】　出自《周易·繫辭下》。窮：終極。意思是：事物發展到極點就會發生變化，發生變化能使事物的發展不受任何阻塞，事物發展不受阻塞就能長久。

【人化物也者，滅天理而窮人欲者也】　出自《禮記·樂記》。

意思是：人的內心受到外界事物的誘惑而發生變化，人變成了物，就會泯滅了天授予人類的善良本性，去追求無窮的個人私欲上的滿足。

【疑今者察之古，不知來者視之往】　出自《管子・形勢》。意思是：對當今有疑問可以去考察歷史，對未來不瞭解可以查看過去。說明以史為鑑的道理。

【不自見，故明；不自是，故彰；不自伐，故有功；不自矜，故長】　出自《老子》。意思是：不只是用自己的眼睛看，所以明察秋毫；不自以為是，所以是非昭彰；不自我誇耀，所以功勳不沒；不自高自大，所以成為民眾之長。

【知者不言，言者不知】　意思是：真懂的人不亂說，亂說的人不是真懂。

【有無相生，難易相成】　出自《老子》。意思是：有和無是相互對立而產生的，難和易是相互對立而形成的。用來比喻事物都是相互對立、相互依存的，體現了老子的辯證法思想。

【道可道，非常道；名可名，非常名】　出自《老子》。意思是：可以說出的道理，不是永恆的道理；可以叫出的名稱，不是永恆的名稱。

【月滿則虧，物盛則衰】　出自漢代司馬遷《史記・范雎蔡澤列傳》。意思是：月亮到了最圓的時候，就會開始虧損；事物到了極鼎盛的時候，就會走向衰落。

【大德不官，大道不器，大信不約，大時不齊】　出自《禮記・學記》。意思是：偉大的德行，不偏治一種職務；偉大的道理，不局限於一種事物；真正偉大可貴的誠信，不一定建立在山盟海誓上；恆久的四時雖不相同，卻運轉不停，是最準確的守時。

【美必有惡，芬必有臭】　出自宋代蘇軾《顏樂亭》。意思是：有美好的事物就一定會有醜惡的事物，有芳香的東西就一定會有腐臭的東西。比喻事物總會有對立的一面。

【中也者，天下之大本也；和也者，天下之達道也】　意思是：「中」是天下的大本源，「和」是

一本書讀懂國學句典

天下的普遍規律。

【天下國家可均也，爵祿可辭也，白刃可蹈也，中庸不可能也】

意思是：天下和國家是可以平定治理的，爵位和俸祿是可以推辭的，明晃晃的快刀是可以踩踏的，但中庸之道卻是很難做到的。

【若言琴上有琴聲，放在匣中何不鳴？若言聲在指頭上，何不於君指上聽】　出自宋代蘇軾《琴》。匣：指琴盒。意思是：如果說琴聲是從琴上發出來的，那麼為什麼放在琴盒中它又發不出聲響呢？如果說琴聲是從指頭上發出來的，又為什麼不從指頭上傾聽呢？詩句雖很俏皮，但卻極富哲理，比喻任何事物都是相互作用的結果。

【知者不惑，仁者不憂，勇者不懼】　出自《論語‧子罕》。知：同「智」。意思是：明智的人不會迷惑，仁愛的人不會憂愁，勇敢的人不會畏懼。

【長者不為有餘，短者不為不足】　出自《莊子‧駢拇》。意思是：物品，當長則長，長，不為多餘；當短則短，短，不為不足。

【貴以賤為本，高以下為基】

出自《老子》。意思是：顯貴的根本是低賤，高大的基礎是低下。說明了貴、賤，高、下的對立和統一。

【人莫知其子之惡，莫知其苗之碩】　出自《禮記‧大學》。意思是：溺愛自己子女的人看不到孩子的缺點，貪心不足的農夫看不到自己禾苗的茁壯。

【反者道之動，弱者道之用】

出自《老子》。意思是：朝相反方向變化，是道的運動。事物的柔弱之處正是道發揮作用的地方。

【凡物各自有根本，種禾終不生豆苗】　出自唐代顧況《行路難》。根本：即本質性的東西。禾：在古代專指粟。意思是：任何事物都有自己的特性，播種的是粟，絕不會長出豆苗。用來比喻因果間的必然關係。

【鳥之將死，其鳴也哀；人之將死，其言也善】　出自《論語‧泰伯》。意思是：鳥將死時，叫聲都很悲哀；人快死時，說話都很善良。

【輔車相依，脣亡齒寒】 出自《左傳・僖公五年》。輔：頰骨。車：牙床骨。意思是：面頰和牙床骨是相互依存的；沒有了嘴脣，牙齒就會感到寒冷。用來比喻關係密切，利害相關。

【過而不改，是謂過矣】 出自《論語・衛靈公》。意思是：有錯不改，這才是真錯。

【苟得其養，無物不長；苟失其養，無物不消】 出自《孟子・告子上》。苟：如果。養：滋養。意思是：如果得到了必要的滋養，什麼東西都可以生長；如果失去了必要的滋養，什麼東西都可能消亡。

【有德者必有言，有言者不必有德。仁者必有勇，勇者不必有仁】 出自《論語・憲問》。意思是：品德好的人一定言談也好，言談好的人不一定品德好。高尚的人必定勇敢，勇敢的人不一定高尚。

【飢者易為食，渴者易為飲】 出自《孟子・公孫丑上》。意思是：飢餓的人不會苛擇食物，口渴的人不會苛擇飲料。

【巧言亂德，小不忍則亂大謀】 出自《論語・衛靈公》。意思是：聽從花言巧語就會喪失自己的美德，小事不忍耐就會攪亂大事情。

【窺面與盤水則元，於杯則隋】 出自《淮南子・齊俗訓》。元：同「圓」。隋：同「橢」，橢圓。意思是：用盤子裡的水照臉，臉是圓的；用杯子裡的水照臉，臉就是橢圓的了。用來比喻條件不同，得出的結論也就不同。

【有恆產者有恆心，無恆產者無恆心。苟無恆心，放辟邪侈，無不為已】 出自《孟子・滕文公上》。意思是：有一定的產業收入的人才有一定的道德觀念和行為準則，沒有一定的產業收入的人便不會有一定的道德觀念和行為準則。假若沒有一定的道德觀念和行為準則，就會胡作非為，違法亂紀，什麼事都做得出來。

【茂林之下無豐草，大塊之間無美苗】 出自漢代桓寬《鹽鐵論・輕重》。大塊：大土塊。意思是：茂密的樹林裡，不會長出豐茂的草，有大土塊的地裡，長不出好

的秧苗。用來比喻在強大的勢力面前，弱者會受到侵害和壓制。

【蓬生麻中，不扶而直；白沙在涅，與之俱黑】　出自《荀子·勸學》。蓬：蓬蒿。涅：黑泥。意思是：蓬蒿長在麻田中，不用扶助，自然挺直；白沙混在黑泥之中，會與汙泥一樣成為黑色。說明環境對人的影響。

【皮之不存，毛將焉附】　出自《左傳·僖公十四年》。也作「皮之不存，毛將安傅」。意思是：皮不存在了，毛還在哪兒長呢？用來比喻根本和基礎沒有了，與之相關的事物也就無法生存了。

【巧婦安能作無麵湯餅】出自《老學庵筆記》。作，同「做」。意思是：如果沒有米和麵，即使再能幹的人也做不出湯餅來。用來比喻缺乏必要的條件，人再能幹，也無法成功。

【山中人不信有魚大如木，海上人不信有木大如魚】　出自《顏氏家訓·歸心》。意思是：住在山裡的人不相信有和樹木一樣大的魚，住在海邊的人不相信有和大魚

一樣大的樹木。比喻人的認識是受客觀存在的局限，不能任意否認自己不知道的東西。

【水之積也不厚，則其負大舟也無力】　出自《莊子·逍遙遊》。意思是：如果水積蓄的不夠深厚，那麼它就沒有足夠的力量來將大船浮起來。說明基礎不深厚或條件不充足就難以承擔大事。

【松柏之地，其草不肥】　出自《國語·晉語》。意思是：在長滿松柏的地方，草長得就不肥美。用來比喻物不兩盛。意同《左傳·襄公二十九年》：「松柏之下，其草不殖。」

【性相近也，習相遠也】　出自《論語·陽貨》。意思是：人類的本性是相近的，只因為後天的行為、環境影響不同，所以會有很大的差別。說明後天的環境和教育會對一個人的品性產生很大的影響。

【大方無隅，大器晚成，大音希聲，大象無形】　出自《道德經》。意思是：最方正的東西，反而沒有棱角；最貴重的器物，總是最後製成；最大的聲音，恰恰是沒

有什麼聲音；最大的形象，看來反而無形。

【道常無為而無不為】 出自《道德經》。意思是：世上的真理是：無所作為卻能大有可為。

【道行之而成，物謂之而然】 出自《莊子·齊物論》。意思是：道路是人走出來的，東西的名稱是人們叫出來的。

【道生一，一生二，二生三，三生萬物】 出自《道德經》。意思是：道產生宇宙原始混沌物質，宇宙原始混沌物質分裂成陰陽對立的兩個方面，陰陽對立的兩個方面產生新生的第三者，新生的第三者產生千差萬別的事物。

【人法地，地法天，天法道，道法自然】 出自《道德經》。意思是：人以地為法則，地以天為法則，天以道為法則，道以自然而然為法則。

【甚愛必大費，多藏必厚亡。知足不辱。知止不殆】 出自《道德經》。意思是：過於愛惜反而招致更大的破壞，財寶藏多了反而會有巨大的損失。知足則不會遭到羞辱，知道適可而止則不會遇到危險。

【全生之說勝，則廉恥不立】 出自《管子·立政九敗解》。全生：保命。意思是：活命哲學如果占了上風，人們就不講廉恥了。全生：保命。

【方以類聚，物以群分，凶吉生矣】 出自《周易·繫辭上》。方：事物；分：劃分。意思是：天地間的事物是以同類相聚成群的規則來區分的，這樣吉凶禍福就在這中間了。

【大道廢，有仁義；慧智出，有大偽】 出自《道德經》。意思是：人間真理被廢棄，才會出現仁義道德；人民的智慧得以開啟，罪惡也就產生了。

【絕聖棄智，民利百倍；絕仁棄義，民複孝慈；絕巧棄利，盜賊無有】 出自《道德經》。意思是：拋棄聖明和智慧，對人民有百利而無一害；拋棄仁義道德，人民自然的感情才能回歸；拋棄物質利益，盜賊才能絕跡。

【貧則見廉，富則見義】 出

自《墨子・修身》。意思是：貧窮的時候最能表現出一個人是否清廉，富裕的時候最能表現出一個人是否講求仁義。

【種瓜得瓜，種豆得豆】　出自佛教經典《涅槃經》。清代尹會一《呂語集粹・存養》也作：「種豆，其苗必豆；種瓜，其苗必瓜。」意思是：種了什麼樣的莊稼，就會收穫什麼樣的果實。用來比喻有什麼因，就會有什麼果。

【走不以手，縛手走，不能疾；飛不以尾，屈尾飛，不能遠】　出自《淮南子・說山訓》。走：跑。縛：捆綁。屈：收縮。意思是：跑雖然不用手，但如果把手綁起來，就跑不快了；飛雖然不用尾巴，但如果將尾巴縮起來，就飛不遠了。比喻任何事物要發揮自己的功能，總要藉助於其他的事物。

【萬物必有盛衰，萬事必有弛張】　出自《韓非子・解老》。意思是：萬物都會有茂盛和衰敗，萬事都會有鬆弛和緊張。說明盛衰、張弛是一切事物的規律。

【木之折也，必道蠹；牆之壞也，必道隙】　出自《韓非子・亡徵》。道：原由。蠹：蛀蟲。意思是：木頭斷了，一定是因為裡面有蛀蟲；牆倒塌了，一定是因為裡面有縫隙。用來比喻事物的變化都有其內在的因素。

【日中則昃，月盈則食】　出自《易・豐》。昃：日西斜。食：同「蝕」，虧損。意思是：太陽升到了中午就開始西斜，月亮滿盈後就開始虧損。用來比喻事物盛極則衰，物極必反。

【月暈而風，礎潤而雨】　出自宋代蘇洵《辨奸論》。礎：柱子底下的基石。意思是：月亮的周圍出現了光環，就會颳風；房子的基石濕潤了，就會下雨。比喻任何事情的發生都有前兆。

【從善如登，從惡是崩】　出自《國語・周語下》。是：似。意思是：向善就好像攀登山峰一樣難，向惡就好像山石坍塌一樣容易。

【人無千日好，花無百日紅】　出自施耐庵、羅貫中《水滸傳》。意思是：人生在世，不可能

事事順心，要想有一千個好日子是很難的；就像花朵一樣，不可能盛開一百天，不但不枯凋，而且還是和當初一樣紅豔。勸人一時的得意不可太過張狂，應該及早為日後打算才對。

【沉舟側畔千帆過，病樹前頭萬木春】　出自劉禹錫《酬樂天揚州初逢席上見贈》。意思是：在沉船旁邊會有千萬艘船駛過，枯樹前面也會有千萬棵綠樹在茁壯成長。

【神龜雖壽，猶有竟時；騰蛇乘霧，終為土灰】　出自曹操《龜雖壽》。意思是：神龜雖然長壽，但終有死亡的時候；飛龍儘管能騰雲駕霧，神通廣大，但最終也要化為烏有。

【管中窺豹，時見一斑】出自《晉書·王羲之傳附王獻之傳》。意思是：從竹管裡看豹子，只能看到牠的部分斑紋。

【山不在高，有仙則名】　出自劉禹錫《陋室銘》。意思是：山不在於高大，只要有神仙就會出名。

【夫貧生於富，弱生於強，亂生於治，危生於安】　出自王符《潛夫論·浮侈》。意思是：貧窮生於富貴，弱小生於強大，混亂生於太平，危急生於安定。

【責人者不全交，自恕者不改過。自滿者敗，自矜者愚，自賊者害。多言獲利，不如默而無害】出自林逋《省心錄》。意思是：喜歡責備別人的人難以維持與別人的交情，經常原諒自己過失的人永遠不可能改正錯誤。驕傲自滿的人必定失敗，自我誇耀的人愚蠢可笑，自我戕害的人必然害己害人。多說話而得到好處，不如沉默而不受傷害。

【睹百抱之枝，則足以知其本之不細；睹汪涉之文，則足以覺其人之淵邃】　出自《抱朴子·博喻》。汪涉：水多的樣子，引申為才情充沛。意思是：看見巨大的樹木，就知道它的根又深又大；讀過才情充沛的美文，便會知道作者有淵博的見識。

【尺有所短，寸有所長；物有所不足，智有所不明】　出自屈原《卜居》。意思是：尺雖比寸長，但和更長的東西相比，就顯得短；

一本書讀懂國學句典

寸雖比尺短，但和更短的東西相比，就顯得長。事物總有它的不足之處，智者也總有不明智的地方。

【末大必折，尾大不掉】 出自《左傳·昭公十一年》。末：樹的末梢。掉：掉轉。意思是：樹梢太大，樹木就必然會折斷；動物的尾巴太大，就必然難以轉身。比喻機構下強上弱，或組織龐大、渙散，以致指揮不靈。

【近朱者赤，近墨者黑】 出自晉代傅玄《太子少傅箴》。意思是：接近紅色的東西就會被染紅，靠近黑色的東西就會被染黑。比喻接近好人使人變好，接近壞人使人變壞。

【物至而反，冬夏是也；致至而危，累棋是也】 出自《戰國策·秦策》。致至：達到的極致。意思是：事物發展到一定程度就會向相反的方向轉化，就像冬夏的循環一樣；事物發展到它的極致，就會有危險，就像堆積起來的棋子一樣。比喻物極必反、積高必危。

【彼一時，此一時也】 出自《孟子·公孫丑下》。意思是：那

時是一個時候，現在是另一個時候，時間不同，情況也不一樣了。用來說明時勢不同，情況也隨之改變，不能再相提並論了。

【暑極不生暑而生寒，寒極不生寒而生暑】 出自清代魏源《默觚·學篇》。意思是：夏天到了最熱的時候，就不會再生出熱，而只能生出寒冷；冬天到了最冷的時候，也不會再生出寒冷，而只能生出酷熱。比喻事物發展到頂點就會向其對立面發展。

【履霜，堅冰至】 出自《易經·乾傳·坤》。意思是：踩到秋天的霜時，冬天冰凍的日子要到了。比喻目前的一些現象是未來的某些徵兆。

【白日無定影，清江無定波】 出自唐代聶夷中《勸酒二首》。意思是：太陽不會是靜止不動的，江水也不會是靜止不流的。比喻自然界的一切都是在不斷變化之中的。

【大廈既焚，不可灑之以淚；長河一決，不可障之以手】 出自北周庾信《庾子山集·擬連珠》。

灑：澆。長河：黃河。障：堵塞。意思是：大廈已經燒起來了，不是用眼淚就可以澆滅的；黃河決堤了，也不是用手就能堵住的。比喻小補無益，無法挽回大勢。

【千門萬戶瞳瞳日，總把新桃換舊符】 出自宋代王安石詩《元日》。瞳瞳：日出光亮的樣子。桃、符：均指桃符，即畫有門神或寫有門神名字的桃木板，古人認為可以避邪。意思是：初升的太陽照耀著千家萬戶，人們也將舊的桃符換上了新的。形容一派萬象更新的氣象，現在常用後句說明除舊佈新是事物發展的客觀規律。

【大川不能促其涯，以適速濟之情；五嶽不能削其峻，以副陟者之欲】 出自《抱朴子·廣譬》。促：縮短，短促。陟：登高。意思是：大河不會為了適應渡河人的急切心情而變窄，高山不會為了投合登高人的願望而變低。

【滄海混渚，不以含垢累其無涯之廣】 出自《抱朴子·博喻》。意思是：茫茫無際的大海並不因為裡面含有髒東西，而影響它的廣大。

【卉茂者土必沃，魚大者水必廣】 出自《抱朴子·清鑑》。意思是：花卉茂盛的地方土地一定肥沃；魚兒很大的地方水域一定寬廣。

【目察百步，不能了了，而欲以所見為有，所不見為無，則天下之所無者，亦必多矣】 出自《抱朴子·論仙》。了了：清清楚楚。意思是：用眼睛看百步以內的東西，還不能看得清清楚楚，而要把自己親眼看到的認為是存在的，看不見的認為是不存在的東西，那麼天底下不存在的東西也就很多了。

【良工之與馬也，相得則然後成】 出自《呂氏春秋·知士》。意思是：善於趕馬駕車的人和好馬是相輔相成的。趕車人技藝再高，若無好馬，車也不會跑得快；縱有好馬，但沒有好的趕馬人，馬匹也無法發揮能力。

【使烏獲疾引牛尾，尾絕力勤而牛不可行。逆也】 出自《呂氏春秋·重己》。意思是：讓大力士烏獲拽住牛尾巴往後拉，牛尾拉斷，人的氣力用完，牛也不可能向後走，因為違反了事物的規律。

【括而羽之，鏃而砥礪之，其入不益深乎】　出自《說苑‧建本》。意思是：在箭尾裝上羽毛，把箭頭磨得更鋒利，射進去不是更深嗎？

【芳林新葉催陳葉，流水前波讓後波】　出自唐代劉禹錫詩《樂天見示傷微之，敦詩，晦叔三君子，皆有深分，因成是詩以寄》。意思是：春天欣欣向榮的樹林裡，新葉催換了舊葉；江河奔騰的流水裡，前面的波浪讓給後面的波浪。用來比喻新陳代謝是自然界普遍存在的必然規律。

【輕者重之端，小者大之源】　出自《後漢書‧陳忠傳》。意思是：輕是重的開端，小是大的起源。常用來勸告人們不要輕視小的事物。

【雄雞一聲天下白】　出自唐代李賀詩《致酒行》。意思是：雄雞一聲報曉，黑暗就過去了，光明就到來了。現在用來比喻對未來充滿信心。

【大德滅小怨，道也】　出自《左傳‧定公五年》。意思是：既然別人對我有大的恩德，就不應該計較小的怨恨，這原本就是正確的道理。

【山銳則不高，水狹則不深】　漢代劉向《新序‧節士》。意思是：山太陡了，就不會太高；水面太窄了，就不會太深。用來比喻對人要求太過苛刻，就不會得到人心。

【強弩之極，矢不能穿魯縞；衝風之末，力不能漂鴻毛】　出自《史記‧韓長孺列傳》。衝風：疾風。魯縞：魯國的生絹。意思是：強弓射出的箭，到了落地的時候，力量已盡，就連薄絹也射不穿；疾風刮到最後，微弱的風力連大雁的羽毛也飄不起來。

【務名者害其身，多財者禍其後】　出自《省心錄》。意思是：追求聲名的人必然會危害自身，廣積財富的人必然會給後代帶來災禍。

【天反時為災，地反物為妖，民反德為亂】　出自《左傳‧宣公十五年》。意思是：大自然違背正常規律就是災難，地上的植物違反

自身的本性就有妖異，百姓違反應有的道德就會發生禍亂。

【既往不咎，來事之師也】出自《漢書・李尋傳》。意思是：事情過去了就別再追究了，可以作為將來事情的借鑑。

【兵久則力屈，人愁則變生】出自《後漢書・馮衍列傳》。兵：戰爭。意思是：戰爭時間持續過長，力量就會衰弱；人過於愁悶，意外就會發生。

【伐木不自其根，則蘗又生也】出自《晏子春秋・內篇諫下》。蘗：新芽。意思是：砍伐樹木不挖掉它的根，還會長出樹芽來。

【全則必缺，極則必反，盈則必虧】出自《呂氏春秋・博志》。極：頂點。反：向反面轉化。意思是：太全了就一定有缺失；事物發展到了頂點，就會向相反的方面轉化；事物太圓滿了，必然走向缺損。

【臨淵羨魚，不如退而結網】出自《漢書・董仲舒傳》。意思是：站在水邊羨慕魚好，不如回去織網去打撈。

【雲厚者，雨必猛；弓勁者，箭必遠】出自晉代葛洪《抱朴子・喻蔽》。意思是：烏雲厚實，雨必然下得大；弓弩強勁，箭一定射得遠。

【鳧脛雖短，續之則憂；鶴脛雖長，斷之則悲】出自《莊子・駢拇》。鳧：野鴨。脛：小腿。意思是：野鴨的腿雖然短，但要給牠續上一段，也會使其痛苦；鶴的腿雖然長，但若截掉一段，也會使牠悲痛。後用來比喻自然規律不能違背。

【鉤曲之形無繩直之影】出自晉代葛洪《抱朴子・廣譬》。繩直：筆直。意思是：像鉤子一樣彎曲的東西，不會有筆直的影子。

【流水不腐，戶樞不螻】出自《呂氏春秋・盡數》。戶樞：門軸。螻：《意林》中也作「蠹」，蛀蝕。意思是：流動的水不會變得腐臭，經常轉動的門軸不會被蟲蛀。說明經常運動的東西不容易被侵蝕。

【飄風不終朝，驟雨不終日】

出自《老子》。飄風：狂風。意思是：狂風不會刮一個早晨，暴雨也不會下一整天。用來比喻來得兇猛，去得也快。

【失之毫釐，差以千里】　出自《史記・太史公自序》。毫釐：形容極其細微。意思是：開始有毫釐的差錯，到後來就可能相去千里了。說明開始時的一點小錯誤，就可能發展成為後來的大錯誤。

【冠雖敝，必加於首；履雖新，必關於足】　出自《史記・儒林列傳》。敝：破舊。意思是：帽子雖然破舊，但肯定是戴在頭上的；鞋子雖然簇新，但肯定是穿在腳上的。

【橘生淮南則為橘，生於淮北則為枳】　出自《晏子春秋・內篇雜下》。意思是：橘子生在淮南，就結出橘子；移到淮北，就長成枳。

【蜚鳥盡，良弓藏；狡兔死，走狗烹】　出自《史記・越王勾踐世家》。蜚：同「飛」。意思是：飛鳥消滅了，好的弓箭就收藏起來；兔子死光了，獵狗就被殺了煮著吃了。

【夫民勞則思，思則善心生；逸則淫，淫則忘善，忘善則惡心生】　出自《國語・魯語下》。淫：放肆。意思是：百姓服勞役就會因勞累而去思考如何節儉律己，若經常思考這些問題，就會使自己的心地善良起來；無所事事就會放肆起來，一旦放肆，就會忘掉善良，沒有善良就會滋生作惡之心。

【安危相易，禍福相生】　出自《莊子・則陽》。相易：相互轉化。意思是：安與危互相倚伏，禍和福彼此包含。指相對的兩面可以相互轉化。

【播糠眯目，則天地四方易位矣】　出自《莊子・天運》。意思是：在篩糠時如果眯了眼睛，就分不出東西南北了。

【白玉不毀，孰為珪璋；道德不廢，安取仁義】　出自《莊子・馬蹄》。意思是：白玉不遭到毀壞，怎麼會變成珪璋；道德不被廢棄，哪裡會選取仁義？

【見一落葉而知歲之將暮】出自《淮南子・說山訓》。意思

是：看到一片落葉，就知道快要到年底了。比喻藉由事物的某些微小的跡象可以推斷其發展的趨勢和結果。

【見出以知入，觀往以知來】 出自《列子・說符》。意思是：看見出去的，就能知道將要進來的；觀察過去的，就能知道未來的。說明事物有一定的共同性。

【欲觀千歲，則數今日】 出自《荀子・非相》。千歲：年代久遠。數：計算。意思是：要想年代久遠的事，就要先看一看現在。說明歷史發展是有一定共同性的。

【天下之物，莫不有理】 出自宋代朱熹《四書章句集注・大學章句》。意思是：天下的事物，都是有它的規律的。

【良匠不能斫金，巧冶不能鑠木】 出自《淮南子・泰族訓》。斫：用刀斧砍或劈。鑠：熔化。意思是：再優秀的木匠也不能將金屬劈開，再靈巧的鐵匠也無法將木頭熔化。說明做事不能違背其自然規律。

【三折肱為良醫】 出自《左傳・定公十三年》。三：指多次。肱：從肩到肘的部分，也指代胳膊。意思是：多次摔斷胳膊的人，可以成為高明的醫生。說明知識來源於實踐，實踐出真知。

【羊質而虎皮，見草而說，見豺而戰，忘其皮之虎矣】 出自漢代揚雄《法言・吾子》。說：同「悅」。戰：戰慄。意思是：本身是羊，即使披上虎皮，還是見到草就高興，見到豺狼就發抖，忘了自己身上披的是虎皮了。用來比喻外表強大而內心恐懼。

【前人栽樹，後人乘涼】 出自清代頤瑣《黃繡球》。意思是：以前的人栽了樹木，後來的人用它來乘涼。比喻前人為後人造福。

【築室於道，謀是用不潰於成】 出自《詩經・小雅・小旻》。是用：所以。潰：遂。意思是：在大路旁蓋房子，總是徵求行人的意見，行人的意見多有不同，所以房子是蓋不成的。

一本書讀懂國學句典

情感篇

親情

【但道眼前終有憾，若論身後總難追。天涯薄命可憐伊】 出自清代龍啟瑞的《浣溪沙》。意思是：只說是身邊的人生命終結而有遺憾，但若是說到死後的情景也總難追述，想起你紅顏薄命，怎不令人悲憐、哀歎。詞句表達了對亡妻的一片至情和詞人孤寂的情懷。

【養不教，父之過；教不嚴，師之惰】 出自王應麟《三字經》。意思是：生養了子女不教育，是父母的過錯；教育學生不嚴格，是教師在偷懶。

【一日為師，終身為父】 出自關漢卿《玉鏡臺》。意思是：只要做了一天的老師，就會終生受到學生們像對待父親那樣的尊敬。

【安土重遷，黎民之性；骨肉相附，人情所願也】 出自《漢書‧元帝紀》。附：聚。意思是：百姓在一個地方住慣了，就故土難離，這是百姓的天性；親人能夠相聚，是人們的願望。

【物以稀為貴，情因老更慈】

出自白居易《小歲日喜談氏外孫女孩滿月》。意思是：物品因稀少而珍貴，人到老年，更加疼愛孫輩。

【夫婦之道，有義則和，無義則離】 出自《漢書‧孔光傳》。道：準則。義：情義。意思是：夫婦之間的準則就是有情義就合在一起，沒情義就分開。

【角聲悲咽下城樓，未到天明，白了人頭】 出自清代勒方錡的《一剪梅‧送婦梓至潞河》。意思是：暗夜裡，從城樓上傳來悲涼嗚咽的號角聲，天還未亮，守靈的人已是愁白了頭。

【滄桑塵事，夢回爭忍重說】 出自清代馮煦的《百字令‧乙未七月十八日感賦是日亡婦五十生日也》。滄桑：比喻世事變化很大。塵事：指世俗的事。爭忍：怎忍。爭，怎麼。意思是：妻子故去已難再生，回憶的往事如雲煙一般縹緲逝去，夢醒後，滄桑往事又怎麼能夠再次被提起。詞句表現了作者沉痛、悲涼的心境。

【誰知遊子天涯別，一任閨蕪日夜深】 出自清代顧炎武的《悼亡》。天涯別：指夫妻各居一方不能時常團聚。閨蕪：詩中指丈夫遠遊後的閨房清冷寂寥。意思是：我每日在外奔波，離家甚遠，不能時常與你相聚，任憑你的閨閣日夜淒清。詩句表達了作者對亡妻的愧疚之情。

【焉得長江俱化酒，將來澆盡古今墳】 出自明代薄少君的《悼亡》。焉：怎麼。將來：拿來。意思是：如何才能把滔滔的長江之水都化作祭奠的酒，我要把它拿來澆遍古今仁人志士的墳塋。

【腰肢暗想風欺柳，粉態難忘露洗花】 出自五代王渙的《悼亡》。意思是：我常常想起你那嬌柔的身體，像初春的新柳弱不禁風；還有你那美麗的容顏，就像晨曦中帶露的鮮花令人無法忘記。詩句通過對妻子容顏的描寫，來表現對亡妻的摯愛。

【寢息何時忘，沉憂日盈積】 出自晉代潘岳的《悼亡》。寢息：睡臥，休息。沉憂：沉重的憂愁。意思是：我睡覺的時候也不曾忘記故去的妻子，日久天長，那哀

愁積聚，越聚越多，以致使我幾乎不能承受。詩句寫出了詩人對亡妻的深厚感情。

【願從君兮終沒，愁何可兮久懷】　出自三國魏曹丕的《寡婦》。沒：同「歿」，死。懷：思戀。意思是：我願隨你一同去死，怎能忍受長久的思戀和不盡的哀愁。詩句寫寡婦思夫之悲痛，表現了她對亡夫的深切懷念。

【昔日戲言身後意，今朝都到眼前來】　出自唐代元稹的《遣悲懷》。意思是：你活著的時候，我們常常開玩笑似的談論死後會是什麼情景，哪知道當初的戲言竟然出現在眼前。

【昔為連理木，今為斷腸枝】　出自元代傅若金的《百日》。連理木：即「連理枝」，兩棵樹的枝條連生在一起，比喻恩愛的夫妻。斷腸枝：與連理木相對，形容悲痛到極點。意思是：昔日夫妻卿卿我我，恩愛親密似枝條連生的連理樹，如今你故去了，只剩下我卻又似斷腸枝一般，令人感傷滿懷。詩句描寫了對亡妻的哀痛。

【他年塚上相思樹，連理終應向爾幡】　出自清代趙翼的《悼亡》。塚：墳。連理：兩棵樹的枝條連生在一起，比喻恩愛的夫妻。爾：你。幡：通「翻」，變動的樣子。等到百年之後，我也命歸黃泉，但願我們墳前的相思樹，兩棵樹枝連生一起，始終傾向你那一邊。

【地上有身無放處，不知地下可相安】　出自明代薄少君的《悼亡》。意思是：在這內憂外患的混沌人世上難有安身之處，不知身在九泉之下的你能否身心安然？詩句表現了對亡夫的關切之情。

【今日俸錢過十萬，與君營奠復營齋】　出自唐代元稹的《遣悲懷》。俸錢：古代官吏的薪金，一般用米支付。營：辦理。奠：祭品。齋：原指施捨食物給僧人，詩人引申為延請僧人為其妻超度亡魂。意思是：如今我的官位已經很高，一年的薪俸已經超過十萬石了，現在我要為你辦理豐厚的祭品，延請僧侶為你超度亡魂。

【從此不歸成萬古，空留賤妾怨黃昏】　出自唐代裴羽仙的《哭

夫》。成萬古：指丈夫亡逝。賤妾：古時女子謙稱。意思是：丈夫去後，所有與他聯繫的音信都斷絕，從此他成了萬古亡魂，只留下獨守空閨的我，只有把無限的悲愁都寄託給慘澹的黃昏。

【只有長歌能當哭，更無芳草與招魂】　出自清代龍啟瑞的《浣溪沙》。芳草：此處指還魂草，傳說中一種可以使染疫而死者回生的香草。招魂：招回其魂靈。意思是：只有那淒慘悲壯的長歌，能夠當作我的哀泣，可是天下之大，人海茫茫，到哪裡去找返魂草為亡妻招魂呢？

【生平同此居，一旦異存亡】　出自唐代韋應物的《送終》。意思是：遙想當年，你我夫妻同居此地，共用天倫之樂，可今天你我卻是生死異路，陰陽永相別。詩句表達了對妻子深切的悼念之情。

【如彼翰林鳥，雙棲一朝只；如彼游川魚，比目中路析】　出自晉代潘岳的《悼亡》。翰林鳥：指振翅飛於林中之鳥。比目：魚名。《爾雅·釋地》：「東方有比目魚焉，不比不行。」析：分開。意思是：好像那振翅飛於大森林中成雙成對的小鳥，有一天雙棲之伴變成孤獨單飛；好像那游弋在水中的比目魚，早晚中途彼此分離。詩句表達了詩人在妻亡後的孤單與憂傷。

【但似月輪終皎潔，不辭冰雪為卿熱】　出自清代納蘭性德的《蝶戀花》。意思是：如果人生能經常像十五的月亮那樣團圓、皎潔、明亮，即使天際冰雪寒冷，我也為你送去溫暖。詞句寫出對亡妻深沉的愛。

【忍此連城寶，沉埋向九泉】　出自宋代梅堯臣的《悼亡》。連城寶：價值連城的寶物，詩中代指自己的妻子。九泉：猶言黃泉，指死人埋葬處。意思是：蒼天啊，你為何如此無眼，竟忍心把這無價的珍寶沉埋九泉。

【青衫長是浣啼痕，那不霜添秋鬢】　出自清代李符的《西江月·悼亡》。浣：弄髒。那：同「哪」。霜添秋鬢：鬢髮斑白。意思是：這幾年來，思往傷舊的淚水常常浸透我的衣衫，雙鬢又怎能不頻添白髮呢！詞句表現了作者喪偶的巨大痛苦。

【拂拭丹青呼不醒，世間誰有返魂香】 出自宋代戴復古的《題亡室真像》。意思是：輕撫著你的遺像呼喚你的名字，卻不見你醒來，只有悲涼的回音悠悠飄蕩。請問人世間，誰有那起死回生的還魂之香呢？

【苔生履跡外，花沒鏡塵中。唯餘長簟月，永夜向朦朧】 出自隋代薛德音的《悼亡》。花：喻指亡妻。沒：消失。簟：竹席。意思是：妻子曾經走過的地方，現在已長滿青苔，在掛滿塵埃的妝鏡裡，再也看不到她梳妝時的容顏。一切都已成為過去，只留下床席上朦朧的月光，在茫茫長夜裡，顯得那樣黯然失色。

【憑仗丹青重省識，盈盈，一片傷心畫不成】 出自清代納蘭性德的《南鄉子·為亡婦題照》。意思是：想提起畫筆重新勾畫你那美麗的面容，可當我提起筆來總是忍不住淚眼盈盈，滿懷傷痛的心情又怎麼能夠畫成你的遺像呢！

【明月蕭蕭海上風，君歸泉路我飄蓬】 出自唐代趙嘏的《悼亡》。意思是：高懸在天空的一輪明月散發著清冷的光輝，海面上吹起陣陣冷風；早逝的妻子已身歸黃泉，只留下我自己，像飄飛的蓬草一般孤獨寂寥。

【泉下雙龍無再期，金蠶玉燕空銷化】 出自唐代孟郊的《悼亡》。泉下：黃泉。雙龍：喻指夫妻。金蠶玉燕：金蠶，古代一種殉葬品，以金屬鑄成蠶形。玉燕，釵名，古時女子出嫁時所戴。意思是：在九泉之下，那昏暗慘澹的環境讓我怎麼能與你相見，你生前曾經帶過的金蠶和玉燕，在地下也失去了閃爍的珠光金輝。

【獨立銷魂久，雙雙好鳥啼】 出自唐代李中的《悼亡》。意思是：我獨自一人在此久久佇立，滿懷無盡的悲戚，只有那枝頭雙棲雙宿的小鳥，對對啼鳴歡唱。詩句寫出妻子故去給作者帶來的巨大打擊。

【最是彌留情更慘，一聲聲問客歸期】 出自清代趙翼的《悼亡》。彌留：謂病重將死。意思是：最令人感到淒慘的是在你臨終前彌留的那一幕情景，你一聲聲地在呼喚，在詢問什麼時候才是我的

歸家之期？詩句寫妻子彌留之際的悲慘情景，表現了詩人喪妻的悲痛。

【散關三尺雪，回夢舊鴛機】

出自唐代李商隱的《悼傷後赴東蜀辟至散關遇雪》。散關：古代軍事重地，在今陝西寶雞市西南大散嶺上。意思是：大散關外漫天飛雪，足有三尺的積雪阻擋了我的歸路，在驛舍中羈留，夜裡夢到我故去的妻子，只見她坐在織機旁邊為我趕製冬衣。詩句透過對夢境的回憶表達了作者對亡妻的懷念之情。

【陽原歌薤露，陰壑惜藏舟。清夜妝台月，空想畫眉愁】　出自唐代唐暄的《悼妻》。薤露：古代挽歌名。陰壑惜藏舟：暗喻妻亡。典出《莊子·大宗師》：「夫藏舟於壑，藏山於澤，謂之固矣。然而夜半，有力者負之而走，昧者不知也。」意思是：生命原來就像太陽照耀下的草原上草葉的露珠，一瞬即逝，我只好吟唱《薤露》來祭奠你的亡靈；你給我的至情至愛，已成為遙遠的過去。又是明月當空的夜晚，月光照著梳妝檯，我想像著你在梳妝檯前畫眉時的情景，愁緒

暗生。

【還是臨窗月，今秋迥照松】

出自北周庾信的《傷往》。迥：遠。意思是：佇立窗前，那一輪明月還是當年我們夫妻共賞的那輪皓月；如今，它卻只能清輝寒照那棵孤獨寂寥的青松。

【林間滴酒空垂淚，不見丁寧囑早歸】　出自唐代陳去疾的《西上辭母墳》。丁寧：即叮嚀，反覆地說。意思是：在蒼茫淒涼的林間，我灑落杯中的酒來祭奠母親，此刻我的淚水落在墳塋上，再也聽不到母親叮嚀我早歸的話語了。詩句表達對亡母沉痛的哀悼之情。

【奈何悼淑麗，儀容永潛翳】

出自晉代潘岳的《悼亡》。淑麗：美好善良，代指亡妻。翳：遮蔽。意思是：愛妻那似玉的嬌容如今卻在哪裡？悲悼她的深情使我悵然滿胸。

【佳人永暮矣，隱憂遂歷茲】

出自南朝梁代江淹的《悼室人》。佳人：美女，代指亡妻。暮：指死去。隱憂：憂傷。意思是：美麗的妻子永遠離我而去，往

一本書讀懂國學句典

昔相親相愛的歡樂，回憶歷歷在目，只能變成不盡的痛苦。

【鈿釵何意寄人間，多少滴殘紅燭淚，幾時乾】　出自清代納蘭性德的《攤破浣溪沙》。鈿釵：用金翠珠寶等製成的花朵形的首飾。何意：為什麼。意思是：為什麼你的鈿釵偏偏留在人間？一滴滴殘燭的淚花，究竟什麼時候才能流乾？

【料得年年腸斷處：明月夜，短松岡】　出自宋代蘇軾的《江城子·乙卯正月二十日夜記夢》。料得：想來。松岡：墳塋所在之山岡，古人墳地周圍多植松柏。意思是：想來從今以後的每一年，在淒涼的月光下，在長滿松樹的荒坡野岡上，我的妻子獨自悲痛欲絕。詩句表達對亡妻深切的懷念之情。

【終當與同穴，未死淚漣漣】　出自宋代梅堯臣《悼亡》。穴：墓穴。漣漣：淚流不止的樣子。意思是：雖然我們終究要在黃泉路上相見，但現在你卻先我而去，此時的傷痛怎不讓我淚水連綿！詩句表達了對亡妻的深厚情感。

【春煙石闕題何事？寒夜烏哀一片心】　出自明代湯顯祖的《清明悼亡》。意思是：在一片的春霧中，看不清石碑上所題銘的是什麼事。在寒冷的夜晚，只有烏鴉的聲聲哀啼恰似我的一片愁心。

【此味年來誰領略，夢殘酒渴五更時】　出自清代王士禎的《悼亡》。年來：一年來。意思是：一年來，誰能領略這世態炎涼、孤苦淒涼的人生的苦澀？五更醉夢酒醒的時候，再也無人照顧我了。

【同穴窅冥何所望，他生緣會更難期】　出自唐代元稹的《遣悲懷》。窅冥：幽深昏暗的樣子。期：寄望。意思是：死後與愛妻在同一墓穴而眠，這虛無縹緲的幻想毫無指望；來生來世再與愛妻重結姻緣，更是讓人無法寄望。詩句以絕望之辭，表達了對亡妻的沉痛哀悼。

【方諸萬點鮫人淚，灑向窮泉竟不聞】　出自清代王士禎的《悼亡》。方諸：方之於，比之於。鮫人：亦作「蛟人」，傳說中的人魚。窮泉：指深深的地下。意思是：好像南海邊那多情的美人魚，她永遠也流不盡的癡情的淚水，灑

向冥暗靜寂的黃泉，是我對你的深切思念。

【正是薊門搖落後，淚和殘葉灑西風】 出自清代趙翼的《悼亡》。薊門：指京城。薊，縣名，在今北京城西南。殘葉：落葉。意思是：你走的時候，正當是京城萬木凋落，一片秋聲瑟瑟；我那止不住的熱淚，伴著漫天殘葉被呼嘯的西風吹向遠方。詩句透過對氣氛的渲染表現了詩人的無限悲戚。

【滯慮倍為感，幽懷詎能寬？悲哉難具陳，淚下如進瀾】 出自明代張居正的《余有內人之喪一年矣偶讀韋蘇州傷內詩愴然有感》。詎：何，豈。具陳：一一說明。意思是：凝滯的思慮百倍增長，沉痛的情懷又怎能排遣？無限的悲哀難以說盡，愴然而下的淚水如潮水般。詩句表達妻亡後作者痛苦、傷感的情懷。

【邇來倍覺無生趣，死者方為快活人】 出自清代蒲松齡的《悼內》。邇來：近來。方為：才是。意思是：自從你離開人世之後，我近來愈發覺得活在世上沒有意思，方信早死的人才是最快活的。

【怪來醒後傍人泣，醉裡時時錯問君】 出自唐代元稹的《六年春遣懷八首》。意思是：酒醉醒來之後，我驚奇地看到身旁的人在啜泣流涕，原來是我在酒醉時多次對著旁人呼喚亡妻的芳名。詩句寫出了對亡妻的緬懷之情。

【十五年前花月底，相從曾賦賞花詩。今看花月渾相似，安得情懷似往時】 出自宋代李清照的《偶成》。相從：相隨。渾：完全，簡直。安得：怎能。情懷：心情。在十五年前的花前月下，我們曾經在一起賞花賦詩，夫唱婦隨地度過了一段美好時光。現如今的花月依舊沒有改變，只是伊人已永遠離去，我現在的情懷怎麼會與昔日相似呢？詩句表現出對亡夫的追憶與哀悼。

【九十春光如水逝，碧桃花落餘空蒂】 出自清代邊浴禮的《蝶戀花》。九十年：虛指，極言其長。碧桃：桃的變種，屬薔薇科。意思是：九十年的恩愛廝守，歲月如流水一般逝去，鮮豔的桃花早已落盡，只留下花蒂掛在空枝上而已。

【虛堂一夕琴先斷，華表千年鶴未歸】　出自清代顧炎武的《悼亡》。虛堂：空室。琴先斷：指妻子先死。古人以琴瑟比喻夫妻。華表：墓上的石柱。鶴未歸：據《搜神後記》載丁令威本遼東人，學道於靈虛山，後化鶴歸來，落於城門華表柱上。意思是：恩愛夫妻一人先死，猶琴斷瑟存；自己遠行在外，不能親自回家祭奠亡妻，猶鶴去而華表空。

【望廬思其人，入室想所歷】　出自晉代潘岳的《悼亡》。廬：房屋、住宅。其人：指亡妻。室：內屋。所歷：指亡妻往日的生活。意思是：看見眼前的住宅，就思念故去的妻子，走進內室，就想起亡妻過去的生活。

【獨留不得還，欲去結中腸】　出自唐代韋應物的《送終》。中腸：猶「衷腸」。意思是：把你一人獨自留在這青塚山岡上，我怎麼忍心還能去別的地方？詩句表達了在妻子下葬後作者悵然若失的情懷。

【哭君莫作秋閨怨，薤露須歌鐵板聲】　出自明代薄少君的《悼亡》。君：指作者之夫沈承。其人文武全才，胸懷大志，在晚明動亂中早卒。薤露：古挽歌名。鐵板聲：喻歌聲高亢。意思是：在你的忌日裡，我痛哭早逝的你，提醒自己千萬不要像閨婦那樣聲聲哀怨，《薤露》挽歌應唱出慷慨悲壯的高音。

【無可奈何人似槿，不能自己淚如絲】　出自清代蒲松齡的《悼內》。槿：木槿，落葉灌木或小喬木。意思是：無可奈何你死以後，我這本已衰老的身體更像枯瘦的木槿一樣，控制不住自己的深情，淚水像絲一般漣漣而下。

【李陵一戰無歸日，望斷胡天哭塞雲】　出自唐代裴羽仙的《哭夫》。李陵：西漢著名將軍，善騎射。漢武帝時，李陵率兵出擊匈奴，戰敗被俘。意思是：丈夫征戍戍邊，就像漢將軍李陵一樣一去不還。我把胸中思夫的淚水灑向邊塞的雲際，寄恨那千里之外的塞外胡天。詩句藉漢將軍兵敗被俘的典故，寫出丈夫遭擒不歸的結局，表達了對丈夫深痛的思念之情。

【五十莫怨促，怨促君何愚】

出自明代陳確的《悼亡》。意思是：人活到五十離開世間，這算不得是命短，請你千萬不要怨我走得太早，那樣你是多麼不解人情啊！詩句以亡妻的口吻深刻地表達了詩人對亡妻的深情。

【不如晨牝兼獅吼，少下今朝淚幾行】　出自清代陳祖范的《悼亡》。晨牝：雌雞司晨，借指專權之女。獅吼：喻指悍婦。意思是：當初我還不如娶一個獨斷、兇悍的女人為妻，這樣，今朝悼亡也可少流幾行辛酸之淚。詩句以反語表達對妻子的哀悼之情。

【見盡人間婦，無如美且賢】　出自宋代梅堯臣的《悼亡》。意思是：我看盡人間無數麗人少婦，哪一個也沒有能像我的愛妻那樣美麗賢淑。詩句以平淡之語，寫出了對亡妻的思切之情。

【淚斷愁腸難斷，往事總成幽怨。幽怨幾時休？淚還流】　出自宋代朱敦儒的《昭君怨·悼亡》。意思是：即使淚水流盡，又怎奈幽怨無邊愁腸回轉，回憶往事，都化成深深的哀怨。幽怨什麼時候才有個盡頭？只有淚水還不停地流出。

【南風盡日迎歸客，落月空江夢故妻】　出自元代揭傒斯的《宿梁安峽夢故室有感時還盱江》。盡日：終日。故妻：亡妻。意思是：多情的南風終日迎接遠去的歸客，在夢中我又夢見故妻熟悉的面容；夢醒之後，只有江面上的月影映入我的眼簾，令人感到淒清悲愴。

【山河不可望，存沒意多違。時遷跡尚在，同去獨來歸】　出自唐代韋應物的《同德精舍舊居傷懷》。沒：同「歿」，死亡。意思是：我已無心再登高遠眺秀麗的山河，人世間的生生死死總是有些違人心願，陽壽的期限彷彿已經命中註定。當年的一切依然如故，可是我們曾經是一起出走，到頭來卻只有我一人獨自歸還。

【門前雖有如花貌，爭奈如花心不同】　出自唐代趙嘏的《悼亡》。爭奈：怎奈。意思是：雖然每日門前都有如花似玉的美貌女子經過，怎奈她們都只有花樣的容貌，卻沒有亡妻心心相印的深情。

【今日歲殘衣不到，斷腸方羨雉朝飛】　出自清代王士禎的《悼亡》。歲殘：年底。雉朝飛：樂府

歌曲。據《古今注》載：齊有處士，年五十無妻。斫柴於野，見雉雌雄相隨，意動心悲，作《雉朝飛》以自傷。意思是：今天又到了一年的年底，自從妻子故去後就再也沒有人為我操持棉衣，我這斷腸的人怎能不豔羨那雙雙於飛的錦雞呢。

【今日青門葬君處，亂蟬衰草夕陽斜】　出自五代王渙的《悼亡》。青門：漢都長安（今西安）東南門，此指京城門。意思是：今天我歸來看你的時候，看到城門外新添的墳墓。慘澹的夕陽染紅了無邊的枯草，時時傳來寒蟬淒切的鳴叫。詩句表達了對友人的哀悼之情。

【去秋三五月，今秋還照梁。今春蘭蕙草，來春複吐芳。悲哉人道異，一訓永銷亡】　出自南朝梁代沈約的《悼亡》。三五：指十五。蘭蕙：香草名。意思是：去年中秋那輪皎潔的明月，今年依然照亮著房中的屋樑。今年春天的蘭花和蕙草，到明年一樣是盛開吐芳。可歎人生不比春花秋月，哪裡會有來生來世的夢想。詩句以春花、秋月來哀悼亡人生命的短暫。

【世間無最苦，精爽此銷磨】
出自宋代梅堯臣的《悼亡》。精爽：猶言神明，精神。銷磨：使意志、精力等逐漸消失。意思是：人世間有什麼痛苦能與悲悼相比，又有誰的精神能忍受中年喪妻的消磨？

【存亡雖異路，貞白本相成】
出自明代商景蘭的《悼亡》。貞：忠貞。白：潔白。相成：相輔相成，相互配合。意思是：活著和死去雖然是背道而行，但是你那忠貞的氣節和我清白的名聲卻相輔相成，永世長存。詩句表達了對亡夫的悼念之情。

【傷心橋下春波綠，曾是驚鴻照影來】　出自宋代陸游的《沈園》。驚鴻：典出三國曹植《洛神賦》：「其形也，翩若驚鴻，婉若游龍。」李善注：「邊讓《章華台賦》曰：『體迅輕鴻。』」形容女子體態輕盈優美。意思是：看那橋下碧綠的春水，是多麼令人惆悵傷懷，它曾經映照著情人令人心醉的倩影。詩句表達了作者對亡妻悲痛的追念之情。

【吹簫人去玉樓空，腸斷與誰同倚】　出自宋代李清照的《孤雁兒》。吹簫人：《列仙傳》載簫史善吹簫，秦穆公把女兒弄玉嫁與為妻，簫史天天教弄玉吹簫作鳳鳴。一日簫史乘龍，弄玉乘鳳，共飛去。後以吹簫人代稱愛侶。意思是：丈夫已經去世了，只留我一個人獨守空閨，回憶往事，肝膽欲裂；即使是有許多悲苦，現在又向誰訴說，誰能分擔我這斷腸的失落呢。

【若是九原仍骨肉，算此身，此日翻如寄】　出自清代王鵬運的《金縷曲·二月十六日記夢》。意思是：如果在九泉之下我們仍然能夠做骨肉夫妻的話，那麼現在我的身體，就算暫時寄存在世上吧。

【殘帷斷帳空留得，四海無家一腐儒】　出自明代王夫之的《悼亡》。意思是：妻子故去之後，只留下殘破的床帳，可憐我這個不合時宜的讀書人，四海無家孤獨淒涼。

【梧桐半死清霜後，頭白鴛鴦失伴飛】　出自宋代賀鑄的《鷓鴣天》。意思是：秋霜已使梧桐樹凋零半死，頭已斑白的鴛鴦失伴獨飛，這情景多麼悲傷。詩句寫景來喻指亡妻之痛。

【一寸丹心圖報國，兩行清淚為思親】　出自明代于謙詩《立春日感懷》。意思是：一顆赤誠的心渴望著報效國家，而身在他鄉，思念親人又不禁使我淚流成行。

【不應有恨，何事長向別時圓】　出自宋代蘇軾詞《水調歌頭》。何事：為什麼。向：將要，將近。意思是：該不是月亮對地上的人們有所怨恨吧，要不然它為什麼總是在別離之後才變圓，讓人哀傷呢？作者透過含蓄地對月亮發問表達了自己對兄弟的懷念之情。

【我獨天涯聽夜雨，寒燈三處照相思】　出自元代宋無詩《客夜思親》。三處：當時作者的母親身在蘇州，妻子和生病的女兒在淮西，而他本人又客居在他鄉。意思是：我獨自一個人浪跡天涯，聽著夜晚的雨聲，對著寒燈思念著遠方的母親和妻女。

【但願人長久，千里共嬋娟】出自宋代蘇軾詞《水調歌頭》。

嬋娟：美好的姿態，這裡指月亮。

意思是：只希望人能長壽平安，相隔千里，共同欣賞這美好的明月。表達了作者對胞弟的思念，以及對世人的美好祝願，成為中秋詞中的絕唱。

【春風春雨花經眼，江北江南水拍天】 出自宋代黃庭堅詩《次元明韻寄子由》。經眼：從眼前經過，這裡指花凋落。意思是：又是一場春風，又是一場春雨，花兒開了又謝；我們江南江北相隔，只任憑那春水漲潮後，浪花拍打到天際。詩句含蓄而又生動地描寫了與親友遙遙相隔，不能重逢的哀痛，十分傳神。

【思家步月清宵立，憶弟看雲白日眠】 出自唐代杜甫詩《恨別》。意思是：因為思念著家鄉，惦念著弟弟，晚上常常在清冷的月夜裡，或踱步，或佇立，而白天卻看著悠悠的白雲，倦意襲來，倒不禁睡了起來。

【烽火連三月，家書抵萬金】 出自唐代杜甫詩《春望》。意思是：戰事連綿不斷，這個時候能夠收到家裡的一封書信，比得到萬兩

黃金還覺得更有價值。詩句真切地表達了兵荒馬亂的年代對離散親人的思念。

【暗中時滴思親淚，只恐思兒淚更多】 出自清代倪瑞璿詩《憶母》。意思是：自己常暗地裡因思念自己的母親而流淚，但只恐怕母親思念自己的淚水會流得更多呀！

【如何淮上雁，不作一行飛】 出自元代薩都剌詩《九月七日舟次寶應縣雨中與弟別》。淮：指淮河。意思是：為什麼我們不能像淮河上空的大雁一樣，一起展翅高飛呢？詩句表達了骨肉離別時的感傷與依戀。

【好把音書憑過雁，東萊不似蓬萊遠】 出自宋代李清照詞《蝶戀花》。意思是：我要去的東萊並沒有蓬萊那麼遠，我們可以讓過往的鴻雁幫助我們捎情傳意。兩句詞表達了作者與家人離別時的真摯情感。

【慈母手中線，遊子身上衣。臨行密密縫，意恐遲遲歸。誰言寸草心，報得三春暉】 出自唐代孟郊詩《遊子吟》。寸草心：區區小

草之心，比喻在母愛下成長的子女。三春，指孟春、仲春、季春，三春暉，指春天的陽光，比喻慈母的愛。意思是：慈愛的母親手中的針線，是在為即將遠行的遊子縫製衣裳。臨行前還在一針一線密密地縫著，擔心兒子很久才能回來。誰說區區小草的心，就能報答春天太陽的恩情了呢？這首詩用平白淺顯的語句表現了慈母對孩子深深的愛，樸素自然，真摯感人。

【相逢各自傷遲暮，猶把新詞誦奇句】 出自宋代李清照詞《青玉案》。遲暮：比喻年邁衰老。意思是：久別重逢後，兩人各自感歎歲月匆匆。然而，兩人雖已暮年，但依然還有興致填詞誦句，絕妙超凡。詩句描寫了姐弟相逢後的情景。

【一間茅屋何所直？父母之鄉去不得】 出自唐代王建《水扶搖》。直：同「值」，價值。意思是：我這一間破舊的茅屋能值幾個錢呢？但這是父母生我養我的地方，所以我才捨不得離開呀！兩句詩寫出了縴夫因不堪生活的重負，想遠走他鄉謀生的苦難，但又不捨

父母及家鄉的矛盾心情。

友情

【桃花潭水深千尺，不及汪倫送我情】 出自唐代李白詩《贈汪倫》。意思是：桃花潭的水雖然足有千尺之深，但卻深不過汪倫為我送行的情誼。

【去年花裡逢君別，今日花開又一年】 出自唐代韋應物詩《寄李儋元錫》。意思是：去年花開的時候，你來向我道別，現在花又開了，轉眼已經過了一年了。詩句表達了作者對遠方友人的思念之情。

【江南無所有，聊贈一枝春】 出自（南朝·宋）陸凱詩《贈范曄》。一枝春：指一枝飽含春意的梅花。意思是：身處江南，沒有什麼可以相贈的，姑且寄上一枝帶春的梅花，略微表表我的心意吧。

【何當共剪西窗燭，卻話巴山夜雨時】 出自唐代李商隱詩《夜雨寄北》。意思是：什麼時候我們一起剪著西窗的燭花，說說巴山夜雨時我對你的懷念。表達了作者對

昔日舊友的懷念，也有人認為此詩是為懷念妻子所作，但當時作者的妻子已經亡故，因此後人多傾向於為友人而作。

【故人故情懷故宴，相望相思不相見】　出自唐代王勃詩《寒夜懷友雜體》。意思是：我思念著過去的朋友、昔日的感情，以及往日的聚宴，朋友們遙遙相望、彼此懷念，但卻不得相見。詩句表達了作者對老朋友的無比思念之情。

【浮雲終日行，遊子久不至】出自唐代杜甫詩《夢李白》。終日：日復一日。遊子：在外遠遊的人或久居異地的人，詩中指李白。意思是：天上的浮雲每天都飄來飄去，可是遠遊的你卻很久都沒有回來。這裡寫杜甫對好友李白的思念。

【黯相望，斷鴻聲裡，立盡斜陽】　出自宋代柳永詞《玉蝴蝶》。斷鴻：掉隊的鴻雁。意思是：日近黃昏，斜陽殘照，我獨自憑欄遠眺，聽著孤雁的哀鳴，更加懷念過去的朋友。三句詞借景物抒發了作者對遠方朋友的思念之情。

【百年心知同，誰限河南北】
出自唐代姚合詩《寄耿拾遺》。河：黃河。意思是：像你我這樣的忘年之交，心總是相通的，雖然身居南北兩地，但一條黃河又怎能隔斷你我的心呢？

【勸君更盡一杯酒，西出陽關無故人】　出自唐代王維詩《送元二使安西》（也作《渭城曲》）。更：再。陽關：古代關名，故址在今甘肅省敦煌縣西南，因在玉門關以南，故稱「陽關」。意思是：勸您再喝一杯酒吧，再往西邊，出了陽關之後就再也見不到老朋友了。

【孤帆遠影碧空盡，唯見長江天際流】　出自唐代李白詩《送孟浩然之廣陵》（一作《黃鶴樓送孟浩然之廣陵》）。意思是：一葉孤帆越駛越遠，最後消失在藍天的盡頭；只看到長江浩蕩遠去，流向天邊。詩句將送別好友後悵然若失的心境表達得十分傳神。

【海內存知己，天涯若比鄰】
出自唐代王勃詩《送杜少府之任蜀州》。海內：天下，世上。意思是：只要世上有真正知心的朋友，就算天涯相隔也猶如近在隔壁。

【請君試問東流水，別意與之誰短長】　出自唐代李白詩《金陵酒肆留別》。意思是：請你問問滾滾向東的流水，到底是它長還是我對你依依惜別的情誼長？詩句用新穎的構思巧妙地表達了朋友間真摯的情誼。

【浮雲遊子意，落日故人情】出自唐代李白詩《送友人》。遊子：這裡指友人。故人：指作者自己。意思是：空中那飄忽不定的浮雲，宛如你這行蹤不定的遊子；遲遲不去的落日深切地依戀著大地，就像我這位老朋友對你依依難捨的離情。

【誰令相見轉多情，翻恨遲行不如速】　出自明代邊貢詩《送馬敬湖赴河南提學》。意思是：誰讓我和你相識後感情就越來越深了呢？現在我反倒有些悔恨，你與其遲遲不去還不如早些遠走呢。詩句用反語表達了對友人的依依惜別之情。

【別後悠悠君莫問，無限事，不言中】　出自宋代秦觀詞《江城子》。悠悠：形容時間很久。意思是：千萬不要問起分別後那漫長的歲月，數不盡的苦樂遭遇都盡在不言中。幾句詞將久別重逢的心情寫得細膩傳神。

【白頭如新，傾蓋如覆】　出自漢代鄒陽《獄中上梁王書》。傾蓋：指兩車在路上相遇，要停下來交談，而將車身靠攏，擠得傘蓋傾斜。意思是：志趣不同的人，即使相交到老，頭髮都白了，也還如新交的一樣，彼此不瞭解；志趣相同的人，即使第一次見面也和老朋友一樣，傾心而談。

【有情不管別離久，情在相逢終有期】　出自宋代晏幾道《秋蕊香》。意思是：只要友情常在，就不用害怕離久別長，只要友情堅定，總會有相逢的一天。

愛情

【願作貞松千歲古，誰論芳槿一朝新】　出自唐代劉希夷詩《公子行》。槿：木槿，夏秋開花，朝開夕落。意思是：我願意像萬古不凋的青松一樣永保堅貞的節操，誰稀罕朝開夕落，只圖新鮮一時的木

槿花呢！詩句表達了作者對生死不渝的真摯愛情的嚮往。

【關關雎鳩，在河之洲。窈窕淑女，君子好逑】　出自《詩經·周南·關雎》。意思是：水鳥應和聲聲對唱，在河中小洲上。美麗賢德的，正是我的好伴侶。

【與子交手兮東行，送美人兮南浦】　出自屈原《九歌·河伯》。意思是：手牽戀人的手，朝東方走去，把我的美人一直送到南浦口。

【有緣千里來相會，無緣對面不相逢】　出自施耐庵《水滸傳》。意思是：人的相逢相識，緣分佔有非常重要的地位。彼此如果真是有緣，即使相隔千里也有相逢的機會；如果雙方沒有緣分，即使對面相見，也是不會相識的。

【風颯颯兮木蕭蕭，思公子兮徒離憂】　出自屈原《九歌·山鬼》。意思是：秋風凜冽，秋葉凋落；我思念夢中的情郎，徒生滿心的憂鬱。

【一夜夫妻百夜恩】　出自關漢卿《救風塵》。意思是：一夜夫妻便情深似海。

【人面不知何處去，桃花依舊笑春風】　出自唐代崔護詩《題都城南莊》。人面：人的臉龐，這裡指代人。意思是：那位姑娘不知道去了什麼地方，這裡只剩下桃花還在春風裡凝情含笑。表達了物是人非的相思惆悵之情，情意綿綿，曲折盡致，耐人尋味。

【蒹葭蒼蒼，白露為霜。所謂伊人，在水一方】　出自《詩經·秦風·蒹葭》。意思是：初生蘆葦青又青，白色露水凝結為霜。所戀的那個心上人，在水的另一邊。

【天涯地角有窮時，只有相思無盡處】　出自宋代晏殊詞《玉樓春》。意思是：天涯地角不管有多遠，但總是有窮盡的，只有相思無止無盡，綿綿不絕。

【靜女其姝，俟我於城隅。愛而不見，搔首踟躕】　出自《詩經·邶風·靜女》。靜：文靜。姝：美好。俟：等。意思是：文靜的姑娘真漂亮，她在約會的老地方等我；美麗的身影一時不見，急得我抓耳撓腮，四顧彷徨。

【從別後，憶相逢，幾回魂夢與君同】　出自宋代晏幾道詞《鷓鴣天》。同：在一起。意思是：自從你我分別之後，我就常常回憶起與你相逢時的情景，有好多次我又夢見了與你在一起。作者用魂夢將相思悠悠托出，嫋嫋餘韻令人盪氣迴腸。

【彼采蕭兮，一日不見，如三秋兮】　出自《詩經·王風·采葛》。意思是：一天沒見到採蕭的姑娘，猶似三年長。

【落花人獨立，微雨燕雙飛】　出自宋代晏幾道詞《臨江仙》。意思是：一個人孤零零地站在院子裡，看著微微的細雨中一對燕子結伴而飛。表達了作者對昔日戀人的思念。

【女也不爽，士貳其行。士也罔極，二三其德】　出自《詩經·衛風·氓》。意思是：姑娘我沒有錯啊，你的行為已經變了樣。你的行為難以猜透啊，真是三心二意魔鬼心腸。

【打起黃鶯兒，莫教枝上啼。啼時驚妾夢，不得到遼西】　出自唐代金昌緒詩《春怨》。遼西：詩中泛指邊疆。意思是：用小樹枝將黃鶯打跑，不讓牠在枝頭啼叫。因為牠的叫聲會驚醒自己的睡夢，在夢中，我還要到遼西看望思念已久的情人呢。

【死生契闊，與子成說。執子之手，與子偕老】　出自《詩經·邶風·擊鼓》。意思是：這是生離死別啊，我和你立約盟誓，握著你的手，和你一起到白頭。

【此情無計可消除，才下眉頭，卻上心頭】　出自宋代李清照詞《一剪梅》。意思是：這種相思之情是沒有辦法消除的，才離開了眉頭，卻又湧上了心頭。

【求之不得，寤寐思服。悠哉悠哉，輾轉反側】　出自《詩經·周南·關雎》。寤寐：夢寐。意思是：追求她又得不到，無論是睡著了還是醒著，都在想著她。長夜漫漫啊，翻來覆去睡不著，這相思之苦何日能夠終結。

【早知潮有信，嫁與弄潮兒】　出自唐代李益詩《江南曲》。潮有信：指海水定期漲落，所以說

一本書讀懂國學句典

「有信」。意思是：早知道潮水那麼守信用，當初就應該嫁給趕潮討生活的少年。

【此夜斷腸人不見，起行殘月影徘徊】　出自唐代顧況詩《聽角思歸》。斷腸人：讓人愁腸寸斷的人，指愛人。意思是：今天晚上沒有夢見讓自己肝腸寸斷的人，於是，起身走出室外，在殘月之下獨自徘徊。兩句詩將對愛人的思念之情表達得淋漓盡致，感人至深。

【衣帶漸寬終不悔，為伊消得人憔悴】　出自宋代柳永詞《鳳棲梧》。衣帶漸寬：指因為消瘦而顯得衣服寬大。消得：值得。意思是：人越來越消瘦，連衣服也顯得越來越寬大了，但我始終都不後悔，為了她而變得面容憔悴是值得的。兩句詞表達了作者對愛人的情之深、思之苦，同時也表現了作者對愛情的忠貞堅定。

【繫春心情短柳絲長，隔花陰人遠天涯近】　出自元代王實甫《西廂記》。春心：兩性愛慕的心情。陰：同「蔭」。意思是：彼此渴慕對方的情思比柳絲還短，雖然與心上人只隔了一道花蔭，卻覺得比天涯還要遠。

【我住長江頭，君住長江尾。日日思君不見君，共飲長江水】出自宋代李之儀詞《卜算子》。意思是：我住在長江的這頭，你住在長江的那頭。每天都思念著你但卻無法見到你，好在我們都喝著長江的水，就讓長江把我們緊緊相連吧！詞句語言質樸，情真意切。

【青青子衿，悠悠我心。縱我不往，子寧不嗣音】　出自《詩經・鄭風・子衿》。衿：古代衣服的交領。嗣：「貽」的借字，給。音：音信。意思是：青青的是你的衣領，憂思的是我的心。縱然我不能到你那裡去，你就不能給我個音信嗎？

【物是人非事事休，欲語淚先流】　出自宋代李清照詞《武陵春》。意思是：景物依舊，而人事全非，所有的一切都結束了，想要說點什麼，話未出口，淚水卻已奪眶而出。真切地描寫了作者對逝去丈夫的思念之情。

【淚眼描將易，愁腸寫出難】出自宋代薛緩詩《寫真寄夫》。

意思是：我的淚眼容易描繪，但我的滿懷愁緒卻難以畫得出。

【昨夜西風凋碧樹，獨上高樓，望盡天涯路】　出自宋代晏殊詞《鵲踏枝》（也作《蝶戀花》）。西風：秋風。意思是：昨天夜裡，秋風吹來，樹葉在風中紛紛凋落。我獨自登上高樓，久久凝望著那直通天邊的道路盡頭。詞句深刻細緻地刻畫了為離愁所苦的複雜心情，平淡中見蘊藉，愁恨中見真情。

【思君如夜燭，煎淚幾千行】　出自隋代陳叔達《自君之出關》。意思是：對你的思念就像夜晚燃燒的蠟燭，心在不停地煎熬，淚在不斷地流淌。

【恨無兮羽翼，高飛兮相追。長吟兮永歎，淚下兮沾衣】　出自漢代徐淑《答秦嘉詩》。沾：弄濕。意思是：我惱恨自己啊，沒有飛鳥的羽翼，多想振翅高飛啊，與你相隨。長久地默念啊，沒有止境的歎息，相思的淚水啊，濕透了我的衣裳。

【莫道不消魂，簾捲西風，人比黃花瘦】　出自宋代李清照詞《醉花陰》。消魂：亦作「銷魂」，這裡形容因極度悲傷、愁苦。西風：即秋風，「簾捲西風」為「西風捲簾」的倒裝。黃花：菊花。意思是：不要說悲愁不會讓人魂散神離，西風吹得簾子捲起時，我的容顏憔悴得就像秋霜下的菊花一樣消瘦。

【夢為遠別啼難喚，書被催成墨未濃】　出自唐代李商隱詩《無題》。意思是：在睡夢中還為遠別而傷感哭泣，醒來後，在強烈的相思的驅使下，不假思索地寫下了自己的相思，書信寫完了，才發現連墨汁還沒有磨濃呢。描寫了作者對愛人的思念之深、之切。

【梧桐樹，三更雨，不道離情正苦】　出自唐代溫庭筠詞《更漏子》。不道：不管。意思是：夜已三更，女主人獨守空房，而秋雨無情，梧桐無知，淅淅瀝瀝的秋雨不斷敲打著梧桐，把女主人的心都攪碎了。

【得成比目何辭死，願作鴛鴦不羨仙】　出自唐代盧照鄰詩《長安古意》。比目：即比目魚，《爾

雅・釋地》記載「東方有比目魚焉，不比不行。」鴛鴦：鳥，像野鴨，體形較小，雌雄多成對生活在水邊，文學上常用來比喻夫妻。意思是：如果能像比目魚那樣相親相愛，死還有什麼可怕的啊？如果能夠像鴛鴦一樣相愛相隨，忠貞不渝，就是神仙我也不羨慕了。

【新啼痕壓舊啼痕，斷腸人憶斷腸人】　出自元代王實甫曲《十二月古堯民歌・別情》。意思是：舊的淚痕還沒有乾，新的淚水又淌了下來，淚痕一重壓一重；別離的夫妻肝腸寸斷，彼此想念。

【來如春夢幾多時？去似朝雲無覓處】　出自唐代白居易詩《花非花》。意思是：來的時候像春宵的睡夢一樣，能停留多長時間呢？去的時候又像清晨的彩雲一樣，無處尋覓。詩句頗具「朦朧」的味道，前一句似說相會短暫，後一句似說分別長久。

【側側力力，念君無極。枕郎左臂，隨郎轉側】　出自北朝民歌《地驅歌樂詞》。側側力力：指歎息聲，與《木蘭詩》中的「唧唧複唧唧」意同。意思是：對你的思念無窮無盡，讓我忍不住連聲歎息。期待著我們重新歡聚，我枕著你的胳膊，隨著你輾轉反側。詩句平白真摯，表達了年輕女子對愛情的熱烈渴求和離別時的愁苦與無奈。

【金風玉露一相逢，便勝卻人間無數】　出自宋代秦觀詞《鵲橋仙》。金風、玉露：指秋風、白露，借指秋天。意思是：牛郎織女雖然只在初秋重逢一次，但卻勝似人間的長相廝守。是說牛郎織女長相思，不相見，短暫的相會更使得兩人情意綿綿。

【上窮碧落下黃泉，兩處茫茫皆不見】　出自唐代白居易詩《長恨歌》。碧落：道家稱天界為碧落，這裡指上天。黃泉：人死後埋葬的地方，這裡指地下。意思是：找遍了天上地下，兩處都是迷迷茫茫，見不到你。詩句描繪了唐明皇思念楊玉環卻遍尋不得的情景。

【郎騎竹馬來，繞床弄青梅】　出自唐代李白詩《長干行》。郎：指丈夫。意思是：當年，你手裏握著一根青翠的梅枝，騎著竹馬來，圍繞著井邊嬉戲。詩句描寫了童年天真無邪、無猜無忌的情景。

成語「青梅竹馬」、「兩小無猜」即由此而來。

【天長地久有時盡，此恨綿綿無絕期】 出自唐代白居易詩《長恨歌》。綿綿：長久不斷。意思是：即使天再長、地再寬，也會有邊有涯，但是這種仇恨卻是綿綿不盡，永無盡期。詩句描寫了唐明皇與楊貴妃之間的生離死別之恨，韻味無窮。

【在天願作比翼鳥，在地願為連理枝】 出自唐代白居易詩《長恨歌》。比翼鳥：鳥名，傳說此鳥只有一翼一目，雌雄兩鳥相並，才能飛翔，比喻摯愛的夫妻。連理枝：不同根的兩樹枝條連生在一起，比喻摯愛的夫妻。意思是：在天上，願意成為比翼雙飛的鳥兒；在地上，願意化作兩棵枝幹相交的大樹。比喻愛情的堅貞與專注。

【杜宇聲聲不忍聞。欲黃昏，雨打梨花深閉門】 出自宋代李重元詞《憶王孫·春詞》。杜宇：即杜鵑。意思是：杜鵑鳥聲聲悲啼，讓思婦更加痛苦，不忍聞聽；黃昏時分，春雨拍打著庭院中柔弱的梨花，她不忍看，而把門緊緊地關上了。幾句詞將一個孤寂愁苦的思婦形象刻畫得惟妙惟肖。

【兩情若是久長時，又豈在朝朝暮暮】 出自宋代秦觀詞《鵲橋仙》。意思是：如果兩個人的情義長久，又何必時時刻刻廝守在一起呢？兩句詞獨創新意，字裡行間透著豁達樂觀的情緒，成為人們歌頌堅貞愛情的千古絕唱。

【男兒愛後婦，女子重前夫】 出自漢代辛延年詩《羽林郎》。意思是：男子總是喜愛後娶的妻子，而女子卻總是忠愛著先前的丈夫。詩句反映了當時男子對女子的輕視，而女子卻對愛情忠貞的現象。

【身無彩鳳雙飛翼，心有靈犀一點通】 出自唐代李商隱詩《無題》。靈犀：古代視犀牛為靈獸，據說在犀牛角中有一條白色紋理通於兩端，感應十分靈敏。意思是：我雖然沒有彩鳳那樣的翅膀，飛到你的身邊，但我們彼此的心意卻像有犀牛角的白色紋理一樣息息相通、心領神會。

【君當作磐石，妾當作蒲葦。

一本書讀懂國學句典

蒲葦紉如絲，磐石無轉移】 出自
《樂府詩集·雜曲歌辭·焦仲卿
妻》。磐石：大而平的石頭，喻指
堅定不移。蒲葦：蒲草、葦子，柔
韌難斷，喻雖柔弱但忠貞不貳之
意。紉：同「韌」。意思是：希望
你能像磐石一樣，而我要像蒲葦一
樣，蒲葦柔韌難斷，磐石堅定不
移。詩句用磐石和蒲葦比喻愛情忠
貞不渝。

【盈盈一水間，脈脈不得語】
出自漢代無名氏《古詩十九首·
迢迢牽牛星》。盈盈：形容水清淺
的樣子。意思是：牛郎與織女之間
只隔著一條清淺的銀河，雖然只是
一水之隔，但他們卻只能遙遙相
望，無法互訴衷腸。詩句表達了兩
情相悅卻不能兩廂廝守的哀怨和無
奈。

鄉情

【人情懷舊鄉，客鳥思故林】
出自晉代王贊詩《雜詩》。意思
是：人都會懷念自己的家鄉，就像
飛到異地的鳥兒，依舊想念著自己

住過的老樹林。

【不敢望到酒泉郡，但願生入
玉門關】 出自《後漢書·班超列
傳》。意思是：不敢奢望能回到酒
泉郡，但願能活著進入玉門關。

【昔我往矣，楊柳依依。今我
來思，雨雪霏霏】 出自《詩經·
小雅·采薇》。意思是：回想當初
出征時，楊柳輕輕搖動。如今回家
的途中，雪花紛紛飄落。

【狐死首丘，代馬依風】 出
自《後漢書·班超列傳》。代馬：
北方產的良馬。意思是：狐狸將死
的時候總是把頭朝向自己生活過的
山丘，代馬不論走到哪裡都依戀著
北面吹來的風。

【鳥飛反故鄉兮，狐死必首
丘】 出自（戰國·楚）屈原《九
章·涉江》。首丘：狐狸死時，總
是將自己的頭向著其洞穴所在的山
丘。意思是：鳥兒飛走了，還會飛
回牠的故鄉；狐狸死後，總要將自
己的頭向著牠的洞穴所在的山丘。
比喻人都會懷念自己的故鄉。

【馬上相逢無紙筆，憑君傳語
報平安】 出自唐代岑參詩《逢入

京使》。意思是：騎著馬在路上與朋友匆匆相遇，可惜沒有紙筆給家人寫封書信，只好請你捎個口信到家裡報個平安吧。

【江水三千里，家書十五行；行行無別語，只道早還鄉】　出自明代袁凱詩《京師得家書》。江：指長江，因作者的家鄉靠近長江。意思是：從三千里之外的長江邊上寄來了一封家書，家書只有十五行。而這十五行中沒有其他的語言，每行都是告訴我早點回到家鄉。

【一叫一聲腸一斷，三春三月憶三巴】　出自唐代李白詩《宣城見杜鵑花》。三巴：指巴郡、巴東、巴西三郡。意思是：杜鵑鳥每啼叫一聲，便回蕩一聲，而我的肝腸便隨之痛斷一下。陽春三月，我不禁又想起了自己的家鄉——三巴。

【人生遠遊固云樂，何似在家長看山】　出自明代凌雲翰詩《關山雪霽圖》。意思是：人生當中，出外遊玩自然是件快樂愜意的事情，但是這哪裡比得上在家中安然觀望翠綠的青山呢？

【一樹梨花一溪月，不知今夜屬何人】　出自唐代無名氏《雜詩》。意思是：家鄉那一樹樹的梨花，還有映照在溪水中的明月，也不知道這樣的美景，今夜會是誰在欣賞呢？作者藉對家鄉景物的眷戀，委婉地表達了自己對家鄉深切的思念之情。

【大江流日夜，客心悲未央】　出自（南朝·齊）謝朓詩《暫使下都夜發新林至京邑贈西府同僚》。客：客居異鄉的人，這裡指作者自己。未央：沒有結束，沒有盡頭。意思是：我這個客居異鄉的人，內心的愁苦，就像日夜奔流的江水一樣，無止無休。

【人情同於懷土兮，豈窮達而異心】　出自（三國·魏）王粲《登樓賦》。意思是：人們對故土懷念的心情都是一樣的，怎麼會因為貧窮或發達而有所改變呢？

【雲橫秦嶺家何在，雪擁藍關馬不前】　出自唐代韓愈詩《左遷至藍關示侄孫湘》。秦嶺：在今陝西省南部。藍關：即藍田關，在今陝西省藍田縣境內。意思是：陰雲橫亙在秦嶺，哪裡才是我的家鄉

呢？大雪將藍田關都堵塞了，連馬也難以前行了。

【少小離家老大回，鄉音未改鬢毛衰。兒童相見不相識，笑問客從何處來】　出自唐代賀知章詩《回鄉偶書》。老大：年紀衰老。衰：疏落。兒童：這裡指作者家鄉的兒童。意思是：年輕時就離開了家鄉，而到了垂暮之年才回來，家鄉的口音雖沒有改變，可是兩鬢的頭髮卻已經疏落。孩子們見到了我都不認識，還笑著問我是從哪裡來的。

【日暮鄉關何處是？煙波江上使人愁】　出自唐代崔顥詩《黃鶴樓》。鄉關：家鄉。意思是：黃昏已近，極目遠眺，我的故鄉在哪裡呢？凝視煙波浩渺的江面，真讓人愁腸百結啊！

【不忍登高臨遠，望故鄉渺邈，歸思難收】　出自宋代柳永詞《八聲甘州》。不忍：忍不住。渺邈：遙遠。歸思：回家的心情。意思是：我忍不住登高遠眺，遙望著千里迢迢的故鄉，盼望回家的愁緒難以壓抑。

【今夕為何夕，他鄉說故鄉；看人兒女大，為客歲年長】　出自明代袁凱詩《客中除夕》。意思是：今夜到底是什麼夜晚呢？身在他鄉卻不禁談起了故鄉；看到別人的兒女一年一年地長大，才知道自己在外鄉作客的時間久遠了。

【白日放歌須縱酒，青春做伴好還鄉】　出自唐代杜甫詩《聞官軍收河南河北》。青春：春天。意思是：要在這晴朗的日子裡放聲歌唱，開懷暢飲，趁著明媚的春光與妻子兒女結伴返回久別的故鄉。詩句激情奔放，風格明快，是杜甫「生平第一首快詩也」。

【死時不作他邦鬼，生日還為舊土人】　出自明代馮夢龍《警世通言‧白娘子永鎮雷峰塔》。生日：活著的時候。舊土：故土。意思是：就是死了，也不做他鄉的鬼魂；如果活著，就永遠都是故鄉的人。

【早是有家歸未得，杜鵑休向耳邊啼】　出自唐代無名氏詩《雜詩》。杜鵑：又名「子規」，其叫聲被人們理解為「不如歸去」。意思是：我們原本都是有家的，可是

卻不能回去，杜鵑鳥啊，請你不要老在我的耳邊啼叫「不如歸去」了。

【何處是回程？長亭接短亭】

出自唐代李白詞《菩薩蠻》。長亭、短亭：古代在大路上設置的供人們休息或餞別用的亭子，每十里設一長亭，每五里設一短亭。意思是：哪兒才是我回家的路呢？遙望驛站的路旁長亭接著短亭，更令人感到無限地空虛與惆悵。

【近鄉情更怯，不敢問來人】

出自唐代宋之問詩《渡漢江》。意思是：越是離家鄉近了，心裡越是惶恐不安，生怕家裡有什麼不幸，即使對面有人過來，也不敢去問一下。作者用真情寫詩，詩句自見真情，不必有驚人奇語而意自奇。

【床前明月光，疑是地上霜。舉頭望明月，低頭思故鄉】 出自唐代李白詩《靜夜思》。意思是：月亮在床前灑下一片清輝，像是地上下了一層嚴霜。抬頭看了看明朗的月亮，不禁低下頭思念起了自己的故鄉。

【春風又綠江南岸，明月何時照我還】 出自宋代王安石詩《泊船瓜州》。意思是：春風又一次吹綠了千里江南，明月什麼時候才能照亮我回家的道路，陪伴我一起回到故鄉呢？詩句語言精練，意境新穎，含蓄精巧。

【胡馬依北風，越鳥巢南枝】

出自漢代無名氏《古詩十九首‧行行重行行》。胡：古代對外族的稱呼，胡馬，即北方匈奴出產的馬。越：在今浙江、福建、廣東、廣西一帶，古稱百越之地，越鳥，即越地的鳥。意思是：北方的馬總是依戀著呼嘯的北風，南方的鳥總是愛將巢築在朝南的枝上。比喻人都會思念自己的故鄉。

【獨在異鄉為異客，每逢佳節倍思親】 出自唐代王維詩《九月九日憶山東兄弟》。佳節：詩中原指重陽節，後來泛指各種節日。意思是：獨自一人作客他鄉，每逢節日都會更加想念自己的親人。兩句詩幾乎是人人都有過的感受，千百年來成為最能表現思鄉情結的千古絕句。

【逢人漸覺鄉音異，卻恨鶯聲

似故山】　出自唐代司空圖詩《漫書》。意思是：走著走著，覺得人們的口音漸漸地與家鄉不同了，但讓人惱恨的是，那黃鶯的叫聲還和故鄉的是那麼相同。詩句委婉地寫出了作者對家鄉的眷戀。

【雁啼紅葉天，人醉黃花地，芭蕉雨聲秋夢裡】　出自元代張可久曲《雙調・清江引・秋懷》。紅葉：楓葉。黃花：菊花。意思是：南飛的雁子在長滿紅葉的秋林上空長鳴而過，遠離家鄉的遊子，醉臥在秋菊盛開的園中，思鄉的夢裡隱約聽到秋雨輕打著芭蕉的聲音。

憂憤

【今宵酒醒何處？楊柳岸，曉風殘月】　出自宋代柳永詞《雨霖鈴》。意思是：今天晚上酒醒的時候會是在什麼地方呢？可能是在微風輕拂柳枝搖、殘月斜掛的岸邊吧！三句詞將離別之情表達得酣暢淋漓，通宵醉臥、晨風拂柳、殘月斜掛，更增添了幾分傷感與孤寂。

【為善則流芳百世，為惡則遺臭萬年】　出自程允升《幼學瓊林・人事》。意思是：做好事能流傳千古，做壞事則永遠遭人唾棄。強調行善棄惡的意義。

【農夫心內如湯煮，公子王孫把扇搖】　出自施耐庵《水滸傳》。意思是：田裡的秧苗被烈日烤得枯萎焦黃。農夫們內心焦急得像是正在煮的湯一樣；而那些終日玩樂，不事生產的公子王孫們，卻還是自在逍遙地拿著扇子四處閒晃。

【夫惟無知，是以不我知。知我者希，則我者貴。是以聖人被褐懷玉】　出自《道德經》。意思是：由於世人的無知，所以他們不瞭解我。瞭解我的人太少了，能效法我的人更難遇到。因此聖人往往是穿著粗衣，卻懷揣著美玉。比喻雖是貧寒出身，但有真才實學。

【月兒彎彎照九州，幾家歡樂幾家愁】　出自楊萬里《竹枝詞》。意思是：月兒彎彎照耀大地，普天之下，有多少人歡樂而有多少人憂愁。

【風蕭蕭兮易水寒，壯士一去

今不復還】　出自《戰國策・燕策三》。易水：河名，在今河北省西部。壯士：指荊軻，這是燕太子丹送荊軻刺秦王時，荊軻所唱的歌，十分悲壯。意思是：風蕭蕭地吹啊，易水河上寒氣籠罩，我這一去啊，就不打算再回歸。

【死別已吞聲，生別常惻惻】
出自唐代杜甫詩《夢李白》。已：停止。惻惻：傷悲。意思是：死別，不過是痛哭一陣就罷了，而生別，卻讓人常常地掛念和憂傷。

【執手相看淚眼，竟無語凝噎】　出自宋代柳永詞《雨霖鈴》。執手：手握著手。凝噎：嗓子像有東西噎住了一樣，說不出話來。意思是：兩個人，手握著手，彼此相望，不禁淚眼迷濛，竟哽咽地說不出一句話來。兩句詞情真意切，將離別的感傷表現得透徹淋漓。

【我自只如常日醉，滿川風月替人愁】　出自宋代黃庭堅詩《夜發分寧寄杜澗叟》。意思是：我只不過是和平時一樣喝醉了酒，但滿川的風月卻替人煩惱起來。

【大道如青天，我獨不得出】
出自唐代李白詩《行路難》之二。大道：比喻人生征程。意思是：大道像天空一樣的廣闊光明，卻獨有我一個人不能崢嶸頭角。表現了作者懷才不遇的苦悶心境。

【夕陽無限好，只是近黃昏】
出自唐代李商隱詩《樂遊原》。意思是：夕陽西下的景色真是無限的美好，只可惜已經接近黃昏日落，好景不長了。比喻某些事物雖然現在景況很好，但終歸好景不長。

【長太息以掩涕兮，哀民生之多艱】　出自（戰國・楚）屈原《離騷》。太息：歎息。意思是：我掩面垂淚而聲聲長歎啊，可憐人民的生計是多麼艱難。這是屈原在流放時抒發的悲憤心情。後常用來表示對人民悲慘遭遇的哀傷。

【只恐雙溪舴艋舟，載不動許多愁】　出自宋代李清照詞《武陵春》。雙溪：河川名，在今浙江省金華縣東南。舴艋舟：一種窄而長，形如蚱蜢的小船。意思是：只恐怕雙溪的舴艋舟，載不動自己這許多憂愁。兩句詞將抽象的「愁」

具體化、形象化，用舟之小、之輕來反襯了愁之多、之重，可謂立意獨特。

【白髮三千丈，緣愁似個長】
出自唐代李白詩《秋浦歌》。緣：因為。個：這般，這樣。意思是：我的白髮有三千丈那麼長，那是因為我的愁絲就有那麼長啊。作者以白髮之長深刻生動地襯托了愁苦之深。

【又何往而不金玉其外，敗絮其中也哉】　出自劉基《賣柑者言》。意思是：外面像金玉一樣光潔鮮豔，裡面其實是敗絮。

【恨相見得遲，怨歸去得疾】
出自王實甫《西廂記》。遲：晚。疾：快。意思是：恨恨彼此相見甚晚，更抱怨你離我而去卻是如此倉促。

【無限江山，別時容易見時難。流水落花春去也，天上人間】
出自南唐李煜《浪淘沙》。意思是：當年告別故國遠離故土是多麼容易，如今想回去卻是千難萬難，遙遙無期。往昔安逸的生活像流水落花一般消逝了，現在想起來是那

麼遙遠，簡直就是天上與人間的差別啊！

【傷心秦漢經行處，宮闕萬間都做了土。興，百姓苦；亡，百姓苦】　出自張養浩《山坡羊·潼關懷古》。意思是：行走在秦漢古跡上，眼見當年豪華宮殿如今變成了一片廢墟，不由得黯然神傷。不論哪一個朝代興亡，苦的都是老百姓。無數輝煌的宮殿都化為塵土了，只有老百姓的苦難沒有盡頭。一個朝代的興起和衰亡，都給老百姓帶來災難，使他們遭受痛苦。

【小樓昨夜又東風，故國不堪回首月明中】　出自南唐李煜《虞美人》。意思是：囚居的小樓上，昨夜又吹起了陣陣的東風，在這難眠的月夜，想起昔日的故國山河不堪回首。

【惟草木之零落兮，恐美人之遲暮】　出自屈原《離騷》。意思是：草木正在凋零，人也將逐漸老去。

【知我者，謂我心憂；不知我者，謂我何求。悠悠蒼天，此何人哉】　出自《詩經·王風·黍

離》。意思是：瞭解我的人，說我心煩憂；不瞭解的人，問我有何求。高高在上的老天，是誰害我如此？

【冤則呼天，窮則叩心】 出自《後漢書・張奐列傳》。冤：冤枉。窮：失意。意思是：遭受冤枉時就呼天搶地，困頓失意時就頓足捶胸。

【春花秋月何時了，往事知多少】 出自南唐李煜《虞美人》。了：了結。春花秋月：指人間的美好時光。意思是：春天花開，秋天月明，年復一年，何時才能了結呢？歲月悠悠，以前的事情我們又知道多少呢？

【世間無限丹青手，一片傷心畫不成】 出自唐代高蟾詩《金陵望晚》。丹青：指朱砂和石青，均為古代繪畫常用的顏色；丹青手，指代畫師。意思是：世間有數不盡的丹青妙手，但卻沒有人能夠畫出內心的悲傷。

【東風不為吹愁去，春日偏能惹恨長】 出自唐代賈至詩《春思》。意思是：東風不懂得為我吹

散心中的愁悶，而春天又偏偏增添我的幽怨。作者不說自己愁悶難遣，恨隨日長，卻怨恨東風冷漠、春日無情，頗為新巧。

【生為並蒂花，亦有先後落】 出自唐代陸龜蒙詩《美人》。意思是：並蒂花雖然同時開放，但凋落的時候卻總是有先有後。詩句寫出了作者對生死無定的感慨和無奈。

【世無洗耳翁，誰知堯與蹠】 出自唐代李白詩《古風》。洗耳翁：相傳為堯時的一位不慕名利的高士。堯與蹠：堯是上古時代的聖王；蹠，相傳為古代的一個大盜，這裡用堯與蹠分別指代好人和壞人。意思是：世上本沒有像洗耳翁那樣的高潔之人，誰還能分辨得出好人和壞人呢？

【樂而不淫，哀而不傷】 出自《論語・八佾》。意思是：（《關雎》）主題快樂卻不放蕩，憂愁卻不悲傷。

【當年不肯嫁春風，無端卻被秋風誤】 出自宋代賀鑄詞《踏莎行》。意思是：悔恨當初不肯在春

風中綻放，現在卻無緣無故地被秋風所摧殘凋落。這兩句詩藉荷花將詞人自怨自艾的感情生動地表現了出來，暗示自己過去不肯隨從流俗，以致現在有志難酬。後多喻指當時未能抓住時機，而過後遭受損失的情形。

【尋尋覓覓，冷冷清清，淒淒慘慘戚戚】 出自宋代李清照詞《聲聲慢》。尋尋覓覓：形容精神上若有所失、沒有著落的樣子。戚戚：悲戚，愁苦。意思是：四處尋找，但依然沒有任何收穫，於是，更覺悲愁、淒苦。作者用十四個疊字將國破家亡後的悲愁形象地表達了出來。

【當前共坐人如夢，此後重逢事恐無】 出自清代袁枚詩《大姊索詩》。意思是：眼前與姐姐相對而坐，就如同在夢中一般；而我已經六十多歲了，恐怕以後不能再與姐姐相逢了。詩句描寫了都已年暮的姐弟重逢的情景，表現了其特有的心態和感受。

【何人此路得生還？回首夕陽紅盡處，應是長安】 出自宋代張舜民詞《賣花聲·題岳陽樓》。此路：指被貶去南方的路。意思是：有誰能夠從這條南貶的路上活著回來呢？回首遙望，那夕陽映紅的盡頭，應該是長安吧。詩句含蓄地表達了作者被貶後的不滿與憤懣之情。

【懷舊空吟聞笛賦，到鄉翻似爛柯人】 出自唐代劉禹錫詩《酬樂天揚州初逢席上見贈》。聞笛賦：晉人向秀路過亡友嵇康、呂安舊居，聽到有人吹笛而作《思舊賦》，緬懷故友。爛柯人：傳說晉人王質上山打柴，見兩童子下棋，便在一旁觀看，棋下完，斧柄已爛，方知已過了一百多年，此典故喻指自己被貶時間的長久。意思是：老朋友都已過世，我只能像向秀一樣空吟《聞笛賦》，聊以緬懷；回到京師，也如同王質一樣感到人事全非了。詩句悲愴低沉，抒發了作者對故友的深切思念和對自己遭貶的無奈。

【苦恨年年壓金線，為他人作嫁衣裳】 出自唐代秦韜玉詩《貧女》。壓金線：壓線刺繡。意思是：惱恨自己年復一年地繡花忙，到頭來還是空為別人做嫁妝。作者

藉貧女徒然為人忙碌的悲憤心情抒發了自己懷才不遇、長久屈居人下的憤懣之情。

【煢煢孑立，形影相弔】 出自晉代李密《陳情表》。煢煢：孤單無依。孑：單獨。意思是：一個人孤苦伶仃，無依無靠，只有自己的身體和影子相互做伴，相互安慰。

【善惡報緩者非天網疏，是欲成君子而滅小人也】 出自《省心錄》。意思是：行善作惡遲遲得不到報應，並不是上天疏忽大意，而是上天想成全君子而滅掉小人。

【抱玉乘龍驥，不逢樂與和】 出自《後漢書·酈炎列傳》。意思是：騎著駿馬，抱著美玉，卻遇不到伯樂和卞和。

【罰其忠，賞其賊，夫是之謂至暗】 出自《荀子·臣道》。暗：愚昧。意思是：處罰那些忠誠的人，獎賞那些奸佞之輩，他真是糊塗到極點了啊。

【狂夫之樂，知者哀焉；愚者之笑，賢者戚焉】 出自《戰國策·趙策二》。意思是：癲狂的人

歡樂，聰明的人為他感到悲哀；愚蠢的人高興，賢明的人為他感到難過。

【鵠不日浴而白，烏不日黔而黑】 出自《莊子·天運》。意思是：天鵝不必每日洗澡，卻總是白淨的；烏鴉沒有天天染色，卻總是黑的。

【前不見古人，後不見來者，念天地之悠悠，獨愴然而涕下】 出自唐代陳子昂詩《登幽州台歌》。古人：過去的賢明君主。悠悠：遙遠。愴然：悲傷的樣子。意思是：向前，賢德明君已不復可見；向後，賢明的君主也是欲見不能。想到天地是這樣的悠久漫長，不禁愴然淚下。

【縱使相逢應不識，塵滿面，鬢如霜】 出自宋代蘇軾詞《江城子·乙卯正月二十日夜記夢》。意思是：即便相逢，你也已認不出我來，此時的我已經是塵土滿面，兩鬢如霜了。作者用三句詞形象地概括了自己對亡妻的苦苦思念和奔波不定的生活。

【笑漸不聞聲漸消，多情卻被

無情惱】 出自宋代蘇軾詞《蝶戀花》。意思是：漸漸地，佳人的笑聲聽不到了，四周十分寂靜，多情的人竟被無情的人撩起了無窮的煩惱。詞表面是在寫情，但實際上卻是在暗喻自己失意的心緒。

【滾滾長江東逝水，浪花淘盡英雄。是非成敗轉頭空。青山依舊在，幾度夕陽紅】 出自明代楊慎詞《臨江仙》。意思是：歷史的長河如滾滾東去的長江，多少英雄都隨浪花的奔騰成為過去。是非與成敗到頭來都不過如空夢一場，只有青山依舊碧綠，夕陽一次次染紅西天。詞寄情於「青山」「夕陽」，其中飽含著對歷史的悵然與憂傷。

【人不寐，將軍白髮征夫淚】 出自宋代范仲淹詞《漁家傲》。意思是：將軍徹夜不眠，撫摸著自己滿頭的白髮，在外戍守的士兵抹著思鄉的淚水。兩句詞中愛國的激情與濃重的鄉思構成了複雜而矛盾的心緒。

【去年燕子天涯，今年燕子誰家】 出自宋代張炎詞《清平樂》。意思是：去年，燕子飛去天涯，今年，燕子回來時，該落到誰的家裡呢？作者以燕子自比，寫出了國破家亡後的淒苦心情和對國土淪喪的悲憤。

【問君能有幾多愁？恰似一江春水向東流】 出自五代李煜詞《虞美人》。意思是：請問你究竟能有多少憂愁呢？我這憂愁就像東去的滔滔江水，綿長無盡。詞句以江水喻愁，聲情並茂地抒發了詞人的滿腔幽憤，成了千古名句。

【國破山河在，城春草木深。感時花濺淚，恨別鳥驚心】 出自唐代杜甫詩《春望》。意思是：山河依舊，但已國事全非；春天又來，而荒涼的長安城裡卻是野草叢生。一想到戰亂的時局，鮮花也讓人黯然神傷；一想到離散的親人，鳥鳴也會讓人感到心驚。詩的前兩句寫春城敗象，一個「破」字，一個「深」字，使人觸目驚心、滿目淒然；詩的後兩句藉花鳥以抒情，寫出了對國事的悲痛。

【不復知人間有羞恥事】 出自宋代歐陽修《與高司諫書》。意思是：不知道人間還有羞恥的事情！這是歐陽修痛斥當時的諫官高若訥趨炎附勢、隨人高下的卑恥行

徑的憤俗之語。

【不惜歌者苦，但傷知音稀】
出自漢代無名氏《古詩十九首‧西北有高樓》。意思是：我憐惜的並不是歌者內心的苦楚，而是能夠聽懂歌者內心苦楚的人太少了。兩句詩發出了知音難覓的感歎。

【心在天山，身老滄州】 出自宋代陸游詞《訴衷情》。天山：指今新疆維吾爾地區，這裡指代西北前線。滄州：紹興鏡湖之濱，作者晚年隱居之處。意思是：我的心仍然在前線奮勇殺敵，然而我的身體卻衰老在鏡湖之濱了。兩句詞蒼勁悲涼，表露了理想與現實的矛盾給詩人帶來的巨大痛苦。

【巧言如簧，顏之厚矣】 出自《詩經‧小雅‧巧言》。簧：樂器上的簧片，這裡引申為歌唱。意思是：甜言蜜語比唱的還動聽，這種人的臉皮實在太厚了。

【由來富與權，不繫才與賢】
出自唐代白居易詩《歎魯》。意思是：富貴與權勢向來都與才華和賢德沒有關係。兩句詩用簡單明瞭的語言揭露了當時才子賢人不富無權，而富貴權勢者卻無才不賢的不公平，抒發了作者內心極度的不滿和憤懣。

【玄都觀裡桃千樹，盡是劉郎去後栽】 出自唐代劉禹錫詩《元和十年自朗州承召入京戲贈看花諸君子》。玄都觀：長安城南的一座道教廟宇。桃：古人認為桃花品格低，這裡作者用桃花比喻那些地位高而才能低的新貴。劉郎：指作者自己。意思是：玄都觀裡那麼多桃樹，都是我劉禹錫走後才栽的呀！比喻當時朝中的新貴都是在作者被貶後才爬上來的。詩句以桃樹喻人，深刻而辛辣。

【自古聖賢盡貧賤，何況我輩孤且直】 出自（南朝‧宋）鮑照詩《擬行路難》。孤：出身寒微，勢單力孤。意思是：自古以來，聖人賢者多半貧窮而位低，更何況我們這些出身寒微而又耿直的人呢！抒發了作者對當時門閥制度的深惡痛絕。

【江聲不盡英雄恨，天意無私草木秋】 出自宋代陸游詩《黃州》。意思是：滾滾的江水淘不盡英雄的遺恨，天意冷酷，轉眼間又

是草木凋落的寒秋。詩句描寫了作者對自己日漸衰老，而壯志難酬的憂憤之情。

【坑灰未冷山東亂，劉項原來不讀書】 出自唐代章碣詩《焚書坑》。焚書坑：秦始皇曾焚書坑儒，試圖防止讀書人造反。山東：函谷關以東的地區。劉項：指劉邦和項羽，二人領導起義推翻了秦王朝的暴虐統治。意思是：焚書坑裡的書灰還沒變涼，山東地帶就已大亂迭起，而起義的首領劉邦和項羽等人竟都不是讀書之人！詩句對秦始皇怕讀書人造反而焚書，結果卻亡在了根本不讀書的人手裡，給予了極大的諷刺與嘲笑。

【采得百花成蜜後，為誰辛苦為誰甜】 出自唐代羅隱詩《蜂》。采：同採。意思是：蜜蜂採得百花釀成甘蜜，可是牠又是替誰辛勞，給誰帶來甘美呢？詩句用蜜蜂辛勞一生，釀成的蜜卻為別人享用，喻指百姓終年勞苦，微薄的成果卻被官家盤剝殆盡，可謂寓意深刻。

【遍身羅綺者，不是養蠶人】 出自宋代張俞詩《蠶婦》。意思是：渾身上下穿著綾羅綢緞的人，都不是養蠶的人！詩句藉養蠶婦之口，說出了當時衣者不織，織者不衣的社會現實，發人深省。

【只有長歌能當哭，更無芳草與招魂】 出自清代龍啟瑞詞《浣溪沙》。芳草：這裡指一種可以使染病的死者回生的香草。意思是：只有淒婉的長歌可以當做我哀傷的哭泣，茫茫天涯，卻找不到還魂的香草為你招魂。

欣喜

【一生大笑能幾回？斗酒相逢須醉倒】 出自唐代岑參詩《涼州館中與諸判官夜集》。斗：大杯。意思是：人生在世，能有幾次開懷大笑的時候呢？朋友相逢，就應該開懷暢飲，一醉方休。句中一個「笑」字寫出了作者與友人寬廣的胸懷與豪邁的氣質。

【巧笑倩兮，美目盼兮】 出自《詩經·衛風·碩人》。意思是：淺笑盈盈酒窩俏，黑白分明眼波妙。

【千呼萬喚始出來，猶抱琵琶半遮面】　出自白居易《琵琶行》。意思是：千呼萬喚琵琶女才肯出來，並以琵琶半掩面部。

【正是江南好風景，落花時節又逢君】　出自唐代杜甫詩《江南逢李龜年》。江南：指湘江一帶。意思是：現在，正是江南風光旖旎之時，沒想到竟然在百花凋落的暮春時節，又和你相逢了。顛沛流離之後，在景色怡人的江南與闊別已久的老朋友重逢，的確令人驚喜。

【風雨如晦，雞鳴不已。既見君子，云胡不喜】　出自《詩經·鄭風·風雨》。云：語氣助詞，無實際意義。胡：為什麼。意思是：風雨晦暗，雞鳴聲不停息。看到你來這裡，還有什麼不高興呢？

【乍見翻疑夢，相悲各問年】　出自唐代司空曙詩《雲陽館與韓紳宿別》。意思是：久別後，突然一相見，竟懷疑自己是在做夢，悲喜交加之餘，相互詢問彼此的年齡。詩句將久別初見的情形描寫得至為傳神。

【同是天涯淪落人，相逢何必曾相識】　出自唐代白居易詩《琵琶行》。意思是：彼此都是困苦失意、流落異鄉的人，今日相逢，一見如故，又何必在意是否曾經相識呢！後多用來形容朋友初次見面時的喜悅心情。

【妻孥怪我在，驚定還拭淚】　出自唐代杜甫詩《羌村》。妻孥：妻子和兒子。怪：覺得奇怪。意思是：妻子和孩子都為我還活著而深感意外，驚喜之情慢慢平定，但還在不停地抹淚。詩人僅用十個字就將這種悲歡離合的複雜感情和相見時的激動情景，惟妙惟肖地描繪了出來。

【孤臣白首逢新政，遊子青春見故鄉】　出自宋代陳師道詩《和寇十一晚登白門》。新政：這裡指元符三年宋徽宗即位後，逐漸將被貶的保守派人物招回。青春：美好的春日。意思是：滿頭白髮的落魄臣子，在晚年又喜逢新政；在外漂泊的遊子，在大好的春天又回到了久別的故鄉，這著實是讓人欣悅的。

君臣

【無君子莫治野人，無野人莫養君子】　出自《孟子·滕文公上》。君子：官吏。野人：老百姓。意思是：沒有當官的就沒有辦法治理百姓，沒有老百姓就無法養活當官的。說明在一個國家裡，官吏和百姓缺一不可。

【不以堯、舜之心為君者，具君也；不以伊尹、周公之心為臣者，具臣也】　出自唐代皮日休《鹿門隱書》。堯、舜：都是古代賢明的帝王。伊尹、周公：是古代有名的賢臣。意思是：做君主，沒有像堯、舜那樣的心境，就不是稱職的君主；做臣子，沒有像伊尹、周公那樣的心境，就不是稱職的臣子。

【一馬之奔，無一毛而不動；一舟之覆，無一物而不沉】　出自北周庾信《擬連珠》。意思是：一匹馬在奔跑的時候，全身的毛沒有一根不跟著晃動；一艘船傾覆後，船上所有的東西沒有一樣不跟著沉沒。比喻國君對百姓、對整個國家

有著舉足輕重的作用。

【君之視臣如手足，臣視君如腹心；君之視臣如犬馬，臣視君如國人；君之視臣如土芥，則臣視君如寇讎】　出自《孟子‧離婁下》。讎：同「仇」。意思是：君主把臣下看成自己的手足，臣下就會把君主當做腹心；君主把臣下看成牛馬，臣下就會把君主當成路上遇見的一般人；君主把臣下看成泥土或野草，臣下就會把君主看做仇敵。

【臣義而行，不待命】　出自《左傳‧定公四年》。義：符合道義。意思是：臣子做的是符合道義的事情，就不必等待命令。

【君能制命為義，臣能承命為信】　出自《左傳‧宣公十五年》。意思是：一國之主能制訂命令就是道義，臣子能夠接受命令就是信用。

【上用目，則下飾觀；上用耳，則下飾聲；上用慮，則下繁辭】　出自《韓非子‧有度》。繁辭：繁雜的言辭。意思是：國君用眼睛看，臣下就會粉飾外觀；國君用耳朵聽，臣下就說好聽的話；國君動用腦筋來思考，臣下就用繁雜的言辭來附會。

【以有餘補不足，以長續短，之謂明主】　出自《韓非子‧觀行》。意思是：用剩餘的彌補不足的，用長的來接續短的，這可以稱為英明的君主。

【去好去惡，群臣見素】　出自《韓非子‧二柄》。素：本來的。意思是：不表現出來自己的愛好，也不表現出來自己的厭惡，群臣就會顯現出來自己的真面目。

【一手獨拍，雖疾無聲】　出自《韓非子‧功名》。疾：快速。意思是：只用一隻手鼓掌，速度再快，也沒有聲響。比喻君臣之間應互相配合，才能奏效。

【任官惟賢材，左右惟其人】　出自《尚書‧商書‧咸有一德》。意思是：任命官吏只能任命德才兼備的人，君主身邊的大臣及侍從也只能是這樣的人。

【過舉不匿，則官無邪人】　出自《商君書‧墾令》。過舉：錯誤的行為。匿：隱瞞。意思是：做

一本書讀懂國學句典

官的人不隱瞞錯誤的行為，那麼在其中間就不會有奸邪之人了。

【為君不君，為臣不臣，亂之本也】 出自《國語・齊語》。意思是：做君主的不像君主，做臣子的不像臣子，這是國家混亂的根源。

【力多則人朝，力寡則朝於人，故明君務力】 出自《韓非子・顯學》。務：致力於。意思是：國家強大，別人就來朝見，國家弱小，就要去朝見別人。因此，英明的國君會致力於壯大自己的實力。

【君有妒臣，則賢人不至】 出自《荀子・大略》。意思是：如果國君有愛嫉妒他人的臣子，那麼賢良的人就不會來輔佐他。

【下之事上也，不從其所令，從其所行】 出自《禮記・緇衣》。事：對待。意思是：下級對待上級，不是聽從他的命令，而是順從他的行為。說明在上位者應當以身作則。

【上之所為，民之歸也】 出自《左傳・襄公二十一年》。歸：歸附。意思是：上層人物的所作所為，民眾也會跟著做。

【上無驕行，下無諂德】 出自《晏子春秋・內篇問上》。諂：奉承。意思是：國君不驕傲自大，下面的人就不會阿諛奉承。

【獲乎上有道，不信乎朋友，不獲乎上矣】 出自《中庸》。意思是：想得到上級的信任是有方法的，假如得不到朋友的信任，就得不到上級的信任。

【上不正，下參差】 出自晉代楊泉《物理論》。參差：指混亂的樣子。居上位的人行為不端正、不正派，居下位的人就會錯誤百出。說明領導者應嚴於律己、以身作則。

【在上位不陵下，在下位不援上】 出自《中庸》。陵：同「凌」。意思是：在上級的人不欺負自己的下級，在下級的人不去巴結上級。

【上樂施，則下益寬；上親賢，則下擇友】 出自《孔子家語・王會》。益：更加。意思是：國君樂善好施，臣下則會更加寬

厚；國君能親近賢才，則臣下交友都會審慎。

【上有毫髮之意，則下有丘山之取】　出自宋代蘇轍《欒城集·久旱放民間債欠·貼黃》。意思是：居高位的人想要得到如同毫髮大小的東西，下面的人就會搜刮像山一樣大的東西。

【凡吏於土者，若知其職乎？蓋民之役，非以役民而已也】　出自唐代柳宗元《送薛存義序》。若：你。意思是：那些在地方上做官的人，你知道他們的職責嗎？他們應該是民眾的僕役，而不是奴役民眾。

【天之生民，非為君也；天之立君，以為民也】　出自《荀子·大略》。意思是：上天育民，並不是為了君主；但上天立君主，卻是要他為人民做事的。

【公生明，偏生暗】　出自《荀子·不苟》。暗：愚昧、糊塗。意思是：公正就會使人明於事理，偏私就會使人愚昧糊塗。說明為政者應該時刻保持公正之心。

【功不濫賞，罪不濫刑】　出

自唐代元結《至正》。意思是：對有功的人不隨意獎賞，對有罪的人也不亂加懲罰。

【水廣則魚大，君明則臣忠】　出自《說苑·尊賢》。意思是：水域深廣，就會長出大魚；君主賢明，臣子就會盡忠。

【上之變下，猶風之靡草也】　出自《說苑·貴德》。意思是：處於上位的人影響改變下屬，就像風吹草伏一樣。

【親賢臣，遠小人，此先漢所以興隆也；親小人，遠賢臣，此後漢所以傾頹也】　出自諸葛亮《出師表》。意思是：親近賢臣，疏遠小人，這就是前漢興隆的原因；親近小人，疏遠賢臣，這就是後漢衰敗的原因。

【山不厭高，水不厭深。周公吐哺，天下歸心】　出自曹操《短歌行》。意思是：山不嫌它高，水不嫌它深，我將如周公一飯三吐哺那樣接納賢士，讓天下有志者都歸順於我。

【節欲而聽諫，敬賢而勿慢，使能而勿賤，為人君能行此三者，

其國必強大而民不去散矣】　出自《說苑‧談叢》。賤：輕視。意思是：節制私欲而聽從臣子的規勸，尊敬賢人而不怠慢他，任用有才能的人而不輕視他，做君主的如果能做到這三點，他的國家一定會強大起來並且人民不會離散。

【賢君飽而知人之飢，溫而知人之寒，逸而知人之勞】　出自《晏子春秋‧內篇諫上》。意思是：賢明的君主，自己吃飽了，也應該知道還有人在挨餓；自己穿暖了，也應該知道還有人在受凍；自己生活安逸了，也應該知道還有人在受累。

【入帷幄之中，參廟堂之上，不能為主盡規以謀社稷，君子所恥也】　出自《顏氏家訓‧誡兵》。意思是：在軍營裡謀事，朝廷上參政，不能盡心規勸君主，來為國家出謀劃策，這是君子認為恥辱的事情。

【明主用人也，使能者不敢遺其力，而不能者不得處其任】　出自《資治通鑑‧魏紀》。遺：剩下，留下。意思是：賢明的君主在用人時，能使有才的人竭盡全力，而不讓不學無術的人空占著位子。

【好勝人，恥聞過，騁辯給，眩聰明，厲威嚴，恣強愎，此六者，君上之弊也】　出自《資治通鑑‧唐紀》。意思是：爭強好勝；不願意聽到人家提缺點；喜歡暢談自己的言論；顯示小聰明；對人過於苛刻嚴厲；頑固不化，自以為是。這六點，都是君主應當特別加以警惕的毛病。

【有道之君，以樂樂民；無道之君，以樂樂身】　出自《三國志‧吳書‧陸凱傳》。意思是：聖明的君王把快樂讓給人民享受，昏庸的君主把快樂全部留給自己享受。

【朝無爭臣則不知過，國無達士則不聞善】　出自《漢書‧蕭望之傳》。爭臣：敢於規勸君主之臣。達士：通達事理的人。意思是：朝廷裡沒有敢於直諫的大臣，君王便不知自己的過錯；國家沒有通達事理的人，就聽不到至理名言。

【使吾君好學而不惡下問，賢者在側，諫者得入】　出自《齊恆

公逐白鹿》。意思是：讓我們的君主喜歡學習又不討厭去問地位低下的人，賢良的人在身邊，直言納諫的人可以進去。

【主好要則百事詳，主好詳則百事荒】 出自《荀子·王霸》。要：綱領。詳：完備，細密。意思是：如果君主善於提綱挈領，那麼百事都會做得十分周詳；如果君主喜歡什麼都管，那麼什麼事情都會荒廢。說明君主應該是統籌大局，而不是事必躬親。

【民之所好好之，民之所惡惡之，此之謂民之父母】 出自《禮記·大學》。好：喜好。惡：憎惡。意思是：當權者應該愛民之所愛，恨民之所恨，才能算得上是百姓的父母。

【執狐疑之心者，來讒賊之口；持不斷之意者，開群枉之門】 出自《漢書·楚元王傳》。不斷：猶豫不決。意思是：多疑的人，容易被讒言所左右；優柔寡斷的人，容易讓惡人的邪說鑽空子。說明當權者不要亂加猜疑，應當善於決斷。

【表曲者景必邪，源清者流必潔】 出自《資治通鑑》。表：古代測量日影計時的標竿。景：同「影」。邪：同「斜」。意思是：標竿是彎曲的，它的影子也必定是彎曲的；水源是清潔的，流水也必定是潔淨的。比喻上級公正廉明，下級就自然端正無邪。

【其身正，不令而行；其身不正，雖令不從】 出自《論語·子路》。意思是：執政者如果自身言行正當，即便不下命令，下面的人也會去做；如果其言行不正，縱然下了命令，下面的人也不會聽從。

【賢者以其昭昭使人昭昭】出自《孟子·盡心下》。昭昭：明白。意思是：賢德之人，總是自己先對問題有了透徹的理解，才去教導別人。

【居上克明，為下克忠】 出自《尚書·商書·伊訓》。克：能夠。意思是：在高位的人應能夠體察下情，在低位的人應能夠竭盡忠誠。

【聞謗而怒者，讒之囮也；見譽而喜者，佞之媒也】 出自隋代

王通《中說・魏相》。謗：謗諫。囮：誘捕同類鳥用的活鳥。佞：花言巧語。意思是：聽到謗諫就發怒，這是讒言的囮子；受到讚揚就高興，這是讒佞的媒介。意在告誡當權者不能聞譽則喜、聞諫則怒。

【屋漏在下，止之在上；上漏不止，下不可居矣】　出自三國時蜀國諸葛亮《納言》。意思是：雨水從屋頂漏到地下，要阻止它，就要堵住屋頂上的漏洞。屋頂不堵，則漏雨不止，下面就無法居住了。比喻下面出了問題，要從上面找根源。

【怒不犯無罪之人，喜不從可戮之士】　出自（三國・蜀）諸葛亮《喜怒》。從：同「縱」，放縱。意思是：憤怒的時候，不要觸犯到無罪的人；高興的時候，也不能放縱應該殺頭的人。比喻國君不能感情用事。

【夙興夜寐，朝夕臨政，此以知其恤民也】　出自《左傳・襄公二十六年》。意思是：君主早起晚睡，早晚都臨朝處理政事，因此才知道君主是體恤民情的。

【上求材，臣殘木；上求魚，臣乾谷】　出自《淮南子・說山訓》。意思是：君主想得到木材，臣下就要去損壞樹林；君主想要得到魚，臣下就要去淘乾河谷。比喻領導者要節制欲望，不給臣下阿諛的機會。

【百官各處其職，治其事以待主，主無不安矣。以此治國，國無不利矣；以此備患，患無由至矣】　出自《呂氏春秋・圜道》。意思是：官員們都各司其職，做好自己分內的事情，以此對待君主，君主就安心了。以此治理國家，國家就會富強；以此防備災禍，災禍就不會降臨。

【是以明主不懷愛而聽，不留說而計】　出自《韓非子・八經》。說：同「悅」。意思是：因此，英明的君主不能懷著偏愛去聽取意見，不憑自己的興趣去計畫事情。

【一心可以事百君，三心不可以事一君】　出自《晏子春秋・內篇下》。事：侍奉。意思是：只要一心一意為國，不管更換多少個國君也能在朝中做事；三心二意，就

是侍奉一個國君也不能至終。

【夫驕主必不好計，而亡國之臣貪於財】　出自《戰國策・燕策一》。意思是：驕傲的君主一定不虛心接受計謀，亡國的大臣都貪斂財富。

【主道知人，臣道知事】　出自《荀子・大略》。意思是：知：掌管。事：職務。一國之君的職責是選用賢人，臣子的職責是處理分內的事務。

【上下和睦，周旋不逆；求無不具，各知其極】　出自《左傳・成公十六年》。周旋：相處。逆：抵觸。極：準則。意思是：上下親近，彼此互不抵觸；所需要的無不具備，各人都知道行事的準則。

【萬民之主，不阿一人】　出自《呂氏春秋・貴公》。阿：庇護。意思是：管理萬民的君主不應該偏袒、庇護某一個人。比喻要公平對待每一個人。

【君好之，則臣服之；君嗜之，則臣食之】　出自《晏子春秋・外篇下》。意思是：君主喜歡穿的服飾，臣子也喜歡穿；君主愛吃的東西，臣子也愛吃。

【弗知而言為不智，知而不言為不忠】　出自《戰國策・秦策一》。意思是：不瞭解事情的真相就高談闊論，便是不明智；如果知道了而不談，就是不忠誠。

【家貧思良妻，國亂思良相】　出自《資治通鑑》。意思是：家境貧困，就會想要一個賢德的妻子；國家出現動亂，就會渴求一位治國有方的宰相。比喻形勢艱難時，就會盼望能解決問題的人出現。

【讒不自來，因疑而來；間不自入，乘隙而入】　出自明代劉基《郁離子・畏鬼》。間：挑撥離間的話。意思是：讒言不會自己來，而是因為心中有了疑惑才來；離間的話不會自己鑽入，而是因為有了矛盾和隔閡才來。

【智者因危而建安，明者矯失而成德】　出自唐代陸贄《奉天請罷瓊林大盈二庫狀》。矯：糾正。意思是：智慧之人，可以在危急的情況下轉危為安；明達之人，往往能夠糾正自己的過失而成就自己的

美德。

【善御者不忘其馬，善射者不忘其弓。善為上者不忘其下】　出自漢代韓嬰《韓詩外傳》。御：駕車。意思是：好的車夫總是愛惜自己的馬，好的射手總是愛惜自己的弓，而好的君主總是想著自己的人民。

【善罪身者，民不得罪也；不能罪身者，民罪之】　出自《管子‧小稱》。意思是：嚴於自我批評的人，人民就不會抱怨他；不肯自我批評的人，人民就會譴責他。

【從來有名士，不用無名錢】　出自宋代羅大經《鶴林玉露‧清廉》。士：官吏。意思是：自古有名聲遠播的官吏，就不用那些沒有正當來歷的錢。

【仕之患也，酷無酷，賄無賄，曠無曠】　出自清代周壽昌《思益堂日札》。曠：曠職，不理職事。意思是：做官最讓人擔憂的就是，表面看起來不殘酷，而實際上卻很殘酷；表面看起來從不受賄，但實際上卻受了賄；表面看上去沒有不理職事，但實際上卻怠忽職守。

【臣不得其所欲於君者，君亦不能得其所求於臣也】　出自《淮南子‧主術訓》。意思是：如果大臣不能從君主那裡得到他想要的東西，那麼君主也就不能從大臣那裡得到他想要的東西。

【治民如治目，撥觸之則益昏；治吏如治齒牙，剔漱之則益利】　出自元代張養浩《牧民忠告‧御下》。昏：昏花。齒牙：牙齒。意思是：管理百姓就像醫治眼睛一樣，越是撥弄越是看不清；而管理官吏，則如同醫治牙齒，越是剔刷洗漱越是有好處。說明對待百姓要以寬厚仁愛處之，對待官吏要多加訓誡整治。

治政

【人之有能有為，使羞其行，而邦其昌】　出自《尚書‧洪范》。羞：進獻，貢獻。而，同「爾」，你。意思是：對於那些有才能、有作為的人，要讓他們貢獻自己的力量，使你的國家昌盛。

【不以祿私其親，功多者授之；不以官隨其愛，能當之者處之】　出自《戰國策・燕策二》。隨：放任。意思是：不能用厚祿來偏私自己親近的人，應該把它授予功勞大的人；不把高官隨便封賜給自己喜歡的人，要讓能夠勝任的人擔任。

【善為國者，順民之意】　出自《戰國策・齊策五》。意思是：善於治理國家的人，總是順應人民的意願。

【不以挾私為政】　出自《戰國策・魏策四》。意思是：在處理政務時不挾私心。

【故左右為社鼠，用事者為猛狗，則術不行矣】　出自《韓非子・外儲說右上》。意思是：因此，左右侍奉的人像社鼠一般對內蒙蔽善惡，淆亂君上視聽。掌握大權的佞臣就像惡犬一般，賣弄權術，魚肉鄉里百姓。那麼治國之方就無法施行了。

【口之宣言也，善敗於是乎興】　出自《國語・周語上》。善敗：善惡，好壞。興：興起，這裡作「清楚」講。意思是：放開人民的嘴，讓他們有話直說，政事的善惡好壞就都可以反映出來了。

【故吏者，民之本，綱者也，故聖人治吏不治民】　出自《韓非子・外儲說右下》。意思是：因此，官吏是百姓的根本和綱常，所以明智的君主管教官吏而不管教百姓。

【民之飢，以其上食稅之多，是以飢；民之難治，以其上之有為，是以難治】　出自《道德經》。意思是：人民陷於飢荒，是由於依租食稅的人太多，因而陷於飢荒；人民難以統治，是由於統治者巧取強為，因而難以統治。

【治大國，若烹小鮮】　出自《道德經》。意思是：治理大國的道理，與烹飪一條小魚的道理一樣，不可一直翻攪。亦即不要經常變（法）來變（法）去。

【治人事天，莫若嗇】　出自《道德經》。意思是：統治人，侍奉天，沒有比節儉更好的。

【小國寡民，使有什佰之器而不用，使民重死而不遠徙】　出自

《道德經》。意思是：國小人稀，即使有各種器具，也不使用；使人民不輕易冒險，不向遠方遷移。

【玉不琢，不成器。人不學，不知道。是故古之王者，建國君民，教學為先】 出自《禮記·學記》。意思是：玉石不經過思量，就不能用來做器物。人不學習知識，就不懂得道理。因此，古代的君王建立國家，治理民眾，都把教育當做首要的事情。

【天子作民父母，以為天下王】 出自《尚書·周書·洪范》。意思是：天子應當像做臣民的父母一樣，來做天下臣民的君王。

【仁則榮，不仁則辱】 出自《孟子·公孫丑上》。意思是：諸侯卿相如果實行仁政，就會有榮耀；如果行不仁之政，就會遭受屈辱。

【天子為善，天能賞之；天子為暴，天能罰之】 出自《墨子·天志中》。意思是：君主做好事，上天能夠獎賞他；君主做兇惡的事情，上天能夠懲罰他。

【是以聖人苟可以強國，不法其故；苟可以利民，不循其禮】 出自《商君書·更法》。法：效法。故：舊傳統。循：遵從。意思是：因此，聖賢之人如果能夠使國家強盛，就不必仿效舊的傳統；如果能夠使人民收益，就不必遵守舊的禮制。

【不以私害法，則治】 出自《商君書·修權》。意思是：不因為自己的私利而損害法律，國家就能治理得好。

【幾時拓土成王道，自古窮兵是禍胎】 出自唐代李商隱詩《漢南書事》。王道：古代帝王以仁義治理天下的政策。窮兵：竭力發動戰爭。意思是：什麼時候開拓疆土能成就帝王的仁義政治？窮兵黷武自古就是災禍的根源。

【拘禮之人，不足與言事；制法之人，不足與論變】 出自《商君書·更法》。意思是：拘泥於舊禮的人，是不能和他商討大事的；受制於舊法的人，是不能和他議論變革的。

【不尚賢，使民不爭；不貴難

得之貨，使民不為盜；不見可欲，使民心不亂】　意思是：不推重有賢才的人，免得人民競爭；不看重難得的貨物，也就無人偷盜；不使人看見可以引起欲望的東西，民心也就不會被攪亂。

【不在其位，不謀其政】　出自《論語·泰伯》。意思是：不在那個位置上，就不要想那個位置上的事。

【賢者在位，能者在職】　出自《孟子·公孫丑上》。意思是：使有德行的人居於相當的官位，有才能的人擔任一定的職務。

【尊賢使能，俊傑在位】　出自《孟子·公孫丑上》。意思是：尊重有道德的人，使用有能力的人，傑出的人物都有官位。

【小不忍，則亂大謀】　出自《論語·衛靈公》。意思是：小事上不能忍耐，就往往會破壞了大計畫。

【百姓不親，五品不遜】　出自《尚書·虞書·舜典》。五品：即五倫，父、母、兄、弟、子。意思是：百姓之間視為仇人，互不親近，提倡尊老愛幼也不會順利。

【天下有道，則庶人不議】出自《論語·季氏》。庶人：百姓。意思是：國家的政治清明，那麼，百姓就不會有非議了。

【君仁莫不仁，君義莫不義，君正莫不正】　出自《孟子·離婁上》。意思是：君主仁，沒有人不仁；君主義，沒有人不義；君主正，沒有人不正。

【金玉貨財之說勝，則爵服下流】　出自《管子·立政九敗解》。意思是：如果在上者貪財好利，在下者必然有人投其所好，有的就會用錢買到爵位，這樣，參政的人就必然是下流之輩了。

【惟仁者宜在高位。不仁而在高位，是播其惡於眾也】　出自《孟子·離婁上》。意思是：只有道德高尚的仁人，才應該處於統治地位。如果道德低的不仁者處於統治地位，就會把他的罪惡傳播給群眾。

【無偏無黨，王道蕩蕩】　出自《尚書·洪範》。蕩蕩：寬闊、廣大。意思是：不結黨營私，治國

之道就會寬廣開闊。

【政者，正也。君為正，則百姓從政矣】　出自《禮記‧哀公問》。正：端正。意思是：「政」的意思就是「正」。一國之君只要言行端正，那麼他的百姓也會言行端正。說明君主是一國的表率，要嚴於律己。

【不期修古，不法常可，論世之事，因為之備】　出自《韓非子‧五蠹》。修：遵循。法：效法。意思是：不期望完全遵循過去，也不效法那些陳規，要研究現在的事情，從而做出相應的準備。說明政策應該因時而定。

【毋不敬，儼若思，安定辭，安民哉】　出自《禮記‧曲禮上》。意思是：想要成為一個懂禮的人，就不要做不恭敬的事，舉止要端莊嚴肅、若有所思，言辭要安靜和氣、從容不迫，這樣才能安撫人民成為榜樣。

【公道達而私門塞，公義明而私事息】　出自《荀子‧君道》。達：暢通。義：原則。意思是：公正的言路暢通了，徇私舞弊的門就

被堵塞了；為公的原則明確了，私人的貪圖就停止了。用來告誡執政者應提倡為公以抵制私情的氾濫。

【國君好仁，天下無敵】　出自《孟子‧離婁上》。意思是：一國的君主如果喜愛仁德，整個天下便不會有敵手。

【以德服人者，中心悅而誠服也】　出自《孟子‧公孫丑上》。意思是：依靠自己的德行讓人信服的，人們才會喜歡，才能心悅誠服。

【民慮之於心而宣於口，成而行之，胡可壅也？若壅其口，其與能幾何】　出自《國語‧周語上》。壅：堵塞。與：跟從。意思是：百姓心裡的想法是經過成熟的考慮後說出來的，這是行成之後的自然流露，怎麼可以堵塞其口呢？如果真要堵塞言路，還會有誰擁護你呢？說明為政者應廣開言路。

【弗慮胡獲，弗為胡成】　出自《尚書‧太甲下》。弗：不。胡：怎麼。意思是：不經過思考，怎麼會有所收穫呢？不去實行，怎麼會有所成就呢？

【老吾老，以及人之老；幼吾幼，以及人之幼】　出自《孟子·梁惠王上》。老：第一個「老」為動詞，尊敬、敬養。幼：第一個「幼」為動詞，愛護。意思是：尊敬自己的長輩，並將這種尊敬也推廣到別人的長輩；愛護自己的孩子，並將這種愛護推廣到別人的孩子。

【有德則樂，樂則能久】　出自《左傳·襄公二十四年》。意思是：君主有了德行，就能使人民快樂；人民快樂了，國家就能長治久安。

【因人之力而蔽之，不仁；失其所與，不知】　出自《左傳·僖公三十年》。因：依靠。蔽：損害，敗壞。與：同盟。知：明智。意思是：藉助了別人的力量，又反過來損害別人，這是不仁義的；失掉了自己的同盟，是不明智的。

【安危在是非，不在強弱；存亡在虛實，不在多寡】　出自《韓非子·虛實》。國家的安危在於君王是否是非分明，而不在於力量的強弱；國家的存亡在於君王是否掌握了實權，而不在於手下有多少

人。

【利不百，不變法；功不十，不易器】　出自《商君書·更法》。意思是：沒有百倍的利益，不要輕易變法；沒有十倍的功效，不要輕易改變器具。

【但得官清吏不橫，便是村中歌舞時】　出自宋代陸游詩《春日雜興》。但：只。意思是：只要官吏都清正廉明，不橫行霸道，就是老百姓歡天喜地的時候了。

【賢不肖不雜則英傑至，是非不亂則國家治】　出自《荀子·王制》。雜：混雜。意思是：賢人與不賢的人不相互混雜在一起，有才能的英傑就會到來；是與非不顛倒混雜，國家就會安定。

【治世不一道，便國不必法古】　出自《商君書·更法》。道：方法。便：便利。意思是：治理國家不一定只用一種方法，只要對國家有利，就不必效法過去。

【治世者若登丘矣，必先躡其卑者，然後乃得履其高】　出自漢代王符《潛夫論·衰制》。躡：登上。意思是：治理國家就好比登

一本書讀懂國學句典

山，一定要先從最底層開始，慢慢登到高處。用來比喻治理國家要從最基本的方面下手。

【得道者多助，失道者寡助】

出自《孟子・公孫丑下》。道：仁政。意思是：能夠施行仁政的人，幫助他的人就多；而不施行仁政的人，幫助他的人就少。現多用來形容正義的事業就能得到支持，不合乎正義的倒行逆施則會遭到人們的反對。

【然猶防川，大決所犯，傷人必多，吾不克救也。不如小決使道】 出自《左傳・襄公三十一年》。決：潰堤。意思是：（防止百姓議論時政）就像預防洪水一樣。洪水沖垮了大缺口，傷人肯定很多，我無法挽救。不如開個小缺口，把水慢慢地放掉，加以疏導為好。

【政寬則民慢，慢則糾之以猛；猛則民殘，殘則施之以寬。寬以濟猛，猛以濟寬。政是以和】

出自《左傳・昭公二十五年》。糾：矯正。濟：幫助，調節。意思是：施政寬和，百姓就怠慢，百姓怠慢就用嚴厲措施來糾正；施政嚴

屬，百姓就會受到傷害，百姓受到傷害就用寬和的方法。寬和用來調節嚴厲，嚴厲用來調節寬和，政事因此而和諧。

【罷無能，廢無用，損不急之官，塞私門之請】 出自《戰國策・秦策三》。意思是：罷退無能的人的職位，裁撤無用的機關，廢除多餘的官吏，杜絕私人的請託。

【明主好要，而暗主好詳】

出自《荀子・王霸》。詳：完備。意思是：英明的君主善於抓住要領，而愚昧的君主樣樣都統抓在手。

【善為國者，倉廩雖滿，不偷於農】 出自《商君書・農戰》。偷：疏忽。意思是：善於治理國家的人，即便糧倉總是滿滿的，也不會放鬆農業生產。

【德惟治，否德亂】 出自《尚書・太甲下》。意思是：以德來治理國家，就會天下太平；反之，就會天下大亂。

【一人飛升，仙及雞犬】

出自清代蒲松齡《聊齋志異・促織》。意思是：一個人得道上了

天，連他的雞犬也都跟著成了仙。用來諷刺舊時一人發跡，附從者也跟著得勢的黑暗政治現象。現常說：「一人得道，雞犬升天。」

【一朝權在手，便把令來行】出自明代顧大典《青衫記》。意思是：一旦掌握了權力，就發號施令。深刻揭露了官場上小人得志的倡狂表現。

【三年清知府，十萬雪花銀】出自清代吳敬梓《儒林外史》。雪花銀：白銀。意思是：擔任三年「清廉」的知府，就可以撈到十萬兩的白銀。表現了當時貪官汙吏成風的黑暗現實。

【文臣不愛錢，武臣不惜死，天下太平矣】出自《宋史・岳飛傳》。意思是：文官不貪圖錢財，武官不貪生怕死，國家就會太平興旺。

【堯舜之人，非生而治也；桀紂之人，非生而亂也，故治亂在上也】出自《管子・霸言》。堯舜：指唐堯和虞舜，相傳都是古代的聖賢之君。桀紂：指夏桀和商紂，古代的兩個暴君。意思是：堯舜時代的百姓，不是天生就好治理的；桀紂時代的百姓，也不是天生就愛作亂的，因此，治和亂的根本在於上面的統治者。

【天下唯公足以服人】出自《明史・王汝訓列傳》。意思是：只有公正無私，才能令人信服。

【外舉不棄仇，內舉不失親】出自《左傳・襄公二十一年》。意思是：推舉人才，對外，不避開自己的仇人；對內，不避開自己的親人。

【定國之術，在於強兵足食】出自《三國志・魏書・武帝紀》。意思是：讓國家安定的辦法，在於讓兵力強大，糧食充足。

【安民之術，在於豐財。豐財者，務本而節用也】出自《三國志・魏書・杜恕傳》。意思是：安定民心，在於使財富增加。增加財富，主要致力於發展農業和節省開支。

【終不以天下之病而利一人】出自《史記・五帝本紀》。病：困苦。意思是：不能讓天下的百姓受苦而一個人獲利。

一本書讀懂國學句典

【安平則尊道術之士，有難則貴介冑之臣】　出自《後漢書·桓譚列傳》。介冑：披盔戴甲。意思是：天下安定太平，就推崇有學問的文士；天下動亂危難，就重視滿身甲冑的武將。

【時移而法不易者亂】　出自《韓非子·心度》。意思是：時代已經變化了，而治理國家的方法不改變，那麼，國家就會出現混亂。

【治國常富，亂國常貧】　出自《管子·治國》。意思是：安定的國家往往富有，而社會混亂的國家則常常貧窮。說明國家的貧富與政治有著直接的關係。

【十羊九牧，其令難行；一國三公，適從何在】　出自唐代劉知幾《史通·忤時》。公：主公。意思是：十隻羊，九人放，號令就難以執行；一個國家如果有三個主公，人們就不知道該聽誰的了。說明執政要避免政出多門，事權不一。

【馬上得之，寧可以馬上治之乎】　出自《史記·陸賈列傳》。意思是：騎馬打下來的天下，怎麼可以還在馬上治理呢？比喻可以用武力得天下，但卻不能再用武力來治理天下，而是應講究治術。

【若使天下兼相愛，國與國不相攻，家與家不相亂，盜賊亡有，君臣父子皆能孝慈，若此則天下治】　出自《墨子·兼愛上》。亡：無。意思是：如果能使天下人彼此有愛，國與國之間不互相攻打，家與家之間不互相侵擾，盜賊滅絕，君臣父子之間彼此孝敬、慈愛，如果這樣，天下就安定了。

【言是而不能立，言非而不能廢，有功而不能賞，有罪而不能誅，若是而能治民，未之有也】出自《管子·七法》。意思是：意見正確而不被採納，意見錯誤而不被廢止，有功的人不能得到獎賞，有罪的人不能得到懲治，這樣能夠治理好百姓國家的，從來沒有過。

【上好本，則端正之士在前；上好利，則毀譽之士在側】　出自《管子·七臣七主》。本：德政。意思是：如果居上位的人施行的是開明的政治，那麼品德高尚的人就會得到重用；在上位的人追逐私利，那麼誣衊中傷別人的人就會身

居要職。

【民之所欲，天必從之】 出自《尚書・周書・泰誓上》。意思是：百姓所要得到的東西，老天就一定會從了他們的願。

【國家失政，則士民去之】出自《荀子・致士》。去：離開。意思是：國家政治腐敗，士大夫和人民就會離開國家。

【夫尚賢者，政之本也】 出自《墨子・尚賢上》。意思是：重視愛護賢人，這是治理國家的根本。

【仁人之所以為事者，必興天下之利，除去天下之害】 出自《墨子・兼愛中》。意思是：具有仁德的人處理政事，一定是興辦對天下有利的事情，革除對天下有害的事情。

【政者，口言之，身必行之】出自《墨子・公孟》。意思是：從政的人，嘴上說的，一定要做到。比喻身體力行。

【以書為御者，不盡於馬之情；以古制今者，不達於事之變】出自《戰國策・趙策》。盡：通曉。意思是：只按照書上的方法來駕馭車馬的，不能完全掌握馬的脾性；只用古人的方法來管理現今的人，就不能通達時勢的變化。說明治國不能死守教條，要因時因事制宜。

【世質則官少，世文則吏多】出自晉代傅玄《傅子・官人》。質：質樸。文：浮華。意思是：時代風氣質樸，社會上的官員就少；時代風氣浮華，社會上的官員就多。

【治國有常，而利民為本；政教有經，而令行為上】 出自《淮南子・氾論訓》。常：準則。本：根本。經：準則。上：極致。意思是：治理國家有不變的法則，但最根本的是讓人民獲利；政治教化也有固定的模式，但最緊要的是讓政令暢通無阻。

【莫言萬木死，不因一葉秋】出自唐代邵謁詩《論證》。秋：枯黃。意思是：不要說萬木凋零不是因為一片葉子的枯黃。比喻臨民治國要見微知著、防微杜漸。

【善為政者，弊則補之，決則

塞之】　出自漢代桓寬《鹽鐵論·
申韓》。決：缺口。意思是：善於
治理國家的人，發現了弊端就會立
即補救，看到了漏洞，就會馬上堵
塞。

安危

【安危在出令，存亡在所任】
出自《史記·楚元王世家》。意
思是：國家的安危在於所發佈的法
令，國家的存亡在於所任用的人
才。說明君主必須謹慎出令、善於
用人。

【聖人甚禍無故之利】　出自
《戰國策·趙策一》。意思是：聖
人認為，無故得利，必然會招來災
禍。

【義人在上，天下必治】　出
自《墨子·非命上》。意思是：有
道義的人在上執政，天下一定能太
平安定。

【不能兆其端者，災及之】
出自《管子·侈靡》。端：端倪。
意思是：不能察覺事情發生前所預
示的端倪的人，災難就要降臨到他

的身上。

【不肖用事而賢良伏，無功貴
而勞苦賤，如是則下怨，下怨者可
亡也】　出自《韓非子·亡徵》。
意思是：無才德的人得到重用，而
德才兼備的人卻被埋沒；無功勞的
人顯貴，而勞苦的人卻被輕視。這
樣下面就會怨恨，是國家敗亡的原
因。

【官職可以重求，爵祿可以貨
得者，可亡也】　出自《韓非子·
亡徵》。意思是：可以用權勢求得
官職，用賄賂得到爵位，這是國家
滅亡的徵兆。

【公婿公孫，與民同門，暴傲
其鄰者，可亡也】　出自《韓非
子·亡徵》。意思是：當權者的親
戚欺負、侮慢鄰里，也是垮臺的徵
兆。

【國小而家大，權輕而臣重
者，可亡也】　出自《韓非子·亡
徵》。意思是：地方勢力大於中
央，下級的權力大於上面的，就會
滅亡。

【國之興也，視民如傷，是其
福也；其亡也，以民為土芥，是

其禍也】 出自《左傳‧哀公元年》。意思是：國家興盛起來，君主把百姓看做受傷的人，這是國家和百姓的福氣；國家衰亡時，君主把百姓看做草芥，這是國家和百姓的災難。

【國家之敗，由官邪也。官之失德，寵賂章也】 出自《左傳‧桓公二年》。敗：衰敗。邪：邪惡。章：同「彰」，公開。意思是：國家的衰亡，是由於官吏的邪惡行徑。官員缺失道德，加上得到寵幸就更加肆無忌憚，以致賄賂公開，腐敗成風。

【安者非一日而安也，危者非一日而危也】 出自《漢書‧賈誼傳》。意思是：安定和危亂都不是一天形成的。說明事物都有一個逐漸積累的過程，提醒當權者應明察秋毫、防微杜漸。

【天子不仁，不保四海；諸侯不仁，不保社稷；卿大夫不仁，不保宗廟；士庶人不仁，不保四體】 出自《孟子‧離婁上》。意思是：天子不行仁，便保不住他的天下；諸侯不行仁，便保不住他的國家；卿、大夫不行仁，便保不住他的宗廟；一般的老百姓不行仁，便保不住自己的身體。

【貧生於富，弱生於強，亂生於治，危生於安】 出自漢代王符《潛夫論‧浮侈》。意思是：貧窮生於富貴，弱小生於強大，混亂生於太平，危急生於安定。說明事物矛盾的兩方面總是相互轉化的，提醒君主應防微杜漸。

【夫大德不稱位，能不稱官，賞不當功，罰不當罪，不祥莫大焉】 出自《荀子‧正論》。意思是：品德和地位不相稱，能力和官職不相稱，獎賞和功勞不相當，懲罰和罪過不相當，這樣是最危險的了。

【大樹將顛，非一繩所維】 出自（南朝‧宋）范曄《後漢書》。意思是：大樹將要倒下，不是一根繩子就能拉住的。用來比喻國家衰敗，大勢將去，不是一個人的力量能挽救的。

【天下之勢，分久必合，合久必分】 出自明代羅貫中《三國演義》。意思是：天下的形勢就是分裂久了，到一定的時候必然會歸於

統一；統一久了，到一定的時候必然會分裂。說明社會形勢總是不斷發展變化著的。

【不義而強，其斃必速】 出自《左傳・昭公元年》。意思是：用不道義的手段變得強大，其滅亡一定很快。

【以日治者王，以夜治者強，以宿治者削】 出自《商君書・去強》。宿：隔夜。意思是：政務能在當日處理完的，可以稱王天下；能在當晚處理完的，能使國家強大；要等到第二天才處理完的，國家就會削弱。

【四海變秋氣，一室難為春】 出自清代龔自珍《自春徂秋，偶有所觸，拉雜書之，漫不詮次，得十五首》。秋氣：秋天的景象，比喻國家的衰敗。意思是：天下都已經是秋天的景象了，很難有一處能維持春色了。

【公正無私，一言而萬民齊】 出自《淮南子・修務訓》。一言：一句話。齊：一致。意思是：辦事公正，沒有私心私欲，說一句話就能讓人民齊心協力。

【以眾者，此君人之大寶也】 出自《呂氏春秋・用眾》。意思是：依靠群眾，這是治理國家的最重要的方法。

【故政不可不慎也，務三而已：一曰擇人，二曰因民，三曰從時】 出自《左傳・昭公七年》。意思是：所以政事是不能不慎重的，致力於這三條就足夠了：一是要選擇賢能之人，二是因民之利而利之，三是順從四時之所務。

【為政者，不賞私勞，不罰私怨】 出自《左傳・昭公五年》。私勞：非公之勞。意思是：掌握國家政權的人，不應該賞賜為自己私自效勞的人，不應該懲罰與自己有私怨的人。

【治天下，終不以私亂公】 出自《史記・韓長孺列傳》。意思是：治理國家始終不能由於私情而擾亂公事大計。

【非兵不強，非德不昌】 出自《史記・太史公自序》。意思是：不致力於軍隊建設，國家不會強大；不施行仁德之政，國家不會昌盛。

【聖人不察乎存亡，而察其所以然】　出自《列子‧說符》。然：指前句的「存亡」。意思是：聖明之人不是著重看國家的興亡，而是透過這一現象，著重看國家之所以興亡的原因。

【有諤諤爭臣者其國昌，有默默諛臣者其國亡】　出自漢代韓嬰《韓詩外傳》。諤諤：直言不諱的樣子。意思是：如果大臣都敢於爭相直言進諫，那麼這個國家就能昌盛；如果大臣都不思言諫，專事阿諛，那麼國家就將衰敗。說明國君應虛心納諫，並任用直言之士。

【存在得道而不在於大也，亡在失道而不在於小也】　出自《淮南子‧氾論訓》。道：道義。意思是：國家能夠安存不在於疆土遼闊，而在於其合乎道義，國家滅亡也不在於地域狹小，而在於不合乎道義。

【興廢由人事，山川空地形】　出自唐代劉禹錫詩《金陵懷古》。人事：人之所為。空：徒然。地形：指地勢的險要。意思是：國家興衰取決於人的所作所為，而不是依靠山川地勢的險要。

【身莫不惡死，而未嘗有不死；國莫不惡亡，而未嘗有不亡】　出自宋代李覯《慶曆民言‧開諱》。惡：憎惡。意思是：人沒有不憎恨死亡的，但沒有人能夠不死；國家沒有不憎恨滅亡的，但沒有哪個國家能夠永遠不滅亡。說明人之生老病死和國家的興亡盛衰都是不可避免的。

【國無小，不可易也；無備雖眾，不可恃也】　出自《左傳‧僖公二十二年》。易：輕視。恃：倚仗。意思是：一個國家，無論多小，都不能輕視；如果沒有準備，即便國家再大，人口再多，也不能倚仗。

【蠹眾而木折，隙大而牆壞】　出自《商君書‧修權》。蠹：蛀蟲。意思是：蛀蟲太多了，樹木就會折斷；牆上的縫隙大了，牆就會倒塌。比喻國家有太多的貪官、政治上有大的漏洞就會滅亡。

人才

【一目之視也，不若二目之視

也；一耳之聽也，不若二耳之聽也】　出自《墨子‧尚同下》。意思是：一隻眼睛不如兩隻眼睛看得明白；一隻耳朵不如兩隻耳朵聽得清楚。比喻國君應有賢臣輔佐。

【能言者，未必能行；能行者，未必能言】　出自《說苑‧權謀》。意思是：能說的人未必能做，能做的人未必能說。

【彈鳥，則千金不及丸泥之用】　出自《抱朴子‧備闕》。意思是：彈弓打鳥，千金不如泥丸適用。

【縫緝，則長劍不及數寸之針】　出自《抱朴子‧備闕》。縫緝：縫紉。意思是：如果用來縫製衣服，長劍就不如數寸的針有用。

【風不輟，則扇不用；日不入，則燭不明】　出自《抱朴子‧廣譬》。輟：停。入：落山。意思是：風不停，扇子就用不上；太陽不落山，蠟燭就用不著。

【國有賢良之士眾，則國家之治厚】　出自《墨子‧尚賢上》。意思是：國家人才多，就能把國家治理得好。

【如欲平治天下，當今之世，舍我其誰也】　出自《孟子‧公孫丑下》。意思是：如果想要讓天下太平，在當今的世上，除了我能做到還有誰呢？

【得十良馬，不若得一伯樂；得十良劍，不若得一歐冶】　出自《呂氏春秋‧贊能》。歐冶子：春秋時期越國人，譽為鑄劍鼻祖。意思是：得到十匹好馬，也不如得到一個懂得相馬的伯樂；得到十把好劍，也不如得到一位懂得鑄劍的歐冶子。

【華騮、綠耳，一日而至千里。然其使之搏兔，不如豺狼。伎能殊也】　出自《淮南子‧主術訓》。華騮、綠耳：駿馬的名字。意思是：華騮、綠耳這樣的駿馬，一日可以走千里路，但要是讓牠們去捕捉兔子，就比不上豺狼。因為牠們的技能不一樣啊。

【古之善為士者，微妙玄通，深不可識】　出自《道德經》。意思是：古代思想境界高的人，微妙、幽玄而通達，深邃到無人可以思量。

【國將衰，必賤師而輕傅】
出自《荀子‧大略》。意思是：國家將要衰亡的時候，必定輕視老師，怠慢師傅。

【不聽其言也，則無術者不知；不任其身也，則不肖者不知】
出自《韓非子‧六反》。意思是：不親耳聽聽他的言論，就不知道他是否有謀略；不讓他實際去做，就分辨不出他的好壞。

【善治者，使蹠可信，而況伯夷乎？不能治者，使伯夷可疑，而況蹠乎】　出自《商君書‧畫策》。蹠：傳為春秋時齊國大盜。伯夷：商代賢人。意思是：善於治理國家的人，能使蹠那樣的人變得可信任，何況伯夷？不會治理國家的人，能使伯夷那樣的人變得可疑，何況盜蹠？

【悖者之患，固以不悖者為悖】　出自《戰國策‧魏策一》。悖：荒謬。患：憂患。意思是：糊塗人的禍患是把聰明人當成糊塗人。

【深山大澤，時生龍蛇】　出自《左傳‧襄公二十一年》。意思是：深山、大湖常會生長像龍似蛇的非常之物。

【人心無算處，國手有輸時】
出自唐代裴說詩《棋》。國手：一國裡最好的棋手。意思是：任何人都會有考慮不周全的時候，即使是全國最好的棋手，也會偶爾輸給別人。

【人惟求舊，器非求舊，惟新】　出自《尚書‧盤庚上》。意思是：用人要選用熟悉的臣子，不要像選用器具那樣只要新的，不要舊的。

【力弱者勿任其厚負，才卑者勿尸其隆位】　出自宋代黃晞《聱隅子‧三王上篇》。厚負：沉重的東西。尸：空占著位子而不做事。隆位：高位。意思是：力量小的人，不要讓他背負太沉重的東西，才能低的人不要讓他空占著高位而不做事情。

【萬碩之鼎，不可滿以盂水；一鈞之鐘，不可容於泉流】　出自北齊劉晝《劉子‧均任》。碩：同「石」，古代容量單位，萬碩，形容極多。鈞：古代重量單位，一鈞

等於15公斤。鐘：一種圓形的壺。意思是：能夠盛下萬石的大鼎，只用一小盂水是無法將其灌滿的；只能盛一鈞的小鐘，也盛不下不斷流下的泉水。比喻用人要量才授任。

【短綆不可以汲深，器小不可以盛大】　出自《淮南子·說林》。意思是：短的井繩不可在深井中汲水，小的器皿不可裝大的物件。

【梁麗可以衝城，而不可以窒穴，言殊器也】　出自《莊子·秋水》。意思是：大棟樑可以用來衝擊城郭，但不能用來塞一個小孔穴，這是因為事物的用處不同。

【與其位，勿奪其職；任以事，勿間以言】　出自宋代陳亮《論開誠之道》。意思是：既然將官位給了他，就不要干涉他的職權；既然將事情交給他辦，就不要總是指手畫腳。

【千鈞之弩，不為鼷鼠發機；萬石之鐘，不以莛撞起音】　出自《資治通鑑·漢紀》。莛：小草。意思是：千鈞力量的強弓，絕不用來射殺一隻小老鼠；萬石那樣重的巨鐘，用小草敲打它是不會發出響聲的。

【木心不直，則脈理皆邪，弓雖勁而發矢不直】　出自《資治通鑑·唐紀》。脈理：木材的紋理。意思是：木心不直，它的紋理就會歪歪斜斜，用這種木材製造的弓，雖然強勁，可是發射出去的箭矢不會直飛目標。

【小材雖累日，不離於小官；賢材雖未久，不害為輔佐】　出自《漢書·董仲舒傳》。不害：不妨。意思是：才華不出眾的人，不管任職多久，還是只能做個小官；才華卓越的人，即使任職的時間不長，一樣可以作為輔佐之臣。說明用人不應論資排輩。

【天下安，注意相；天下危，注意將】　出自《漢書·陸賈傳》。意思是：國家太平時，應注意發揮宰相的作用，讓國家繁榮昌盛；國家危亂的時候，應注意發揮大將的作用，使國家免於危難。

【病困乃重良醫，世亂而貴忠貞】　出自《抱朴子·廣譬》。困：生命垂危。意思是：病情危機

的時候看重醫道高明的醫生，天下大亂的時候看重忠貞不二的大臣。

【無德不貴，無能不官】 出自《荀子·王制》。意思是：沒有德行操守的人不能使之成為尊貴之人，沒有才能的人不能使其為官。說明不能重用那些沒有德行、沒有才華的人。

【不以一眚掩大德】 出自《左傳·僖公三十三年》。眚：原指眼翳，引申為過失。意思是：不能因為一點小過錯，就抹殺了一個人的大功德。

【不責人所不及，不強人所不能，不苦人所不好】 出自隋代王通《文中子·魏相》。好：喜好。意思是：不苛求屬下做其做不到的事情，不強迫屬下做其不擅長的事情，不逼迫屬下做其不願意做的事情。

【泰山不讓土壤，故能成其大；河海不擇細流，故能就其深】 出自《史記·李斯列傳》。讓：辭讓。擇：剔除。意思是：泰山不辭讓每一塊微小的土壤，所以才能夠那樣巍峨壯觀；河海不拒絕每一條細小的水流，所以才那樣深不可測。

【千里而一士，是比肩而立；百世而一聖，若隨踵而至也】 出自《戰國策·齊策三》。意思是：在千里之內出現一個高尚的人，就像和他並肩站著那樣近；在百世之間出現一個聖賢，便如一個接一個而來的那樣多。

【牛驥以並駕而俱疲，工拙以混吹而莫辨】 出自明代張居正《陳六事疏》。驥：駿馬。工：技藝高的人。意思是：牛和駿馬共拉一輛車，結果都被拖疲了；善吹的和不善吹的樂工一起吹奏，就無法分辨優劣。用來比喻不分能力高低一同使用，就看不出其才能高下。

【以銅為鏡，可以正衣冠；以古為鏡，可以知興替；以人為鏡，可以明得失】 出自（五代·後晉）劉昫《後唐書·魏徵傳》。意思是：拿銅鏡來對照自己，可以使衣帽整齊；拿古代的事當作鏡子來對照自己，可以知道國家興衰的原因；拿人當作鏡子來對照自己，可以知道自己的正確與錯誤。

一本書讀懂國學句典

【水至清則無魚，人至察則無徒】 出自漢代班固《漢書‧東方朔傳》。察：明智，精明。徒：同夥，朋友。意思是：水太過清澈，就沒有魚在裡面生長了；人太過精明，就沒有朋友了。

【歸國寶，不若獻賢而進士】 出自《墨子‧親士》。歸：同「饋」，贈送。意思是：給國君獻上稀世珍寶，不如給國君推薦有才之士。

【用人之術，任之必專，信之必篤，然後能盡其材而可共成事】 出自宋代歐陽修《為君難論上》。篤：篤實。意思是：用人之法在於，任用他必須專一，信任他必須堅定，這樣才能讓他的才幹充分發揮出來，和他共同做好事情。

【良馬難乘，然可以任重致遠】 出自《墨子‧親士》。意思是：好的馬難以駕馭，但牠卻可以負重而遠行。

【用得正人，為善者皆勸；誤用惡人，不善者競進】 出自唐代吳兢《貞觀政要‧擇官》。勸：勸勉、鼓勵。意思是：任用的是正直的人，良善之人就會受到鼓勵；而誤用了邪惡之人，壞人就會紛紛混進來。

【休言女子非英物，夜夜龍泉壁上鳴】 出自近代秋瑾詞《鷓鴣天》。龍泉：寶劍名，泛指寶劍。意思是：不要說女子不能成為英傑人物，我牆上的寶劍每天夜裡都在發出響聲！說明女子也同樣可以有所作為。

【並驥而走者，五里而罷；乘驥而御之，不倦而取道多】 出自《戰國策‧趙策三》。驥：駿馬。走：跑。罷：同「疲」，疲憊。意思是：與駿馬一同奔跑，五里路就會感到疲憊；而騎著駿馬跑，不但自己不累，跑的路還要多。比喻領導者如能很好地使用人才，既可以讓自己輕鬆，又可以將事情做好。

【君子不以言舉人，不以人廢言】 出自《論語‧衛靈公》。以：因為。意思是：君子不因為有別人說其好話就舉薦他，也不因為一個人犯了錯誤，就連他所說的正確的話也捨棄掉。

【其計乃可用，不羞其位；其

言可行，而不責其辯】　出自《淮南子‧主術訓》。羞：同「醜」，以為恥。意思是：如果一個人的計策高明可用，就不要因為他的地位低下而恥於採納；如果一個人的話正確可行，就不要責怪他巧言善辯。

【賢能，不待次而舉；罷不能，不待須而廢】　出自《荀子‧王制》。次：停留；不待次，就是不稍耽擱。罷：同「疲」，軟弱無能。須：片刻。意思是：對於有德有才之人，應當立即提拔；對於無德無才的人，則應當立即罷免。

【國有賢士而不用，非士之過，有國者之恥】　出自漢代桓寬《鹽鐵論‧國病》。意思是：國家有賢德之士而不任用，不是賢德之士的過失，而應該是擁有這個國家的君主的羞恥。

【存不忘亡，是以身安而國家可保也】　出自《說苑‧指武》。意思是：國家生存時不可忘掉滅亡的危機，這樣不但自身生命安全，國家也可長保。

【唯聖人能外內無患。自非聖人，外寧必有內憂】　出自《左傳‧成公十六年》。意思是：只有聖人能夠使內外都安全無患，不是聖人的話，外部安寧了，內部必有憂患。

【患生於所忽，禍發於細微】　出自《後漢書‧馮衍列傳》。忽：疏忽。意思是：災害發生在人們所疏忽的地方，禍患開始於很細微的地方。

【侈將以其力斃，專則人實斃之】　出自《左傳‧襄公二十九年》。意思是：奢侈將會讓他自取滅亡，專權會被人消滅。

【登峻者戒在於窮高，濟深者禍生於舟重】　出自《抱朴子‧博喻》。戒：防備。窮：極。濟：渡。意思是：登高的人要防止爬得太高以免摔下來，渡深水的人發生災禍在於船重。

【過而不悛，亡之本也】　出自《韓非子‧難四》。意思是：有過錯但不改正，這是亡國的根源。

【弗備難，難必至】　出自《說苑‧貴德》。弗：不。意思是：不防備災難，將來災難一定會

一本書讀懂國學句典

來到。

【禍福無門，唯人所召】　出自《左傳・襄公二十三年》。意思是：災禍或是福氣沒有專門的進入之門，全在於人們的召喚。

【福生有基，禍生有胎。納其基，絕其胎，禍何自來】　出自《漢書・枚乘傳》。意思是：福禍都有其產生的根源。除去它的根源，災禍又如何產生呢？

【福來有由，禍來有漸】　出自《三國志・吳書・孫奮傳》。意思是：幸福到來是有原因的，災禍到來是漸漸積累的。

【君賢者其國治，君不能者其國亂】　出自《荀子・議兵》。意思是：君主英明，他的國家就會安定；君主沒有能力，他的國家就會混亂。

【天下有三危：少德而多寵，一危也；才下而位高，二危也；身無大功而受厚祿，三危也】　出自《淮南子・人間訓》。意思是：天下有三種危險：好的品德少而受到的恩寵多，這是第一種危險；才能低而官位高，這是第二種危險；自己沒有立過大功而得到豐厚的俸祿，這是第三種危險。

【周公吐哺，天下歸心】　出自（三國・魏）曹操《短歌行》。周公：姓姬，名旦，西周時政治家，一心輔佐周朝。哺：嘴裡的食物。相傳周公「一沐三握髮，一飯三吐哺，起以待士」，形容其虛心熱情地接待賢人。意思是：只要能像周公那樣禮賢下士，就會得到天下人的擁護和愛戴。

【官在得人，不在員多】出自《資治通鑑・唐太宗貞觀元年》。意思是：選擇官員的要點不在多，而在於能真正得到賢能。

【都蔗雖甘，殆不可杖；佞人悅己，亦不可相】　出自漢代劉向《杖銘》。意思是：甘蔗雖然甘甜，但卻不能用來做手杖；奸佞小人雖然能讓自己高興，但卻不能讓他做宰相。說明領導者應警惕那些巧言諂媚之人。

【非我而當者，吾師也；是我而當者，吾友也；諂諛我者，吾賊也】　出自《荀子・修身》。非：批評。當：恰當。是：肯定。意思

是：對我的過錯批評得正確的，是我的老師；對我的優點給予恰當的肯定的，是我的朋友；而阿諛奉承我的，則是害我的人。

【教之、養之、取之、任之，有一非其道，則足以敗亂天下之人才】　出自宋代王安石《上仁宗皇帝言事書》。意思是：教育、培養、選拔、任用，只要其中一個關節出了問題，就足以敗壞天下所有的人才。

【中原莫道無麟鳳，自是皇家結網疏】　出自唐代陳陶詩《閑居雜興》。麟鳳：比喻傑出的人才。意思是：不要說國家沒有傑出的人才，那是因為皇家搜求人才的網結得還不夠密。說明並不是缺乏人才，關鍵是執政者要勤於採擇。

【苟得其人，雖仇必舉；苟非其人，雖親不授】　出自《三國志‧蜀書‧許靖傳》。意思是：假如能得到人才，即使是仇人也一定推舉他；假如他不是人才，即使是親近的人也不授予。

【身賢者賢也，能進賢者亦賢也】　出自漢代徐幹《中論‧審大臣》。意思是：本身賢能的是賢人，能夠舉薦賢人的也是賢人。說明舉薦人也很重要。

【非有獨見之明，專任眾人之譽，不以己察，不以事考，亦何由獲大賢哉】　出自漢代徐幹《中論‧審大臣》。意思是：沒有自己獨到的眼光，專門任用眾人的讚譽之人，不親自瞭解，不用事實考察，怎麼能夠獲得那些大賢之才呢？

【峻極之山，非一石所成；凌雲之榭，非一木所構】　出自北齊劉晝《劉子‧薦賢》。榭：建築在臺上的房屋。意思是：至為高峻的大山，不是由一塊石頭所疊成的；高入雲霄的台榭，也不是用一根木頭建成的。比喻僅靠個別的賢才是不能將國家治理好的。

【人之才，成於專而毀於雜】　出自宋代王安石《上仁宗皇帝言事書》。專：工作穩定。雜：不穩定。意思是：人的才能，只有在相對穩定的使用中才能形成和表現出來，而在反覆多變、隨意調遣中會被消磨掉。

【干將不可以縫線，巨象不可以捕鼠】 出自晉代葛洪《抱朴子·用刑》。干將：寶劍名，後泛指寶劍。意思是：寶劍雖好，但卻不能用來縫製衣物；大象雖大，但卻不能用來捕捉老鼠。比喻人才各有其擅長的一面，也各有其不擅長的一面。

【不知人之短，不知人之長，不知人長中之短，不知人短中之長，則不可以用人，不可以教人】 出自清代魏源《默觚下·治篇七》。意思是：不瞭解人的缺點，不瞭解人的優點，不瞭解人優點中的缺點，不瞭解人缺點中的優點，就不可以隨便用人，不可以隨便教人。

【良劍期乎斷，不期乎鏌邪】 出自《呂氏春秋·察今》。鏌邪：中國古代名劍。意思是：好劍在於它的鋒利，在於是否能割斷東西，並不在於它是否名叫「鏌邪」。

【丹漆不文，白玉不雕，寶珠不飾】 出自《說苑·反質》。意思是：丹漆、白玉、寶珠都有它們各自的自然美，不用人為地為它們雕琢、粉飾。

【百星之明，不如一月之光；十牖之開，不如一戶之明】 出自《淮南子·說林訓》。牖：窗戶。意思是：群星閃爍，不如一輪明月的光輝；打開十扇窗戶，不如打開一扇門敞亮。

【超俗拔萃之德，不能立功於未至之時】 出自《抱朴子·廣譬》。意思是：就是具備超凡脫俗之德行的人才，如果時機不成熟，也不能建立功勳。

【常才，不能別逸倫之器】 出自《抱朴子·博喻》。意思是：平凡的人，難以發現傑出的人才。

【人不同能，而任之以一事，不可責遍成】 出自《晏子春秋·內篇問上》。意思是：每個人的才能都是不一樣的，應發揮他們的不同特長，而不能責備求全。

【任人之長，不強其短；任人之工，不強其拙】 出自《晏子春秋·內篇問上》。意思是：使用人要用他的長處，而不強求其短處；要用他所擅長的，而不強求其所不能的。

【夫賢士之處世也，譬若錐之處囊中，其末立見】　出自《史記‧平原君虞卿列傳》。意思是：一個有才能的人處在世上，就好比把錐子裝進口袋，立刻可以看見錐尖從口袋裡鑽出來。

【狗不以善吠為良，人不以善言為賢】　出自《莊子‧徐無鬼》。吠：狗叫。意思是：狗不是因為能夠吠叫才稱為好狗，人不是因為能說會道才稱為賢人。

【倉頡作書，而天雨粟，鬼夜哭】　出自《淮南子‧本經訓》。意思是：倉頡創造了文字，使得老天降下穀雨，驚得鬼神夜夜啼哭。

【貴以身為天下，若可寄天下；愛以身為天下，若可托天下】　出自《道德經》。意思是：珍貴自己的身體是為了治理天下的人，天下才可以託付給他；愛惜身體是為了治理天下的人，才可以託付天下給他。

納言

【人欲自見其形，必資明鏡；

君欲自知其過，必待忠臣】　出自《資治通鑑‧唐太宗貞觀元年》。意思是：人們要想看到自己的形象，必須用明鏡來自照；君王要想知道自己的過失，一定要聽取忠臣的進諫。

【刺骨，故小痛在體，而長利在身；拂耳，故小逆在心，而久福在國】　出自《韓非子‧安危》。刺骨：古代中醫治病的手術。拂耳：逆言，刺耳之言。意思是：用針刺骨，雖使肌膚有輕度疼痛，卻能治病健身；忠言逆耳，聽起來雖然不舒服，卻可以造福於國家。

【觀聽不參，則誠不聞】　出自《韓非子‧內儲說上》意思是：只偏聽偏信一人的意見，不與別人商量，就聽不到真誠的話。

【諂讒飾過之說勝，則巧佞者用】　出自《管子‧立政九敗解》。諂：奉承。意思是：巴結奉承、讒言誹謗別人來掩飾自己過錯的言論占了上風，一定是善於諂媚的人受到了重用。

【使能之謂明，聽信之謂聖】　出自《管子‧四時》。意思是：

使用有才能的人叫做精明，聽從賢能之人的意見叫做聖智。

【木受繩則直，人受諫則聖】
出自《孔子家語‧子路初見》。繩：墨線，木工用來取直的工具。諫：規勸。意思是：木料經過墨線畫線，就能夠取直；人能接受別人的意見就能成為聖人。

【夫子言之，於我心有戚戚焉】　出自《孟子‧梁惠王上》。意思是：您老人家這麼一說，使我的思想豁然開朗。

【烏鳶之卵不毀，而後鳳凰集；誹謗之罪不誅，而後良言進】
出自《漢書‧路溫舒傳》。意思是：烏鴉鷂鷹的蛋不被毀壞，然後，才有鳳凰聚集而來；君主對犯有誹謗罪的人不誅殺，然後，才有忠良之言進諫。

【用人之言，若自己出】　出自唐代魏徵《群書治要‧尚書》。自：從。意思是：採納別人提出來的意見就要像採納自己的意見一樣。說明接受別人的意見要虛心。

【眾人之唯唯，不如一士之諤諤】　出自唐代吳兢《貞觀政要‧納諫》。唯唯：應承順從。諤諤：直言的樣子。意思是：眾多的人都唯唯諾諾、應承順從，也比不上一個人直言爭辯。

【多指亂視，多言亂聽】　出自明代張居正《陳六事書》。意思是：對眾人的話必須善於分析，擇優而用，不可盲從。

【聽言不可不察，不察則善不善不分，善不善不分，亂莫大焉】
出自《呂氏春秋‧聽言》。意思是：聽來的話一定要詳細地考察，不考察就可能會分不清好壞，分不清好壞，就會釀成大禍。

【良藥生人，不能生不飲者】
出自清代唐甄《潛書‧鮮君》。生：救活。意思是：雖然良藥可以救活有病之人，但卻無法救活不飲用它的人。

【下無言則吾謂之瘖，上無聞則吾謂之聾。聾瘖，非害國家而如何也】　出自《晏子春秋‧內篇諫下》。瘖：啞。意思是：臣子不發表意見，我認為這是啞；國君聽不到下面的意見，我認為這是聾。又聾又啞，這是危害國家的啊！

【毒藥苦口利病，忠言逆耳利行】　出自《漢書‧淮南衡山濟北王傳》。毒藥：良藥。意思是：好的藥雖然苦口，但利於治病；忠言雖然刺耳，但有利於自己修養品行。

【正人之言，明知其為我也，感而未必悦；邪人之言，明知其佞我也，笑而未必怒。於此知從善之難】　出自北宋林逋《省心錄》。意思是：正派人的話，明明知道是為了我好，內心感激卻未必高興；奸邪人的話，明明知道是在奉承我，但聽著十分順耳，所以未必生氣。由此可知聽取忠言是多麼艱難。

【款言不聽，奸乃不生，賢、不肖自分，白、黑乃形】　出自《漢書‧司馬遷傳》。款：空，不真實。形：現。意思是：不聽假話，就不會產生邪惡的事，賢和不肖自然界限分明，白和黑也會明顯地區別開來。

【集眾思，廣忠益】　出自《三國志‧蜀書‧董和傳》。意思是：集中大家的智慧，廣泛地吸取有益的建議。

【凡説之難，在知所説之心，可以吾説當之】　出自《韓非子‧說難》。說：諫說。當：適當。意思是：諫說的難處，就在於能瞭解所諫說對象的心理，可以用我的言論，針對他的心理去說服他。

【苦言藥也，甘言疾也】　出自《史記‧商君列傳》。意思是：不順耳的話像良藥一樣，甜言蜜語卻像病菌似的。

【良藥苦於口，而利於病；忠言逆於耳，而利於行】　出自《孔子家語‧六本》。行：做事。意思是：雖然良藥吃到嘴裡感覺苦，但對病痛有好處；正直的勸告雖然聽起來不順耳，但對人做事有好處。

【君之所以明者，兼聽也；君之所以暗者，偏信也】　出自漢代王符《潛夫論‧明暗》。《資治通鑑》裡也作：「兼聽則明，偏聽則暗。」意思是：君王之所以能明辨是非，是因為能廣泛地聽取別人的意見；君王之所以昏庸腐朽，是因為他偏信偏聽。

【明主者務聞其過，不欲聞其善】　出自《戰國策‧燕策一》。

務：致力。意思是：英明的君主總是願意聽取自己的過錯，而不想聽別人對自己正確行為的誇讚。

【聞死而慍，則醫不敢斥其疾；言亡而怒，則臣不敢爭其失】

出自宋代李覯《慶曆民言‧開諱》。慍：發怒。失：過失。意思是：聽到死亡就發怒，那麼醫生也不敢告訴他疾病的所在；聽到國亡就發火，那麼大臣也不敢指出君主的過失。說明上層不能諱言過失，否則就會阻塞言路。

【虛談廢務，浮文妨要】 出自（南朝‧宋）劉義慶《世說新語‧言語》。虛談：空談。浮：浮華。要：國事。意思是：空洞無物的談話會荒廢掉政務，浮華而不實際的文章會妨礙國家大事。

法度

【九州生氣恃風雷，萬馬齊喑究可哀】 出自清代龔自珍《己亥雜詩》。九州：指古代中國。恃：依靠。喑：啞。究：畢竟，到底。意思是：國家要煥發勃勃的生機，

還要依靠風暴雷霆般的變革，無聲無息的沉悶局面畢竟是悲哀的。

【功當其事，事當其言，則賞。功不當其事，事不當其言，則罰】 出自《韓非子‧二柄》。意思是：功效和職事相符合，職事和他的言論主張相符合，就賞；否則，就罰。

【國家必有文武，官治必有賞罰】 出自《韓非子‧解老》。意思是：國家一定要有文有武，理政事一定要有賞有罰。

【當時而立法，因事而制禮】 出自《商君書‧更法》。當：適合。因：依據。意思是：依據時代的特點而出臺法令，針對社會的現實而制訂禮儀。

【是非已明，而賞罰次之】 出自《莊子‧天道》。意思是：只要是非清楚，賞罰是第二位的問題。

【天網恢恢，疏而不失】 出自《老子》。天網：天道之網。恢恢：廣大的樣子。意思是：天道之網，極為廣大，雖然看起來稀疏，但絕不會有所疏漏。用來比喻壞人

難以逃脫制裁。

【車之不前也，馬不力也，不策馬而策車何益？法之不行也，人不力也，不議人而議法何益】　出自明代張居正《辛未會試程策》。不力：不盡力。策：用鞭子抽打。意思是：車子不往前走，是因為馬沒有盡力，不抽打馬而抽打車有什麼用呢？法令不能好好執行，是因為人不得力，不找人的問題而找法令的問題有什麼用呢？

【水可使不濫，不可使無流】　出自漢代荀悅《申鑑·政體》。意思是：人可以讓水不氾濫，但卻不能讓水不流動。用來比喻政令應留有一定的餘地，不要太苛刻。

【令苛則不聽，禁多則不行】　出自《呂氏春秋·適威》。意思是：法令過於嚴厲，人們反而不聽從；禁令過於繁多，反而不能執行。

【民不畏死，奈何以死懼之】　出自《老子》。奈何：為什麼。意思是：既然人民不畏懼死亡，為什麼還要用死亡來威脅他們呢？指嚴酷的刑法不能讓人民屈服。

【刑罰不足以移風，殺戮不足以禁奸】　出自《淮南子·主術訓》。意思是：單靠刑罰不能夠改變社會的不良風氣；單靠殺戮也不能夠禁止壞人壞事。說明要想社會秩序井然，不能光靠刑罰和殺戮，還要重視道德教育。

【執古以繩今，是為誣今；執今以繩古，是為誣古】　出自清代魏源《默觚·治篇》。繩：衡量。誣：歪曲、誣衊。意思是：用古代的標準來衡量現在，是對現在的歪曲；拿現在的標準去衡量古代，也是對古代的歪曲。說明社會在不斷地發展變化，要尊重歷史，尊重現實。

【是故誠有功，則雖疏賤必賞；誠有過，則雖近愛必誅】　出自《韓非子·主道》。誠：確實。誅：懲罰。意思是：因此，確實有功勞的話，即使是和自己關係疏遠、身份低賤的人也一定要獎勵；確實有過錯，即使是自己親近、寵愛的人也一定要懲罰。

【吏者，平法者也。治國者，不可失平也】　出自《韓非子·外儲說左下》。意思是：官吏就是公

正執行法律的人，治理國家的人不可以不公正。

【計功而行賞，程能而授事】
出自《韓非子‧八說》。計：計算。意思是：計算功勞的大小來行賞，衡量才幹的高低來授職。

【夫登進以懲庸，黜退以懲過。二者迭用，理如循環】　出自《資治通鑑‧唐紀》。意思是：讓他升任，是為了獎勵他的功勞；罷免他，是為了懲罰他的過錯。這兩方面常常可以交替使用。

【善人賞而暴人罰，則國必治】　出自《墨子‧尚同下》。意思是：好人得到獎賞，壞人得到懲罰，國家必然會太平。

【若苟賞不當賢，而罰不當暴，則是為賢者不勸，而為暴者不沮矣】　出自《墨子‧尚賢中》。勸：勸勉，鼓勵。意思是：倘若獎賞不給予有德有才的人，懲罰不針對兇暴的人，那麼有德有才的人就得不到勉勵，也不能打擊兇暴之徒的氣焰。

【法與時轉則治，治與世宜則有功】　出自《韓非子‧心度》。

轉：轉變。宜：適宜。意思是：法令跟隨時勢的變化而改變，國家就可得到治理；治理的方法和社會需要相適宜，就會產生良好的作用。

【言多變則不信，令頻改則難從】　出自宋代歐陽修《准詔言事上書》。意思是：言語反覆多變，就不能取信於人；政令朝出夕改，人們就無所適從。

【治國有常，利民為本】　出自《文子‧上義》。常：準則。意思是：管理國家有一定的準則，即以對老百姓有利為根本。

【法無古今，惟其時之所宜與民之所按耳】　出自明代張居正《辛未會試程策》。意思是：法令該不該堅持，不在於它的年代長短，而在於它是否適用於當時的情況，是否有利於百姓的安定。

【治國無法，則民朋黨而下比，飾巧以成其私】　出自《管子‧君臣上》。比：勾結。巧：虛浮、不實。意思是：治理國家如果沒有法度，人們就會結幫拉派、相互勾結，弄虛作假來牟取私利。

【草茅弗去則害禾谷，盜賊弗

誅則傷良民】　出自《管子‧明法解》。草茅：雜草。意思是：不除掉有害的雜草，就會妨礙莊稼的生長；不誅殺盜賊，就會傷害到守法之民，說明一定要對壞人嚴懲不貸。

【家有常業，雖飢不餓；國有常法，雖危不亡】　出自《韓非子‧飾邪》。意思是：家裡有了固定的產業，即使遇上飢荒也不會挨餓；國家有了固定的法制，即使遇上危難也不會滅亡。

【情可順而不可徇，法宜嚴而不宜猛】　出自明代張居正《陳六事疏》。徇：曲從。猛：嚴厲。意思是：民情可以順應但不能曲從，法制應該嚴明但不能嚴酷。

【法令者，民之命也，為治之本也】　出自《商君書‧定分》。命：生命。意思是：法令，是百姓生存的根本，是治理國家的基礎。

【犯法怠慢者，雖親必罰】　出自《三國志‧蜀書‧諸葛亮傳》。意思是：只要犯了法，即使是家人親友，也要處罰。

【不威小，不懲大】　出自《說苑‧指武》。意思是：對於小惡不加威嚇，對於大惡也就無法懲治。

【不法法，則事毋常；法不法，則令不行】　出自《管子‧法法》。毋：不。意思是：不確立法制而口說依法辦事，那麼辦事的時候就沒有規矩可循；立法不依，那麼政令就行不通。

【不教而誅，謂之虐】　出自《漢書‧董仲舒傳》。教：教育。誅：懲戒，殺戮。意思是：事先不加以教育，不指明什麼是錯誤的，一旦觸犯就處罰或殺掉，這叫做暴虐。

【政以治民，刑以正邪。既無德政，又無威刑，是以及邪】　出自《左傳‧隱公十一年》。正：糾正。意思是：政治是用來治理百姓的，刑罰是用來糾正邪惡的。既缺乏德政，又沒有威刑，所以才會滋生邪惡。

【公道通而私道塞矣】　出自《淮南子‧主術訓》。意思是：公正的門路暢通無阻了，不正當的門道就堵塞了。

【賞必加於有功，刑必斷於有罪】　出自《戰國策‧秦策三》。意思是：獎賞必須給予有功勞的人，刑罰必須判給有罪惡的人。

【國斯無刑，偷居幸生】　出自《國語‧晉語三》。意思是：國家若是沒有刑法，僥倖於苟且偷生之人就會存在。

【法之不行，自上犯之】　出自《史記‧商君列傳》。意思是：法令不能施行，是因為當官的人帶頭知法犯法。

【利於國者愛之，害於國者惡之】　出自《晏子春秋‧內篇諫上》。意思是：對國家有利的就愛護獎賞它，對國家有害的就憎惡懲治它。

【惡有釁，雖貴，罰也】　出自《國語‧魯語上》。釁：事端。意思是：只要犯了罪，就是地位再高，也應受到處罰。

【善琴弈者不視譜，善相馬者不按圖】　出自清代魏源《默觚‧學篇》。弈：下棋。意思是：擅長彈奏、下棋的人不用死盯著琴譜或棋譜；擅長相馬的人也不會總是按

照圖上畫的樣子來分辨馬的好壞。用來比喻治理國家不必拘泥於已有的成法。

【不因喜以加賞，不因怒以加罰】　出自《晏子春秋‧內篇問上》。意思是：不因為高興就多加獎賞，也不因為憤怒就加以懲罰。說明獎懲不應因個人的喜怒而變化不定，而是應該有一定的標準。

【刑過不避大臣，賞善不遺匹夫】　出自《韓非子‧有度》。匹夫：平民。意思是：懲罰有罪過的人，就是大臣也不要放過；獎賞有功勞的人，就是平民百姓也不能遺漏。

【過時而賞與無賞同，後事而罰與不罰同】　出自明代王守仁《申明賞罰以勵人心疏》。後事：事情過了之後。意思是：錯過了獎賞的時機再賞就如同沒有獎賞，等事情過了之後再處罰就如同沒有處罰。

【妄賞不勸，妄罰不畏】　出自宋代謝諤《十銘》。妄：胡亂。勸：鼓勵。意思是：亂加獎賞不能達到勸勉眾人的目的，胡亂的懲罰

也不能使人畏懼。

【賞不勸謂之止善，罰不懲謂之縱惡】　出自唐代魏徵《群書治要‧申鑑》。意思是：如果賞賜不是用來鼓勵好事，就是對善行的壓制；如果懲罰不是用來懲辦罪惡，就是對罪惡的縱容。

【賞當其勞，無功者自退；罰當其罪，為惡者戒懼】　出自唐代吳兢《貞觀政要‧擇官》。勞：功勞。意思是：獎賞了那些真正有功勞的人，無功的人自然就不爭了；懲罰了真正有罪的人，做壞事的人也就害怕了。說明只有賞罰適宜，才能真正達到懲惡揚善的作用。

【賞罰不信，則禁令不行】　出自《韓非子‧外儲說左上》。行：施行。意思是：如果賞罰不守信用，那麼禁令就難以推行。

【賞毫釐之善，必有所勸；罰纖芥之惡，必有所阻】　出自（三國‧魏）桓範《政要論‧為君難》。意思是：獎賞再小的好事，也能對人們有鼓舞作用；懲罰再小的罪過，也能對壞人壞事有遏制作用。

【賞務速而後勸，罰務速而後懲】　出自唐代柳宗元《斷刑論下》。務：務必。意思是：獎賞一定要力求及時，然後，才能達到鼓勵勸勉的作用；懲罰也要力求及時，然後，才能有警戒的作用。

得民

【人無於水監，當於民監】出自《尚書‧酒誥》。意思是：為政的人不應該把水作為鏡子，而是應該把人民當做鏡子。比喻應以百姓的反映檢查為政的得失。

【財匱而令虐，所以失其民也】　出自《管子‧君臣下》。意思是：財力匱乏、法令暴虐是失去民心的原因。

【勝而不驕，故能服世；約而不忿，故能從鄰】　出自《戰國策‧秦策五》。意思是：勝利了不驕傲，所以能令人信服；約束自己不發怒，所以能使鄰國順從。

【人所歸者天所與，人所畔者天所去】　出自《後漢書‧申屠剛列傳》。與：幫助。畔：同

「叛」，背叛。意思是：民心所歸向的，正是天要幫助的；民心所背叛的，也是天要拋棄的。說明得民心者得天下，失民心者失天下。

【一家仁，一國興仁；一家讓，一國興讓；一人貪戾，一國作亂】　出自《大學》。意思是：如果君主的家庭成員之間仁愛和睦，那麼整個國家就會興起仁愛和睦的風氣；如果君主的家庭成員之間互相謙讓有禮，整個國家就會興起謙讓有禮的風氣。反之，如果君主貪婪殘暴，整個國家就會發生動亂。

【天下非一人之天下也，乃天下人之天下也】　出自《呂氏春秋‧貴公》。意思是：天下不是某一個人的天下，而是天下所有人的天下。

【庖有肥肉，廄有肥馬，民有飢色，野有餓莩，此率獸而食人也】　出自《孟子‧梁惠王上》。莩：同「殍」。意思是：現在你的廚房裡有皮薄膘肥的肉，你的馬廄裡有健壯的駿馬，可是老百姓面帶飢色，野外躺著餓死的屍體，這等於是在上位的人率領著禽獸來吃人。

【天下順治在民富，天下和靜在民樂】　出自明代王廷相《慎言‧御民篇》。意思是：國家能治理得太平，在於人民生活富裕；國家能夠和平安定，在於人民心情愉悅。說明國家安定的前提就是人民在物質上富足、在精神上快樂。

【欲上民，必以言下之；欲先民，必以身後之。是以聖人處上而民不重，處前而民不害】　出自《道德經》。意思是：要統治人民，必先用言辭對人民表示謙虛；要領導人民，必須將自己的利益放在人民的利益之後。所以，聖人在上統治人民，人民並不感到有壓力；在前面領導人民，人民並不認為有障礙。

【有德此有人，有人此有土，有土此有財，有財此有用】　出自《禮記》。意思是：有了品德，才能得到民心；有了民心，才能有國土；有了國土，才能擁有財富；有了財富，才能擁有國家的用度。

【明君制民之產，必使仰足以事父母。俯足以畜妻子，樂歲終身飽，凶年免於死亡】　出自《孟子‧梁惠王上》。意思是：賢明的

君主在規定百姓的產業時，一定要使他們上可以養父母，下可以養妻子兒女，好年成能豐衣足食，遇上荒年也不致餓死。

【從來經國者，寧不念樵漁】

出自明代謝榛詩《送樊侍禦文敘之金陵》。樵漁：樵夫和漁夫，泛指下層民眾。意思是：自古能夠治理好國家的人，有哪一個不顧念著下層的百姓呢？

【保民而王，莫之能禦也】

出自《孟子·梁惠王上》。意思是：一切為著使百姓的生活安定而努力，這樣去統一天下，沒有人能夠阻擋。

【水濁則魚喁，令苛則民亂】

出自漢代韓嬰《韓詩外傳》。喁：魚嘴露在外面。意思是：水太渾濁了，魚就會將嘴露出水面；政令過於苛刻了，百姓就會人心不安。

【天降下民，作之君，作之師。惟曰其助上帝，寵之四方】

出自《孟子·梁惠王下》。意思是：天降生一般的人，也替他們降生了君主，也替他們降生了師傅。

這些君主和師傅的唯一責任，是幫助上帝來愛護四方人民。

【去一利百，人乃慕澤；去一利萬，政乃不亂】 出自漢代黃石公《三略·下略》。慕澤：仰慕恩澤。意思是：除去一個惡人，從而使上百人受利，人們就會仰慕其恩澤；除去一個惡人，從而使上萬人受利，國家的政治就不會發生混亂。說明治國必須懲奸除惡，國家才能長治久安。

【君子惠而不費，勞而不怨。欲而不貪，泰而不驕，威而不猛】

出自《論語·堯曰》。意思是：君子要使百姓得到恩惠而自己卻無所耗費，使百姓勞作而不使他們怨恨，要追求仁德而不貪圖財利，莊重而不傲慢，威嚴而不兇猛。

【申天下之樂故樂亦報之，屈天下之憂故憂亦及之】 出自漢代荀悅《申鑑·政體》。申：伸張。報：報答，及：降臨，到。意思是：為天下人伸張快樂的，快樂也會報答他；迫使天下人憂愁的，憂愁也會降臨到他的頭上。

【民為貴，社稷次之，君為

輕】　出自《孟子‧盡心下》。社稷：「社」指「土神」，「稷」指「穀神」，古代用社稷指代國家。意思是：人民是最重要的，其次是國家，而君主是最輕的。

【民事不可緩也】　出自《孟子‧滕文公上》。意思是：關心人民是最緊迫的任務。

【民存則社稷存，民亡則社稷亡】　出自漢代荀悅《申鑑‧雜言上》。意思是：人民存在才有國家的存在，人民不存在了，國家也就滅亡了，說明人民是國家的支柱。

【樂民之樂者，民亦樂其樂；憂民之憂者，民亦憂其憂】　出自《孟子‧梁惠王下》。意思是：以百姓的快樂為自己的快樂者，百姓也會以國君的快樂為自己的快樂；以百姓的憂愁為自己的憂愁者，百姓也會以國君的憂愁為自己的憂愁。

【觀天之神道，而四時不忒。聖人以神道設教，而天下服矣】　出自《周易‧觀‧彖辭》。意思是：觀察天下的造化之道，四季周而復始不變，聖人仿效自然造化萬物之道教化人民，而使天下信服。

【百姓不可一日有此色，士大夫不可一日不知此味】　出自宋代羅大經《鶴林玉露‧論菜》。此色：菜色。此味：菜味。意思是：不能讓老百姓哪一天臉上有菜色，不能讓士大夫哪一天不知道菜味。意在說明上層人士應多體恤下層人民。

【自古天下離合之勢常系乎民心，民心叛服之由實基於喜怒】出自宋代辛棄疾《美芹十論‧觀釁第三》。離合：分裂或統一。系：聯繫。叛服：背叛和服從。意思是：自古以來，國家的分裂和統一都與民心緊密聯繫，而民心向背確實取決於百姓內心的喜怒。說明統治者做事要合乎民意、順應民心。

【民可近，不可下。民為邦本，本固邦寧】　出自《尚書‧夏書‧五子之歌》。意思是：對待人民只能親敬，不可怠慢。人民是國家的根本，人民安居樂業，國家才能安寧。

【自古至於今，與民為仇者，有遲有速，而民必勝之】　出自

漢代賈誼《新書・大政上》。意思是：從古到今，凡是與人民作對的，或早或晚都要被人民所勝。

【罔違道以干百姓之譽，罔咈百姓以從己之欲】　出自《尚書・虞書・大禹謨》。意思是：不要違背規律或公理常情去毀壞百姓贊同的事物，不要違逆百姓的願望而滿足自己的欲求。

【眾怒難犯，專欲難成】　出自《左傳・襄公十年》。專欲：一意孤行。意思是：眾人的憤怒不可觸犯，一意孤行很難成功。

【近者說，遠者來】　出自《論語・子路》。說：同「悅」，高興。意思是：君主向近處的百姓施惠，使其歡悅，那麼遠處的百姓也會紛紛前來歸附。

【君必自附其民，而後民附之；君必自離其民，而後民離之】　出自明代莊元臣《叔苴子外篇》。意思是：做君主的一定是自己先親近民眾，然後，民眾才會歸附他；也一定是君主先背離了民眾，然後，民眾才會背離他。

【君，舟也；人，水也。水能載舟，亦能覆舟】　出自唐代吳兢《貞觀政要・政體》。意思是：國君是船，百姓是水。水能浮載船，也能將船傾覆沉沒。

【受祿之家，食祿而已，不與民爭業，然後利可均布，而民可家足】　出自《漢書・董仲叔傳》。意思是：做官之人，享受國家俸祿就可以了，不要再與民眾爭奪財富了。這樣，利益分配就均衡了，人民的生活也就富足了。

【政令已陳，雖睹利敗，不欺其民】　出自《荀子・王霸》。陳：說明，句中意為「頒佈」。意思是：一旦政令已經下達，雖然看到了勝敗得失，也不可不講信用而欺騙百姓。

【欲致魚者先通水，欲致鳥者先樹木】　出自《淮南子・說山訓》。意思是：要想引來魚兒，就要先開通水道，要想引來鳥兒，就要先種上樹木。比喻領導者要想得到民心，就要先使其德行和政策完善。

治軍

【天下雖興，好戰必亡；天下雖安，忘戰必危】 出自唐代白居易《議兵策》。意思是：國家雖然興盛，但若動不動就打仗，也會衰敗；國家雖然太平，但若忘記戰爭的危機，不修備戰，也一定會非常危險。

【天時不如地利，地利不如人和】 出自《孟子・公孫丑下》。天時：陰晴寒暑的變化。地利：地形優勢。人和：團結，得人心。意思是：氣候有利，不如地勢有利；地勢有利，不如人心團結。說明人心是戰爭中最重要和可靠的。

【不備不虞，不可以師】 出自《左傳・隱公五年》。虞：預計，推測。師：出師，出兵。意思是：不對意外情況有所預料和準備，就不能出兵作戰。

【布令，信而不食言】 出自《說苑・政理》。意思是：發佈命令，要守信用而不要說話不算數。

【芳餌之下必有懸魚，重賞之下必有死夫】 出自《後漢書・耿

純列傳》。意思是：芳香的魚餌下面肯定有上鉤的大魚，豐厚的獎賞下面肯定有不怕死的人。

【法令既明，士卒安難樂死】出自《戰國策・楚策一》。意思是：法令嚴明，士兵就不會畏懼困難貪生怕死。

【兵強則滅，木強則折】 出自《道德經》。意思是：軍隊逞強，就會覆滅；木頭逞強，就會摧折。

【激水之疾，至於漂石者，勢也；鷙鳥之疾，至於毀折者，節也】 出自《孫子兵法・兵勢》。意思是：湍急的流水所以能漂動大石，是因為使它產生巨大衝擊力的勢能；猛禽搏擊雀鳥，一舉可置對手於死地，是因為牠掌握了最有利於爆發衝擊力的時空位置，節奏迅猛。

【善戰者，其勢險，其節短，勢如張弩，節如機發】 出自《孫子兵法・兵勢》。意思是：善於作戰的指揮者，他所造成的態勢是險峻的，進攻的節奏是短促有力的。「勢險」就如同滿弓待發的弩那樣

蓄勢，「節短」正如撥動弩機那樣突然。

【以戰去戰，雖戰可也】 出自《商君書・畫策》。意思是：用戰爭來制止戰爭，就算發動戰爭也是可以的。說明並非所有的戰爭都是不可取的。

【有備則制人，無備則制於人】 出自漢代桓寬《鹽鐵論・險固》。意思是：有準備就能鉗制住別人；沒有準備就要受別人的鉗制。

【兵者，所以禁暴討亂也】出自《淮南子・兵略訓》。暴：暴虐。亂：叛亂。意思是：興兵打仗的目的是消滅暴虐，討伐叛亂。

【師直為壯，曲為老】 出自《左傳・僖公二十八年》。出兵作戰，有正當理由，軍隊的士氣就強盛；而師出無名，就會士氣不振。

【兵之勝敗，本在於政】 出自《淮南子・兵略訓》。意思是：軍事上的勝負，根本原因還是在於政治。說明戰爭是國家政治的外在表現。

【兵不可玩，玩則無威；兵不

可廢，廢則召寇】　出自漢代劉向《說苑·指武》。玩：疏忽。意思是：兵事不可以疏忽，疏忽就會失去威力；兵事不可以廢置，廢置就會招來敵國的侵犯。

【兵者，國之大事，死生之地，存亡之道，不可不察也】　出自《孫子兵法·始計》。意思是：征戰是國家的大事，關係著百姓的生死和國家的存亡，不能不仔細考慮。

【兵非益多也，惟無武進，足以併力、料敵、取人而已】　出自《孫子兵法·行軍》。意思是：打仗並不是人越多越好，只要不輕視敵人貿然進攻，並且集中兵力、掌握好敵情、選拔好人才就可以取勝了。

【政善於內，則兵強於外也】　出自（三國·魏）桓範《世要論·兵要》。意思是：國家內部的政治清明有序了，軍隊在對外作戰時也就十分強大了。

【戰雖有陣；而勇為本】　出自《墨子·修身》。陣：列陣。意思是：作戰之中雖然陣列得講究，但最根本的還是要勇敢。

【恃陋而不備，罪之大者也；備豫不虞，善之大者也】　出自《左傳·成公九年》。豫：同「預」，預備。不虞：意外，難以預料的事。意思是：僅僅依靠簡陋的條件而不加以準備和防範，是最大的過錯；能夠為意外做好準備，是最大的好事。

【欲樹木者，必培其根；欲強兵者，務富其國】　出自清代唐才常《兵學餘談》。意思是：如果想種植樹木，就一定要栽培好它的根；如果想讓兵力強大，就一定要使國家富強。

【善保家者戒興訟，善保國者戒用兵】　出自宋代何坦《西疇老人常言》。興訟：與人打官司。意思是：善於保護家庭的人，總是盡量避免打官司；善於保護國家的人，總是盡量避免出兵征戰。

【士未坐勿坐，士未食勿食，寒暑必同】　出自《六韜·龍韜·立將》。士：士卒。意思是：士卒還沒有坐下來，自己就不能先坐下來；士卒還沒有吃飯，自己就不能

先吃飯；不管嚴寒酷暑，都要與士卒同甘共苦。

【千軍易得，一將難求】 出自元代馬致遠《漢宮秋》。意思是：即使要招集一千名士兵也不用費力，但是要找到一個好的將領卻十分困難。

【但使龍城飛將在，不教胡馬度陰山】 出自唐代王昌齡詩《出塞》。但：只要。飛將：這裡特指漢代名將李廣。胡：古代對西北少數民族的稱呼。胡馬，指敵人的軍隊。意思是：只要飛將軍李廣還在，絕不會讓敵人的軍隊翻過陰山，進入到內地。

【將受命之日，則忘其家；臨軍約束，則忘其親；援枹鼓之急，則忘其身】 出自《史記‧司馬穰苴列傳》。援：執，拿。枹：鼓槌。意思是：將領在接受了任命之後，就要忘了自己的家庭；軍隊裡執行紀律的時候，就不能顧念親情；擊鼓作戰的危急時刻，就不能再顧惜自己的生命。

【鷙鳥將擊，卑飛斂翼】 出自漢代黃石公《六韜‧武韜‧文啟》。鷙鳥：一種凶猛的鳥。卑飛：低飛。意思是：鷙鳥將要搏擊的時候，一定是先將翅膀收斂起來，低低地飛行。比喻高明的將領在行動之前會先麻痺敵人，然後，出其不意地打擊敵人。

【善用兵者，生卒亦勝；不善用兵者，練卒亦敗】 出自清代唐甄《潛書‧受任》。意思是：善於用兵的人，就算是統領沒有經過訓練的士兵作戰，也能夠取勝；不善於用兵的人，即使統領訓練有素的士兵，還是會失敗。

【善用兵者，避其銳氣，擊其惰歸，此治氣者也】 出自《孫子兵法‧軍爭》。意思是：善於統兵打仗的人，總是會避開敵人的銳氣，等到敵人的軍隊鬆懈下來，快收兵的時候再去攻擊，這是掌握軍隊士氣的方法。

【善將者，必有博聞多智者為腹心，沈審謹密者為耳目，勇悍善敵者為爪牙】 出自《諸葛亮集‧將苑‧腹心》。腹心：心腹，親信。爪牙：助手。意思是：善於領兵作戰的人，一定將博學多聞、足智多謀的人作為自己的心腹，一定

將做事謹慎、善於觀察的人作為自己的耳目，一定將驍勇善戰、所向無敵的人作為自己的助手。

【置將不善，一敗塗地】　出自《漢書・高祖紀上》。意思是：如果將軍任用得不妥當，那麼出師作戰一定會一敗塗地。說明軍隊中任用將軍的重要性。

【上無疑令，則眾不二聽；動無疑事，則眾不二志】　出自《尉繚子・戰威》。疑：猶豫不決。二志：三心二意。意思是：上面的將領沒有猶豫不決的命令，下面的戰士就不會彷徨猶豫；行動不疑惑搖擺，戰士們就不會三心二意。

【用兵之害，猶豫最大】　出自《六韜・龍韜・軍勢》。意思是：用兵作戰，最大的危害就是猶豫不決。

【有制之兵，無能之將，不可以敗；無制之兵，有能之將，不可以勝】　出自《諸葛亮集・兵要》。意思是：一支訓練有素的軍隊，即使將領沒有才能，也不會打敗仗；一支沒有嚴格訓練的軍隊，即使將領再善戰，也無法取得勝

利。說明軍隊作戰需要整體素質的提高，因此，應當重視軍事訓練。

【殺一人而三軍震者，殺之；賞一人而萬人說者，賞之】　出自《六韜・龍韜・將威》。說：同「悅」，高興。意思是：如果殺一個人能夠將全軍都震懾住，那就殺了這個人；如果賞一個人，能讓全軍都高興，那就賞賜這個人。

【進有厚賞，退有嚴刑；賞不逾時，刑不擇貴】　出自《諸葛亮集・將苑・將材》。意思是：戰場作戰，勇敢向前的應給予重賞，貪生怕死向後退的應處以重刑。而且獎賞要及時，不能拖延，懲罰不能因為地位高低而有所減免。

【兵可千日而不用，不可一日而不備】　出自《南史・陳暄傳》。意思是：軍隊可以不打仗，但不可以不為戰爭做準備。

【賞厚而信，人輕敵矣；刑重而必，人不北矣】　出自《韓非子・難二》。必：一定。北：敗逃。意思是：獎賞豐厚並能及時兌現，士兵就會看輕敵人而不畏懼了；刑罰嚴厲而且說到做到，士兵

就不敢臨陣脫逃了。

勵士

【一人投命，足懼千夫】 出自《吳子·勵士》。投命：捨命，拚命。意思是：一個人敢於拚命，足可以使千人感到恐懼。

【白刃交於前，視死若生者，烈士之勇也】 出自《莊子·秋水》。意思是：面對刀劍，視死如歸，這是烈士的勇敢。

【君子戰雖有陳，而勇為本焉】 出自《墨子·修身》。陳：同「陣」。意思是：君子在作戰之中雖有陣列的講究，但最根本的還是要勇敢。

【一夫拚命，萬夫難敵】 出自元代無名氏《昊天塔》。意思是：一個人拚了命，上萬人也難以抵擋得住。

【萬夫一力，天下無敵】 出自明代劉基《郁離子·多疑不如獨決》。意思是：一萬個人同心協力，就可以打遍天下。說明團結起來力量大。

【凡戰，以力久，以氣勝】 出自《司馬法·嚴位》。意思是：舉凡作戰，通常都是以充足的兵力而能持久，以高昂的士氣獲得勝利。

【夫戰，勇氣也。一鼓作氣，再而衰，三而竭。彼竭我盈，故克之】 出自《左傳·莊公十年》。意思是：作戰，憑藉的是勇氣。擊第一遍鼓，士氣振奮；擊第二遍鼓，士氣開始低落；擊第三遍鼓，士氣就完全消失了。敵人的士氣消失了，而我軍卻士氣高昂，所以能夠打敗敵人。

【抗兵相加，哀者勝矣】 出自《老子》。意思是：兩軍對壘時，悲憤的一方獲勝。

【必死則生，幸生則死】 出自《吳子·治兵》。幸：僥倖。生：求生。意思是：抱著必死的心態勇敢作戰，就能殺出一條生路；而抱著僥倖求生的想法參加戰鬥，則必死無疑。

【重賞之下，必有勇夫】 出自《三略·上略》。意思是：給以

豐厚的獎賞，就一定有勇敢的人站出來。說明給士兵以重賞，士兵就會鬥志倍增、奮勇殺敵。

【黃沙百戰穿金甲，不破樓蘭終不還】 出自唐代王昌齡詩《從軍行》。黃沙：沙漠。穿：磨破。樓蘭：漢時西域的鄯善國，在今新疆維吾爾自治區鄯善縣東南一帶。西漢時，樓蘭國與匈奴屢次勾結，殺害漢使。傅介子奉命出使，計斬樓蘭國王。意思是：茫茫沙漠裡，已經打了上百場仗，連身上的盔甲都磨破了，但只要不打垮樓蘭，就絕不回去。

【醉臥沙場君莫笑，古來征戰幾人回】 出自唐代王翰詩《涼州詞》。意思是：即使在戰場上倒下了，也請不要取笑，自古出征打仗的人有幾個能夠平平安安地回去呢？詩句表現了士兵視死如歸的氣概和勇氣。

謀略

【上兵伐謀，其次伐交，其次伐兵，其下攻城】 出自《孫子兵法·謀攻》。上兵：用兵的上策。交：結盟，交好。意思是：用兵的上策是在戰略上挫敗敵人，其次是在外交上挫敗敵人，再次是用武力挫敗敵軍，最下策是攻打敵人的城池。

【計有一二者難悖也，聽無失本，末者難惑】 出自《戰國策·秦策二》。意思是：有幾套策略，就不容易糊塗；聽取意見不忘掉根本，便不容易被人所迷惑。

【兵有奇變，不在眾寡】 出自《後漢書·皇甫嵩列傳》。意思是：用兵變化莫測，並不在於人多少。

【兵者不可豫言，臨難而制變者也】 出自《三國志·魏書·陳思王植傳》。豫言：預言。意思是：用兵打仗不能夠預先設定，只能是臨陣隨機應變。

【用兵之道，攻心為上，攻城為下】 出自《三國志·蜀書·馬謖傳》。意思是：出兵作戰以征服敵軍的人心為上策，攻破敵人的城池為下策。

【敵不可易，時不可失】 出

自《戰國策・秦策四》。易：輕忽。意思是：敵人不可以輕視，時機不可以錯過。

【是故始如處女，敵人開戶；後如脫兔，敵不及拒】　出自《孫子兵法・九地》。意思是：因此，戰爭開始之前要像處女那樣顯得沉靜柔弱，誘使敵人放鬆戒備；戰鬥展開之後，則要像脫逃的野兔一樣行動迅速，使敵人措手不及，無從抵抗。

【先知者，不可取於鬼神，不可象於事，不可驗於度，必取於人，知敵之情者也】　出自《孫子兵法・用間》。意思是：要事先瞭解敵情，不可求神問鬼，也不可用相似的現象作模擬推測，不可用日月星辰運行的位置去驗證，一定要取之於人，從那些熟悉敵情的人的口中去獲取。

【百戰百勝，非善之善者也；不戰而屈之兵，善之善者也】　出自《孫子兵法・謀攻》。善：高明。屈：使屈服。意思是：百戰百勝，不算是最高明的作戰者，不交兵而使敵人屈服的，才算是最高明的。

【肉食者鄙，未能遠謀】　出自《左傳・莊公十年》。鄙：淺陋。意思是：那些飽食終日的高官厚祿者見識淺陋，沒有什麼深謀遠慮。常用以諷刺封建社會的官僚政客。

【以正治國，以奇用兵，以無事取天下】　出自《道德經》。意思是：以正確的無為方法治國，以出奇制勝的方法用兵，以無所事事來取得天下。

【天險不可升也，地險山川丘陵也。王公設險以守其國。險之時用大矣哉】　出自《周易・坎・彖辭》。意思是：天之險在於高不可升，地之險在於山川丘陵。王公設險以保衛國家，險的功用真大啊！

【運籌策帷帳之中，決勝於千里之外】　出自《史記・高祖本紀》。意思是：在營帳中對軍略做全面計畫，就能讓在千里之外作戰的軍隊取得勝利。說明謀略和指揮才能之高超。成語「運籌帷幄」即由此而來。

【兵者，詭道也。故能而示之不能，用而示之不用，近而示之

遠，遠而示之近】 出自《孫子兵法・始計》。意思是：作戰是詭詐的。因此，能打，要裝成不能打；想打，要裝成不想打；想往近處，要裝成想往遠處；想往遠處，要裝成想往近處。

【將欲敗之，必姑輔之；將欲取之，必姑與之】 出自《戰國策・魏策一》。姑：暫且。輔：幫助。意思是：若想將敵人打敗，不妨先暫且給他一點甜頭；若想得到東西，不妨先給他點東西。

【欲攻敵，必先謀】 出自（三國・魏）曹操《孫子注・謀攻篇》。意思是：想要進攻敵人，就必須先制訂好策略。

【十則圍之，倍則戰】 出自《史記・淮陰侯列傳》。意思是：如果自己的兵力是敵人的十倍，就採用圍攻；如果自己的兵力是敵人的兩倍，就與敵人展開交戰。

【以近待遠，以佚待勞，以飽待飢，此治力者也】 出自《孫子兵法・軍爭》。佚：同「逸」，安逸，從容。意思是：用靠近戰場的優勢對付敵人的遠途跋涉，用自己

的安閒從容等待敵人的疲憊勞頓，用自己的糧草充足來對付敵人的飢餓處境，這是出兵作戰的高明所在。

【水因地而制流，兵因敵而制勝】 出自《孫子兵法・虛實》。制：制約。意思是：水根據地形的不同而決定其流向，作戰用兵根據敵人的情況而制訂取勝的戰略戰術。

【吾不敢為主而為客，不敢進寸而退尺】 出自《道德經》。意思是：我不願採取攻勢而情願採取守勢，我不願前進一寸而情願後退一尺。

【謀洩者事無功，計不決者名不成】 出自《戰國策・齊策三》。意思是：計謀一旦洩露，就不會成功；遇事猶豫不決，就不會建立功名。

【謀者皆從事於除患之道，而先使除患無至者】 出自《戰國策・燕策二》。意思是：凡善於謀劃的人都注重防范災禍的方法，先把災禍除掉，使它不發生。

【懷重寶者，不以夜行；任大

功者，不以輕敵】 出自《戰國策·趙策二》。意思是：身上攜帶著貴重寶貝的人不走夜路，能建大功的人不輕敵。

【兵不如者，勿與挑戰；粟不如者，勿與持久】 出自《戰國策·楚策一》。意思是：如果兵力不如對方強，就不要發起挑戰；如果糧草不如對方充足，就不要與之相持太久。

【兵貴勝，不貴久】 出自《孫子兵法·作戰》。意思是：用兵作戰貴在能速戰速勝，不要拖延。

【兵聞拙速，未睹巧之久也】 出自《孫子兵法·作戰》。意思是：只聽說用兵打仗時，即便方法笨拙也要速戰速決，沒有見過求巧而長久作戰的。說明兵貴神速的道理。

【能分人之兵，疑人之心，則錙銖有餘；不能分人之兵，疑人之心，則數倍不足】 出自《淮南子·兵略訓》。錙銖：均為古代的重量單位，形容數量極其微小。意思是：如果能夠分散對方的兵力，

離間對方的軍心，就算是用極微小的兵力也綽綽有餘；如果不能分散對方的兵力，不能離間敵人的軍心，就算兵力再多也顯得不夠。

【善出奇者，無窮如天地，不竭如江河】 出自《孫子兵法·兵勢》。意思是：善於出奇制勝的人，其戰術謀略如天地變幻無窮，如江河奔流不竭。

【善持勝者，以彊為弱】 出自《列子·說符》。意思是：善於保持自己勝利的人，總是將自己的強大看成是弱小的。說明要保持住勝利，就不能驕傲自滿。

【一日縱敵，數世之患也】 出自《左傳·僖公三十年》。意思是：一朝放走了敵人，就會成為幾代人的禍患。

【五指之更彈，不若卷手之一挃；萬人之更進，不如百人之俱至】 出自《淮南子·兵略訓》。更彈：輪番彈擊。卷手：握拳。挃：撞擊。意思是：五個手指輪番彈擊，不如握住拳頭用力一擊。一萬個人輪番進攻，不如一百個人一同拚殺。

【先人有奪人之心】　出自《左傳・文公七年》。意思是：先發制人就可以摧毀敵人作戰的勇氣和士氣。

【攻人之法，先絕其援，使無外救】　出自唐代李筌《太白陰經・攻守》。意思是：攻打敵人的法則，就是要先斷掉敵人的支援，使其處於孤立無援的境地。

【養虎自遺患】　出自《史記・項羽本紀》。意思是：養虎是自己留後患給自己。

【善攻者，敵不知所守；善守者，敵不知所攻】　出自唐代李筌《太白陰經・攻守》。意思是：善於進攻的人，可以讓敵人不知道該防守什麼地方；善於防守的人，可以讓敵人不知道該從什麼地方進攻。

【故善戰者，致人而不致於人。能使敵人自至者，利之也；能使敵人不得至者，害之也】　出自《孫子兵法・虛實》。意思是：善戰者調動敵人而絕不為敵人所調動。能夠調動敵人使之自動前來我預想的戰場，是用利益來引誘；能

使敵人不能先於我來到戰場，是設置障礙、多方阻撓的結果。

勝敗

【義兵王，應兵勝，忿兵敗，貪兵死，驕兵滅】　出自《文子・道德》。意思是：為了正義而戰鬥的軍隊可以稱王天下，為了抵抗侵略而戰鬥的軍隊一定能夠取得勝利，因負氣而戰鬥的軍隊難免失敗，因貪功而戰鬥的軍隊難免損失慘重，而驕傲的軍隊則一定會滅亡。

【不出於尊俎之間，而知千里之外】　出自《晏子春秋・內篇雜上》。意思是：沒有離開酒肉席間，卻明白千里之外的敵人。

【失之東隅，收之桑榆】　出自《後漢書・馮異列傳》。東隅：日出的地方，指早晨。桑榆：落日的餘暉照在桑榆樹梢上，指晚上。意思是：在早晨失去了，但在晚上又得到了。比喻一方面失敗了，卻在另一方面勝利了。

【勝而不驕，敗而不怨】　出

自《商君書·戰法》。意思是：打了勝仗不驕傲，打了敗仗也不氣餒。

【敗莫大於愚。愚之患，在必自用】 出自《呂氏春秋·士容》。意思是：沒有什麼比愚蠢造成的失敗更屬害的，因為愚蠢造成的災禍，一定是因為自以為是。

【短於從善，故至於敗】 出自《資治通鑑·漢紀》。短：少。意思是：不肯向善者學習，這便是失敗的原因了。

【兵驕者滅】 出自《漢書·魏相傳》。意思是：認為自己強大而輕敵的軍隊，必定要打敗仗。

【敗莫大於不自知】 出自《呂氏春秋·自知》。意思是：人最大的失敗在於沒有自知之明。

【敗軍之將，不可以言勇；亡國之大夫，不可以圖存】 出自《史記·淮陰侯列傳》。意思是：打了敗仗的將領，不能再談論勇敢；亡了國的士大夫，不能再謀劃倖存的事情。

【勝而不美，而美之者，是樂殺人。夫樂殺人者，則不可以得志於天下矣】 出自《道德經》。意思是：勝利了，不要自以為了不起。自以為了不起，是以殺人為快樂。以殺人為快樂的人，不可以得志於天下。

【凡事豫則立，不豫則廢】 出自《禮記·中庸》。意思是：凡事預先作好準備就能成功，沒有準備就會失敗。

【伐矜好專，舉事之禍也】 出自《管子·形勢》。伐：誇耀。矜：驕傲。意思是：驕傲自誇，獨斷專行，是成就大事的禍患。

【兩鼠鬥於穴中，將勇者勝】 出自《史記·廉頗藺相如列傳》。意思是：兩隻老鼠在洞中爭鬥，哪一個更勇敢些，哪一個就能獲勝。比喻狹路相逢勇者勝。

【兵出無名，事故不成】 出自《漢書·高帝紀上》。意思是：出兵作戰如果沒有正當的理由，就不能取得戰鬥的勝利。

【卒畏將甚於敵者勝，卒畏敵甚於將者敗】 出自《尉繚子·兵令上》。意思是：士兵對將領的敬畏超過了對敵人的畏懼，軍隊就能

一本書讀懂國學句典

獲勝；士兵對敵人的畏懼超過了對將領的敬畏，軍隊就要失敗。

【戰勝而將驕卒惰者敗】 出自《史記‧項羽本紀》。意思是：打了勝仗之後，將領驕傲，士兵懶惰的，就會失敗。

【有備則制人，無備則制於人】 出自漢代桓寬的《鹽鐵論‧險固》。制：控制。意思是：事先有所準備，那麼在戰爭中就能控制敵人；在戰爭之前沒有準備的，就會被敵人鉗制。

【兵不可以黷，黷則玩，玩則敗】 出自明代朱棣《聖學心法序》。黷：濫用。玩：疏忽。意思是：軍隊是不可以濫用的，濫用勢必導致疏忽，疏忽在戰爭中則必然失敗。

【政善於內，則兵強於外也】 出自（三國‧魏）桓範的《世要論‧兵要》。意思是：國內的政治清明了，對外戰爭時軍隊的戰鬥力就會十分強大。

【欲樹木者，必培其根；欲強兵者，務富其國】 出自清代唐才常的《兵學餘談》。意思是：想要種植樹木，就必須要把樹根培養好；想要使軍隊強大，就一定要使國家富裕起來。

【兵者，國之大事，死生之地，存亡之道，不可不察也】 出自《孫子兵法‧始計》。意思是：征戰是國家的大事，關係著百姓的生死和國家的存亡，不能不仔細考慮。

【兵非益多也，惟無武進，足以併力，料敵，取人而已】 出自《孫子兵法‧行軍》。意思是：打仗並不是人越多越好，只要不輕視敵人，不貿然進攻，並且集中兵力，掌握好敵情，選拔好人才就可以取勝了。

【有將才者，必習兵法；習兵法者，不必有將才】 出自宋代李覯的《強兵策》之十。習：通曉。意思是：有大將之才者，一定得通曉兵法；通曉兵法的人，不一定有大將之才。

【貴而不驕，勝而不恃，賢而能下，剛而能忍】 出自《諸葛亮集‧將苑‧將材》。恃：憑藉。賢：有才能。下：謙虛。忍：容

忍。意思是：地位高貴卻不傲慢，作戰有功而不憑藉戰功來炫耀，才能出眾卻能謙虛禮讓，性格剛強卻能自制的人，是統帥應具備的修養。

【善用兵者，以少為多；不善用者，雖多而愈少也】　出自宋代歐陽修的《準詔言事上書》。意思是：善於用兵的人，能讓少量的軍隊發揮出千軍萬馬的氣勢；不善於用兵的人，即使有千軍萬馬的軍隊也還是覺得不夠用。

【凡欲興師，必先教戰】出自明代劉基的《百戰奇略・教戰》。意思是：凡事要興兵開戰，首要的任務是對士兵進行軍事訓練。

【聞鼓則進，聞金則止】出自明代劉基的《百戰奇略・眾戰》。意思是：聽見鼓聲就奮勇殺敵，聽見鳴金就停止前進。

【養軍千日，用軍一時】　出自元代馬致遠的《漢宮秋》雜劇第二折。意思是：軍隊是要長時間的供養與訓練的，那樣才能在戰爭中派上用場。

【令之以文，齊之以武，是謂必取】　出自《孫子兵法・行軍》。令：教育，教導。意思是：用道德道義來教育士兵，用軍法軍紀來統一軍隊，這樣的軍隊一定能夠取得勝利。

【不知三軍之事，而同三軍之政，則軍士惑矣】　出自《孫子兵法・謀攻》。同：干預。意思是：君主不瞭解軍隊內部的事務，卻要干預軍隊的行政事務，軍士就會迷惑不解，無所適從。

【磐石千里，不為有地；愚民百萬，不為有民】　出自漢代韓嬰的《韓詩外傳》。意思是：即使擁有上千里的滿地磐石的土地，也不算是真正地擁有土地；即使擁有上百萬的愚笨的民眾，也不算是真正擁有人民。比喻在精不在多。

【投之亡地然後存，陷之死地然後生】　出自《孫子兵法・九地》。《史記》中也作：「陷之死地而後生，置之亡地而後存。」意思是：將軍隊置於必死的境地，然後才能奮起抵抗，奪得生路。說明處於危險的境地，反而能夠激發人們的鬥志。成語「置之死地而後

生」即由此而來。

【三軍思奮，鬥必十倍】 出自宋代辛棄疾的《九議》之八。三軍：泛指軍隊。鬥：指戰鬥力。意思是：軍隊上下人人奮勇當先，那麼軍隊的戰鬥力是以一當十。

【以戰勵戰，以賞勵賞，以士勵士】 出自唐代李筌的《太白陰經·勵士》。意思是：用戰爭壯觀的場面來激勵士兵英勇戰鬥；用立功受賞的榮譽來激勵士兵立功求賞；用士兵中佼佼者來激勵大家向他們學習。

【自古怕死就會死，幾多貪生不得生】 出自清代洪秀全的《誅妖上天》。意思是：自古以來在戰爭中怕死的人死得更快，那些貪生的人也不會活得很長。

【戰以氣為主，氣勇則勝，氣衰則敗】 出自明代馮夢龍的《東周列國志》第十七回。意思是：在戰爭中是以士兵的士氣為主的，士兵的士氣高昂則能戰勝敵人，士兵的士氣低迷則會失敗。

【攻人以謀不以力，用兵鬥智不鬥多】 出自宋代歐陽修的《準詔言事上書》。意思是：進攻敵人依靠的是計策，而不是兵力的多少；統帥軍隊打仗較量的是智謀，而不是兵帥的多寡。

【事不前定不可以應猝，兵不預謀不可以制勝】 出自宋代辛棄疾的《議練民兵守淮疏》。意思是：事情如果不提前考慮妥當就不能應付突發事件，作戰如果不事先加以籌畫就不能克敵制勝。

【善用兵者，不攻所當攻，攻所不當攻】 出自唐代唐甄的《潛書·五形》。意思是：善於用兵作戰的人，不去指揮軍隊進攻通常認為是應當進攻的地方，而是進攻那些被認為不應當進攻的地方。

【善戰者不羞走】 出自三國曹植的《請招降江東表》。羞：以……為羞恥。意思是：會打仗的人並不以撤退作為羞恥。

【善戰者必以守為戰，善守者必以戰為守】 出自明代莊元臣的《叔苴子外篇》卷一。意思是：會打仗的人一定是以防禦敵人作為進攻，會防禦的人一定是以進攻敵人作為防禦。

【善戰者省敵，不善戰者益敵】 出自明代劉基的《郁離子‧省敵》。省：減少。益：增加。意思是：會打仗的人會儘量減少自己的敵人，不會打仗的人只會增加自己的敵人。比喻在戰爭中要分化敵人，一一擊破。

【一年三百六十日，都是橫戈馬上行】 出自明代戚繼光的《馬上作》詩。意思是：在一年之中的每一天中，天天都是手執武器、騎在戰馬上度過的。

【凡戰者，以正合，以奇勝，故善出奇者，無窮如天地，不竭如江河】 出自《孫子兵法‧兵勢》。意思是：凡是作戰，多數都是以正兵當敵，用奇兵取勝；因此，善於出奇兵的將領，其戰法就好比天地一樣變換無窮，如江河一樣奔流不竭。

【三軍甲馬不知數，但見動地銀山來】 出自宋代陸游的《出塞曲》。三軍：泛指軍隊。甲馬：鎧甲和戰馬。銀山：指刀劍映出的寒光。意思是：軍隊浩浩蕩蕩地走過來，不知道有多少人馬，只看到人馬走過的時候大地在震顫，那刀劍輝映在一起猶如銀山一樣的軍隊疾馳而來。

【萬鼓雷殷地，千旗火生風】 出自唐代高適的《塞下曲》。意思是：在校武場上，萬鼓齊鳴，那聲音如響雷一般震天動地；許多旗幟隨風飄舞，那氣勢如烈火被風吹燃一般。

【善守者，藏於九地之下；善攻者，動於九天之上】 出自《孫子兵法‧軍形》。九地：形容極其深。九天：形容極其高。意思是：善於防守的人，能將自己極其深祕地隱藏起來；善於攻打的人，能夠像高天霹靂一樣行動迅速。

【善用兵者，役不再籍，糧不三載，取用於國，因糧於敵，故軍食可足】 出自《孫子兵法‧作戰》。意思是：善於用兵的人，征兵役不超過兩次，運糧草不超過三次。軍中所需取於國內，而糧草則可以取於敵方，這樣，軍中的糧食就夠用了。

【佯北勿從，銳卒勿攻】 出自《孫子兵法‧軍爭》。佯：假裝。北：敗北，失敗。意思是：對

一本書讀懂國學句典

於假裝失敗的軍隊，不要去追趕；對於精銳的隊伍，不要去強攻。

【以虞待不虞者勝】　出自《孫子兵法・謀攻》。虞：預料，準備。意思是：有充分準備的人去攻打沒有充分準備的人，就能取勝。

【四邊伐鼓雪海湧，三軍大呼陰山動】　出自唐代岑參的《輪臺歌奉送封大夫出師西征》。伐：敲擊。雪海：指天山一帶的雪原。意思是：四面鼓聲陣陣，震得雪原上的雪塊紛紛滑落；軍隊呼聲雄壯，那呼聲讓雄偉的陰山為之顫抖。

【歲歲金河復玉關，朝朝馬策與刀環】　出自唐代柳中庸的《征人怨》。意思是：年復一年奔赴在金河與玉門關之間，日復一日地揮刀策馬與敵人征戰。

【知彼知己，勝乃不殆；知天知地，勝乃不窮】　出自《孫子兵法・地形》。殆：失敗，危險。天：天時。地：地利。意思是：既瞭解敵人，又瞭解自己，就能夠勝而不敗；懂得天時和地利，就能夠取得無窮的勝利了。

【小敵之堅，大敵之擒也】　出自《孫子兵法・謀攻》。意思是：力量小的一方，如果僅憑著力氣與敵方死拚，必然會被力量大的一方所擒獲。說明在劣勢情況下不可與敵硬拚，應根據敵我雙方兵力對比的不同而採取不同的戰法。

【無邀正正之旗，勿擊堂堂之陳】　出自《孫子兵法・軍爭》。無：同「勿」，不要。邀：迎擊。堂堂：盛大的樣子。陳：軍陣。意思是：不要迎擊旗幟嚴整的敵人，不要攻擊實力雄厚的敵人。

【殺氣三時作陣雲，寒聲一夜傳刁斗】　出自唐代高適的《燕歌行》。殺氣：殺伐的氣勢。三時：指白天。意思是：在戰場上，白天殺氣騰騰，像一陣雲彩般籠罩著天空；夜裡，軍營裡戒備森嚴，警報頻傳。

【高陵勿向，背丘勿逆】　出自《孫子兵法・軍爭》。陵：高山。向：仰攻。逆：正面進攻。意思是：敵人處於高地的時候，不要仰攻；敵人背離高地的時候，不要對敵人正面進攻。

【善戰者，立於不敗之地，而不失敵之敗也】　出自《孫子兵法·軍形》。意思是：善於作戰的人，既能使自己立於不敗之地，又能不失掉打敗敵人的機會。

【微乎微乎，至於無形；神乎神乎，至於無聲，故能為敵之司命】　出自《孫子兵法·虛實》。司命：主宰。意思是：微妙又微妙，以至於不露形跡；神奇又神奇，以至於無聲無息。這樣，就能夠掌握住敵人的命運了。說明作戰時，應行動隱蔽，神出鬼沒，這樣才能掌握和調動敵方。

【攻人者利敵寡，自守者利敵多】　出自明代莊元臣的《叔苴子外篇》卷一。意思是：進攻敵人的時機是在敵人人數少的時候有利；防禦敵人堅守不出是在敵人人數多的時候有利。

【雪暗凋旗畫，風多雜鼓聲】　出自唐代楊炯的《從軍行》。意思是：漫天大雪遮天蔽日，戰旗上的標誌都暗淡無色了；刺骨的寒風不停地呼嘯，與戰鼓聲交織在一起，分不清哪個是風聲，哪個是鼓聲。

【善守者守郊原，不善守者守城垣】　出自清代魏源的《聖武紀·城守篇》。郊原：郊野平原。城垣：城牆。意思是：善於防守的人把他安排在郊野平原，不善於防守的人把他安排在城牆之中。

【勝兵先勝而後求戰，敗兵先戰而後求勝】　出自《孫子兵法·軍形》。意思是：打勝仗的軍隊，總是先創造取得勝利的條件，然後才尋求與敵交戰；打敗仗的軍隊，總是先與敵交戰，然後去期求勝利。強調不打無準備之仗。

【兵貪者亡，兵應者強，兵義者王】　出自唐代白居易的《議兵策》。貪：指覬覦別國的土地。應：敵人來犯時的對敵。義：正義的事情。意思是：以侵佔別國土地為目的的戰爭，最終一定會敗亡；保衛自己的國家迎戰來犯的敵人，軍隊會越戰越強；為正義事業而出動的軍隊，則會天下無敵。

【勝無定在，制勝在人】　出自清代魏源的《聖武紀·城守篇》。制勝：達到勝利。意思是：戰爭的勝利並不是固定的，不是一成不變的，勝利的關鍵還是在於人

的指揮。

【勝敗在人而不在險】　出自宋代陳亮的《酌古論・馬援》。意思是：戰爭的勝利與失敗取決人的指揮，而不是取決於地理形勢是否險要。

【知彼知己者，百戰不殆；不知彼而知己，一勝一負；不知彼，不知己，每戰必殆】　出自《孫子兵法・謀攻》。殆：危險。意思是：如果對自己和敵人都很瞭解，那每一次戰爭都不會失敗；如果不瞭解對手只瞭解自己，那勝敗的幾率各占一半；如果不瞭解對手也不瞭解自己，那每一次戰鬥都將失敗。

【兵無常勢，水無常形】　出自《孫子兵法・虛實》。意思是：用兵打仗沒有固定的陣勢，就像流水沒有固定的形狀。

【攻其無備，出其不意，此兵家之勝】　出自《孫子兵法・始計》。意思是：在敵人還沒有準備的時候進攻，在敵人不曾預料到的地方出擊，這是研究軍事的人克敵制勝的絕招。

【怒敵者危，輕敵者敗】　出自宋代陳亮的《酌古論・先主》。意思是：被敵人激怒而失去理智的人很危險，輕視敵人的人一定會吃敗仗。

【山河千里在，煙火一家無】　出自宋代文天祥的《常州》。意思是：國家的大好河山廣闊無垠，可是在遼闊的土地上卻連老百姓燒火做飯時的炊煙也看不到。

【善戰者之勝也，無智名，無勇功】　出自《孫子兵法・軍形》。意思是：善於用兵取勝的人，把禍患消滅在未形之前，所以無智名；用謀略不戰而打敗敵人，所以無勇功。

【勝者之戰民也，若決積水於千仞之谿者，形也】　出自《孫子兵法・軍形》。意思是：勝利者指揮軍隊作戰，就像掘開千仞高處放下溪中的積水一樣，這是一種力量的表現啊！

【天地莫生金，生金人競爭】　出自唐代孟郊的《弔國殤》。意思是：天地之間不要孕育出鑄造兵器的金屬，有了這樣的金屬，人們

就會用來你爭我奪，製造紛亂。

【亂定幾人還本土？唯有官家重作主】　出自唐代張籍的《廢宅行》。官家：對皇帝的稱呼。意思是：平定戰亂後還有幾個人能返回故土？只剩下皇帝還能重新坐上他的座位，當上主人。

【安得天下常年豐，老死不見傳邊烽】　出自宋代陸游的《稽山農》。安得：怎麼才能得到。傳邊烽：邊塞傳來報警的烽煙，此處指戰爭。意思是：怎麼才能得到像天下年年豐收，這樣的太平盛世，直到老去也看不到邊塞報警的烽煙點燃。

厭戰

【勝敗兵家常勢】　出自宋代尹洙《敘燕》。現在常說：勝敗乃兵家常事。意思是：勝利和失敗是領兵打仗經常遇到的事情。

【兵者凶事，不可為首】　出自《三國志・魏書・武帝紀》。意思是：戰爭是凶殘、危險的事情，不能首先發動戰爭。

【爭地以戰，殺人盈野；爭城以戰，殺人盈城。此所謂率土地而食人肉，罪不容於死】　出自《孟子・離婁上》。意思是：為爭奪土地而戰，殺死的人遍野；為爭奪城池而戰，殺死的人滿城。這就是帶領土地來吃人肉，死刑都不足以贖出他們的罪過。

【以道佐人主者，不以兵強天下，其事好還；師之所處，荊棘生焉；大軍過後，必有凶年】　出自《老子》。意思是：以人間正道輔佐君主的人，不以軍隊逞強於天下。用兵會很快產生惡果；軍隊所到之處，荊棘叢生；大戰過後，必有荒年。

【白骨露於野，千里無雞鳴。生民百遺一，念之斷人腸】　出自曹操《蒿里行》。意思是：累累白骨暴露在荒野，千里中原聽不到雞鳴。生靈塗炭百不餘一，想起就令人痛斷肝腸。

【悍戇好鬥，似勇而非】　出自《荀子・大略》。悍：凶悍。戇：蠢直。意思是：蠢直剽悍，喜歡戰鬥，這樣看似很勇敢卻根本不是。

【主不可以怒而興師，將不可以慍而致戰。合於利而動，不合於利而止。怒可以復喜，慍可以復悅。亡國不可以復存，死者不可以復生】　出自《孫子兵法·火攻》。意思是：國君不可因一時憤怒而發動戰爭，將帥不可因一時的氣憤而出陣求戰。符合國家利益才用兵，不符合國家利益就停止。憤怒還可以重新變為歡喜，氣憤也可以重新轉為高興，但是國家滅亡了就不能復存，人死了也不能再生。

【十年天地干戈老，四海蒼生痛哭深】　出自清代顧炎武詩《海上》。干戈：兩種武器，借指戰爭。意思是：連續十年的征戰將天地破壞得一片衰敗，天下的百姓都哭得痛不欲生。詩句表達了詩人對戰爭的厭惡情緒。

【天涯靜處無征戰，兵氣消為日月光】　出自唐代常建詩《塞下曲》。天涯：指邊遠的地方。意思是：邊遠的地方已經停止了戰爭，戰爭的氣焰已經化成了日月的光輝。詩句表達了作者對和平的渴望。

【可憐無定河邊骨，猶是春閨夢裡人】　出自唐代陳陶詩《隴西行》。無定河：黃河中游的一條支流。意思是：許多戰士早已死在無定河邊，變成了枯骨，但守在家中的妻子還在日思夜想盼望他們早日回來團聚。詩句深刻揭露了戰爭給人民帶來的苦難。

【寧為太平犬，莫作亂離人】　出自明代馮夢龍《醒世恆言·賣油郎獨佔花魁》。亂離：動亂。意思是：寧願在太平年代做一條狗，也不願在動亂的社會裡做人。

【出門無所見，白骨蔽平原】　出自漢末王粲《七哀詩》。意思是：出門什麼也看不見，只有一片一片的白骨蓋住了大地。

【死是征人死，功是將軍功】　出自唐代劉灣詩《出塞曲》。征人：戍卒。意思是：征戰中死的都是戍卒，但戰功卻全都是將軍的。

【焉得鑄甲作農器，一寸荒田牛得耕】　出自唐代杜甫詩《蠶穀行》。焉得：怎麼能夠。甲：兵器。意思是：怎麼才能夠將兵器都鑄成農具，讓耕牛將每一寸土地都耕種起來呢？詩句表達了詩人對和

平生活的美好嚮往。

【十室幾人在？千山空自多】
出自唐代杜甫詩《征夫》。意思
是：十戶人家中還有幾戶留存啊，
只有山還依然是那麼多。詩句描寫
了人民被迫充軍後的荒涼景象。

【生女猶得嫁比鄰，生男埋沒
隨百草】 出自唐代杜甫詩《兵車
行》。猶得：還能，尚且能。意思
是：家裡若是生個女兒，至少還能
找個近鄰嫁出去，如果生了男兒，
卻常常要葬身於荒野雜草之中。古
時，人們非常重男輕女，但此處人
們卻寧願生女而不願生男，實際上
是反映了廣大人民對戰爭的憎恨。

【安得壯士挽天河，淨洗甲兵
長不用】 出自唐代杜甫詩《洗兵
馬》。甲兵：指兵器。意思是：如
何才能找到一位壯士，能將天上的
銀河引下來，將所有的兵器都洗乾
淨了，永遠都不再用了呢？詩句表
達了作者希望戰爭早日結束，用問
句更顯其對和平生活的渴望之強
烈。

【戰鼓聲未齊，烏鳶已相賀】
出自唐代于濆詩《塞下曲》。烏

鳶：烏鴉和老鷹。意思是：戰鼓還
沒有全部敲響，烏鴉和老鷹就已經
開始慶賀了。戰鼓即意味著戰爭，
意味著流血犧牲，因而烏鴉和老鷹
相互慶賀，因為牠們又有了美食
了。詩句巧妙地用烏鳶對戰爭的喜
愛來反襯出作者及人民對戰爭的憎
惡。

【繁為攻伐，此實天下之巨害
也】 出自《墨子·非攻下》。意
思是：頻繁的進攻和討伐，實在是
天下最大的禍害呀。表現了墨子反
對戰爭，想使百姓安居樂業的思
想。

【邊庭流血成海水，武皇開邊
意未已】 出自唐代杜甫詩《兵車
行》。武皇：指漢武帝劉徹，這裡
作者指的是唐玄宗李隆基。意思
是：在邊疆，因不斷的戰爭都已經
血流成海，然而漢武帝還要繼續擴
張自己的疆土，沒有一點要停止的
意思。詩句深刻揭露了統治者不顧
百姓死活，執意發動戰爭的殘忍行
徑。

經濟篇

農業

【救荒不如備荒，備荒莫如急農時】　出自清代魏源《吳農備荒議》。農時：指春耕、夏耘、秋收三個時令。意思是：與其等災荒來了再想辦法補救，不如早防備災荒，而防備災荒最好的時機就是把握住農時。

【食者，國之寶也；兵者，國之爪也】　出自《墨子‧七患》。意思是：糧食是國家的寶貝，軍隊是國家的利爪。

【板築以時，無奪農功】　出自《說苑‧建本》。意思是：國家建土木工程要看時日，不要佔用人民耕種的時間。板築：營建之具，築牆以兩板相夾，置土其中，然後用杵築。

【種麥而得麥，種稷而得稷】　出自《呂氏春秋‧用民》。意思是：種麥子，收穫的就是麥子；種稻穀，收穫的就是稻穀。

【稻生於水，而不能生於湍瀨之流；芝生於山，而不能生於磐石之上】　出自《淮南子‧說山

訓》。湍瀨：水淺流急的地點。意思是：水稻是一種生長在淺水裡的穀物，但是它不能生長在水流湍急的淺灘；靈芝是一種生長在高山上的瑞草，但是它不能生長在巨石嶙峋的禿嶺。

【播種有不收者矣，而稼穡不可廢】 出自《抱朴子·廣譬》。意思是：雖然有時播種沒有收成，但不能因為這樣就不耕作了。

【鄉村四月閒人少，才了蠶桑又插田】 出自宋代翁卷詩《鄉村四月》。插田：插秧。意思是：在鄉村，四月間閒著的人很少，因為剛忙完了蠶桑，又得馬上去插秧。描寫了農事的繁忙和農民的辛勞。

【無奈今年又苦旱，塘水少於衣上汗】 出自清代趙俞《踏車曲》。意思是：無奈今年又逢大旱，水塘裡的水甚至比衣服上的汗水還少。

【東風染盡三千頃，白鷺飛來無處停】 出自宋代虞似良《橫溪堂春曉》。染：指春風將秧苗吹綠。意思是：春風吹來，綠綠的秧苗一望無際，連白鷺飛來都沒有地方落腳了。描寫了秧苗茂密旺盛的景象。

【東家稻熟早芟草，西家豆稀懶打蟲】 出自清代袁枚《勸農歌》。芟草：鋤草。意思是：東邊一家的稻子獲得豐收，是因為他們及時地給稻田鋤草，而西邊一家的豆苗長得稀疏，是因為他們懶於給豆苗治蟲。意在勸誡農民應勤於耕作、不要懶惰。

【田家何待春禽勸，一朝早起一年飯】 出自宋代邵定翁詩《插田》。春禽：布穀鳥。意思是：種田的人哪裡用得著等待布穀鳥來催促耕種呢？每天早起，關係到一年的吃飯問題啊！

【禾稼春生，人必加功焉，故五穀得遂長】 出自《淮南子·修務訓》。意思是：禾苗從春天開始生長，但還必須有農民對其辛勤勞作，多下工夫，才能讓五穀得以良好地生長。

【年豐婦子樂，日出牛羊散】 出自宋代張耒詩《感春》。婦子：婦女和孩子。意思是：年景好了，婦女和孩子都感到特別快樂，

太陽剛一出來，牧童就趕著牛羊到各處放牧。描寫了豐年時農民無比歡樂的情景。

【得時之禾，長禾同長穗】出自《呂氏春秋·審時》。意思是：莊稼播種耕耘及時，就會有收穫。比喻做事得其時，就會事半功倍。

【栽培剪伐須勤力，花易凋零草易生】出自蘇舜欽《題花山寺壁》。意思是：栽培香花要常常修整，因為香花容易凋零，而雜草容易蔓延。

【地之磽者，雖有善種不能生焉】出自《漢書·賈山傳》。磽：土質堅硬瘠薄，不適於耕種。意思是：土質磽瘠，縱有良種，莊稼也長不好。【夫國以民為本，民以穀為命】出自《後漢書·張奮傳》。意思是：國家以人民為根本，人民以糧食為生命。穀：稻穀。

【衣食當須紀，力耕不吾欺】出自晉代陶淵明詩《移居二首》。紀：經營。意思是：人的衣食需要自己經營，只要付出勞動，田地是不會辜負我的！

【江南有丹橘，經冬猶綠林。豈伊地氣暖？自有歲寒心】出自唐代張九齡詩《感遇》。歲寒心：耐寒的特性。意思是：江南的丹桔，經過了冬天還依舊常綠，不是因為南方的氣候溫暖，而是因為丹橘本身就具有耐寒的特性。

【農家農家樂復樂，不比市朝爭奪惡】出自宋代陸游詩《樂池農家》。市朝：交易場所或官府治事的地方。意思是：農耕之家是最快樂的，不像那些經商的人或官府的人為了金錢地位而兇惡地爭奪。

【縱有健婦把鋤犁，禾生隴畝無東西】出自唐代杜甫詩《兵車行》。無東西：指莊稼生長得雜亂不堪。意思是：即便有健壯的婦女能拿鋤掌犁，田裡的莊稼還是長得雜亂不堪，排不成行。詩句揭示了兵荒馬亂給農業生產帶來的巨大損害。

【昨夜新雷催好雨，蔬畦麥隴最先青】出自宋代徐璣詩《新春喜雨》。意思是：昨天夜裡一聲春雷，下起了一場春雨，菜畦和麥壟

最先呈現出一片青綠。

【莎衫篛笠，正是村村農務急。綠水千畦，慚愧秧鍼出得齊】

出自宋代盧炳詞《減字木蘭花令》。莎衫：蓑衣。篛笠：斗笠。慚愧：難得。意思是：農民們身披蓑衣，頭戴斗笠在田間緊張地忙碌著，這正是家家戶戶農忙的時節。千畦的綠水中，細嫩的秧苗長得出奇的整齊，真是難得。

【深處種菱淺種稻，不深不淺種荷花】　出自清代阮元《吳興雜詩》。意思是：水深的地方適宜種菱，水淺的地方適宜種稻子，而不深也不淺的地方適宜種荷花。詩句描寫了江南的美麗和富庶，反映了農民充分利用自然發展生產的情形。

【鋤禾日當午，汗滴禾下土。誰知盤中餐，粒粒皆辛苦】　出自唐代李紳詩《憫農》。意思是：農民在炎炎的烈日下鋤地，汗水滴到了禾苗下的田地上。可是又有誰知道盤中的食物，每一粒都是如此辛苦得來的呢？

【稻花香裡說豐年，聽取蛙聲一片】　出自宋代辛棄疾詞《西江月》。意思是：田裡稻花飄香，蛙聲陣陣，似乎在告訴人們今年是個豐收年。此句生動地表達了詩人對豐年的喜悅之情。

【天為之農，而我不農，穀亦不可得而取之】　出自北魏賈思勰《齊民要術・序》。農：耕種。意思是：上天給了我好時機耕種，而我不耕種，也不會收穫到糧食。

【春不奪農時，則有食；夏不奪蠶工，則有衣】　出自《新唐書・來濟傳》。蠶工：與蠶事有關的工作。意思是：春天不耽誤農耕的時間，就能有糧食吃；夏天不佔用蠶事工作，就能有衣服穿。說明了農桑的重要作用。

【數奪民時，大飢乃來】　出自《呂氏春秋・上衣》。時：農時。意思是：多次佔用耽誤農時，就會造成大的飢荒。說明農時不可違。

【丈夫力耕長忍飢，老婦勤織長無衣】　出自宋代徐照《促促詞》。長：同「常」。意思是：男子努力耕作，但還是經常忍飢挨

餓；老婦辛勤紡織，卻總是沒有衣服穿。說明了人民雖然辛勤勞作，但卻總是缺衣少食。

【王事唯農是務，無有求利於其官，以干農功】 出自《國語·周語上》。王事：公事。意思是：在所有的公事當中，最重要的是專力於農業。沒有為了自己的利益而妨害農事的。

【方今之務，莫若使民務農而已矣】 出自漢代晁錯《論貴粟疏》。意思是：目前最重要的莫過於讓百姓從事農業生產了。說明國家應將農業作為根本。

【務民於農桑，薄收賦，廣畜積，以實倉廩，備水旱，故民可得而有也】 出自漢代晁錯《論貴粟疏》。畜：同「蓄」，儲藏，積蓄。意思是：讓百姓專事於農桑，減輕徭役，多積蓄糧食，充實倉廩，以備水旱之用，這樣就能得到百姓的擁護了。

賦稅

【聚天下之人，不可以無財；理天下之財，不可以無義】 出自宋代王安石《乞制置三司條例》。義：合理的方法。意思是：要想得到天下人的擁護，沒有一定的物質財富是不行的；要治理好天下的財富，沒有合理的方法是不行的。

【農夫稅多常辛苦，棄業寧為販賣翁】 出自唐代張籍詩《賈客樂》。棄業：放棄農業。古代以農業為本業，而工商業則常為人所不齒。意思是：農民的賦稅太繁重了，總是辛苦不堪，因此，他們放棄了種田的本業，寧願做個販賣珠寶的商人。

【取於民有度，用之有止，國雖小必安；取於民無度，用之不止，國雖大必危】 出自《管子·權修》。意思是：向百姓徵收賦稅有限度，花費有節制，即使國家小也一定能夠保持安定；向百姓徵收賦稅沒有限度，花費又沒有節制，即使國家再大也必然會有危機。

【誰道田家樂？春稅秋未足】 出自宋代梅堯臣詩《田家語》。意思是：誰說農家的生活安定快樂？春天的賦稅到了秋天還沒有交齊呢！

【孰知賦斂之毒，有甚是蛇者乎】 出自唐代柳宗元《捕蛇者說》。是：這個。意思是：有誰會知道徭役比這毒蛇還殘酷呢？詩句深刻揭露了當時統治者對百姓的殘酷剝削。

【民貧輕揖讓，力盡畏征輸】 出自清代沈德潛《夏日述感》。揖讓：主客相見時的禮節。意思是：人民貧苦的時候，不會注重那些繁文縟節；在他們財力匱乏之時，害怕的是官府徵收賦稅。

【易其田疇，薄其稅斂，民可使富也】 出自《孟子·盡心上》。易：修治。意思是：治理好他們的田地，減輕他們的徭役和賦稅，就能夠使老百姓富足起來。

【官家不稅商，稅農服作苦】 出自唐代姚合詩《莊居野行》。意思是：政府不讓經商的人服役納稅，卻將這些賦稅全都加在了農民的身上。詩句反映了當時的朝廷輕農重商的政策。

【春貸秋賦民皆歡，春賦秋貸民皆怨】 出自《淮南子·說山訓》。意思是：春天放貸，秋天收稅，農民就都會歡喜；但春天收稅，而秋天放貸，農民就都會抱怨。

【能知歲事報陰晴，不知官租重與輕】 出自明代馮惟敏詩《禽言》。歲事：一年的農事。意思是：能夠知道一年的收成如何，能夠預測天氣的陰晴，但卻無法知道賦稅是輕還是重。詩句巧妙地揭示了農民的生活和命運常常掌握在官方的手中。

【賦斂厚，則下怨上矣】 出自《管子·權修》。厚：重、多。下：指百姓。上：指君主。意思是：賦稅過於繁重，老百姓就會怨恨君主。說明要減輕百姓的負擔，才能平復民怨。

【弊政之大，莫若賄賂行而征賦亂】 出自唐代柳宗元《答元饒州論政理書》。意思是：最大的弊政莫過於賄賂猖獗，賦稅繁多了。

【一叢深色花，十戶中人賦】 出自唐代白居易詩《買花》。深色花：指牡丹花。中人：家產中等的人家。意思是：一叢牡丹花的價值，要抵得上十戶中等人家交一年

的賦稅。可見統治階級是何等奢華。

【國賦三升民一斗，屠牛那不勝栽禾】 出自清代龔自珍《己亥雜詩》。那：同「哪」，怎麼。栽禾：種田。意思是：國家規定農民的賦稅是三升米，但實際上，農民卻要交納一斗米，那麼，殺牛怎麼會不比種莊稼強呢？詩句揭示了當時的統治者對貧苦的勞動人民的恣意盤剝。

【六月禾未秀，官家已修倉】 出自唐代聶夷中詩《田家》。意思是：剛到六月，禾苗還沒有吐穗開花，官府就已經早早地開始修築糧倉了。詩句含蓄而又深刻地揭露統治者對百姓的殘酷剝削。

【人間行路難，踏地出賦租】 出自宋代蘇軾詩《魚蠻子》。賦租：即租稅。意思是：這個世界上，連走路都十分困難，只要腳一踏在地上，就得交租納稅。詩句表現了剝削之繁重和苛刻。

【一飯中人產，千金四馬裝】 出自清代陳恭尹詩《所見》。意思是：特權階層的一頓飯的價值就相當於一戶中等人家的全部財產；一匹馬的行頭就要耗費上千兩黃金。詩句尖銳地揭露了封建特權階級的窮奢極欲，同時也從側面反映了統治者對百姓的盤剝之重。

百工

【人間巧藝奪天工】 出自元代趙孟頫《贈放煙火者》。意思是：人間能工巧匠的高超技藝勝過了天上工匠的。

【技藝之士，資在於手】 出自《商君書·算地》。手：技術，手藝。意思是：對於手工業者來說，他們的資本就在於他們手中的技藝。

【積財千萬，不如薄技在身】 出自《顏氏家訓·勉學》。意思是：積累很多的財產，還不如有一門手藝在身。

【爐火照天地，紅星亂紫煙】 出自唐代李白詩《秋浦歌》。紫煙：冶煉爐上冒出的煙雲。意思是：冶煉爐的爐火將四周照得紅彤彤的一片，紅色的火星四處飛濺，

與升騰的紫色煙霧交織在一起。

【始臣之解牛時，所見無非牛者；三年之後，未嘗見全牛也】出自《莊子·養生主》。後常將此句用「目無全牛」來概括。意思是：在我開始殺牛時，所看到的沒有不是全牛的；然而，三年之後，我再殺牛時，就再沒看見過全牛了。說明實踐能讓人的技術更加純熟。

【工人數變業則失其功】 出自《韓非子·解老》。數：多次。功：成績。意思是：做工之人總是改變自己的行業，就做不出成績來。

【工不兼事則事省，事省則易勝】 出自《慎子·威德》。意思是：工匠不同時做兩種工作，那麼他們的工作就專一，工作專一就容易取得成功。說明只有專才能精。

【百工者，以致用為本，以巧飾為末】 出自漢代王符《潛夫論·務本》。意思是：工匠以製造出的器物有實際用處為根本，以弄巧粉飾為末。

【敢將十指誇針巧，不把雙眉鬥畫長】 出自唐代秦韜玉詩《貧女》。鬥：比。意思是：貧家女敢用精巧的針線活誇耀自己靈巧的雙手，而不和別人比試雙眉畫得好。詩句表現了貧家女兒對自己勞動的自信和樸實的性格。

【工欲善其事，必先利其器】 出自《論語·衛靈公》。意思是：做工的人要想做出好的器物來，就一定要使工具完善。

【人之巧，乃可與造化者同功乎】 出自《列子·湯問》。造化：指天地。功：精好。意思是：工匠技藝之精巧，可以與天然媲美，讚歎工匠技藝之高。

【不興其藝，不能樂學】 出自《禮記·學記》。興：喜歡。意思是：如果不喜歡這種技藝，就不能心情愉悅地去學習它。說明只有具有興趣，才能主動去學習。

【觀眾器者為良匠，觀眾病者為良醫】 出自宋代葉適《法度總論》。意思是：觀察過多種器物的人才能成為優秀的工匠，查看過多種疾病的人才能成為出色的醫生。說明只有多實踐，才能提高技藝。

【有百技而無一道，雖得之弗能守】　出自《淮南子‧詮言訓》。道：方向。意思是：如果沒有一定的方向，即使具有多種技能，即使能有所收穫，也不能堅持長久。說明只有精專，才能長久，雜而不精，就會半途而廢。

【良匠能與人規矩，不能使人必巧】　出自晉代葛洪《抱朴子‧極言》。規矩：校正方圓的器具。意思是：一個高明的工匠，能夠教給人如何使用規矩，但卻不能使人一定成為能工巧匠。說明要想成為手藝高超的人，師傅的作用並不是絕對的。

【白頭灶戶低草房，六月煎鹽烈火旁。走出門前炎日裡，偷閒一刻是乘涼】　出自清代吳嘉紀詩《絕句》。意思是：六月天裡，頭髮花白的老鹽工在低矮的茅草屋中用烈火煮鹽。走到門外，能在酷熱的太陽底下偷閒一會兒，就算是乘涼。詩句反映了鹽工生活的艱苦。

經商

【年年逐利西復東，姓名不在縣籍中】　出自唐代張籍詩《賈客樂》。意思是：商人為了追求利潤整年在外面奔走，以至於連縣裡的戶籍冊上都沒有了他的姓名。

【長袖善舞，多錢善賈】　出自《韓非子‧五蠹》。善：善於。意思是：袖子長有利於舞蹈，錢財多有利於經營。

【舉事有道，記其入多，其出少者，可為也】　出自《韓非子‧南面》。道：原則。意思是：做事情要有一定的原則，凡是收益多付出少的事情就可以辦。

【凡殖財產貴其能施賑也，否則守錢虜耳】　出自《後漢書‧馬援傳》。殖：興財生利。意思是：興財生利的人貴在能夠救貧濟困，否則就成了守財奴了。

【巧偽，不如拙誠】　出自《顏氏家訓‧名實》。意思是：與其投機取巧，虛偽欺騙，倒不如老老實實，真摯赤誠。

【商賈者，所以通物也。物以任用為要，以牢固為資】 出自漢代王符《潛夫論・務本》。任用：實用。意思是：商人的任務就是要使貨物流通。而貨物，最根本是要以實用為主，以結實為資本。闡述了商業的根本任務。

【商旅之民多，穀不足而貨有餘】 出自《漢書・貨殖列傳》。商旅：指商人。穀：指糧食。意思是：經商的人多了，就會使糧食生產不足，而貨物有剩餘。說明農、商之間要平衡發展。

【善賈笑鼉漁】 出自（南朝・宋）鮑照《觀圃人藝植》。善賈：善於經商之人。鼉漁：養鼉、打魚的人，這裡指貧窮的人。意思是：善於經商的人恥笑那些以養鼉捕魚為生的人。表現了財大氣粗的商人看不起貧窮的「鼉漁」。

【良賈不為折閱不市】 出自《荀子・修身》。折：虧。閱：賣。意思是：精明的商人不會因為虧了本就不再做生意。

【天下熙熙，皆為利來；天下壤壤，皆為利往】 出自《史記・貨殖列傳》。熙熙：指和樂的樣子。壤：同「攘」，壤壤，紛亂的樣子。意思是：天下人和和樂樂，都是為利益而來；天下人喧鬧紛雜，都是為了利益奔波。

【無財作力，少有鬥智，既饒爭時，此其大經也】 出自《史記・貨殖列傳》。作力：努力。少：同「稍」。大經：常道。意思是：在沒有財力的時候，應該努力創造財富，等到有了一些財富後，就要靠才智來經營；財富多了，就要努力爭取賺錢的時機，這才是發財的常理。

【貴上極則反賤，賤下極則反貴】 出自《史記・貨殖列傳》。貴：價格上漲。賤：價格下跌。意思是：貨品的價格上漲到極高時就會降下來，下跌到極低時就會漲上去。

【貴出如糞土，賤取如珠玉】 出自《史記・貨殖列傳》。意思是：當貨品的價格極高時，就要像扔掉糞土一樣趕快拋售；當貨品的價格極低時，就要像收集珍寶一樣趁機購買。說明賤買貴賣的商業道理。

一本書讀懂國學句典

景色篇

地貌

【白雲回望合，青靄入看無】

出自唐代王維詩《終南山》。靄：輕霧，雲氣。意思是：回頭看時，飄散著的白雲已合攏在一起了；遠處煙霧青青，等走進去時卻又看不見了。

【飛流直下三千尺，疑是銀河落九天】　出自唐代李白《望廬山瀑布》。三千尺：虛指，形容極高。九天：指天空的最高處。意思是：瀑布之水飛流而下，一瀉三千尺，竟讓人懷疑是九天上的銀河落

了下來。

【橫看成嶺側成峰，遠近高低各不同】　出自宋代蘇軾《題西林壁》。意思是：橫著看去，山則成為嶺的形狀，而側面看去，山又成為峰的形狀，從遠、近、高、低等各個不同的角度看去，山就會呈現各種不同的形狀。

【江流天地外，山色有無中】

出自唐代王維詩《漢江臨眺》（一作《漢江臨泛》）。江：這裡特指漢江。意思是：滔滔的江水似

乎流到了天地之外，若隱若現的遠山似有還無。詩句將漢江的浩渺、山色的朦朧融為一體，給人以偉麗新奇之感。

【兩岸青山相對出，孤帆一片日邊來】　出自唐代李白《望天門山》。意思是：兩岸的青山對峙而出，一葉孤舟從太陽升起的地方徐徐駛來。青山對峙，雄偉壯觀；白帆旭日，景象遼闊，讀來讓人覺得心胸開闊，意氣風發。

【兩隻黃鸝鳴翠柳，一行白鷺上青天。窗含西嶺千秋雪，門泊東吳萬里船】　出自唐代杜甫詩《絕句》。窗含：景物像是含在窗子裡一樣。千秋雪：多年不化的積雪。東吳：指蘇州一帶或太湖流域的全境。意思是：兩隻黃鶯在青翠的柳樹上宛轉悠揚地歡唱，一行白鷺在藍藍的天空下展翅飛翔。窗外的西山頂上堆著千年的積雪，門前江邊停泊著來往於東吳萬里航程的船。詩句語言質樸、對仗工整、有聲有色、有動有靜，是千古傳誦的寫景名篇。

【日落川更闊，煙生山欲浮】出自宋代陳與義詩《題持約畫軸》。意思是：夕陽西下，河面更顯得寬闊了，煙霧升騰，大山似乎也要浮了起來。

【日月之行，若出其中；星漢燦爛，若出其裡】　出自（三國‧魏）曹操《步出夏門行‧觀滄海》。星漢：指銀河。意思是：天上的太陽和月亮好像是運行在大海之中，燦爛的銀河也如同從大海中升起。詩句以日月星辰若出其中來描繪大海的壯闊，同時也抒發了作者統一天下的雄心。

【三山半落青天外，一水中分白鷺洲】　出自唐代李白詩《登金陵鳳凰台》。三山：在金陵西南長江邊上，三峰並列，南北相連。一水：一作「二水」，指秦淮河。白鷺洲：江中的沙洲，因為白鷺常在洲上過夜而得名。意思是：南北相連的三座山峰在雲霧中若隱若現，美麗的秦淮河被長江中的白鷺洲一分為二，成了兩支。

【山從人面起，雲傍馬頭生】出自唐代李白詩《送友入蜀》。意思是：走在棧道上，懸崖峭壁似乎緊貼著人的臉高高聳起，雲氣似乎緊挨著馬的頭翻滾升騰。兩句詩

惟妙惟肖地描寫了棧道的狹窄和險峻。

【山隨平野盡，江入大荒流】
出自唐代李白詩《渡荊門送別》。山：這裡指荊門山。江：這裡指長江。大荒：一望無際的原野。意思是：群山隨著平闊的原野的出現而逐漸消失了，奔騰的江水流向無邊無際的原野。一個「盡」字、一個「流」字，充滿了動感與活力，展現了長江流過三峽後的壯麗景色。

【水何澹澹，山島竦峙】　出自（三國‧魏）曹操《步出夏門行》。澹澹：水波蕩漾。竦：同「聳」，竦峙，即聳立。意思是：滄海水波蕩漾，群山和島嶼高高聳立。

【餘霞散成綺，澄江靜如練】
出自（南朝‧齊）謝朓詩《晚登三山還望京邑》。綺：帶花紋的絲織品。練：白色的絹綢。意思是：晚霞一片片散開，猶如一片片彩色的綢緞；澄澈的江水風平浪靜，宛如一條潔白的綢絹。霞之動、之絢與江之靜、之淡相互襯托，給人以美的感受。

【欲把西湖比西子，淡妝濃抹總相宜】　出自宋代蘇軾詩《飲湖上初晴後雨》。相宜：合適。意思是：想要把西湖比作西施，不管是素雅的淡妝，還是豔麗的濃妝，都是那麼秀麗可愛。

【秋風蕭瑟，洪波湧起】　出自（三國‧魏）曹操《步出夏門行‧觀滄海》。洪波：大的波浪。意思是：瑟瑟的秋風吹得大海波濤洶湧。描寫了秋日滄海波瀾壯闊的景象。

【泉聲咽危石，日色冷青松】
出自唐代王維詩《過香積寺》。意思是：流泉被聳立的險石所阻而發出幽咽的聲音，夕陽的餘暉灑落在蒼翠的松林上，更顯清冷。詩句描寫了山林的荒僻與幽靜。

【絕頂人來少，高松鶴不群】
出自唐代賈島詩《宿山寺》。意思是：山的最高峰很少有人來遊玩，棲息在高高的青松上的鶴連個夥伴都沒有。詩句描寫了山景的孤高，同時也表達了高潔人品為世所稀的意思。

【黃河遠上白雲間，一片孤城

萬仞山】　出自唐代王之渙詩《涼州詞》（一作《山塞》）。孤城：指玉門關，在今甘肅省敦煌縣西北小方盤城，是古代通往西域的要道。仞：古代的長度單位，一仞約等於七八尺，萬仞，形容極高。意思是：黃河遠遠地向西流淌，一直伸向白雲深處；在那萬仞高的山上，孤零零地聳立著一座城堡。詩句描寫了玉門關的險要以及玉門關外的荒涼。

【海上濤頭一線來，樓前指顧雪成堆】　出自宋代蘇軾詩《望海樓晚景》。濤頭：指最前面的波濤。指顧：指點顧盼，比喻時間很短。意思是：遠處的大海上，濤頭像一條白線似的滾湧而來，指點顧盼的瞬間，望海樓前的浪花已經如雪堆一樣了。

【蟬噪林愈靜，鳥鳴山更幽】　出自（南朝·梁）王籍詩《入若耶溪》。意思是：蟬聲嘶鳴，使樹林顯得更加幽靜；鳥雀和鳴，讓深山顯得越發僻靜。詩句以動襯靜，效果強烈，被《梁書》譽為「文外獨絕」。

【遙望洞庭山水翠，白銀盤裡一青螺】　出自唐代劉禹錫詩《望洞庭》。意思是：極目遠望，洞庭湖山青水翠，湖中的君山就像一顆小巧精緻的青螺一樣靜佇在白色的銀盤裡。詩句以銀盤、青螺作比，將洞庭山水寫得宛若一件精美絕倫的藝術珍品，可謂語出奇警。

【大漠孤煙直，長河落日圓】　出自唐代王維詩《使至塞上》。大漠：廣闊的沙漠。長河：指黃河。意思是：浩瀚無邊的沙漠上，一縷孤煙直上雲霄；橫穿沙漠的長河盡頭，一輪落日顯得格外渾圓。

【蜀道之難，難於上青天】　出自唐代李白詩《蜀道難》。蜀道：古代通往四川一帶的道路。意思是：蜀道艱險崎嶇，走起來真比登天還難啊！作者用青天作比，將蜀道之難形象地描繪了出來。

【滿眼風波多閃灼，看山恰似走來迎。子細看山山不動，是船行】　出自唐代無名氏詞《攤破浣溪沙》。子細：仔細。意思是：放眼望去，只見微風吹來，水面上波光蕩漾。看著眼前的山，就好像是來迎接你似的，但當你仔細一看，山並沒有動，而是你的船在前行。

一本書讀懂國學句典

【小荷才露尖尖角，早有蜻蜓立上頭】　出自宋代楊萬里詩《小池》。尖尖角：捲著的嫩荷葉。意思是：嫩嫩的荷葉才從水中露出一個尖尖的小角，就有蜻蜓飛到了上頭。詩人以細膩的觀察，獨特的體驗，刻畫了初夏獨有的景物，讓人感覺幽靜清新。現常用這兩句比喻人們對新事物的關注。

花草

【竹外桃花三兩枝，春江水暖鴨先知】　出自宋代蘇軾詩《惠崇春江晚景》。意思是：竹林外邊，已經開出了幾枝桃花；春天到了，江水轉暖，這一點鴨子最先知道。詩句中有動有靜，將一幅春景描寫得饒有韻味。

【枝間新綠一重重，小蕾深藏數點紅】　出自元好問《同兒輩賦未開海棠》。意思是：枝條間生出叢叢的綠葉，紅色的小花蕾點綴在綠葉之中。

【一從梅粉褪殘妝，塗抹新紅上海棠。開到荼蘼花事了，絲絲天棘出莓牆】　出自王淇《春暮遊小園》。意思是：自從梅花凋零之後，海棠花剛剛塗抹了它那鮮紅豔麗的臉容。待到荼蘼花開過之後，雖然春天已經過去了，但酸棗樹的莖葉片又長出了莓牆之上。

【林花謝了春紅，太匆匆】出自南唐李煜《烏夜啼》。意思是：樹木裡的花朵已經凋謝，那一片片、一瓣瓣的紅豔，實在是消逝得太匆忙了。

【癲狂柳絮隨風去，輕薄桃花逐水流】　出自杜甫《絕句漫興九首》。意思是：柳絮發狂似的任憑狂風卷著在天空中飛來飛去，桃花輕飄飄地落在江河裡隨著水波蕩漾漂流。

【日月麗乎天，百穀草木麗乎土】　出自《周易·離·彖辭》。意思是：日月依天而行，百穀草木依附地而生存。

【離離原上草，一歲一枯榮。野火燒不盡，春風吹又生】　出自白居易《賦得古原草送別》。意思是：平原上長滿了茂盛的野草，每年一度秋枯春榮。無情的野火哪能

燒盡，溫暖的春風又使它發芽滋生。

【葉上初陽乾宿雨。水面清圓，一一風荷舉】 出自宋代周邦彥詞《蘇幕遮》。初陽：剛剛升起的太陽。宿雨：昨天夜裡下的雨。意思是：初升的太陽照乾了昨夜滴落在荷葉上的雨珠。水面上的荷葉潔淨而渾圓，微風吹來，一片片都迎風而立。三句詞將荷葉的風姿綽約刻畫得入木三分。

【桃之夭夭，灼灼其華】 出自《詩經‧周南‧桃夭》。意思是：桃樹繁茂，桃花燦爛。

【亂花漸欲迷人眼，淺草才能沒馬蹄】 出自唐代白居易詩《錢塘湖春行》。意思是：各種顏色的花開得越來越多，漸漸地讓人感覺眼花繚亂；小草開始生長，才剛剛能高過馬蹄。兩句詩寫錢塘湖的春景生機盎然，成為歷代傳誦的名句。

【枝上柳綿吹又少，天涯何處無芳草】 出自宋代蘇軾詞《蝶戀花》。意思是：枝條上的柳絮被風吹得越來越少了，任憑是天涯海角，什麼地方沒有長滿著青草呢！兩句詞情思綿邈，清新雅麗，具有一種扣人心弦的藝術魅力。現常用後一句比喻天下到處都有美好的事物存在。

【接天蓮葉無窮碧，映日荷花別樣紅】 出自宋代楊萬里詩《曉出淨慈寺送林子方》。蓮葉：指荷葉。別樣：特別，異常。意思是：一眼望去，片片相接的荷葉就像一片碧綠的海洋，一直接到天邊；朝陽映照下的荷花顯得格外的紅豔。詩句抓住荷葉的綠與荷花的紅，形成鮮明的對照，色彩更豔，詩意更濃。

【疏影橫斜水清淺，暗香浮動月黃昏】 出自宋代林逋詩《山園小梅》。暗香：指清幽的香氣。意思是：疏朗的花影斜映在清淺的水中，淡淡的幽香飄溢在昏黃的月色中。詩句以清淺的塘水和朦朧的月色作陪襯，寫出了優美的枝影和襲人的香氣，烘托了一幅無比美妙的圖畫，堪稱絕唱。

【桃花亂落如紅雨】 出自唐代李賀詩《將進酒》。意思是：紛紛飄落的桃花猶如天降紅雨一般。

詩句描寫桃花飄落之景，比喻形象生動，讀來如現眼前。

【有情芍藥含春淚，無力薔薇臥曉枝】　出自宋代秦觀詩《春日》。春淚：指未乾的雨珠。意思是：雨珠還盈盈地掛在芍藥的花瓣上，就像一位多情的少女眼裡含著晶瑩的淚珠；薔薇嬌弱無力，連枝條都匍匐在地上。

【綠楊煙外曉寒輕，紅杏枝頭春意鬧】　出自宋代宋祁詞《玉樓春·春景》。意思是：綠楊翠柳，如煙似霧，美景之外，尚存一絲寒意；紅杏開滿枝頭，蜜蝶狂舞，其喧鬧更顯春意盎然。詩句生動形象地表現了早春時的景象，充滿生機的春天的可愛，尤其一個「鬧」字，可謂卓絕千古。

【夜深風竹敲秋韻，千葉萬聲皆是恨】　出自宋代歐陽修詞《玉樓春》。意思是：深夜裡，秋風吹起，竹葉敲奏出陣陣秋聲，只是所有的竹葉和聲響都充滿了愁和恨。兩句詞展現了深秋的悲涼，既是寫景也是抒情。

【沾衣欲濕杏花雨，吹面不寒楊柳風】　出自宋代釋志南詩《絕句》。意思是：杏花開放，微微的細雨落在衣服上，似濕非濕；楊柳輕揚，徐徐的春風吹在臉上，全無寒意。作者將「杏花」「楊柳」與「雨」「風」相連，將讀者引入到春的芬芳與溫柔當中，如墜夢境。

【春色滿園關不住，一枝紅杏出牆來】　出自宋代葉紹翁詩《遊園不值》。意思是：滿園的春色關都關不住了，一枝紅豔豔的杏花已經從牆上探出了頭。詩句並未真正描述園中如何的繁花似錦，但一個「關不住」、一個「出牆來」卻依舊給讀者無限的感染力，讓人很容易想到園中百花怒放、爭奇鬥豔的景象。

【春城無處不飛花，寒食東風御柳斜】　出自唐代韓翃詩《寒食》。春城：指春天裡的長安城。花：亦解作柳絮。御：御苑。意思是：春日的長安城，無處不飛舞著落花；寒食節，御苑的柳枝在東風的吹拂下搖曳生姿。兩句詩就將落花漫天、柳絮飛揚的暮春景色展現了出來。現也常用前一句形容欣欣向榮的大好形勢。

【草色遠看近卻無】　出自唐代韓愈詩《早春呈水部張十八員外》。意思是：早春時節，草色初見，遠看一片嫩綠，但走近一看反倒看不出，好像什麼也沒有似的。詩句表現了詩人對初春景色細膩的觀察以及詩人高超的筆力。

【黃四娘家花滿蹊，千朵萬朵壓枝低】　出自唐代杜甫《江畔獨步尋花七絕句》。黃四娘：「娘」或「娘子」，是唐代習慣對婦女的美稱。蹊：小路。意思是：黃四娘家的庭院裡，小路上開滿了花朵，許許多多的花兒將花枝都壓彎了。前面的「滿」字與後面的「千朵萬朵」前呼後應，表現了繁花似錦的景象。

【停車坐愛楓林晚，霜葉紅於二月花】　出自唐代杜牧詩《山行》。坐：因為。意思是：把車子停了下來，只因為非常喜愛這楓林的晚景，那落上秋霜的楓葉比二月裡的花兒還紅豔呢！詩句表現了秋日山林楓葉流丹、層林盡染的熱烈而生機勃勃的景象。

【暮春三月，江南草長，雜花生樹，群鶯亂飛】　出自（南朝·梁）丘遲《與陳伯之書》。意思是：暮春三月，江南到處芳草遍地，樹上鮮花叢生，成群的黃鸝四處飛舞。詩句描繪了春回大地，萬物復甦的景象，為描寫江南風景的千古名句，成語「草長鶯飛」即來源於此。

【春風江上柳如煙，夾岸桃花遠趁船】　出自清代井鏜詩《寒食舟中》。趁：追逐。意思是：我的小船在江上疾駛，岸邊的柳樹如煙似霧，而江水兩岸的桃花就像在追著船兒一樣。

【柳絲嫋嫋風繰出，草縷茸茸雨剪齊】　出自唐代白居易詩《天津橋》。繰：同「繅」，抽絲。意思是：那些隨風搖擺的細長的柳絲像是春風一根一根抽出來的；那些又軟又短的密密的嫩草像是細雨一點一點剪出來的。

【荷風送香氣，竹露滴清響】　出自唐代孟浩然詩《夏日南亭懷辛大》。意思是：微風吹來，飄過陣陣荷花的香氣；竹露盈圓，落地時清脆有聲。詩句描寫了夏日夜晚的景色。

【晴川歷歷漢陽樹，芳草萋萋鸚鵡洲】　出自唐代崔顥詩《黃鶴樓》。晴川：指白日照耀下的漢江。歷歷：清清楚楚，清晰。漢陽：地名，在今武昌西北。萋萋：茂盛的樣子。鸚鵡洲：地名，唐時在漢陽西南的長江中。意思是：陽光下的漢江對岸，漢陽的綠樹清晰可見，鸚鵡洲的芳草茂盛喜人。

【漠漠水田飛白鷺，陰陰夏木囀黃鸝】　出自唐代王維詩《積雨輞川莊作》。漠漠：密佈的樣子。陰陰：幽暗的樣子。意思是：積滿雨水的田野上，白鷺翩翩飛舞；幽暗茂盛的樹林裡，黃鸝動聽地歌唱。

【春路雨添花，花動一山春色】　出自宋代秦觀詞《好事近》。意思是：春天的雨水讓路旁的花兒競相開放，開放的花兒在風中搖擺，給大山又增添了無限春色。詩句描寫了春天生機勃勃的景象。

鳥蟲

【幾處早鶯爭暖樹，誰家新燕啄春泥】　出自唐代白居易詩《錢塘湖春行》。暖樹：指向陽處的樹或樹枝。「爭暖樹」「啄春泥」：均指築巢。意思是：有好幾處，早來的黃鶯都在爭著將巢穴築在向陽的樹上，還有不知誰家剛飛回的燕子在飛進飛出忙著啄銜壘窩的春泥。詩句用早鶯和新燕的動態寫出了一派欣欣向榮的早春勝景。

【寒波淡淡起，白鳥悠悠下】　出自元好問《潁亭留別》。意思是：清冷的水波搖盪起伏著，白鳥緩緩地飛下來停在水面上。

【燕歌未斷塞鴻飛，牧馬群嘶邊草綠】　出自唐代李益詩《塞下曲》。燕歌：一種歌曲名。鴻：大雁。意思是：燕歌還在悠揚不斷地唱著，邊塞的大雁在天空展翅飛翔；牧馬成群結隊地嘶鳴歡叫，邊塞的原野已經長出了一層嫩綠的小草。詩句描寫了生機勃勃的邊塞春景。

【風急天高猿嘯哀，渚清沙白

鳥飛回】　出自唐代杜甫詩《登高》。渚：水中的沙洲。意思是：天高雲淡，秋風呼嘯，兩岸猿聲哀嘯；渚清沙白，鳥兒在自由飛翔。詩句描繪了一幅精美的江邊秋景圖。

【沙上並禽池上暝，雲破月來花弄影】　出自宋代張先詞《天仙子》。暝：日落，天黑。意思是：天色漸黑，鳥兒雙雙棲息在沙地上；雲開月現，花影在微風中婆娑起舞。詩句描寫了黃昏時分的幽靜。

【細雨魚兒出，微風燕子斜】　出自唐代杜甫詩《水檻遣心》。斜：斜飛。意思是：濛濛細雨中，魚兒搖曳著浮出水面；徐徐微風裡，燕子斜斜地在天空飛翔。詩句細緻地描繪了微風細雨中魚、燕的情態，生動細膩，為詩評家所交口稱讚：「此十字，殆無一字虛設。」

【穿花蛺蝶深深見，點水蜻蜓款款飛】　出自唐代杜甫詩《曲江》。蛺蝶：一種蝴蝶。見：同「現」。款款：緩緩的，悠然自得的樣子。意思是：在花叢中穿梭的

蝴蝶翩翩起舞，忽隱忽現；在水面上飛行的蜻蜓一點即起，悠然自得。詩句極富天然之妙。

【桃花細逐楊花落，黃鳥時兼白鳥飛】　出自唐代杜甫詩《曲江對酒》。逐：追隨。兼：間雜。意思是：桃花與楊花隨風輕輕飄落，黃色的鳥群中不時地夾雜著白色的鳥一同飛翔。詩句中「細逐」「時兼」四字自然地表現了落花的輕盈和飛鳥的歡躍，將暮春景致描繪得生動而傳神。

【落霞與孤鶩齊飛，秋水共長天一色】　出自唐代王勃詩《滕王閣序》（一作《秋日登洪府滕王閣餞別序》）。鶩：野鴨，這裡指能飛的野鴨子。意思是：豔麗的晚霞與孤獨的野鴨同向天邊飛去，秋天的水面與廣闊的碧空融合在一起。詩句用晚霞、孤鶩、秋水、長天，描繪了一幅色彩絢爛，境界曠遠的暮秋天景圖。

【人家在何許？雲外一聲雞】　出自宋代梅堯臣詩《魯山山行》。意思是：人家在哪裡呢？只聽見一聲雞鳴從雲外傳來。有雞就會有人家，因此聽到了雞鳴，人家

一本書讀懂國學句典

也就不遠了，頗具意趣。

【地闊鳥飛遲，風寒馬毛縮】

出自唐代劉長卿詩《贈別於群投筆赴安西》。遲：緩慢。意思是：大地遼闊，連天上的鳥兒的飛翔也顯得慢了；寒風呼嘯，連馬兒身上的毛都不禁縮了起來。詩句用「遲」和「縮」兩個字表現了邊塞的遼闊和淒寒。

【古木鳴寒鳥，空山啼夜猿】

出自唐代魏徵詩《述懷》。意思是：寒冷的夜裡，古樹裡傳來陣陣鳥兒的哀鳴，空蕩的山谷裡，回蕩著長猿的哀叫。兩句詩將作者夜行時的蕭索和蕭殺展現了出來。

【怪禽啼曠野，落日恐行人】

出自唐代賈島詩《暮過山村》。怪禽：叫聲怪異的鳥。意思是：一種叫聲怪異的鳥在淒遼的原野上空嘶叫，讓日暮中孤單的行人心裡深感恐懼。詩句描寫了荒僻的山村在夜幕降臨時陰森恐怖的景象。

時令

【海日生殘夜，江春入舊年】

出自唐代王灣詩《次北固山下》（又作《江南意》）。意思是：夜色還沒有褪盡，海上就已升起了一輪紅日；舊年尚未過完，春天的氣息就已綻露了出來。

【赤日炎炎似火燒，野田禾稻半枯焦】　出自施耐庵《水滸傳》。意思是：鮮紅的太陽，灼熱得猶如燃燒中的烈焰，田野中的稻苗已有一半被烤得枯黃了。

【碧雲天，黃葉地，西風緊，北雁南飛】　出自王實甫《西廂記》。意思是：碧綠的雲天，黃葉落滿大地，西風緊吹，北雁紛紛向南飛去。

【悲哉秋之為氣也！蕭瑟兮草木搖落而變衰】　出自宋玉《九辯》。意思是：教人悲傷啊秋天的氣氛，大地蕭瑟啊，草木枯黃凋零。

【冬者歲之餘，夜者日之餘，陰雨者時之餘也】　出自《三國志・魏書・王肅傳》注文。意思是：冬季是一年的殘餘時間，夜晚是白天的殘餘時間，陰雨天是四季的殘餘時間。

【見一葉落而知歲之將暮，睹瓶中之冰而知天下之寒】　出自《淮南子·說山訓》。暮：晚。睹：見。意思是：看見一片落葉飄落就知道這一年就要過去了，看到瓶子裡的水結了冰就知道天氣要變寒冷了。

【東風夜放花千樹】　出自宋代辛棄疾詞《青玉案》。意思是：無數的花燈，就好像是春風在夜裡吹開了千樹的繁花。此句描寫了元宵節裡燈火輝煌不夜天的喜慶場面。

【千山鳥飛絕，萬徑人蹤滅。孤舟蓑笠翁，獨釣寒江雪】　出自唐代柳宗元詩《江雪》。蓑笠：指蓑衣、斗笠，用以防雨。意思是：群山中，看不見一隻飛鳥的影子，小路上，見不到一個行人的腳印。只有孤零零的小船上，一位穿著蓑衣，戴著斗笠的老翁，獨自冒著風雪在寒冷的江面上釣魚。全詩僅用了二十個字就把讀者帶到了一個空疏冷寂的境地，描繪了一幅遼闊高遠，氣氛靜謐的雪景圖。同時，也畫出了詩人孤寂的心情和傲岸的骨氣。

【夫冰炭不同器而久，寒暑不兼時而至】　出自《韓非子·顯學》。意思是：冰和炭不能長時間放在同一個容器裡，寒和暑不能同時來到。

【大哉乾元！萬物資始，乃統天。雲行雨施，品物流形。大明終始，六位時成】　出自《周易·乾·彖辭》。意思是：天真偉大啊！萬物萌生都要依靠它。它行雲施雨，萬物才能化成。日月終而復始地運行，象徵六氣的生成。

【不知細葉誰裁出，二月春風似剪刀】　出自唐代賀知章詩《詠柳》。意思是：不知道這細嫩青翠的柳葉是誰裁成的，原來是二月裡像剪刀一樣靈巧的春風啊！詩句將無形的「春風」比喻成了有形的「剪刀」，造語新奇，十分貼切。

【風乍起，吹皺一池春水】出自五代馮延巳詞《謁金門》。意思是：一陣風突然吹來，平明如鏡的水面頓時泛起了道道波紋。

【好雨知時節，當春乃發生。隨風潛入夜，潤物細無聲】　出自唐代杜甫詩《春夜喜雨》。意思

是：好雨就像知道時令一樣，春天一到它就開始滴落。夜裡隨著和風悄悄降下，紛紛綿綿，無聲無息地滋潤著萬物。作者抓住了春雨的特點，用擬人的手法，寫盡了春雨之好。

【纖雲四捲天無河，清風吹空月舒波】　出自唐代韓愈詩《八月十五夜贈張功曹》。河：銀河。波：月光。意思是：纖細的晴雲向四外捲去，看不見天上的銀河；清風吹拂夜空，月光如水般蕩漾。詩句描寫了八月十五纖雲四散，圓月當空的景色。

【明月照積雪，朔風勁且哀】　出自（南朝·宋）謝靈運詩《歲暮》。朔風：北風。意思是：潔白的月光照著積雪，強勁的北風如哀鳴般狂嘯。詩句描繪了一幅晚冬時節月夜雪景。

【清明時節雨紛紛，路上行人欲斷魂】　出自唐代杜牧詩《清明》。意思是：清明時節，雨紛紛地下著，路上的行人都失魂落魄似的。詩句中「紛紛」二字極妙，既是形容雨紛紛而落，也是形容人的心緒有些淒迷紛亂，情在景中，情景交融。

【含風鴨綠鱗鱗起，弄日鵝黃嫋嫋垂】　出自宋代王安石詩《南浦》。鵝黃：幼鵝的毛呈嫩黃色，這裡指柳條變綠之前呈現的淡黃色。意思是：春風的吹拂下，碧綠清澈的溪水微波鱗鱗；暖陽的照耀下，隨風搖曳的嫩柳懸垂半空。兩句詩將初春的景物刻畫得讓人心曠神怡。

【風煙放蕩花披猖，鞦韆女兒飛短牆】　出自唐代李山甫詩《寒食》。放蕩：放縱。披猖：飛揚。意思是：春風盡情地吹拂，吹得花兒恣意飛揚，女孩縱情地蕩著鞦韆，高高的似乎要飛過矮牆。詩句描繪了寒食佳節特有的景色。

【不夜城中陸地蓮，小梅初破月初圓】　出自宋代范成大詩《元夕》。陸地蓮：指蓮花狀的燈，因蓮生水中，而燈在陸上，故稱。意思是：元宵佳節，整個城市徹夜不眠，到處掛滿了蓮花形的花燈；小梅初放，月亮也在這一年中第一次變圓。

【由來月明如白日，共道春燈

勝百花】 出自唐代王維詩《同比部楊員外十五夜遊有懷靜者季》。由來：自始以來。春燈：即指花燈。意思是：自始以來，元宵之夜的月亮就明如白日，這個夜晚，大家一起遊玩，都說這元宵的花燈比那百花盛開還要美麗。詩句描寫了元宵夜花燈如畫的景色。

【華燈火樹紅相鬥。往來如畫。橋河水白天青，訝別生星斗】出自宋代張先詞《玉樹後庭花·上元》。華燈火樹：比喻輝煌明亮的燈火。訝：驚訝，懷疑。意思是：輝煌明亮的燈火爭奇鬥豔，照耀著大地如同白畫一般。橋下的河水閃耀著白色的光芒，天空一片碧青，無數的華燈倒映在河中，讓人懷疑這元宵之夜又生出了一些星星。幾句詞生動而形象地描繪了元宵夜如畫的景致。

【紅杏梢頭寒食雨，燕子泥新，不住飛來去】出自宋代毛滂詞《蝶戀花·寒食》。意思是：紅杏的枝頭還留著寒食時下的雨，燕子在忙著銜泥壘築新巢，不停地飛來飛去。

【呼盧院落嘩新歲，賣困兒童

起五更】出自宋代陸游詩《歲首書事》。呼盧：古時一種博戲，人們歲首聚博，叫做試年庚。賣困：宋代時江浙的一種習俗，兒童們都在立春這一天相呼「賣春困」，以取立春後農事將興，喻人振奮之意。意思是：元旦，人們在院落裡聚博，傳出陣陣喧嘩，兒童們在五更時就起床相互呼喊著「賣春困」。兩句詩表現了元旦時的熱鬧氣氛。

【誰家見月能閒坐？何處聞燈不看來】出自唐代崔液詩《上元夜》。意思是：有誰家能見到元宵的月亮而能夠無動於衷不去觀賞呢？有哪裡看到處處都在鬧花燈而忍得住不去看呢？詩句寫出了元宵夜景之誘人，以及人們按捺不住的喜悅心情。

【爆竹聲中一歲除，春風送暖入屠蘇】出自宋代王安石詩《元日》。屠蘇：一種酒名，在古代，農曆正月初一人們都要飲屠蘇酒，以避瘟疫。意思是：舊的一年在劈啪作響的爆竹聲中又過去了，春風又吹，吹暖了大地，也吹暖了屠蘇酒。描寫了新年時的喜慶氣氛。

詩賦趣談

蝗蟲成罪犯

清朝末年，山東文縣和德縣發生旱情，蝗蟲成災，百姓苦不堪言。朝廷接報後，派大員前去視察災情。文縣縣令為了推卸責任，在大員到來之前，向德縣發出一份公文，上面寫道：

敝縣原本無蝗災，
均從貴縣飛過來。
請你趕快搜捕盡，
免得再把我縣害。

德縣縣令打開公文一看，原是耍賴之詞，啼笑皆非。委屈之下，不甘示弱，於是就在該文後面以打油詩回敬：

蝗蟲本是天之災，
並非本縣無德才。
既從敝縣飛過去，
還請貴縣押回來！

寫完，即將公文退回文縣。縣令看後，直氣得兩耳嗡嗡作響，瞪著雙眼，半天說不出一句話來。

成語「滿城風雨」的來源

宋代有一位詩人叫潘大臨。據說某年重陽節前夕的一個傍晚，潘大臨躺在床上休息，聽到窗外秋風

颯颯，秋雨瀟瀟，不禁詩興大發，急忙披衣下床，大筆一揮，寫下「滿城風雨近重陽」的詩句。剛剛寫完還沒有考慮第二句，突然催租的人闖進來，立刻把他的詩興沖走了。之後他想接著寫，可是靈感卻一去不再來了。

他的朋友向他要詩，他不得不說明情況，只將這一句寄去。可是，即使這一句，也成為名句傳世，歷代受到稱譽。呂本中《童蒙詩訓》說：「文章之妙，至此極矣！」成語「滿城風雨」就是由這句詩而來。

長壽祕訣

一老者年過八十，仍康健如中年人。人們紛紛前來問其長壽之道，老者以一首詩答之曰：

心安茅屋穩，性定菜根香。
世事靜方見，人情淡始長。

袁枚得詩於民

清朝乾隆年間出了個自號為「隨園主人」的大詩人袁枚，他寫的《隨園詩話》，是一本很有名的談詩論文的書，對後世影響很大。

袁枚雖然已是名聲顯赫的大詩人，但還是虛心好學、不恥下問。他常說：「村童牧豎，一言一笑，皆吾之師也。」意思是說：不管是隔壁的孩童，還是放牛的小牧童，都是我的好老師呀。

一個冬天的夜晚，袁枚借著朦朧的月光在隨園中散步，欣賞歲寒三友松竹梅。偶然間，他見一僕人挑著糞桶路過。那僕人看到一枝梅花含苞待放，便在主人面前信口讚道：「有一身花矣！」意思是把梅比作婦人，孕育著一樹繁花。

袁枚一聽，大受啟發，當場吟詩：「月映竹成千個字，霜高梅孕一身花。」意思是說，月亮映照著竹林，落下了斑斑駁駁的影絮；下了嚴霜，梅樹已綻開了滿樹繁花。

有一次，袁枚出門，在一個僧人處借宿，欣賞了主人花園中的梅花。第二天告別，主人送行時風趣地說：「可惜園中梅花盛開，公帶不出！」

袁枚一聽，覺得僧人朋友的話語真有詩意，不禁詩興大發，即興吟了兩句詩：「只憐香雪梅千樹，不得隨身帶上船。」這兩句詩，流露了詩人對梅花的喜愛、惜憐之情，意味深長，耐人尋味。

學生改詩，塾師汗顏

一塾師喜歡到茶館喝茶，很多學生想找他問字，常找不著。有一次，某學生趁塾師外出喝茶，將賈島《尋隱者不遇》一詩改寫，放在講臺上。塾師喝茶回來，取詩一看，不覺汗顏。詩道：

書塾問童子，言師喝茶去。

只在此城中，巷深不知處。

唐伯虎題詩《蟠桃獻壽》圖

唐伯虎的一位好友為老母親做壽，請唐伯虎繪畫題詩，以示祝賀。唐伯虎畫了一幅《蟠桃獻壽》圖，揮筆題詩曰：

這家老婦不是人。

好友一愣。唐伯虎接著寫道：

九天仙女下凡塵。

好友看後眉開眼笑。唐伯虎又寫道：

生下兒子是個賊。

好友正要生氣，唐伯虎又續道：

偷得蟠桃壽母親。

好友看後，心裡樂開了懷，對唐伯虎讚不絕口。

唐伯虎欲揚先抑，似貶實褒。

他巧妙地在語句間留下語頓，形成轉折的空間，引起好友的疑惑，然後再釋除誤解，收到了峰迴路轉的效果。

奇妙的十字詩

《今古奇觀》裡有一首十字詩，頗負盛名。

```
            我
              就
                成
          仙裡一龍飛上天
                毛
                沖
                天
```

這首「十」字詩的讀法是：

天上飛龍一裡仙，

仙裡一龍毛沖天。

天沖毛龍成就我，

我就成龍飛上天。

詩的結構十分巧妙，位於中心的「龍」字，在每句詩中都處正中間，其他每個字都使用兩次，而且句與句之間是頂真辭格。

以詩留「醋」意

明朝，有一位男人娶妻後又納了一個妾，妻子對此很是不滿，於

是寫了一首詩給丈夫：

> 恭喜郎君又有她，
> 儂今洗手不理家。
> 開門諸事都交付，
> 柴米油鹽醬與茶。

本來開門七件事為「柴米油鹽醬醋茶」，妻子只交付六件，而留下了「醋」意。巧用「缺省」措辭法，別具情趣。

巧改《楓橋夜泊》控訴日寇

唐朝張繼的《楓橋夜泊》，膾炙人口，為世人廣為流傳，寒山寺也因此而家喻戶曉。詩曰：

> 月落烏啼霜滿天，
> 江楓漁火對愁眠。
> 姑蘇城外寒山寺，
> 夜半鐘聲到客船。

後來，日本侵略中國，無惡不作，有人便仿張繼詩道：

> 月落兒啼妻哭天，
> 江南劫火不成眠。
> 姑蘇城外寒衣盡，
> 夜半槍聲到客船。

透過仿擬法，對原詩略加修改，一首描寫優美的夜景詩，變為控訴日寇罪行的控訴狀。

解縉吟詩引火上身

明代著名大學者，《永樂大典》總編纂解縉才華出眾，但卻是一個矮個子，於是很多同僚以此來嘲諷他。對於此等嘲諷，解縉作詩曰：諸君笑我矮矬矬，我笑諸君食祿多。倒吊起來無點墨，身高一丈又如何？罵得群臣面面相覷，無言以答。

還有一次，皇帝設宴款待群臣，命解縉以「天子」為題即席吟詩助興。解縉不假思索，隨口吟道：當今天子不是人。

此句一出，群臣大驚，皇帝的臉色也變了。解縉假裝沒看見，續道：乃是上天紫微星。

說完此句，群臣個個稱讚，皇帝臉帶喜色。解縉隨即下一句又來了：唯願小臣萬萬歲。此句一出，皇帝勃然大怒，要殺解縉。

縉申辯曰：「萬歲息怒，臣詩未完，還有下文。」隨即吟道：忠心輔主掌太平。

雖然最後一句，表現解縉衷心愛主，但在皇帝面前稱萬歲，就是大不敬，所以，雖因群臣乞情，解縉暫時躲過一劫，但最終還是以

一本書讀懂國學句典

「無人臣禮罪」下獄被殺。

讀書人巧改《題都城南莊》

唐代崔護《題都城南莊》曰：「去年今日此門中，人面桃花相映紅。人面不知何處去，桃花依舊笑春風。」

有個縣的縣令執法鐵面無私，人稱「鐵面」，其後任縣令恰恰相反，人稱「糟團」。於是一讀書人在前任離開一年之際，在縣署門上題詩一首：「去年今日此門中，鐵面糟團兩不同。鐵面不知何處去，糟團日日醉春風。」此詩巧改活剝，自生妙趣。

神奇的逆挽詩

相傳，明朝開國皇帝朱元璋在登基那天大發詩興，面對群臣以「金雞報曉」為題吟詩一首：「雞叫一聲撅一撅，雞叫兩聲撅兩撅……」群臣一聽，無不竊笑，這哪裡是詩？朱元璋停了停接著吟道：「三聲喚出扶桑日，掃退殘星與曉月。」眾人聽完，無不拍案叫絕。

朱元璋這首詩就是「逆挽詩」。採用「逆挽」的手法，於淺顯平常的開頭之後掉轉筆頭，翻出新意，達到奇峰突出，石破天驚的效果。

鄭板橋也寫過一首名叫《雪》的逆挽詩：

一片兩片三四片，

五六七八九十片。

千片萬片無數片，

飛入蘆花都不見。

前三句平淡無味，末尾一句見神奇，把前面的三句都救活了，這首詩歷來為人所稱道。

唐伯虎言處世

唐伯虎被詬削籍，放浪丹青山水間，以此自娛，亦以此自許。嘗題所畫小景云：

不煉金丹不坐禪，

不為商賈不耕田。

閒來寫就青山賣，

不使人間造孽錢！

別具韻味的一字詩

唐代王建《古謠》云：

一東一西隴頭水，

一聚一散天邊路。

一來一去道上客，

一顛一倒池中樹。

作者將東與西、聚與散、來與去、顛與倒四對反義詞，透過八個「一」字巧妙地結合在一起，使衝突得到統一，形象更為突出，既增添了新意，又別有一番情趣。

相傳乾隆南巡過江時，見一漁船搖櫓而來，命紀曉嵐詠詩，限用十個「一」字。

紀曉嵐立成一首七絕云：

一簑一櫓一漁舟，

一個梢頭一釣鉤。

一拍一呼還一笑，

一人獨佔一江秋。

在短短28個字之中，運用十個「一」字，把諸多景物和動作排成詩句，別有韻味。

同時期的陳沆，也有一首與紀曉嵐大同小異的七絕，不知是誰模仿誰。陳沆詩曰：

一帆一槳一扁舟，

一個漁翁一釣鉤。

一俯一仰一場笑，

一江明月一江秋。

清代才女何佩玉，也曾做有一首「一」字詩：

一花一柳一魚磯，

一抹斜陽一鳥飛。

一水一山中一寺，

一林黃葉一僧歸。

清代還有一位正直的清官張伯竹，他也寫過一篇《禁止餽送檄》，有句曰：

一絲一粒，我之名節，

一釐一毫，民之脂膏。

寬一分，民受賜不止一分；

取一文，我為人不值一文。

反覆八個「一」字，貫穿了張伯竹的禁餽意志，一位公正廉潔的古代清官形象赫然紙上。

這幾首詩，反覆嵌用若干個「一」字，不但無重複之弊，倒還能具體生動地創造出美好的意境，實屬難得。

解學士題詩

一道士拿著自己的肖像畫，求解學士題詩。解學士沒有推辭，拿起毛筆，就在上面寫了「賊賊賊」三字。道士一看大吃一驚，學士接著寫完，道士大喜。其詩云：

賊賊賊，

有影無形拿不得！

只因偷得呂仙丹，

而今反作蓬萊客。

劉伯溫賦歸隱

相傳明代劉伯溫有辭職自遣詩云：

買個黃牛學種田，

結間茅屋傍林泉。

因思老去無多日，

且向山中過幾年。

為吏為官皆是夢，

能詩能酒總神仙。

世間百事都增價，

老了文章不值錢。

銀牙咬去快如風

相傳，古時有一個人非常貪吃，每見到桌上有美食，便風捲殘雲，盤中菜頃刻而盡。有一次，有一戶人家辦喜事，同桌有一文士，見此人如此這般，便笑吟詩云：

三生有幸與君逢，

吃菜比人大不同。

象箸飛來忙似箭，

銀牙咬去快如風。

眈眈虎視魂先出，

投投雅抓手不空。

更有高招人不覺，

眼睛不住望盤中。

奇特的一字曲

元代有人寫過一支散曲《「雁兒落」帶過「得勝令」》，寫人生的淒苦：

一年老一年，一日沒一日，

一秋又一秋，一輩催一輩。

一聚一離別，一喜一傷悲。

一榻一身臥，一生一夢裡。

尋一夥相識，他一會，咱一會，

都一般相知，吹一回，唱一回。

全曲用了22個「一」字，而不見重複，寫法很奇特。

陳斗泉謝贈金腿

清代詩人陳斗泉收到朋友寄來的金華火腿，卻是久煮不爛，遂回詩謝友：「金腿蒙君賜，全家大喜歡。柴燒三擔盡，水煮一桶乾。肉似枯荷葉，皮同破馬鞍。牙關三十六，個個不平安！」全詩手法誇張，音節鏗鏘，對仗工整，比喻形象，充滿了幽默詼諧，一時被引為文壇佳話。

觸目皆為詩

明武宗正德年間，有位遊手好閒而又歪才滿腹的無賴子喜歡作十七字詩，並且能觸目成詠。一

年，天旱不雨，太守多次求雨無效，此人遂賦詩道：太守出祈雨，萬民皆喜悅，昨夜推窗看：見月！

此詩傳入了太守耳中，太守惱羞成怒，命差役將詩的作者抓到堂上審問。太守說：「大膽刁民！你真善作十七字詩嗎？現在作來，誦出佳句可免受皮肉之苦。」太守別號西坡，無賴子被告知須以此為題，他隨即作成一首：古人號東坡，今人號西坡。若將兩人較：差多！

太守令人打他十八大板，哀嚎之後又倔強行吟：作詩十七字，被責一十八。若上萬言書：打殺！

太守大怒，以誹謗律判其發配鄖陽。臨行之日，無賴子的舅舅送他，二人相對而泣。突然，這位無賴子不哭了，他言道：「我又有詩了：發配赴鄖陽，見舅如見娘。兩人齊下淚：三行！」他的舅舅一隻眼瞎，故曰「三行」。

據載，張士誠據吳時，任其弟張士信為相。張士信荒淫無恥，平時，專與參軍黃敬夫、蔡彥文、葉德新這三個人議事，而這三個人都迂闊無能，難成大計。當時有人作十七字詩曰：丞相做事業，專用黃蔡葉；一朝西風起：乾癟。

後來，大將軍徐達破蘇州，黃、蔡、葉三人被斬殺於南京，屍體吊在木杆上風乾一個月，真正成了「黃菜葉」。

其實，這種十七字詩最末兩字往往是其核心內容，語含譏刺，詼諧風趣。

飛雁詩

有一首寫山的詩，排成菱形，如下：

山山

山遠花山

山路草雲接山

山又猿飛綠鳥樹山

深客片抱偷澄僧林

片繞僧樹請澄

飯山山吟

客尋

此詩屬怪體，或稱「飛雁詩」，橫不成詩，豎難明意。詩中八個「山」字，乃八句詩的領頭字。

首句從右上第一個「山」字起，向左下方斜接第二行第二字「遠」字，再沿右邊「三座山」的內側山麓向左下方斜走，便得出第

310

一句「山遠路又深」。

　　同法，次句從左上第一個「山」字起，向右下方斜接第二行第三字「花」字，再沿右邊「三座山」的內側山麓向右斜下方走，就得出第二句「山花接樹林」。

　　以下依次縱橫交錯，每一句成一斜線，左右讀之，得五言詩一首，全詩是：

　　　山遠路又深，山花接樹林。
　　　山雲飛片片，山草綠澄澄。
　　　山鳥偷僧飯，山猿抱樹吟。
　　　山僧請山客，山客繞山尋。

乾隆為難馮誠修

　　乾隆遊山玩水時，看到一隻白鶴，就命隨行文人以此賦詩。有個叫馮誠修的詩人，即景信口吟道：

　　　遠見天空一鶴飛，
　　　朱砂為頸雪為衣。

　　馮誠修正要吟第三句時，乾隆故意出難題道：「我要你吟的不是白鶴而是黑鶴。」

　　聽了乾隆的話，旁邊的文人個個瞠目。可是馮誠修卻從容應道：

　　　只因覓食歸來晚，
　　　誤落義之洗墨池。

　　這精巧的構思，回天的妙句，使在場的人聽了無不交口稱讚。

藏頭詩

　　藏頭詩，又名「藏頭格」，是雜體詩中的一種，有三種形式：第一種是首聯與中二聯六句皆言所寓之景，而不點破題意，直到結聯才點出主題；第二種是將詩頭句一字暗藏於末一字中；第三種是將所說之事分藏於詩句之首。常見的是第三種，每句的第一個字連起來讀，可以傳達作者的某種特有的思想。

　　解縉曾寫過一首藏頭詩，以諷刺明朝一老奸巨猾的宰相。詩曰：

　　　真真宰相，老老元臣。
　　　烏紗白髮，龜鶴遐齡。

　　這首藏頭詩初看是祝頌之詞，實則含嘲諷之義。若將每句首字連起來，即「真老烏龜」是也，含有咒罵之意。

六尺巷

　　安徽桐城「六尺巷」名揚古今，因為它流傳著一個令人敬佩的謙讓故事。清朝康熙年間，文華殿大學士兼禮部尚書張英的家人為修治府邸，因為地界不清，與方姓鄰居發生爭執告到官府。因雙方都是

高官望族，縣令不敢貿然斷決。

張英在京接讀家書後，遂修書一封，題曰：

千里修書只為牆，

讓他三尺又何妨？

萬里長城今猶在，

不見當年秦始皇。

家人接信後，遵囑當即讓出三尺土地，以示不再相爭。方姓深受感動，照樣讓出三尺。於是，兩家的圍牆之間就形成了一條六尺寬的小巷，從此兩家和好不再爭吵。時至今日，這條「六尺巷」就成了互諒互讓和歌頌美德的象徵。

吳人嫁女詞

鄭允端（元朝）著名女詩人，出身書香門第，她主張剷除舊習，脫棄凡近，有感而發，以警世人。她寫了一首《吳人嫁女詞》，廣為流傳。其詞云：

種花莫種官路旁，

嫁女莫嫁諸侯王。

種花官道人爭取，

嫁女侯王不久長。

花落色衰人易換，

離鸞鏡破終成空。

不如嫁與田舍郎，

白首相看不下堂。

賈似道行酒令

賈似道本是西湖邊的混混，因姐姐嫁做皇妃，成為南宋理宗朝的權臣。有一次，賈似道宴請丞相馬廷鸞、江萬里。

賈似道先舉一酒令說：

我有一局棋，寄與洞中仙，洞中仙不受，云：自出洞來無敵手，得饒人處且饒人。

馬廷鸞說：

我有一漁竿，寄與漁家傲，漁家傲不受，云：夜靜水寒魚不餌，滿船空載月明歸。

江萬里說：

我有一犁鋤，寄與使牛子，使牛子不受，云：且存方寸地，留與子孫耕。

賈似道之令借古詩「自出洞來無敵手，得饒人處且饒人」，隱含「普天之下沒有我的對手，你們睜隻眼閉隻眼，能讓著我的就讓著點」之意。

馬廷鸞之令借古詩「夜靜水寒魚不餌，滿船空載月明歸」，隱含「等你賈某失去了靠山，就只會剩下淒涼和孤獨了」之意。

一本書讀懂國學句典

江萬里之令借古詩「且存方寸地，留與子孫耕」，暗示「你賈似道行事要留點餘地，給自己的後代積點德」，語含譏刺。

趙孟頫納妾

元代江南有個大才子叫趙孟頫，是繼蘇東坡之後詩文書畫無所不能的全才，他的楷書被稱為「趙體」，對明清書法的影響很大。他的妻子叫管道昇，是個才女，善畫竹，著有《墨竹譜》傳世，對後人學畫竹大有裨益。

趙孟頫官運亨通，一朝得志，年近五十了卻慕戀年輕漂亮的女孩子。當時名士納妾成風，趙孟頫也不甘寂寞想納妾。他不好向妻子明說，便作了首小詞給妻子示意：我為學士，你做夫人，豈不聞王學士有桃葉、桃根，蘇學士有朝雲、暮雲。我便多娶幾個吳姬、越女無過分，你年紀已四旬，只管占住玉堂春。

他妻子看後便寫了一首《我儂詞》：

你儂我儂，忒煞情多。情多處，熱如火。把一塊泥，撚一個你，塑一個我，將咱兩個，一齊打破，用水調和。再撚一個你，再塑一個我。我泥中有你，你泥中有我。與你生同一個衾，死同一個槨。

趙孟頫得詞，便停止了納妾的念頭。

緬伯高千里送鵝毛

相傳，唐朝貞觀年間，雲南土司緬氏為了表示對唐王朝的擁戴，特派部屬緬伯高帶了一批禮物和一隻長得十分可愛的白天鵝去京城朝見唐太宗。

一路上緬伯高對白天鵝精心照料，誰知路經沔陽時，他為天鵝洗浴，偶一失慎，竟讓天鵝飛跑了，只落下一根小小的鵝毛。

這可把他急壞了。後來，他只好硬著頭皮把這根鵝毛用錦緞包好，並寫了一首詩再去見唐太宗。詩云：

天鵝貢唐朝，山高路遠遙。
沔陽湖失寶，倒地哭號啕。
上覆唐天子，請饒緬伯高。
禮輕情義重，千里送鵝毛。

唐太宗看了這首詩，覺得情真意切，說出了一個樸素的道理，果然未加責罰，還賞賜了他。後來，

緬伯高的打油詩一流傳，便形成了一句成語：千里送鵝毛，禮輕人意重。

蒲松齡補詩

相傳，蒲松齡早年流落蘇北寶應，身無分文，只好掛牌行醫糊口。一次，他為縣太爺治好了病，縣太爺送了塊「聖手時醫」的匾給他表示感謝。誰知此事，一傳十，十傳百，後竟誤為「聖手詩醫」。

此種傳聞，觸怒了當地一班儒生：這副寒酸相，竟然能醫「詩病」，他有多大學問？儒生們便蜂擁而來發難，宣稱蒲松齡如稍有差錯，就要摘掉他的頭銜，趕出寶應。

有一天，幾個秀才相邀前去拜訪蒲松齡。剛一見面，其中一個嬉皮笑臉地拱拱手道：「聽說先生號稱詩醫，學生覓得小詩四句，請聖手不吝賜教！」說完，遞上一紙。

蒲松齡接過一看，原來是一首人生四件喜事的五言絕句：「久旱逢甘雨，他鄉遇故知；洞房花燭夜，金榜題名時。」

蒲松齡眉頭一皺，計從心起，當即在接過的紙上寫下八個大字：

「此詩宜補，方有起色！」

眾秀才一看，哄笑起來：「詩文哪有吃補藥的？」

蒲松齡哈哈一笑，道：「首句補『十年』，二句補『千里』，三句補『和尚』，末句補『老童』，諸位意下如何？」

眾秀才一想，吃了「補藥」的詩就成了「十年久旱逢甘雨，千里他鄉遇故知；和尚洞房花燭夜，老童金榜題名時」。又反覆仔細一想，頭兩句加以「十年」「千里」數量短語作狀語，強化了旱災的持久性和他鄉的遙遠，後兩句加上主語「和尚」「老童」，格外增添了洞房之夜與金榜題名的喜悅之情。眾秀才仔細思量，不得不佩服「醫」得高明。

兩板夾西瓜

唐德宗貞元年間，新科進士、散文家、哲學家李翱執法嚴明，不徇私情，剛正不阿。有一次，一人控告一個和尚大放高利貸，逼得欠債者家破人亡。李翱看過狀子，便傳和尚問訊。剛上堂時，和尚極力為自己辯護，但在傳喚人證、物證後，和尚還是千方百計為自己開

脫。李翱認為和尚的行為，有違一個出家人的初衷，便氣憤地寫下了判詞：上歲童子，二十受戒。君王不朝，父母不拜。口稱貧僧，有錢放債。量決十下，牒出東界。

和尚受責十大板後，又被戴枷示眾，驅逐出城。此事一時轟動全城，招來許多人圍觀。有位老人聽說後，對和尚的行為感到非常氣憤，便拿起手中的拐杖，一邊敲和尚光禿禿的腦袋，一邊吟道：知法卻犯法，出家又帶枷。兩塊無情板，夾個大西瓜。

木匠順口成章，通俗詠諧，博得眾人讚賞。

揀糞老農戲官員

從前，有一個官員和一個揀糞老農同船過渡。官員自恃文墨橫溢，便想在揀糞老農面前炫耀一下，於是對揀糞老農說：「同舟共濟，對子來戲。我們相逢難得，不妨各作一首詩，解解悶倦。詩的要求是七言四句，其中有三字同頭，三字同旁，首尾融貫連鎖，且要符合各自的身份。誰吟詠不當，誰付渡錢；若都能對上，本人除支付渡錢外，還備辦酒席一桌，與諸位共飲。」

官員首先搖頭晃腦地開腔：

三字同頭官宦家，

三字同旁綾綢紗。

若非當朝官宦家，

豈可穿上綾綢紗？

輪到揀糞老農了，他看了看官員，又瞧瞧自己的糞桶，泰然自若地吟起來：

三字同頭屎尿屁，

三字同旁謀詭計。

若非當船屎尿屁，

誰人願意謀詭計？

官員明知被嘲諷，也只能懊惱無語。吟詩完畢，船已靠岸，官員因許諾在先，只得付了船錢，又辦了一桌酒席。

紀曉嵐巧改《涼州詞》

紀曉嵐非常喜歡王之渙的名詩《涼州詞》。有一次乾隆命他在摺扇上題字，他就題了《涼州詞》，由於太激動，竟把首句「黃河遠上白雲間」的「間」字漏寫了。

乾隆藉故佯裝大怒，說他有「欺君之罪」，要把他處死。紀曉嵐急中生智，趕緊解釋說：「萬歲息怒，臣是用王之渙的原詩改填的

「一闋新詞。」於是念道：

　　黃河遠上，白雲一片。

　　孤城萬仞山，羌笛何須怨！

　　楊柳春風，不度玉門關。

　　乾隆見他機智，雖屬狡辯，卻也辯得有理，就免了他的死罪。

回文詩

　　回文是漢語特有的一種使用詞序回環往復的修辭方法，文體上稱之為「回文體」。而回文詩是一種按一定法則將字詞排列成文，回環往復都能誦讀的詩。這種詩的形式變化無窮，非常活潑。能上下顛倒讀，能順讀倒讀，能斜讀，能交互讀。只要循著規律讀，都能讀成優美的詩篇。

　　蘇軾有《題金山寺》回文七律一首，歷來傳誦。詩曰：

　　潮隨暗浪雪山傾，

　　遠浦漁舟釣月明。

　　橋對寺門松徑小，

　　檻當泉眼石波清。

　　迢迢綠樹江天曉，

　　靄靄紅霞晚日晴。

　　遙望四邊雲接水，

　　碧峰千點數鷗輕。

　　相傳，有一位出門在外的丈夫，憶念家裡妻子，特寫了一封家書，其中有一首回文詩。詩曰：

　　枯眼望遙山隔水，

　　往來曾見幾心知？

　　壺空怕酌一杯酒，

　　筆下難成和韻詩。

　　途路阻人離別久，

　　訊音無雁寄回遲。

　　孤燈夜守長寥寂，

　　夫憶妻兮父憶兒。

　　妻子收到信後，將此信顛倒過來抄了一遍，又託人捎給外出的丈夫，成了妻子思念丈夫、兒子思念父親的詩了，讀作：

　　兒憶父兮妻憶夫，

　　寂寥長守夜燈孤。

　　遲回寄雁無音訊，

　　久別離人阻路途。

　　詩韻和成難下筆，

　　酒杯一酌怕空壺。

　　知心幾見曾來往，

　　水隔山遙望眼枯。

　　此回文詩，讀之流暢，切情切景，非常難得。

趕考相公不識孔子廟

　　相傳，古時候有兩位相公進京趕考，途中遇雨，便躲進一座廟

門下暫避。廟門上掛著兩個字的題額，一人念道是「文朝」，另一人說是「丈廟」，二人爭論不休。

此時方丈走了出來，問明為何爭執，便作了一首打油詩：

　　文朝丈廟兩相異，
　　吾到東莊去化齊。
　　你們不是孔天子，
　　我也不是蘇東皮。

兩位進京趕考的相公，竟不識「文廟」（孔子廟）二字，真是滑稽。方丈故意把「化齋」說成「化齊」「夫子」說成「天子」「東坡」說成「東皮」，藉以嘲笑兩位讀錯字的相公。

顛倒詩諷翰林

相傳，秦朝有個高一丈三尺的巨人叫阮翁仲，始皇曾命他出征過匈奴，威風了得。他死後為他鑄成了銅像，立於咸陽宮外守大門。後稱銅像、石像為「翁仲」。

有趣的是，乾隆時，有位翰林，奉旨撰寫墓誌銘，竟把「翁仲」錯寫成「仲翁」，乾隆皇帝不高興了，就把這位翰林貶到山西作「通判」。臨行前，乾隆還送他一首詩：

　　翁仲如何說仲翁，
　　十年窗下欠夫工。
　　從今不許歸林翰，
　　貶爾山西作判通。

那位翰林誤記寫成「仲翁」，因此遭貶。皇帝賦詩，故意把「工夫」、「翰林」、「通判」都顛倒著說，諷刺那位翰林不學無術，雖不免過甚，卻也風趣警人。

換序詩

換序詩，指的是調換現成詩詞作品的句子順序，使之具有新的意義而形成一首新詩。換序詩的功夫，就在於別出心裁，翻出新意。

據說，南宋才子莫子山，一日登山，見景致宜人，廟宇清靜，不禁脫口吟出唐人李涉七絕一首：

　　終日昏昏醉夢間，
　　忽聞春盡強登山。
　　因見竹院逢僧話，
　　又得浮生半日閒。

詩吟罷，果逢僧，主持邀他一敘。然而言談間，口口聲聲向他索錢，俗不可耐，莫子山便奪筆在牆上揮寫一絕：

　　又得浮生半日閒，
　　忽聞春盡強登山。

因見竹院逢僧話，

終日昏昏醉夢間。

首尾互換，詩意突變。原詩說本來心緒不好，「昏昏醉夢間」「逢僧話」之後，心情陰轉晴，清閒起來。新的換序詩說，本來心情閒適，因「逢僧話」，心情反而「昏昏醉夢間」。

平民的打油詩

打油詩是舊體詩的一種，即俳諧體詩。內容和詞句通俗詼諧，不拘於平仄韻律。相傳為唐代郡人張打油所創。明楊慎《升庵外集》載，唐代張打油《雪》詩中有「江上一籠統，井上黑窟籠。黃狗身上白，白狗身上腫」之句。所用都是俚語，且頗為詼諧。後人將這類詩歌稱為「打油詩」。

打油詩屬於平民的作品，多由觸景而作，不注重修飾，形式活潑動人，通俗而樸實，易於讀者接受喜愛。比如張打油的另一首打油詩：

六出飄飄降九霄，

街前街後盡瓊瑤。

有朝一日天晴了，

使掃帚的使掃帚，

使鍬的使鍬。

頭兩句頗有詩味，「六出」即雪花呈六角形。後面幾句雖然俗氣，但快口說出，一氣呵成，也還不錯。

王剛中作詩成全二人

探花王剛中為御史，出巡福建，有書生張松茂與鄰女金媚蘭私通，被送到官府。王剛中一看二人外貌，都是眉清目秀、舉止儒雅，不像是放蕩奸邪的小人，便有心成全二人，便問道：「你倆會作詩嗎？」張、金二人聽了這句有些莫名其妙的問話，都趕緊點了點頭。

王剛中指著堂前簷下蜘蛛網上懸著的一隻蝴蝶，對張松茂說：「如能以此為詩，本官便可免爾等之罪。」話剛說完，就聽張松茂吟道：

只因稟性太瘋狂，

遊遍花叢覓芳香。

今日投入羅網裡，

脫身迅藉探花郎。

王剛中又指著門口的珠簾子對金媚蘭說：「你也以此為題賦詩一首吧。」金媚蘭略加思索，隨即念道：

綠筠劈成條條直，

紅線相連眼眼齊。

只為如花成片斷，

遂令失節致參差。

王剛中聽罷，不覺擊節讚歎。見他二人郎才女貌，年齡相當，便提筆寫判詞道：

佳人才子兩相宜，

致富端由禍所基。

判作夫妻永偕老，

不勞鑽穴窺於隙。

不知肥瘦今如何

舊時一人客居京城做官數年，多年未回家。秋去冬將來時，其妻寄來寒衣，並附詩一首如下：

情同牛女隔天河，

又喜秋冬得一過。

歲歲寄郎身上衣，

絲絲是妾手中活。

剪聲自覺和腸斷，

針腳那能抵淚多。

長短只依當年體，

不知肥瘦今如何？

這老官看了此詩，放聲大哭半個時辰，之後就辭官回家了。

朱元璋續詩

相傳，朱元璋有一次微服出巡，在金陵（今南京市）郊外，遇到參加進士考試的眾舉人正在候船。

有一個舉人看到遠處的燕子磯詩，便即興作了一句詩：燕子磯兮一秤砣。

眾舉人聽後大加讚賞，但這位舉人想了好久，也沒有續上下句。朱元璋見狀，不覺暗笑，略加思索對眾人說：「待我試續幾句。」當即接吟道：

燕子磯兮一秤砣，

長虹作杆又如何。

天邊彎月是掛鉤，

秤我江山有幾多。

朱元璋視江山為己物，此時已經顯露出帝王的霸氣。

歐陽修妙諷酸秀才

宋朝有一富家子弟，平日以「詩才」自居，大家都叫他「酸秀才」。酸秀才自命不凡。他不遠千里，風塵僕僕，想找文學家歐陽修比試比試。

行至途中，酸秀才見路旁有棵

大樹，便吟道：路旁一古樹，兩朵大丫杈。只吟了這兩句，就沒有下文了。

此時，恰好歐陽修路過聽到了，順口替他續了兩句：未結黃金果，先開白玉花。

酸秀才聽後，連連稱好。兩人結伴沿湖而行，見湖面有群鵝在戲水，酸秀才想挽回點面子，於是又吟道：遠看一群鵝，一棒打下河。純屬打油詩，可笑的是，吟到這裡，他又接不下去了，酸秀才急得抓耳撓腮。歐陽修微微一笑，替他續道：白翼分清水，紅掌踏綠波。

酸秀才一聽暗暗敬佩，連連拱手道：「老兄也會吟詩，那就同去訪訪歐陽修吧！」

於是二人來到渡口，上了船，酸秀才詩興又發，吟道：二人同登舟，去訪歐陽修。歐陽修忍俊不禁，哈哈大笑著說：「修已知道你，你卻不知修（羞）。」

歐陽修的一句「你卻不知修」，巧妙之極：既說酸秀才你還不知道我就是歐陽修，又戲諷酸秀才不知道羞恥。

書生作詞祭雞

有一個書生，平時喜歡養雞取樂。一天早晨起來餵雞，發現雞已經死在了雞棚裡。他提起雞端詳多時，摸不清是怎麼死的。轉念一想，既然雞已死，就該飽食一頓，何苦為雞的死而發愣呢？他隨即喚來妻子，讓她把雞烹來下酒。

待雞燉好後，書生正準備舉箸時，驟地想起雞死得不明不白，理當祭奠一番，於是思考片刻，喃喃有聲，其詞曰：

> 聲也其鳴喈喈，
> 死也豈無葬埋？
> 以我肚腹，作你棺材。
> 嗚呼哀哉，醬油拿來！

月舟和尚以詩洗冤

明朝正德年間，蘇州有個月舟和尚，涉嫌姦汙行為。審案的知縣聽說他會詩，就以《鶴》為題要他詠詩。月舟和尚提筆寫道：

> 素身潔白頂圓珠，
> 曾伴山人入太虛。
> 昨夜藕花池畔過，
> 鷺鷥冤卻我偷魚。

詩中，月舟和尚用類比為自己

一本書讀懂國學句典

開脫。我早已當和尚（仙鶴）了，昨晚只是從女子臥房邊上（藕花池畔）經過，怎麼說我偷人（偷魚）了。魚和花，在古代常作女體的象徵，而且「藕」「偶」諧音雙關。意思是說，我對「花」和「魚」只限於愛慕，沒有偷竊，「論跡不論心，論心天下無完人」。知縣看了，當然釋放了他。

對御歌

唐末五代時有位睡仙——陳摶老祖，在中國道教史上佔有極重要地位。陳氏篤好養生，他把高道何昌一的鎖鼻術和自家氣功配合修煉，終於煉成了高深「蟄龍法」——睡功。陳氏睡功奇異，他數日不動、不飲、不食，脈搏無息，但面部潮紅，「至人本無夢，其夢則游仙，真人亦無睡，睡則涉雲煙。爐中常存藥，壺中別有天，欲知睡夢裡，人間第一玄」。

傳說周世宗懷疑他有異志，把他關在房中考察，一個月後陳摶仍在熟睡中，他為解除周世宗的懷疑，進《對御歌》一首，歌曰：

臣愛睡，臣愛睡，不臥氈，不蓋被。片石枕頭，蓑衣鋪地。震雷掣電鬼神驚，臣當其時正酣睡。閒思張良，悶想范蠡，說甚孟德，休言劉備。三四君子，只是爭些閒氣，怎如臣：向青山頂上，白雲堆裡，展開眉頭，解放肚皮，且一覺睡，管甚玉兔東升，紅輪西墜。

徐文長巧對「招婿詩」

相傳明朝嘉靖年間，縣城一戶大人家為小姐招親，主人書香門第，為求才子，於是掛詩招婿。其詩曰：

我有一女名二喬，
三從四德體窈窕。
五村六鎮七鄉里，
可謂八九十分嬌。

此詩藏有從一到十的十個數字，對詩者必須倒過來嵌入十到一的數字，叫做「珍珠倒捲簾格」。先有五個秀才來應對，可是都不成功。眾人都被難住了，不敢應對。後來，倒有個賭棍對上了一首：

十分熱氣九分涼，
八成希望七成黃。
六五四三藏軟统，
二板一出全輸光。

不過，賭棍被轟了出去。

這天，浙江紹興府秀才徐文

長趕路來到此地，天下大雨，夜色空濛。他為避雨恰巧來到這戶大門前。家人以為又是來應對的，就把他迎進大堂，好茶侍候。主人聽說來者是個飽學之士，喜出望外，殷勤款待，請教佳對。

徐文長推辭不過，只得應對。由於大雨過後，天空格外明朗，月色分外皎潔，他面對夜景，見景生情，一揮而就：

> 十九月亮八分圓，
> 七人應對六人完。
> 五更四點雞三唱，
> 二喬隨我一人還。

主人家見了大喜，把小姐喚出，二人真是郎才女貌，天生璧人，於是成就一段佳話良緣。

同尾格詩

明代謝榛有《燈》詩曰：

> 煙葦出漁燈，書聲半夜燈，
> 山扉樹裡燈，風幢閃佛燈，
> 竹院靜禪燈，蛾影隔籠燈，
> 星懸寶塔燈，心空一慧燈，
> 風雨異鄉燈，倦客望村燈，
> 鬼火戰場燈，除夜兩年燈，
> 雪市減春燈，茅屋祗書燈，
> 樹隱酒樓燈，穴鼠暗窺燈，

> 殿列九華燈，星聚廣陵燈，
> 棋罷暗籌燈，疏林見遠燈，
> 蜑吟半壁燈，農談共瓦燈，
> 屋漏夜移燈，明滅幾風燈，
> 窗昏夢後燈，流螢不避燈，
> 寒閨織錦燈，形影共寒燈，
> 調鷹徹夜燈，海舶浪搖燈，
> 夜泊聚船燈，霜風逼旅燈，
> 靈焰風膏燈，春宮萬戶燈。

此詩一氣呵成，可謂「萬家燈火」！

元無名氏《雙調折桂令》曰：

> 嘆世間多少痴人，多是忙人，少是閒人。酒色迷人，財氣昏人，纏定活人。鈸兒鼓兒終日送人，車兒馬兒常時迎人。精細的瞞人，本分的饒人。不識時人，枉只為人。

人間萬象，形形色色，盡在一曲中。

以上詩和曲，句句用同一字收尾為韻，稱作「福唐獨木橋體」，又稱「同尾格」。這種文體，也可見於繞口令，如：

> 樹上結著澀柿子，
> 樹下有只石獅子。
> 風吹柿樹樹枝子，
> 樹上掉下澀柿子。
> 澀柿子打著石獅子，

石獅子碰壞澀柿子。

春詞

一年春季，鄭板橋到外面春遊，一時被大自然的風光陶醉，便乘興寫了一首嵌滿「春」字的《春詞》：

春風，春暖，春日，春長，春山蒼蒼，春水漾漾。春陰萌，春濃濃，滿園春花開放。門庭春柳碧翠，階前春草芬芳。春魚游遍春水，春鳥啼遍春堂。

春色好，春興旺，幾枝春杏點春光。春風吹落枝頭露，春雨濕透春海棠。又只見幾個農人談笑開口：「春短，春長，趁此春日遲遲，開上幾畝春荒。種上幾畝春苗，真乃大家春忙。」

春日去觀春景，忙了幾位春娘，頭戴幾枝春花，身穿一套春裳；兜裡兜的春菜，籃裡挎的春桑。遊春閒散春悶，懷春懶回春房。

郊外觀不盡陽春煙景，又只見一個春女，上下巧樣春裝。滿面淡淡春色，渾身處處春香，春身斜倚春閨，春眼盼著春郎。盼春不見春歸，思春反被春傷。春心結成

春疾，春疾還得春方。滿懷春恨綿綿，拭淚春眼雙雙。總不如撇下這回春心，今春過了來春至，再把春心腹內藏。

大家裝上一壺春酒，唱上幾句春曲，順口春聲春腔。滿目羨慕功名，忘卻了窗下念文章，不料二月仲春鹿鳴，全不念平地春雷聲響亮。

全文五十六句，共計六十八個「春」字，一氣呵成，用得自然流暢，生動新穎，毫無斧鑿生硬痕跡，頗具音樂韻律，別有一番情趣。絲毫沒有被「詩詞要盡量避免重字」的條條框框束縛住，讓人讀來深感奇文之美，不禁拍案叫絕！

陳文藻一錢賣酒，作詩自嘲

金陵人陳文藻，號蒼崖，家貧嗜酒。一日，袋中僅剩一錢，用以買酒飲之，作詩自嘲云：

蒼崖先生屢絕糧，
一錢猶自買瓊漿。
家人笑我多顛倒，
不療飢腸療渴腸。

鄭板橋題詩賀壽

鄭板橋是揚州八怪之一，說其

怪也真夠怪。

一天下雨，有位姓陶的友人做生日，鄭板橋剛進門，陶某便備好了筆墨，請他作慶賀詩。

鄭板橋提起筆就寫下了「奈何奈何可奈何，奈何今日雨滂沱」二句，觀看的人不由得面面相覷，紛紛議論起來：賀壽理應寫些恭維之詞，少不了吉慶之言，怎麼這樣寫呢？此時主人見了，也暗暗稱怪，但又不好意思說什麼。鄭板橋對此毫不理會，蘸了蘸墨，繼續揮寫下去，頃刻間寫下了餘下的兩句：滂沱雨祝陶公壽，壽比滂沱雨更多。

眾人一見此詩，禁不住拍手叫絕，主人也露出了滿意的笑容。

元好問的妹妹以詩拒婚

金代詩人元好問有個妹妹是才女，容貌秀美。當時宰相張平章慕名欲來求婚。元好問讓他自己去問他的妹妹，如果妹妹首肯則無妨。張大喜，直接去找其妹。適逢這位女士正在補天花板。問到近作，她隨口吟出一首絕句：「補天手段暫施張。不許纖塵落畫堂。寄語新來雙燕子，移巢別處覓雕梁。」此詩一語雙關，明趕燕子，暗拒張郎，

委婉而留有情面。張知其不肯，只好悻悻而歸。

端木蕻良以情詩謝客

作家端木蕻良在桂林時，由於要安心寫作，便在門上貼了一首「情詩」：

女兒心上想情郎，

日寫花箋十萬行。

月上枝頭方得息，

夢魂又教到西廂。

此詩看似訴兒女私情，實是作家「謝絕來訪」的「告示」。本意是說：自己忙於寫作，請勿打擾。以「情詩」謝客，委婉含蓄，實是妙招。

借詩自誇

秀才應試落第，想尋一教書之職謀生，便來到一家稍有名氣的私塾應聘。私塾的老闆想試探他的學識，就說：「請問當今之世，誰的文章最好？」

秀才思考了一會兒，便吟出了一首詩：

天下才多數三江，

三江妙手數吾鄉。

吾鄉風雅數吾弟，

吾為吾弟改文章。

私塾老闆聽罷，連連稱賞，欣然錄用了。

頗具哲理的半字歌

清代李歌振的《半字歌》，讀來頗具哲理。

看破浮生過半，半之受用無邊。
半中歲月盡幽閒，半裡乾坤寬展。
半郭半鄉村舍，半山半水田園。
半耕半讀半經廛，半士半民姻眷。
半雅半粗器具，半華半實庭軒。
衾裳半素半輕鮮，肴饌半豐半儉。
童僕半能半拙，妻兒半朴半賢。
心情半佛半神仙，姓字半藏半顯。
一半還之天地，讓將一半人間。
半思後代與滄田，半想閻羅怎見？
酒飲半酣正好，花開半吐偏妍。
帆張半扇免翻顛，馬放半韁穩便。
半少卻饒滋味，半多反厭糾纏。
百年苦樂半相參，會佔便宜只半。

才女衙堂作詩救父親

相傳古代有一位才女，有一天他隨父親騎著毛驢進縣城購物，因毛驢受驚，撞了縣官的八抬大轎。縣官大怒，立刻命隨行的衙役捉拿闖禍的毛驢和牠的主人，朱淑真父女因此被帶進了縣衙正堂。

縣官執意要以打大板的方式處罰主人與毛驢，才女苦苦為其父求情。

縣官說：「人們都說你是才女，能寫文能作詩，如果你能當堂作詩表示八個『不打』之意，又不提一個『打』字，老爺就還你毛驢，不打你父親。」

才女問道：「但不知老爺以何為題？」

縣官見天已黃昏，便捋著鬍鬚說：「就以『夜』字為題吧。」

想不到才女竟能毫不遲疑地當堂吟誦起來：

月移樵樓更鼓罷，
漁夫收網轉回家。
賣藝師徒去投宿，
銀匠熄爐來喝茶。
樵夫擔柴早下山，
飛蛾團團繞燈花。
院中鞦韆已停歇，
油郎改行謀生涯。
毛驢受驚碰尊駕，
望求老爺饒恕他。

這八句詩分明是暗含了不打鼓、不打漁、不打鑼、不打鐵、不打柴、不打繭、不打鞦韆、不打油

的意思，縣官一聽，不禁又驚又喜，大受感動，高興之下，隨即還了才女毛驢，並赦免了她父親。

王安石錯改牆上詩

王安石這樣的大文學家也有鬧笑話的時候。相傳，王安石有一次外出巡視，夜宿於一座寺廟中，見寺院牆上寫著一首詩：

> 彩蝶雙起舞，蟬出樹上鳴。
> 明月當空叫，黃犬臥花蕊。

王安石看後，覺得此人不學無術，否則怎麼會出現「明月當空叫，黃犬臥花蕊」這種常識性的錯誤呢？於是，提筆將詩的後兩句改為：

> 明月當空照，黃犬臥花蔭。

後來，王安石從寺廟住持那裡得知，明月不是指月亮，是本地的一種鳥，牠能預告陰晴。白天如能聽到牠的叫聲，夜裡必是晴天，並能看到月亮。黃犬並非黃狗，牠是一種金黃色的小蟲，習慣躲在花蕊裡睡覺。

王安石慚愧之至，又把詩句改了回來。

儒生自嘲

一儒生的父兄都是當官的，家庭生活富裕，從不為生計擔憂，以至於這位儒生每日以琴棋書畫、飲酒賦詩、賞花出遊為樂。後來，父兄由於某種原因被免職了，家境變得貧乏，只得自謀生計，作詩自嘲云：

> 書畫象棋詩酒花，
> 當年件件不離他。
> 而今七字都更換，
> 柴米油鹽醬醋茶。

剝皮詩

唐宣宗大中元年，魏扶出任主考官。為表明心跡，他題詩一首貼在貢院牆上：

> 梧桐葉落滿庭陰，
> 鎖閉朱門試院深。
> 曾是昔年辛苦地，
> 不將今日負前心。

可是其實際行為違背了自己的諾言，於是有士子將其詩的每句前面兩個字去掉，變成了意義相反的一首詩：

> 葉落滿庭陰，朱門試院深。
> 昔日辛苦地，今日負前心。

這就是後世得以流傳的「剝皮詩」。「剝皮詩」也稱「擬古詩」，這種詩通常以前人較有名氣的詩為基礎，運用刪節、增添、顛倒、改動或仿擬的手法，使所得的詩產生與原詩對比鮮明的新意，以及嬉笑怒罵、詼諧幽默的效果，為人們喜聞樂見。

亦淡亦鹽風味好

錢鶴灘歸田，有言江都妓美，即訪之，既至，已嫁鹽賈。公往叩求見，賈令妓出見之，衣裳縞素，出白綾帕請留詩句。錢題詩云：

淡羅衫子淡羅裙，

淡掃娥眉淡點脣。

可惜一身都是淡，

如何嫁了賣鹽人？

妓看後置之一笑，並遂作詩答之云：

金錢買得西施去，

底事干卿夢不安？

亦淡亦鹽風味好，

惹人都為一身酸。

諷竹詩

竹可以表達各種各樣的性格。文雅、清高、虛心、堅韌……有許多詩人讚美它。如鄭板橋的《竹石》詩：「咬定青山不放鬆，立根原在破岩中。千磨萬擊還堅勁，任爾東西南北風。」當然，也有人愛唱反調，作《諷竹》詩云：

竹似偽君子，外堅中卻空。

根細善鑽縫，腰柔慣鞠躬。

成群能蔽日，獨立不禁風。

文人多愛此，想來聲與同。

才女吟詩救丈夫

有一才女，能吟詩作文，不慎嫁給了一個不學無術，好吃懶做的人，因此家境一貧如洗。

端午節快到了，才女見別人家四處購買東西過節，而自己卻無錢購物，於是便對丈夫吟了一首詩：

家徒四壁學相如，

佳節端陽百物無。

寂寞淒涼尋底事，

聊將清水洗蒼蒲。

儘管丈夫沒有什麼文采，但他心裡明白這是妻子在埋怨自己，慚愧之下，便幹起了偷盜的行徑。不料，在偷牛的時候，被人抓住，送到縣衙。

縣官在審問他為什麼進行偷盜時，他說因為妻子寫詩埋怨自己

無力養家，以致「佳節端陽百物無」。誰知這個縣官非常喜歡作詩，也很喜歡會作詩的人，聽說他妻子能作詩，便立刻派人把這人的妻子傳來，說：「你丈夫偷盜被抓，聽說你的詩作得很好，如果你能當堂作一首，我就放了你丈夫。」才女儘管對自己丈夫的行徑感到很無奈，但也不能看著丈夫坐牢，於是想了想便吟道：

> 滔滔銀漢向東流，
> 難洗今朝滿臉羞。
> 自笑妾身非織女，
> 夫君何故夜牽牛？

縣官聽了，連聲稱讚，真的當堂釋放了她的丈夫。

不必、未必、勢必、何必

一考生參加科舉考試，拿到試卷後，發現題很難，自己答不出來，便寫了四句打油詩交上。詩曰：

> 未曾提筆淚漣漣，
> 苦讀寒窗十幾年。
> 考官要不把我取，
> 回家一命赴黃泉。

主考官閱到這張卷時，看完這位考生的打油詩後，覺得好笑，於是在每句詩後批了兩個字，使詩成為：

> 未曾提筆淚漣漣——不必，
> 苦讀寒窗十幾年——未必，
> 考官要不把我取——勢必，
> 回家一命赴黃泉——何必！

尼姑寫詩言父親

很久以前，有一座清秀的蓮花庵，裡面住著一位年輕美貌的尼姑，她成了眾人關注的焦點。有一天，尼姑外出歸來，扶著一個人事不省的醉漢走進了蓮花庵。眾人看見後議論紛紛，還有人斥責尼姑不守清規。尼姑也不說什麼，進屋寫了一首詩貼在門口：

> 十字街頭遇醉夫，
> 醉夫醉倒待人扶。
> 醉夫妻弟尼僧舅，
> 舅姐當年嫁醉夫。

這首詩前兩句寫扶人進庵的原因，後兩句點名醉漢的身份，卻不直接說明，而是讓人去推斷。尼姑其實是想告訴眾人醉夫是她父親。

老人的酸楚與無奈

一對夫婦，妻子在生孩子時，難產死了。為了將兒子撫養成人，

丈夫既當爹，又當媽，艱苦備嘗。後來，兒子長大娶妻生子了，丈夫年紀大無法工作，兒子將老人視為累贅，常使老人飢寒。老人傷心，便寫下了一首詩：

> 隔窗望見兒抱兒，
>
> 想起當年我抱兒。
>
> 我抱兒來兒餓我，
>
> 日後他兒餓我兒。

又有一老人，兒孫不孝，心情憂鬱，戲吟一詩曰：

> 我把我兒當寶貝，
>
> 我兒視我如仇人。
>
> 我兒娶妻又生子，
>
> 我兒又和他兒親。
>
> 他兒學會我兒樣，
>
> 他兒又傷我兒心。

這些打油詩看似戲吟，實則滿含著老人的辛酸，傾訴出老人的酸楚與無奈，感人至深。同時也在警醒世人，養子要教。

念郎恨別詩

相傳，有一個叫郭暉遠的人，在外謀生，由於想念妻子，便給妻子寫了一封信，結果在裝信封時，誤將白紙裝了進去。妻子收到信後，發現裡面只有一張白紙。起初，妻子感到很吃驚，隨後想了想，便在紙上寫了一首念郎的恨別詩，託人帶給了丈夫，詩曰：

> 碧紗窗後啟緘封，
>
> 盡紙從頭徹尾空。
>
> 應是仙郎懷別恨，
>
> 憶人全在不言中。

一紙無字家書，卻流露出無限的思念，此乃無聲勝有聲。

李調元罵州官

李調元，字羹堂，號雨村，四川羅江縣人，乾隆28年（1763年）進士，歷任吏部員外郎、廣東學政、兩江主考、直隸通永道等職。李調元在兩江主考完畢回京，州內大小官員和眾多學子都前來送行，設宴十里長亭。

三杯餞行酒飲過，州官早受眾人的唆請，便起身離座對李調元說：「久聞主考才高，詩追李杜，文勝三蘇，今日請即席賦詩，以壯行色，如何？」眾人聽了，齊聲附和。李調元已知州官和眾人之意，謙遜幾句後，便請命題。這時，正好有群麻雀在簷間嘰嘰喳喳，州官便用手一指，請李調元以麻雀為題，賦詩一首。

李調元略一沉思，慢聲吟道：

一窩兩窩三四窩，

五窩六窩七八窩。

眾人一聽無不掩口，認為太粗淺不像詩句。李調元卻不慌不忙續出後兩句：

食盡皇王千鐘粟，

鳳凰何少爾何多！

這後兩句一出，眾人全都驚了，啞了，呆了，有如奇峰突起，又是晴天霹靂，明指麻雀，實罵眾人，而且罵得慘，罵得絕。

金農飛紅詠柳絮

清代揚州八怪之一的金農有一首歌詠柳絮的《飛紅》詩，一直被後人所推崇，稱其為寫景詩中的佳品。這不僅僅是其文辭和意境美質的不同凡響，更主要的是體現了詩人豐富的想像力和非凡的才智。這首詩是這樣寫的：

廿四橋邊廿四風，

憑欄猶憶舊江東。

夕陽返照桃花岸，

柳絮飛來片片紅。

「柳絮飛來片片紅」，於常理不合，乃屬死句。然而透過「逆挽法」，妙用「夕陽初照桃花塢」為襯托，則又發生了巨變，不但死句復活，而且詩意盎然。

朝天子詠喇叭

正德十四年（1519年），荒嬉無度的年輕皇帝朱厚照在北方玩膩了，藉口親征寧王宸濠，到南方遊玩。他在江彬一夥的護衛下，浩浩蕩蕩乘舟自濟寧順流而下，至淮安、揚州、南京。一路上打獵捕魚，縱情遊樂。他隨行的宦官們則沿途假借名義，為非作歹。他們「考縛郡縣長吏，不異奴隸」；四出至民家，索鷹犬珍寶古玩，「近淮三四百里間，無得免者」。朱厚照諱豬，所至各地都禁民間養豬，「數百里內，屠殺殆盡」。他在江南玩樂了七、八個月，鬧得民不聊生。

王磐是江蘇高郵人，生當弘治、正德年間。他厭棄舉業，終身不仕，築樓居於高郵城西僻地。高郵位於運河岸邊，運河是南北交通的孔道。南來北往的官船經過高郵，王磐親見宦官騷擾百姓的種種情景，憤慨不平，遂以眼前時事命題，借詠官船上的鼓吹喇叭，寫下了《朝天子詠喇叭》一曲刺之。曲

云：

喇叭、嗩吶，曲兒小，腔兒大。

官船來往亂如麻，全仗你抬身價。

軍聽了軍愁，民聽了民怕，

哪裡去辨什麼真和假？

眼見得吹翻了這家，吹傷了那家，

只吹得水盡鵝飛罷。

這首散曲巧用幾對反義詞，對皇帝之行加以深刻的披露。小和大相對，寄寓此次南行是小題大做；來與往相對，表示動用的船隻之多；真和假相對，意指擾得軍民神昏眼花，真假莫辨；這家與那家，喻指所到之處，無不深受其害。

落地無聲令

唐朝形成的酒令體系，至宋朝有所發展，特別是文人墨客的介入，使酒令的文化層次大大提高，產生了大量佳令。如蘇東坡、秦少游、晁補之、佛印四大名家創造的「落地無聲令」，精彩異常。《夢溪筆談》這樣記述：

蘇東坡、秦少游、晁補之同訪佛印，留飲般若湯。行令，上要落地無聲之花，中要人名貫串，末要詩句。

東坡云：

雪花落地無聲，抬頭見白起，白起問廉頗：如何愛養鵝？廉頗曰：白毛浮綠水，紅掌撥清波。

補之云：

筆花落地無聲，抬頭見管仲，管仲問鮑叔：如何愛種竹？鮑叔曰：只須兩三竿，清風自然足。

少遊云：

蛀屑落地無聲，抬頭見孔子，孔子問顏回：如何愛種梅？顏回曰：前村風雪裡，昨夜一枝開。

佛印云：

天花落地無聲，抬頭見寶光，寶光問維摩：僧行近如何？維摩曰：對客頭如鱉，逢人項似鵝。

各人酒令，文學色彩甚濃，遣詞俱妙，尤其是雙關法運用得十分巧妙，不可多得。

朱慶餘作詩問張籍

唐朝時，青年詩人朱慶餘曾得到張籍的賞識，而張籍又樂於薦拔後輩。因而朱慶餘在臨應考前作了首名叫《閨意獻張水部》（張籍當時任水部員外郎）的詩獻給張籍，藉以徵求意見。詩曰：

洞房昨夜停紅燭，

待曉堂前拜舅姑。

妝罷低聲問夫婿，

畫眉深淺入時無？

全詩以「入時無」三字為靈魂。新娘打扮得入不入時，能否討得公婆歡心，最好先問問新郎，如此精心設問寓意自明，令人驚歎。

張籍見了此詩，明白他的用意，就作了一首，曰：

越女新妝出鏡心，

自知明豔更沉吟。

齊紈未是人間貴，

一曲菱歌敵萬金。

張籍所答詩把朱慶餘比作美貌的「越女」，說他的作品「敵萬金」。後朱慶餘果然登第，名滿京師。

名落孫山的由來

宋朝吳地有一個名叫孫山的人，他是個幽默風趣才子。某年，他和一個同鄉的兒子一同前往參加科舉考試。 放榜的時候，同鄉的兒子沒有考上，孫山的名字被列在榜文的倒數第一名。孫山先回到家裡，同鄉便來問他兒子有沒有考取。孫山說：

解名盡處是孫山，

賢郎更在孫山外。

孫山兩句仿詞說：榜上最末一名是我孫山，您兒子還在我的後邊呢，言外之意是問話人的兒子沒有考上。從此人們就把榜上無名叫「名落孫山」。

施架落水作詩

施架字宗銘，明代吳縣人，家貧力學，穎悟過人，登正統進士第一，授修撰。一年後去世，天下傷之。相傳他幼從父遊淮揚，歸舟泊河下，送客失足落水，眾人救之上船，他吟詩道：

腳踏船頭船便開，

天宮為我洗塵埃。

諸君莫笑衣衫濕，

才向龍門跳出來。

圖畫禽獸

自小起解縉就聰明伶俐，名聲傳遍十鄉八里。7歲時有一個人慕名找上門來，請他在自己父親的畫像上題詩。解縉慨然應允，約定第二天題好。

然而，他從別人口中得知，畫中人原來是鄰縣的鄉紳，平日橫行霸道，欺壓鄉民，惡名遠播。解縉對這種人向來恨之入骨，便想借

詩戲謔一下，於是在畫像上「刷刷刷」橫著寫下了四個大字——圖畫禽獸。

第二天求詩人見了，心裡極為不快：你這小子太不是東西，將我父親罵做禽獸。他正要發作，只見解縉在畫像上很快將一首詩寫好了：

　　圖公之像，畫公之形。

　　禽中之鳳，獸中之麟。

來人見解縉把他父親比作鳳凰和麒麟，頓時回嗔轉喜。他不知道這是一首嵌字詩，其關鍵只在「圖畫禽獸」這四個字。

董其昌的薄肉詩

明末有個名人叫董其昌，有次朋友請他吃飯，他見菜肴中的肉片切得極薄，便寫了一首玩笑詩：

　　主人之刀利如鋒，

　　主母之手輕且鬆。

　　薄薄批來如紙同，

　　輕輕裝來無二重。

　　忽然窗下起微風，

　　飄搖吹入九霄中。

　　急忙使人追其蹤，

　　已過巫山十二峰。

到清代，有人又根據這首詩的意思，寫了四句短詩：

　　薄薄批來淺淺鋪，

　　廚頭娘子費工夫。

　　等閒不敢開窗看，

　　恐被風吹入太湖。

倫文敘題詩諷豪紳

倫文敘是個滿身市井氣，但談吐風趣被譽為「鬼才」的狀元。相傳，倫文敘13歲那年，到鄉紳家中送菜。鄉紳請他為珍藏的蘇東坡真跡「百鳥歸巢圖」題詩。倫文敘不假思索，揮毫就寫了一首：

　　天生一隻又一隻，

　　三四五六七八隻。

　　鳳凰何少鳥何多，

　　啄盡人間千萬石。

開頭兩句人們看了覺得很平淡，但用心一捉摸，便發現它列舉的一連串數字巧妙地暗含百鳥之數。其計算方法是：1＋1＋34＋56＋78=100

頭兩句點題之後，下兩句就以鳥喻壞人壞官，以鳳凰喻好人好官，諷刺貪官汙吏、地主豪紳搜刮民脂民膏，其巧妙為人所讚歎。

鄭板橋改詩

清朝著名書畫家鄭板橋，一次隨老師散步來到一座小橋旁，偶然發現橋下有一具少女屍體。老師有所感觸，賦詩云：

二八女多嬌，風吹落小橋。

三魂隨浪轉，七魄泛波濤。

鄭板橋聽了，疑團頓生，他問老師說：「怎麼知道這少女16歲？怎麼知道她是被風吹下去的？怎看見她的三魂七魄隨著波浪轉呢？」

老師張口結舌，無言以答，因為這全是想當然的，便問他能不能修改。鄭板橋想了想，把詩改為：

誰家女多嬌，何故落小橋？

青絲隨風轉，粉面泛波濤。

老師聽了，讚歎不已。

解縉的拍馬詩

明初翰林學士解縉主持編纂《永樂大典》，堪稱一代雄才。一天，朱元璋對解縉說：「昨天宮裡出了喜事，你吟首詩吧。」

解縉一聽，知道朱元璋又得了一位龍子，便寫道：「君王昨夜降金龍」。這是把皇子喻為金龍，顯然是拍皇帝的馬屁。誰知朱元璋卻說：「生下的是個女孩。」

解縉略加思索，筆鋒一轉又寫道：「化作嫦娥下九重。」一個「化」字，「金龍」變成了「嫦娥」，真是補得天衣無縫。誰知朱元璋又說：「生下來就死了。」

解縉立刻露出歎惋的神情，馬上又走筆寫道：「料是世間留不住」，對噩耗的處理多麼妥帖！她又回到天上去了。豈料朱元璋接著又說：「已把她拋到水裡去了。」

解縉聽後忙吟誦道：「翻身跳入水晶宮。」

病僧題詩，設延壽寮

唐朝末年，有一座寺廟裡的一個和尚得了重病，無人問津。他十分傷心，於是在門上寫了一首詩：

枕有思鄉淚，門無問疾人。

塵埋床下履，風動架頭巾。

剛好有個當官的人經過這裡，看見和尚所題的詩，惻隱之心大發，讓寺裡的和尚把他抬去治療。後來，這個當官的人進京當了京官，把這事報呈給皇上。於是，朝廷頒佈一條命令，讓天下所有的寺廟，都設置「延壽寮」，專門為和尚養病用。

七不嫌之說

古代窮人有「七不嫌」之說，講的都是人生活中的實在事。有哪些不嫌呢？

飢餓得粗食，不嫌；

徒行得劣馬，不嫌；

行久得座位，不嫌，

久貧得薄酒，不嫌；

口渴喝涼水，不嫌；

趕路乘小船，不嫌；

遇雨進小屋，不嫌。

君生我已老

一位年紀大的秀才，趕路心急，不知不覺迷了路。眼看天就要黑了，想找一人家借宿。他來到一家門前，敲了半天門，主人卻不肯開，老秀才無奈，只得再三懇求，才有一少婦開門延客，一老一少談得十分投機，少婦乃寡居，知老秀才也是鰥居後，大有以身相許之意。秀才作詩道：

我生君未生，君生我已老。

我恨君生遲，君恨我生早。

別墓詩

古時有一寡婦，難耐淒涼，決定再嫁。想到丈夫生前和自己恩愛的場景，恐其丈夫寂寞，便請石匠為自己雕琢了一尊石像，置於丈夫墓前，並作詩告別：

君昔嘗愛妾，乃忍捨妾去。

今妾欲嫁人，不忍別君墓。

想君魂寂寞，定怪妾情薄。

刻石像妾面，留與君作伴。

君見石人如見妾，

石人代妾常守節。

妾心不仁石心堅，

石身更比妾身潔。

妾身雖去石身留，

朝朝暮暮住墳頭。

墳頭不斷風和雨，

君魂好共石人語。

醉後吻小姨子

岳父做壽，女婿前去拜壽，一時高興多喝了幾杯。小姨子見他酒醉，便扶他去客房歇息，誰知他在迷糊中把小姨子當成了妻子，於是抱吻小姨子。小姨子一時氣急，便寫了一首詩，放在桌子上。詩曰：

好意扶你睡，竟敢享我脣。

是個讀書人，這般沒道理。

不久，小舅子前來看望姐夫，見桌面上的詩句，在後寫道：

酒醉隨他醉，為何扶他睡？

貓兒見了魚，哪有不嘗味！

女婿酒醒後，見詩，知道自己酒後失態，得罪了小姨子，又見笑於小舅子，因寫道：

酒醉爛如泥，朦朧抱嬌妻。
醒後方知錯，原來是小姨。

寫畢，在那裡後悔酒後不慎。岳母進來了，看到桌上題詩，忙又寫了幾句，並以好言撫慰。她寫道：

小女不懂事，紙上亂寫字。
本是一家人，何必當回事！

四季詞

古人有寫春、夏、秋、冬四季的詞，能抓住各季節的自然景色和人的情緒來寫，值得一讀。

春詞：

我愛春，春光好，
山嘴吐晴煙，牆頭帶芳草。
黃鸝罵杏花，惹得遊蜂鬧。
海棠零落牡丹愁，
只恐韶華容易老。

夏詞：

我愛夏，夏日長，
玉戰棋聲脆，竹搖扇影涼。
薰風寶奇貨，滿路芰荷香。
蟬在綠楊深處噪，

也須回首顧螳螂。

秋詞：

我愛秋，秋思苦，
籬菊憶陶潛，征鴻叫蘇武。
落葉覆蒼苔，無風自起舞，
紛紛社燕別東翁，
舊巢還待來年補。

冬詞：

我愛冬，冬日閒，
煎茶溶雪水，倚杖看冰山。
莫唱征夷曲，將軍夜度關。
若個漁翁堪入畫，
一蓑披得凍雲還。

濟公解嘲

濟公治好了秦檜兒子的病，為了表示感謝，秦檜設宴答謝濟公。

席間，秦檜出酒令說：

酉卒是個醉，目垂是個睡。李太白懷抱酒缸山上躺，不曉他是醉，不曉他是睡？

濟公聽後，知道他在嘲笑自己愛喝酒、睡覺，於是也說了一令相譏：

月長是個脹，月半是個胖。秦婦人懷抱大肚滿庭逛，不知她是脹，不知她是胖？

兩人均用拆字法互嘲。濟公之語直說秦檜之妻，更有諷刺力。

貪官受辱還稱好

清朝同治年間，有個叫柳儒卿的大貪官，人送外號「柳剝皮」。他雖為縣官，但卻沒有真才實學，是個草包。為了面子他總是假充斯文，附庸風雅，還到處炫耀自己。

某年，縣裡舉辦了一個燈謎會。對這樣顯示才學的機會，柳貪官當然不會錯過。可是他不會猜，更不會出題，於是花錢雇人為他出了一個燈謎。那人也沒有推辭，高

興地為他出了一副聯謎：

本非正人，裝作雷公模樣，卻少三分面目；

撇開私卯，會打銀子主意，絕無一點良心。

各打一字

柳剝皮不知其中奧妙，看後大聲叫好，忙叫人張貼了出去。前來猜謎的人很多，一些有學問的人很快就知道了謎底，個個捧腹大笑，齊聲稱讚：「這個謎作得好！」

謎底是什麼呢？「本非正人」是「亻」，「裝作雷公模樣，卻少三分面目」是「需」（需與雷相近，「面」少三橫為「而」），上聯合而為「儒」字。

「撇開私卯」，即將「卯」分在兩邊，「會打銀子主意，絕無一點良心」為「艮」，下聯合而為「卿」字。這樣，上下聯所猜字為「儒卿」，是「柳剝皮」的名字，人們當然要笑！

「袁」內養羊

清代詩人、散文家袁枚曾不滿現實隱居於隨園，並餵養了一頭山羊。

一日，袁枚忘記關羊圈門，羊出圈後，入鄰人園內，把鄰家中的青菜吃了。老菜農到袁枚家責問，袁枚對老農說：「你知道「園」字外面為什麼有一方框嗎？就是告訴我們必須在外邊築上一圈籬笆才可種菜。」

此老農可不是普通的山野村夫，也是個不滿現實隱居於此的飽學之士，便反譏道：「你知園內為何字？外邊築上一圈籬笆僅能防園外，而防不了園內，君在園內養羊，築園又有何用？」

而袁枚之姓正在方框內。

聽了老農的話，袁枚深為折服。此後，二人惺惺相惜，談詩論文，成為好友。

王質遇仙

「王質遇仙」是一個美麗的傳說。晉朝時，浙江衢州有一座石寶山。山上林木茂密，奇花飄香。山中還有一個石洞，深不可測。洞口紫霧繚繞，洞內時有仙樂飄出，人們也常看到一些神仙自洞中出入。

有一日，衢州樵夫王質上山砍柴，時值正午，驕陽似火，暑熱難擋，他便進入洞中歇息。洞深處有一室，室中有石桌、石墩，兩位

鶴髮童顏的老翁正下圍棋。王質雖說是山野粗人，但通曉棋路，頗有棋術。此時，他被兩位老翁的棋藝迷住了，便站在一旁細心觀看。兩位老翁邊下棋邊吃甜棗，偶爾也順手遞幾個給王質吃，他的肚子就飽了。有時渴了，就喝幾口老翁壺中的泉水，精神格外抖擻。

不知過了多長時間，兩位老翁的一局棋還未下完。這時，一位老翁對王質說道：

嘴比嘴大，嘴比嘴小；

嘴被嘴吞，嘴被嘴咬。

王質是個聰明人，一聽就明白了老翁這話的意思，於是便向兩位老翁告辭。

王質出得洞來，再看放在洞口的斧頭，斧頭已經銹蝕，斧柄早已爛盡。旋歸故里，已足百歲，無復當時之人。後來，人們把石寶山改為爛柯山。

原來，老翁對王質說的是一個「回」字。

賦體隱

賦是古代文學體裁的一種，以賦的體裁出現隱猜一物，則為賦隱。賦體隱從戰國末期開始，到了漢代由自己說底改為讓對方猜破，這就具備了謎的完整雛形，只是尚未定名罷了。典型的賦體隱就是東方朔與郭舍人對隱。

郭先出隱曰：

客從東方，且歌且行，不從門人，窬我圍牆，遊戲中庭，上入殿堂，擊之拍拍，死者攘攘，格鬥而死，主人不傷。何物？

東方朔不但知此何物，而且立即編了一則同底隱語回敬郭舍人：

利喙細身，晝匿出昏，嗜肉惡咽，掌指所捫，臣朔愚憨，名之曰蚊。

一口一大盅

三友席間行酒，各報一令，首句曰「不通風」，二句要加上「在當中」，三句要加上「推出去」，四句要說「喝一盅」。

甲曰：

田字不通風，十字在當中。

十字推出去，古字喝一盅。

乙曰：

回字不通風，口字在當中。

口字推出去，呂字喝一盅。

丙曰：

因字不通風，大字在當中。大

字推出去……

二人齊聲喊道：

看你成何字？

丙即笑曰：

一口一大盅。

不讓吃喝哪來詩（絲）

祝枝山是個有名的食客。一天，唐伯虎邀好友文徵明去酒樓吃酒，想不到被祝枝山知道了，便尋蹤而來。見二人正斟杯相交，酒興正濃，不由大聲嚷道：「今朝有口福，不請自來也！」說罷，坐下便要喝酒。

唐伯虎暗使眼色，文徵明曉得此意，站起身來對祝枝山說：「且慢！我們喝酒有個規矩，須即席作一首謎語詩，都以昆蟲為謎底，不然不准喝。」祝枝山明白這是在故意為難自己，但嘴上卻不饒人，說道：「這有何難？」

酒令開始了，唐伯虎第一個站起來吟道：

菜兒香，酒兒清，不喚自來是此君。

不識人嫌生處惡，撞來筵上敢營營。

吟罷竊然而笑，以眼示文徵明，文心領神會，介面吟道：

夜色晚，睡夢濃，不喚自來是此君。

吃人嘴臉天生慣，空腹貪圖一飽充。

文徵明說完，輪到祝枝山了，他心想：他們都在取笑我，看來我也得回敬一下。於是他慢條斯理地吟道：

來得巧，正逢時，勸君莫吝盤中餐。

此公滿腹錦繡才，不讓吃喝哪來詩（絲）？

唐伯虎和文徵明見祝枝山答對得巧妙，於是重添酒菜，三人共飲，大醉方休。

原來，唐伯虎的謎底是「蒼蠅」，文徵明的謎底是「蚊子」，祝枝山的謎底是「蠶」。

曹娥碑隱

東漢時，浙江上虞有一個名叫曹娥的女孩子。她14歲的時候，父親溺死在江中。她跳入江中尋找父親的屍體，不幸也被淹死。上虞的縣令度尚被她的孝心感動，就請了當時只有13歲才華橫溢的邯鄲淳作了一篇誄文，並刻上石碑。這個

碑就是後世所傳的名碑——《曹娥碑》。著名的文學家蔡邕看了碑文後，對邯鄲淳的文采非常欣賞，就在碑的後面題了八個大字：「黃絹，幼婦，外孫，齏臼。」當時，誰也不明白這八個字是什麼意思。

有一次，曹操從碑旁經過，看到了蔡邕的題字，一時也不解其意，便問隨行人員有誰理解。主簿楊修回答說：「我理解。」

楊修說：「黃絹，是帶顏色的絲，色絲合一『絕』字；幼婦，是年少的女子，少女合一『妙』字；外孫，是女兒之子，女子合一『好』字；齏臼是用來盛裝和研磨調味料的器具，而古代調料主要是辛辣之物，故齏臼就是用來接『受』『辛』料的。另外，『受辛』是『辭』的古體字，受辛合一為『辭』字。總合起來是『絕妙好辭』四個字，是讚美碑文寫得好。」

王安石作詩，出謎語

一天，王安石與司馬光等友人遊覽汴京。當他們在遊覽管仲鮑叔牙廟時，王安石便揮筆題了一詩，詩曰：

兩個夥計，同眠同起，

親朋聚會，誰見誰喜。

行至伯夷叔齊廟，王安石又題一詩，詩曰：

兩個夥計，為人正直，

貪饞一生，利不歸己。

復行至哼哈二將廟，王安石再題一詩，詩曰：

兩個夥計，終身孤淒，

走遍天涯，無有妻室。

同行中人不明就裡，就問司馬光：「王安石詩意如何？」

司馬光隨口應道：「他何嘗是在作詩，而是在出謎語啊！」問者恍然大悟。

原來，王安石在三座廟前題寫的詩同射一物，謎底為「筷子」。

孫抱——堂鼓

有個叫高爽的，是南朝廣陵人，他博學多才，風趣幽默。他和一個叫孫抱的人是好朋友。孫抱，是個腰寬體胖的人，相傳腰帶十圍。但是，在孫抱當了延陵縣令以後，便開始疏遠高爽，對高爽非常冷漠。高爽為此非常生氣，便在縣衙的「堂鼓」上題寫了一首詩謎：

徒有八尺圍，腹無一寸腸。

面皮如許厚，受打未詎央。

這是四句詩謎，謎底為「堂鼓」，但其實高爽是「醉翁之意不在酒」，他是在借這首詩謎諷刺孫抱的形象和堂鼓有相像之處，有力地回應了孫抱的無情無義。

米芾說「禿」

一天，著名書法家米芾前來拜訪王安石，他素知王安石喜愛猜謎，於是笑曰：「有人巧借元稹的《鴛鴦傳》制一字謎，我久思不得其解，敬請賜教。」說罷吟道：

鴛鴦小姐去上香，

香頭插在案几上。

遠看好像一秀才，

近看卻是一和尚。

王安石見米芾那幅俏皮相，不禁哈哈大笑：「看你那神祕的模樣，你所說的，老夫天天相見，豈能不知？」隨即道出了謎底——禿。

荒年轉語

明朝嘉靖乙巳年間，天下十荒八九。浙江米價每石一兩五錢，餓殍橫道。金玉泉做了兩首詩。

第一首：

年去年來來去忙，

不飲千觴飲百觴。

今年若還要吃酒，

除去酒邊酉字旁。

第二首：

年去年來來去忙，

不殺鵝時也殺羊。

今年若還要鵝吃，

除卻鵝邊鳥字旁。

這兩首詩貼切地反映出了災荒年間的情景。「酒」除卻「酉」，就只有「水」了；「鵝」除去「鳥」，就剩「我」了。意思是：今年窮得吃不上酒肉，只有吃「水」、吃「我」了。

四面觀看得謎底

唐朝睿宗太極元年，也就是西元712年，杜甫出生在河南鞏縣一戶文官家庭。他的爺爺杜審言是初唐著名詩人。杜甫七歲就能以鳳凰為題作詩，九歲時便練得一手好毛筆字。由於他學習勤奮，「讀書破萬卷，下筆如有神」，爺爺對他十分喜愛，飯後常帶他去村外散步。

金秋的一天黃昏，祖孫二人又漫步在稻穀漂香的田野。杜審言先生見農夫忙著收割，觸景生情，吟

了四句詩考孫兒：

四個不字顛倒顛，

四個八字緊相連，

四個人字不相見，

四個十字立中間。

聰明的杜甫只思考了片刻，就說出了答案。慈祥的爺爺連連點頭，樂得直撫鬍鬚。

原來謎底是個「米」字，要順看、倒看、橫著看，方能領悟其妙。

「鮮」字謎

有一天蘇東坡到妹夫家探望，酒至半酣，秦少游為助酒興，提筆潑墨作了一幅字謎畫，並題道：

我有一物生得巧，

半邊鱗甲半邊毛；

半邊離水難活命，

半邊入水命難保。

蘇東坡聽了，附和著說：

我有一物分兩旁，

一邊好吃一邊香；

一邊上山吃青草，

一邊入海把身藏。

這時，蘇小妹邊提壺為哥哥斟酒，邊信口說道：

我有一物長得奇，

半邊身上生雙翅，

半邊身上長四蹄，

長蹄的跑不快，

長翅的飛不起。

說完，三人心照不宣，捧腹大笑。原來，他們三個人出的是同一個字謎，謎底是：鮮。

曹操出謎考華佗

晚年的曹操患了頭疾，僚臣華歆向他推薦了神醫華佗，並講述了華佗醫術高超的一些故事。於是曹操命人將華佗星夜請來。

然而，曹操是個素來疑心很重的人，雖說把華佗請到丞相府中，但他仍不輕易相信華佗的本事，想親自考考華佗，看其對中草藥是否精通。於是曹操口授徐庶寫了一信，上曰：

胸中荷花，西湖秋英。

晴空夜珠，初入其境。

長生不老，永遠康寧。

老娘獲利，警惕家人。

五除三十，假滿期臨。

胸有大略，軍師難混。

醫生接骨，老實忠誠。

無能缺技，藥店關門。

華佗看後，自語道：「相爺在

考我也。」原來這是一首詩謎，每一句打一種中草藥名。華佗不愧為神醫，立即揮筆，刷刷刷寫下16種中草藥名，由徐庶帶回交給曹操。曹操看後大喜，道：「果真是有能之輩也！」

原來，曹操詩中隱藏的16味中藥是：穿心蓮、杭菊、滿天星、生地、萬年青、千年健、益母、防己、商陸、當歸、遠志、苦參、續斷、厚朴、白朮、沒藥。

見鐘不打，何處斂銅

古時候有一人專門好撞席（未受邀請而赴宴），主人非常討厭他，皺眉變色道：

單羊本是羊，添水也成洋，

除卻水邊羊，添易便成湯。

諺曰：「寧吃歡喜湯，莫吃皺眉羊。」含有譏諷的意思。

席長也討厭他，也出令譏諷：

單禾本是禾，添口也成和，

除卻禾邊口，添斗便成科。

諺曰：「寧添一斗，莫添一口。」譏諷之語透露其中。

撞席人見此情景，不以為然，隨口便說：

單同本是同，添金便成銅，

除卻金邊同，添重便成鐘。

諺曰：「見鐘不打，何處斂銅。」

三人同說酒令，均用拆字法，主人與席長借行令譏諷撞席者不可白吃，撞席者亦借行令解嘲，皆見其巧。

一字分開令

張、王、李三位女婿新年到丈人家拜年，席前，張、王二婿想在李某面前炫耀學問，便說：「席間為了增加氣氛，我們準備對酒令，對不出來者，不准喝酒，對時必得用二物相似，一字分開等。」

張某起頭說：

二物相似水與酒，

呂字分開兩個口，

不知哪口喝水，

哪口喝酒？

說完，喝了一大杯酒。王某隨後說：

二物相似錫與鉛，

出字分開兩個山，

不知哪山出錫，

哪山出鉛？

遂也喝了一大杯酒。

李某沒有多少學問，眼看著不

一本書讀懂國學句典

能喝酒了，心急，大聲疾呼說：

　　二物相似你與他，

　　爻字分開兩個叉，

　　不知哪叉叉你，

　　哪叉叉他？

墨斗

　　據馮夢龍編輯的《桂枝兒》所載，蘇軾家中常以謎語詩爭巧鬥智。有一天，秦少游吟出一首謎語詩讓蘇東坡射底，詩云：

　　我有一間房，

　　半間租與轉輪王。

　　有時放出一線光，

　　天下邪魔不敢擋。

　　蘇東坡佯不解，卻回敬詩一首：

　　我有一張琴，

　　琴弦藏在腹。

　　憑君馬上彈，

　　彈盡天下曲。

　　蘇小妹馬上和詩一首：

　　我有一隻船，

　　一人搖櫓一人牽。

　　去時拉纖去，

　　歸來搖櫓還。

　　蘇小妹詩罷，見秦少游一時不解，便答道：你的便是大哥的，大哥便是我的，我的便是你的。原來三個謎語互為謎面，亦互為謎底，三首詩均說的是墨斗！

特來問安，請坐奉茶

　　一天，甲有事，需要到乙家請乙幫忙。剛進門，甲就雙拳一抱，彬彬有禮地念了一首字謎詩：

　　寺廟門前一頭牛，

　　二人抬個啞木頭，

　　未曾進門先開口，

　　閨房女子緊蓋頭。

　　乙稍稍思考了下，就知道了甲的意思。他也念了一首字謎詩：

　　言對青山不是青，

　　二人土上在談心，

　　三人騎頭無角牛，

　　草木叢中站一人。

　　甲一聽，與自己說的完全對上了，雙方都忍不住哈哈大笑。

　　原來，甲字謎詩的謎底是「特來問安」，乙字謎詩的謎底是「請坐奉茶」。

朱厚熜定年號

　　明朝第十二個皇帝明世宗朱厚熜登基的時候，照例要改元紀年。為了找到一個好的年號，來象

徵吉利，便採取了向天下徵集年號的辦法。朝野上下的有識之士都苦思冥想，爭相進獻。朱厚熜一一看過，都覺得沒有合適的。有一天上朝時，一個能迎合皇帝心理的大臣啟奏，說他想出了個好年號，請皇帝審定。他從袖中將寫好的一首七言律詩呈獻給皇帝，朱厚熜打開一看：

士本人間大丈夫，
口稱萬歲舊山河，
一橫永鎮江山地，
二直平分天下圖。
加子加孫加爵祿，
立天立地立皇都，
主人自有千秋福，
月滿乾坤照五湖。

朱厚熜看著都是些吉利話，歌頌大明江山永固、帝業千秋，可是還看不明白究竟叫個什麼年號好。在親信侍臣的幫助下，他才看出這是一首詩謎。他覺得這兩個字也很祥瑞，於是就決定採用，曉諭天下以此為年號。這兩個字正是「嘉靖」。

二人並坐，坐到二鼓三鼓

丘瓊山是明朝時廣東的一位書生，他博覽群書，記憶力又強，被人們稱為「丘書櫃」。

某年，丘瓊山到省城參加科舉鄉試，途中在一家小旅店中居住，店主的女兒名叫鷓鴣，非常聰慧。在與丘瓊山閒談之際，她笑著說：「秀才，人皆說你解詩破謎勝洪爐點雪，今天我出個字謎試試你。」在丘瓊山表示同意後，鷓鴣吟道：

二人並坐，坐到二鼓三鼓，一畏貓兒二畏虎。

丘瓊山聽罷，細細沉思：二人並坐，乃指兩個字合而為一。這畏貓者，魚也；畏虎者，羊也。想到這，他矜持一笑，拱手回云：「店姐請聽，小生猜中了，是個『鮮』字。」

鷓鴣嫣然一笑說：「不對，你再猜猜看。」

丘瓊山聽說未猜中，急忙變換思路，苦心思索：這二鼓乃亥時，三鼓乃子時。亥時所生者肖豬，豬亦畏虎，子時所生者肖鼠，鼠亦畏貓。他想到這兒，連聲稱妙，笑道：「這回吾定猜中了！」接著說出了謎底。

鷓鴣聽了，嫣然一笑，讚曰：「真不愧是『丘書櫃』。」原來，

這個字謎的謎底是：孩。

辛未狀元

南宋辛未年間舉行會試的時候，有一個從江陰來的舉子袁舜臣，他在馬鐙上很工整地寫著一首詩：

六經蘊藉胸中久，
一劍十年磨在手。
杏花頭上一枝橫，
恐洩天機莫露口。
一點累累大如斗，
掩卻半牀何所有。
完名直待掛冠歸，
本來面目君知否？

當時到京城來趕考的舉子很多，人們看了都只當是一首普通的詩，未加注意。後來蘇州的劉城看了這首詩，才說這是一首詩謎：六加一、十為「辛」字；「杏」除去口加一橫為「未」字；「牀」（古寫異體作「牀」）掩去一半為「爿」，大字加一點為「犬」，合成「狀」字；「完」去掉寶蓋頭為「元」字，合起來是「辛未狀元」。這是表明袁舜臣立志要奪取辛未科的狀元。

店老闆請客

古時有位秀才，家境貧寒，為了趕考，整天破衣爛衫，稀粥兩餐，生活十分清苦。

一天，他在街上閒逛，路過一家酒店時，店老闆見他可憐，便笑嘻嘻地對他說：「秀才，我想考考你，如果你能猜中我的謎語，我請你吃喝一頓，分文不取。」說罷吟道：

戶部一侍郎，貌似關雲長；
上任石榴紅，辭官金菊香。

窮秀才拱手應道：「不難，不難，請先聽晚生賦詩二句。」隨即吟道：

有風不動無風動，
不動無風動有風。

店老闆聽後，連連稱讚秀才有學問，遂免費請秀才吃喝了一頓。

原來，老闆出的是則字謎，謎底是個「扇」字，秀才是以謎破謎，謎底也是「扇」。

祝家女物謎自喻

從前有一姓祝的女子，諧通文墨，可算是一窈窕淑女。出嫁後，一開始夫妻之間和睦恩愛，自

不必說。等到上了年紀，妻子花容暗淡，神態失妍，那喜新厭舊的郎君，對其就冷眼相看了。因此，那女子很不是滋味，便借房中一物，寫了一首詞謎自喻：

生在祝家莊，許配茅家寨，情投意合，兩小無猜。貪心媒介，幾番撮弄，把奴騙到長街去拍賣。幸好遇上鍾情書生，迎奴進書齋，真寵愛！先親嘴，後開懷，緊抱奴家的身軀放不開，知心話兒要奴家說出來。誰料到，運轉時乖，光陰過得快。到老來，容顏衰，毛髮敗，不理睬，薄情郎將奴拋出欄杆外，另娶新娘進房來。

這首詞謎使人讀後頗有一種同情此女子的遭遇，而代為鳴不平的感覺。它既是這一女子的自喻，又是個很好的物謎，其謎底是：毛筆。

何瑭退兵

北方匈奴欲進攻中原，派使者先送來一張「戰表」。皇上打開一看，見上面只有四個字——天心取米，大為吃驚，不明就裡。

滿朝文武大臣也沒有人知道這四個字的意思。皇上無奈，只得張榜招賢。這時，有一名叫何瑭的小官說，他知道其中的意思，並有應付之策。皇上急宣何瑭上殿。

何瑭指著這四個字對皇上說：「天者，吾國也；心者，中原也；米者，聖上也。天心取米，就是要奪我國江山，取君王之位。」

皇上聽後，心急，忙道：「這該如何是好？」

何瑭胸有成竹，說：「無妨，我自有退兵之法。」說完，拿起筆，在「天心取米」這四個字上各添了一兩筆，就把信退給了匈奴使者。

匈奴領兵元帥，本以為中原不敢應戰，可當他打開信時，頓時大驚失色，急令退兵。

原來，何瑭將這四個字改為了「未必敢來」。這看似平常的四個字，實具威懾力量，可抵十萬雄兵。

秀才自大遭慘敗

一天，三個進京趕考的秀才來到一家客店住宿。客店主婦熱情地招呼道：「三位客官貴姓？」

三位秀才自恃喝了一點墨水，便借機賣弄起來。

其中一個答道：四個山字山靠山，四個川字川連川，四個口字口對口，四個十字顛倒顛。

女老闆聽後，笑了笑剛想說話，另一個秀才也搖頭晃腦地說：千字不像千，八字排兩邊，有個風流女，卻被鬼來纏。

另一個秀才不甘示弱，介面說道：孔明借箭草人充，曹操北兵走西東，一口想吞孫吳地，卻遭周郎用火攻。

主婦聽後笑盈盈地說：「田、魏、燕三位先生，請進！」

三位秀才聽了一愣。心想，本想難難這位女主人，不料對方竟輕而易舉地把他們的謎破了。三位秀才肅然起敬，拱手相問：「主人尊姓？」

只見主婦笑了笑說：「我也說個字謎：三斗三，四斗四，二斗三升共個字。」

三位秀才你看我，我看你，面面相覷，半天也猜不出來，便支支吾吾地進了房間，又想了半天，還是猜不出。後來，秀才經打聽別人，才知道這家客店的女主人姓「石」。因古時十斗為一石，三斗三，四斗四，二斗三，加在一起正好是一石。

話不老，鏡中人

從前，有一個學者喜歡利用猜謎的形式結交朋友。他在自己的家門兩旁寫了一副對聯，上聯是「話不老」，下聯是「鏡中人」。橫批是「中者進，惑者遁」。其意為猜中者為朋友，猜不中自行離去。

一襤褸幼兒看後，大搖大擺進門，學者問謎底，幼兒說：「乃『請入』二字。」原來，上聯「話不老」既是「言青」，下聯「鏡中人」自然就是一個「入」字。

以謎通名

從前，有兩個素不相識的書生，在花園裡遊玩，一個是高個子，一個是矮個子，他們在一亭子裡會了面。高個子問：「客生貴姓？」矮個子答：「夏商之時夜間光。」

說罷也問高個子道：「客生貴姓？」高個子答：「顛來倒去都為頭。」兩個書生會意地笑著相互施禮，在石凳上坐下後又敘談起來。

過了一會兒，高個子又問：「客生大名是什麼？」矮個子說：

「小生名叫老牛過板橋。」接著反問：「您大名呢？」高個子說：「小生名叫大河失滔滔。」雙方互通了姓名，交談之後，情投意合，成了好朋友。

原來，矮個子叫「胡生」，高個子叫「王奇」。

賭鬼的「生活照」

清末年間，賭風日盛，有位青年染上了賭博惡習，屢教不改。其父苦不堪言，乃寫《戒賭詩》一首，令其反覆誦讀揣摩。

貝者是鬼不是人，
只因今貝起禍根。
有朝一日分貝了，
到頭成為貝戎人。

這位青年解讀後，幡然醒悟，於是痛改前非，重新做人。

此詩中，「貝」加「者」是「賭」，「今」加「貝」乃「貪」，「分」加「貝」為「貧」，「貝」加「戎」成「賊」。由「賭」到「貪」到「貧」到「賊」，是賭鬼共同的生活寫照。

王安石下棋

王安石酷愛下棋，每當有朋友來訪，便請朋友和自己下棋。某日王安石照舊請來訪的好友陪自己下棋。好友說：「下棋哪有白下之理？」王安石說：「輸者罰制一謎如何？」朋友說好，於是下棋。

第一盤王安石輸了。王安石制一字謎：

一字生得真古怪，
太陽偏在土下埋。
土堆上面長青草，
一切斜著劈下來。

好友猜中，二人又下。第二盤王安石取勝。那好友也制一謎：

兩個幼童去爬山，
沒有力氣上山巔。
回家又怕人笑話，
躲在山中不回還。

第三盤王安石又輸，只好再制一謎：

畫時圓，寫時方，
冬季短，夏季長。

那好友一笑說：

東海有條魚，無頭也無尾，
抽掉脊樑骨，便是你的謎。

王安石大笑，吩咐家人盛宴

款待好友。原來謎底是「著」、「幽」、「日」三個字。

夫妻義重，恩愛情深

兩夫妻吵架，丈夫一氣之下，外出做生意去了。可是外面的日子不好混，顛沛流離幾個月後，有些後悔當時的衝動，加上好長時間沒見到妻子，十分想念。於是，託人捎給妻子一封家信。妻子拆開一看，信中只有四句話：

二人力大頂破天，
一女耕田缺一邊。
我要趕羊羊騎我，
千田連土土連田。

一時妻子也沒有猜出丈夫的用意，但經過一番思量後，妻子恍然大悟，原來這是一首謎詩。於是，妻子也寫了一封家書給丈夫，上面也只有四句話：

只因心相連，受不交朋友。
芳心青春在，探源水漫手。

丈夫接到妻子的信，便立即收拾行裝，匆匆趕回家去，與妻子團聚了。

原來，丈夫寫這封信是要用謎語告訴妻子「夫妻義重」，妻子大受感動，也用謎語「恩愛情深」做了回應。

望江樓上謎射謎

望江樓開業那天，老闆出了一個謎語——泉眼有，懸崖無；清風有，彩雲無；潮頭有，狂風無。並聲稱，能用謎語射中謎底者，將免費享用一餐，否則，每個菜加倍收費。一會兒，進來五個小夥子，欣然答應了老闆。

第一個小夥子說：

油裡有，糧裡無；漿子有，果子無；酒裡有，菜裡無。

第二個小夥接著答道：

漁民有，農民無；渡槽有，橋上無；泵房有，場院無。

第三個小夥子信口答道：

浮萍有，荷蓮無；鴻雁有，黃鶯無；灌木有，喬木無。

第四個很有感情地朗誦道：

渺小有，偉大無；深沉有，輕佻無；漂泊有，定居無。

第五個小夥子則是語氣緩緩地答道：

商湯有，桀紂無；漢武有，秦皇無；梁朝有，晉朝無。

老闆聽完後，連連誇讚，並立即上了一桌豐盛的酒菜給五個小夥

子。這個謎底是「水」字。

「賀壽詩」罵和尚

明朝時期，徐文長和紹興府某寺院的住持和尚很要好，他們經常在一起吟詩作對，談笑風生。有一年，住持和尚要過六十大壽，親自到徐文長家邀請，誰知一時興起，便與徐文長對對聯，結果得罪了徐夫人。

過了幾天，住持和尚的六十壽辰到了，徐夫人託徐文長帶去一首詩相贈：

> 一夕靈光太透虛，
> 化身人去復何如？
> 愁來不用心頭火，
> 修得凡心半點無。

老和尚接過詩連聲道謝，徐文長卻說：「這不是詩，而是我老婆作的一組字謎，每兩句猜一個字，共猜兩個字。」

老和尚對著詩句一思量，知道這兩個字是罵他的，但也無可奈何。

原來這首「賀壽詩」的第一句隱一「歹」字，第二句隱一「匕」字，兩句合成「死」字；第三句隱一「禾」字，第四句隱一「几」字，兩句合成「禿」字。故謎底為「死禿」兩個字。

王安石巧寫「用」字謎詩

王安石曾寫有一首關於「用」字的字謎詩，詩云：

> 一月又一月，兩月共半邊，
> 上有可耕之田，
> 下有長流之川，
> 一家有六口，兩口不團圓。

謎語按筆形把「用」字拆成多個零件，再以不同形式重複組合而成，既形象又生動。

以「龜」相嘲

卜大有為無錫縣令，生平喜歡戲謔。一次，聽說宜興縣新任縣令，年紀輕且有學問，便與武進縣令串通好，在幾天後的公宴上，以一套酒令，為難宜興縣令。

入席後，卜大有首先開口，說：「我有一酒令，不能續對的要罰飲一大杯。」

大家紛紛說好，於是，卜大有接著說：

> 兩火為炎，此非鹽醬之鹽；既非鹽醬之鹽，如何添水便淡？

武進縣令聽後，表示他有一對

一本書讀懂國學句典

令，說：

　　兩日為昌，此非娼妓之娼，既非娼妓之娼，如何開口便唱？

　　武進縣令對完後，便對宜興縣令說：「閣下可有好對令？」

　　宜興縣令微微一笑，道：「令不難遵，只是冒犯卜老先生了。」

　　卜大有本意就是要為難宜興縣令，豈能不讓宜興縣令說的道理？於是，他說：「你且說出來無妨。」

　　方縣令道：

　　兩土為圭，此非烏龜之龜；既非烏龜之龜，如何添卜成卦？

　　聽後眾人大笑，都佩服他思維敏捷。

　　三人同用拆字法和諧音法。而方縣令之令，直指卜大有，以「龜」相嘲，是雙關法。

李時珍捉弄狗官

　　李時珍是明代著名的醫學家、藥物學家，很多人都想從他那裡得到延年益壽的方子。

　　一日，一個平日橫行霸道、魚肉百姓的縣令，帶重金前來拜訪李時珍，希望從李時珍這裡得到一副補養的方子。李時珍對這種為官不仁的人非常痛恨，於是想捉弄這個狗官一番，便揮筆寫道：

　　柏子仁三錢，木瓜二錢，官桂三錢，柴胡三錢，益智二錢，附子三錢，八角二錢，人參一錢，臺烏三錢，上黨三錢，山藥三錢。

　　寫罷藥方，李時珍便高興地拂袖離去。

　　得到李時珍親自開的補養藥方，縣令欣喜若狂，忙派人按方抓藥。藥房先生頗有點學問，見到藥方後便覺得裡面有文章，於是，把藥方的奧祕告訴縣令，說：「這藥方用的是諧音雙關法，是咒你快死，把前面的字連起來讀就是——柏木棺材一副，八人抬上山。」那貪官一聽，氣得七竅生煙，連呼上當，但此時李時珍已經走遠了。

園中牡丹，百無一是

　　明代才子祝枝山家有一花園，每到春深，各種花卉競相開放，尤以牡丹為最。

　　一日，祝枝山請來幾位好友，擺宴於後花園的牡丹亭旁。望滿園牡丹，姹紫嫣紅，祝枝山舉杯道：「各位可謂姑蘇城中名人雅士，今日請各位慧眼識花，評點園中花

魁。」

一時間人們紛紛發表言論，有的說姚黃應是一品，有的說魏紫應該問鼎……最後公說公有理，婆說婆有理，一時間尚無定論。在大家爭論得沸沸揚揚之際，唯見唐伯虎穩坐桌前，仍淺斟慢飲，一副局外人模樣。

大家都知道唐伯虎不但是繪畫大師，也是賞花評花的行家裡手，於是紛紛邀請唐伯虎發表高見。唐伯虎也不推辭：「依我之見，園中牡丹，百無一是。」

眾人一聽，大為不高興：「這唐寅也太傲了，難道這滿園牡丹就沒有一種他看上的？」

誰知主人祝枝山，聽後卻哈哈大笑，說：唐兄評花，正合我意。自無一是，自無一是！」

眾人一時更加糊塗，不知二人所云。後聽祝枝山一說，方才頓悟，連稱妙極。謎底是白牡丹。百字去掉上面一橫成白，自字去掉裡面一橫也是白。

三兄弟賣貨

張三、李四、王五三人結拜為異姓兄弟，結伴到外鄉做生意。途中住在某家客店。店主見他們是商人，便問他們賣的是什麼貨。

張三說他賣的是：

遠看像座亭，近看沒窗櫺。

上邊直流水，下邊有行人。

李四說他賣的是：

又圓又扁肚裡空，

有面鏡子在當中。

老闆用它要低頭，

摸臉搓手又鞠躬。

王五說他賣的是：

鐵打一隻船，不推不動彈。

開船就起霧，船過水就乾。

客棧的老闆撫掌大笑說：「各位所賣，目前市場正缺，恭喜發財。」果然如客棧老闆所說，三個人確實發了一筆財。三人所賣的東西分別是雨傘、臉盆、火熨斗。

奇思妙語

佛印尋魚

　　蘇東坡喜好美食，自然也就喜歡研究美食。他為了能吃到入味的魚，於是想出了在魚身兩側用刀劃上幾下，一來烹調方便，二來入味，三來魚不但形狀完整，而且還胖乎乎的十分誘人。蘇東坡這道精心研製的菜不但自己愛吃，還喜歡用來招待鎮江金山寺主持佛印。佛印是個「饞嘴」和尚，不受戒律約束，不戒酒肉，極喜好詩文。

　　一天佛印來到東坡府，還沒進門便聞到了魚香。快步進屋後見蘇東坡正搖頭晃腦地在讀書，桌上也不見有待客的模樣。

　　於是假裝著急地問蘇東坡：「今日小僧來請教一個字，尊姓蘇字，有人在草頭下把魚寫在左，有人在草頭下把魚寫在右。魚到底是擱在左邊對，還是擱在右邊對？」

　　東坡一聽，只好將魚端出來。

從今以後，罷了罷了

　　從前，有位塾師不管是說話還是批卷，好用「而」字。有位學生便模仿塾師用「而」字寫了一篇文章，給塾師看後，塾師批道：

355

而不知而可而而不而不可而而而而而今而後而已而已。

學生不得其解。塾師說應該這樣讀：

而不知而，可而而不，不可而而而而。而今而後，而已而已！

在短短的23個字中，用了13個「而」字。第一、第七個「而」字是「爾」的假借字，同「你」；第二個「而」是名詞，指「而」的用法；第三、第五、第六和第九個「而」字用如動詞；第四、第八個「而」是轉折連詞；第十、第十一個「而」是陪從連詞；第十二、十三個「而」是語氣詞。意思是：你不知道「而」字有多種用法，應該用「而」的地方你不用「而」，不該用「而」的地方你卻用了「而」。從今以後，罷了！罷了！

顧況識白居易

白居易初次參加科舉考試時，名聲還不響，把作的詩送給顧況批閱。顧況看到「白居易」三字，便和他開玩笑說：「長安城物價昂貴，在這兒住下很不容易。」等到披卷閱得《賦得古原草送別》中「離離原上草，一歲一枯榮；野火

燒不盡，春風吹又生」時，不禁大為驚奇，拍案叫絕，馬上改變語氣，鄭重地說：「能寫出如此（好）的詩句，居住在這裡又有什麼難的？」受到顧老先生的誇獎，白居易從此名聲大振。

偷雞不成蝕把米

相傳，有姜、黃、秦、孫四位秀才在一家酒館聚餐，點了一大桌菜。孫秀才自以為才高八斗，便想在姜、黃、秦三位秀才面前炫耀一番，於是提議每人各以自己的姓氏開頭說一人名或物名，並一句俗語成一歇後語，誰說的能與菜對上號，誰便吃這盤菜，說不出的罰掏錢作東。

黃秀才覺得這很有意思，便率先開口說：「我姓黃，是黃鼠狼——田邊拖雞。」說罷，便把一盆雞湯端到自己身邊。

姜秀才見了也不甘示弱，說：「我姓姜，是姜太公——渭水釣魚。」說完，用筷子夾起一條全魚大嚼起來。

這時，秦秀才可有點為難了，因為沒有和自己姓氏對應的俗語和歇後語，不過他思考了一下，便笑

著說：「我姓秦，是秦始皇——併吞六國。」接著，把剩下的六盤菜全攬了過來。

孫秀才見還沒等自己開口，一盤菜都不剩了，便生氣了，心想：你們不留一盤菜給我，我也不讓你們吃。於是皺了皺眉，說：「我姓孫，是孫悟空——大鬧天宮。」

言畢站起身，一把掀翻了桌面。一場好宴終成殘局。

葡萄架倒了

一縣官非常害怕自己的老婆，一天他看見吏員面有傷痕，問這是為什麼？吏託辭回答說：「昨夜葡萄架下乘涼，風起架倒，面目被傷。」

縣官一聽便知道吏在說謊，因為昨晚根本沒有起風，便說：「你莫要支吾，想必是老婆打傷的。」吏不說話表示默認。

縣官又說：「我為你做主。」於是傳呼吏妻到廳，大罵道：「丈夫是妻子的天，天是可以欺負的嗎？罪不應恕，該打八十大板。」

沒想到縣官夫人在廳後偷聽，就拋石打出，推倒公案，罵道：「她女流之輩，豈可責她？」縣官

嚇得急叫吏人道：「你夫婦且回去，我衙裡的葡萄架也倒了。」

楊次公與僧人行酒令

宋神宗元豐年間，高麗國派遣一僧人入貢。一日，與楊次公在酒席上出令，以兩古人姓名爭一物為題。

僧人說：

古人有張良、鄭禹，相爭一傘。良說「良（涼）傘」，禹說「禹（雨）傘」。

楊次公道：

古人有許由、晁錯，相爭一葫蘆。由說「由（油）葫蘆」，錯說「錯（醋）葫蘆」。

彼此以同音、近音字連綴古人名、物名，趣而不俗。

東方朔幽默答武帝

有一次，東方朔跟隨漢武帝到上林苑遊玩，見到一棵枝葉繁茂的大樹。漢武帝問他是什麼樹，東方朔順口說樹叫「善哉」。武帝不相信，私底下找人辨認這棵樹，便暫時把這件事放下了。

兩年後君臣二人又路過此樹，武帝又問東方朔這樹名，東方朔又

順口說叫「瞿所」。漢武帝沉下臉說：「同一棵樹過了兩年，怎麼名字就不一樣了？你竟敢欺騙我！」

東方朔這才想起兩年前他隨口胡謅的「善哉」來。不過，他很會辯白，說：「這沒有什麼可奇怪的。小時叫駒的，大了叫馬；小時叫雛的，大了叫雞；小時叫犢的，大了叫牛。人也是這樣，小時稱兒，大了稱老。這樹過去叫『善哉』，幾年後，現在該叫『瞿所』了。」

漢武帝聽了，哈哈大笑，也就不再追究了。

何所聞而來

嵇康是魏晉時期「竹林七賢」的領袖人物。他對司馬氏政權不滿而辭去官職，開了個鐵匠鋪維持生計。有一天，司馬氏集團中的鍾會去見嵇康，嵇康正和「竹林七賢」另一人物向秀在大樹下打鐵，對鍾的來訪不予理睬。鍾會只好掉轉馬頭準備離去。

嵇康覺得好笑，就問：「何所聞而來，何所見而去？」（聽見什麼了，到這裡來？看見什麼了，離這裡而去？）

鍾會回答了兩句話，自己解脫了尷尬場面：「聞所聞而來，見所見而去。」（聽見我所聽見的就來了，看見我所看見的才離去。）

鍾會懷恨在心，向司馬昭說嵇康的壞話，司馬昭便把嵇康殺了。

「矮」「射」互換

相傳，有一次，武則天在宴請群臣時，談起了中國的漢子。她對群臣們說：「我發現，射字由身、寸構成，一個人身高只有一寸，這不是矮字嗎？矮字由矢、委構成，委原是發放之意，把矢（箭）發放出去，這不是射嗎？所以，矮、射兩字應該互相掉換過來使用，大家說對嗎？」

群臣聽了，無不拍手叫好，齊聲道賀聖皇的金玉良言。

其實，「射」在金文中是由弓、矢、手三部分組合成的會意字，意即箭搭弓上，以手發射，故其本義是射。「矮」字右邊的委旁，甲骨文的形體是一個跪在地上的奴隸手拿一捆乾枯蜷曲的禾，禾稻枯萎蜷縮，比盛長挺拔之時顯得矮小，矢加委，表示枯萎的禾只有一箭之長了，故本義為矮小。

斯文財主的笑話

從前有個財主，胸無墨水，卻又喜歡假充有學問。人們投其所好，尋求開心，故稱他為斯文財主。

有一次，斯文財主應邀到某朋友家做客，朋友到門口迎接，說：「今蒙先生光臨敝舍，頓覺蓬蓽生輝。」

對朋友的話，斯文財主不能完全明白，便說了一句：「你家敝舍不錯，我能光臨敝舍，實在感到榮幸！」朋友一聽，不覺啞然。

進到屋內，兩人話起了家常。朋友先說：「聽說令郎在外求學，前途無量！老夫無能，犬子也不求上進，實在慚愧！」

斯文財主又是似懂非懂，只好摸著朋友的意思回了一句：「聽說老夫的犬子聰明伶俐，我家令郎哪能比得上？」朋友一愣，暗自好笑。

交談了一會兒，到了吃飯的時間，朋友謙虛地請斯文財主入座用餐，說：「很是寒酸，唯有便飯小菜而已。」

斯文財主嘗了兩口，連忙應聲說：「哪裡，哪裡，這些而已雞、而已魚不酸不鹹，非常好吃！」

朋友實在是憋不住了，哈哈大笑道：「過獎，過獎！」

臨別時，斯文財主握住朋友的手說：「打擾了，改日請到我貴府做客！」

如此朋友

西郭子僑和公孫詭隨、涉虛三個人經常改變裝束在夜裡翻越鄰居的牆壁。鄰居非常憎厭他們，就在他們來回的路上挖了一個坑，在坑裡放入糞便。

一天晚上，他們又出門了。西郭子僑在翻牆的時候，首先落入糞坑，但他卻不吭聲，反而招呼公孫詭隨快翻。公孫詭隨跟著也落入糞坑，正想呼叫，西郭子僑掩住他的嘴巴低聲說：「不要出聲。」一會兒涉虛也來了，同樣也落入了糞坑。

西郭子僑於是說道：「大家都一樣，我想也就沒有什麼可以互相譏笑的了。」

吃你的容易，吃我的難得

佛印是蘇東坡、黃庭堅的好

友，也是有名的「白食和尚」，放蕩不羈，不拘小節，只赴他人的宴請，卻不予答謝。

一次，正值冬日，佛印以缸作舟，趕來相會，三人歡聚一處，東坡道：「按老章法，以聯語對答，合格者方能飲酒進食！」佛印道：「以何為題？」東坡道：「題材不拘。」說罷，指著銀裝素裹的大地，率先吟道：「天上的雲，糊糊塗塗；地下的雪，明明白白。雲變成雪，容易容易；雪變成雲，難得難得。」

黃庭堅接著蘸墨急書：「墨在硯中，糊糊塗塗；字在紙上，明明白白。墨變成字，容易容易；字變成墨，難得難得。」

佛印不慌不忙，一面進酒食，一面吟道：「我在缸裡，糊糊塗塗；上得船來，明明白白。我吃你的，容易容易；你吃我的，難得難得。」

佛印自稱吃別人的「容易容易」，吃他的則「難得難得」，通過重疊的形式，反映出了佛印的質樸、坦誠，詼諧成趣！

祝辭罵漢奸

抗日戰爭時期，一男一女兩個漢奸結為夫婦。在他們舉行婚禮慶典的那天，有位愛國志士，託人送一祝辭，辭曰：

賓朋濟濟，軍樂洋洋，一雙怨偶，也算鴛鴦，鴛鴦交頸，終不久長，不有天災，必有人殃！祝君夫婦，一倒一僵；祝君夫婦，一死一喪；祝君夫婦，一聾一盲；祝君夫婦，一參一商；祝君夫婦，一盜一娼。嗚呼哀哉！伏維尚饗！

託者以嬉笑怒罵之詞，吐出了胸中一口惡氣。

惡霸夜收祭文

有個惡霸平日裡無惡不作，欺男霸女，百姓對他恨之入骨。一日，某人寫了這樣一份祭文，偷偷地扔到了惡霸的家裡，這份祭文是：

嗚呼先生！擁有金錢，無常一到，性命難延，空空兩手，魂返黃泉，家產雖富，子孫不賢，悖人悖出，其亡忽焉。

但願令郎，吸上烏煙，提往官廳，罰款幾千。但願天火，燒到門

前，雕樑畫棟，不留片椽。但願盜賊，見而垂涎，傾箱倒櫃，搶劫連連。

如是這般，不上三年，子孫流落，誰復相憐，嗚呼哀哉，叫苦連天！

曹商出使秦國

宋王派遣一個叫曹商的人出使秦國，臨行前，贈與曹商幾輛馬車。曹商來到秦國後，深得秦王喜愛，臨走的時候，秦王又送給他馬車一百輛。

曹商返回宋國後，在莊子面前炫耀說：「我從前和你一樣，住在窮困狹窄的街巷裡，生活潦倒，依靠織麻過日子，餓得脖子枯瘦，面色蠟黃，這是我的短處；一旦說服了大國君王，就有上百輛馬車跟隨著，這就是我的長處啊！」

莊子說：「我聽說秦王生了病，請醫生診治，論功行賞。能替他破除毒瘡的，可以得到一輛馬車；願意替他舔痔瘡的，可以得到馬車五輛；治病症越下賤，得到的車就愈多。你難道治了秦王的痔瘡嗎？不然，為什麼得到那麼多車呢？你還是走開吧。」

老爺不要臉

從前，有個南方人在北方做了幾年官，學得了一口官腔。一天，他對傭人說：「官話裡面『面』應該說『臉』，所以，以後要把『請老爺洗面』改為『請老爺洗臉』。」傭人回答說知道了。

有一次，這位老爺到一財主家祝壽，酒足飯飽後，廚師又端來了壽麵。這位老爺搖頭表示吃不下了，但廚子沒有領會，於是，傭人上前一步對廚師說：「你快拿走，我家老爺不要臉（面）！」引得滿場人哈哈大笑。

其實，官話是約定成俗的，違背了這一點，往往會鬧出笑話。

只管吃鹽，不管吃醋

清代兩江鹽運使張映璣，山東海豐人。他官兒做得不小，但為人寬厚和善，遇事喜歡「大事化小，小事化了」，且言談詼諧滑稽。

有一天，他外出監察鹽事，路上，突然一位上了年紀的婦女上前攔轎喊冤哭訴多時，張映璣總算聽明白，原來她丈夫寵愛新娶的小老婆，無視她這位正妻的存在。

張映璣哭笑不得，只得對婦人說：「我是鹽務官員，不是地方有司；只管吃鹽的事，不管吃醋的事。」

不敢娶（取）

從前，有一位學官，在一次閱卷時，看到有份考卷中夾了一張字條，上寫道：「同邑某相國，生同係其親戚（妻）。」

這張字條的用意非常明顯，無非是要學官在閱卷時考慮到他與某相國的同鄉關係，筆下留情，一次獲得錄取的資格。但是，這位學官不畏權貴，秉公辦事，不但沒有照顧這位相國的同鄉加親戚，而且還在這份卷子上加了一句批語：「該童既係相國親妻，本院斷不敢娶。」

巧妙地利用一個「娶」字，學官對考生進行了無情的諷刺和斷然拒絕。

對牛彈琴，牛不入耳

丁日昌任江蘇巡撫，幕僚中有人善於撫琴。一天，丁日昌請俞曲園、潘玉泉、吳介山三人一同聽琴。曲園不懂音律，便問潘、吳二

人：「二位聽得懂嗎？」回答都是：「不懂。」曲園笑著說：「這樣說來，我們三人正好合成了一個『犇』字。」潘、吳兩人有點疑惑不解，俞曲園說：「有句俗語叫『對牛彈琴，牛不入耳』。今天這麼高妙的琴樂，我們都不會欣賞，豈不是成了三頭牛嗎？」

可以清心也

相傳，某人在江南一個小鎮上蓋了一家茶館，時間好長了，生意還是比較冷清。一天，茶館裡來了一個外地書生，在喝茶的時候覺得茶壺上少了點什麼，於是繞壺蓋寫下「可以清心也」五個字。

老闆一見喜出望外，不禁叫絕：「妙！太妙了！」於是免了這位書生的茶錢。說也奇怪，自從壺蓋上添了這五個字，來品茶看字的人多了，小茶館的生意也逐漸興隆起來了。

其實，這並不奇怪，因為這五個字組成的句子，不論從哪個字開始讀，都是令人非常愉悅的：「可以清心也」「以清心也可」「清心也可以」「心也可以清」「也可以清心」。不論怎樣讀，都是讚美這

館裡的茶好，勸人來喝茶。

不宦的偽君子

有個齊國人去見田駢，對田駢說：「我聽說先生品格清高，不願做官，而願替人服役。」

田駢答道：「您從哪裡聽說的？」

那人回答說：「我是從我鄰居女兒的事推斷出來的。」

田駢不解，問道：「您這話是什麼意思？」

那人解釋說：「我鄰居的女兒宣稱不出嫁，但剛滿三十歲，就生了七個孩子，不出嫁是不出嫁，但比出嫁過分得多啊！如今先生宣稱不願做官，卻有俸祿千鍾，僕役百人。沒做官是確實的，但財富比不做官超過了許多啊！」

田駢自命清高，聲稱不做官，卻暗中獵取名利，遠勝於當官者。齊人採用隱喻的手法，對其虛偽的行為進行了諷刺。

狐媚藥方

鴉片戰爭爆發，最終以清政府屈膝投降，割地賠款結束。人們對清政府的此舉甚為不滿，於是有人撰寫《狐媚藥方》予以諷刺：

余黃堂號（諧音荒唐）精製此方，服用的人可以延年益壽，潤身肥囊，固寵求榮，加官晉爵，實在是偷生得福之妙藥。藥方如下：

柔腸二根，黑心二個，厚臉皮二張，舌頭一根，媚骨一副，屈膝一對，扣頭蟲不拘多少，笑臉三分。

以八味藥材，用笑裡藏刀切碎，口蜜為丸，藏於烏龜殼內，臨用時以狼心二個，狗肺一副，煎成糊塗和藥送服。

這劑藥方包括八味藥材和狼心、狗肺，與之相配的有「一根、一個、一張、一副、一對、三分」等數量詞，連珠炮似的將賣國賊厚顏無恥、媚敵求榮的奴才嘴臉剖析得入木三分。

歐陽修「改壁稿」

宋代文豪歐陽修的寫作態度十分嚴肅。他的文章多數是利用「三上」進行構思打好腹稿的。所謂「三上」就是馬上、枕上、廁上，然後，再把所構思內容貼在臥室的牆上，隨時看，隨時改，直改到自己滿意了，他把這叫做「改壁

稿」。

年老了，歐陽修又拿出自己以前寫的文章，一篇篇修改，很辛苦。他的妻子勸他說：「你呀，為什麼這樣自討苦吃？又不是小學生，難道還怕先生生氣嗎？」

歐陽修笑著對妻子說：「不是怕先生生氣，而是怕後生笑話啊！」

標點符號不可少

相傳，有個富人非常吝嗇，總喜歡苛扣他人的工錢。有一次，他需要找一個先生教自己的孩子讀書。別人知道富人的為人，都不願意去，但有一個秀才，卻很高興地去了。秀才對富人說：「我沒什麼特殊的要求，你們吃什麼我就吃什麼。要不，我立個字據。」說完，他寫下了一個字據：無魚肉也可無雞鴨也可青菜蘿蔔萬不可少不得工錢。

富人一看，這個條件好，不吃魚肉雞鴨，光吃青菜蘿蔔，這好辦。於是，欣然在字據上簽了字。

從此，富人天天給秀才吃青菜蘿蔔。吃了兩天，秀才生氣了，說：「我說了，不愛吃青菜蘿蔔，你怎麼天天給我吃這個？」

富人說：「不對呀！你字據上明明寫著『青菜蘿蔔萬不可少』。我們之間可是立了字據的，你可不能要賴。」說完，拿出字據說：「你自己看！」

秀才拿起字據，又念了一遍：無魚，肉也可；無雞，鴨也可；青菜蘿蔔萬不可，少不得工錢。

富人聽了，目瞪口呆。

四個小商販，吟詩巧對句

從前，有賣韭菜、蒜、蔥和白菜的四個小商販，交往甚密，每天收攤後，總要在一起飲酒談心。但賣白菜的十分吝嗇，從來都是一毛不拔。

有一天，賣韭菜、蒜、蔥的三人湊在一起商議計策，欲讓賣白菜的出醜後掏錢請客。於是他們又相約去飲酒。

席間，賣韭菜的提出行酒令助興，各吟詩一句，首字還必須是自己所賣的東西。賣蒜、蔥的表示同意，那賣白菜的端起一杯酒一飲而盡，然後抹了抹嘴說：「我也同意。那誰先說呢？」

賣韭菜的從座位上站起來，率

先說道：久（韭）飲他人酒……

賣大蒜的接著吟了第二句：算（蒜）來不應當。

賣大蔥的緊接第三句：聰（蔥）明人自曉……

賣白菜的這時已聽出了三個人的弦外之音，但他臉不紅，心不跳，夾起一塊肉放進嘴裡，邊嚼著邊厚著臉皮續出了最後一句詩：「白（白菜）吃又何妨！」

薛登砸皇桶

相傳，薛登的父親是朝廷宰相。有個叫金盛的奸臣十分嫉恨他，想陷害他，但苦於無從下手，便在宰相的兒子薛登身上打起鬼主意來。

有一天，金盛見薛登正與一群孩童玩耍，於是眉頭一皺，詭計頓生，大聲喊道：「薛登，你如敢把皇門上的桶砸掉一只，那才是有膽量的英雄！」

薛登不知是計，一口氣跑到皇門邊上，把立在那裡的雙桶砸碎一只。金盛見了，立刻稟報皇上。皇上大怒，立傳薛登父子問罪。

不久，薛登父子跪在堂下，父親戰戰兢兢，兒子卻若無其事地嬉

笑如常。皇上見狀大怒道：「大膽薛登，為何砸掉皇門之桶？」

薛登想了想，反問道：「皇上，你說是一桶（統）天下好，還是兩桶天下好？」

「當然是一統天下好！」皇上果斷地說。

薛登高興得跳起子來，道：「皇上說得對，一統天下好。所以，我便把那只多餘的『桶』砸掉了。」

皇上聽了轉怒為喜，讚道：「好個聰明的孩子！」又對宰相說：「愛卿教子有方，請起，請起。」

點著蠟燭照明

有一天，晉平公與著名的音樂家師曠閒談。晉平公嘆了口氣說：「我今年已經七十歲了，很想學習，但恐怕太晚了。」

師曠說：「您為什麼不點燃蠟燭來照明呢？」

晉平公沉下了臉，不高興地說：「哪有身為臣子而取笑君主的呢？」

師曠連忙起身下拜，謝罪道：「臣怎敢戲弄君主呢？臣聽說過這

樣的話：少年愛好學習，像早晨溫和的陽光；壯年愛好學習，有如中午當空的驕陽；老年愛好學習，好似晚上點著蠟燭照明。點著蠟燭照明，跟在黑暗中摸索前進相比，哪一種強？」

晉平公一聽，連連點頭稱讚：「你說得真好！」

上豎（尚書）是狗

紀曉嵐在家靜養，當時他是禮部侍郎，禮部尚書就帶著一個御史去看他。紀曉嵐家養一條大狼狗，尚書一進大門，嚇了一跳，隨口而出：「是狼是狗？」尚書即是以此句罵了侍郎，說侍郎是狗。

紀曉嵐哪是輕易饒人的人，略一沉思，對答說：「是狗。」

尚書不知上當，便又問：「何以知之？」

紀曉嵐說：「狗與狼有不同者二：一則視其尾之上下而別之，下垂是狼，上豎（尚書）是狗；一視其所食之物而別之，狼非肉不食，狗則遇肉吃肉，遇屎（御史）吃屎。」

絕妙詼諧的批語

每逢科舉考試，總會有一些人做一些怪誕的回答，以至於也引出了閱卷老師絕妙詼諧的批語。

有位考生誤將「昧昧我思之」作「妹妹我思之」，閱卷先生評曰：「哥哥你錯了。」

又有以《事父母》為題文，其承題曰：「夫父母，何物也？」閱者評曰：「父，陽物也；母，陰物也。陰陽配合，而乃生此怪物也。」

又有以《雞》為題文者，文中比曰：「其為黑雞耶，其為白雞耶，其為不黑不白之雞耶？」閱者評其下曰：「蘆花雞。」

對比曰：「其為公雞耶，其為母雞耶，其為不公不母之雞耶？」閱者評其下曰：「閹雞。」

考生乏才，出語怪謬，先生因其謬而作怪批，諷刺絕妙。

只許州官放火，不許百姓點燈

北宋時，有個州的太守名田登，為人專制蠻橫，因為他的名字裡有個「登」字，所以不許州內的百姓在談話時說到任何一個與

一本書讀懂國學句典

「登」字同音的字。於是，只要是與「登」字同音的，都要用其他字來代替。誰要是觸犯了他這個忌諱，便要被加上「侮辱地方長官」的罪名，重則判刑，輕則挨板子。不少吏卒因為說到與「登」同音的字，都遭到鞭打。

一年一度的元宵佳節即將到來。依照以往的慣例，州城裡都要放三天焰火，點三天花燈表示慶祝。州府衙門要提前貼出告示，讓老百姓到時候前來觀燈。可是這次，卻讓出告示的官員感到左右為難。怎麼寫呢？用上「燈」字，要觸犯太守；不用「燈」字，意思又表達不明白。想了好久，寫告示的小官員只能把「燈」字改成「火」字。這樣，告示上就寫成了「本州照例放火三日」。

告示貼出後，老百姓看了都驚吵喧鬧起來。尤其是一些外地來的客人，更是感到訝異，還真的以為官府要在城裡放三天火呢！大家紛紛收拾行李，爭著離開這是非之地。當地的老百姓，平時對於田登的專制蠻橫無理已經是非常不滿，這次看了官府貼出的這張告示，更是氣憤萬分，憤憤地說：「只許州官放火，不許百姓點燈！」

紀曉嵐為和珅題亭額

相傳，和珅在宰相府內修建涼亭一座，需要一幅亭額，便求紀曉嵐題字，結果紀曉嵐爽快答應，題以大字「竹苞」。這二字出自《詩經·小雅·斯干》中「如竹苞矣，如松茂矣」句，人們常以「竹苞松茂」頌揚華屋落成，家族興旺。和珅得到紀曉嵐的題字，大為高興，就高高掛在書亭上。

此後不久，乾隆皇帝親幸和珅府，看見寫有「竹苞」的亭匾，便問是誰寫的。和珅說是紀曉嵐，乾隆笑著對和珅說：「你被紀學士捉弄了。」

和珅大惑不解，連忙追問為什麼。乾隆解釋說：「這兩個字的意思是說你和令郎不學無術，个个（個個）草包啊！」一經乾隆點破，和珅啼笑皆非，才知道上了紀曉嵐的當。

劉墉獻壽禮

乾隆皇帝壽誕，百官都進獻各樣壽禮，其中自然不乏奇珍異寶。而宰相劉墉卻拎著一桶生薑進獻給

皇上，這一舉動讓眾人譁然，乾隆不解，問劉墉是何用意。

劉墉說：「桶裡的生薑層層疊疊如同山一樣，因此這份禮物的名字就叫一桶（統）薑（江）山。願皇上永鎮大清天下。」

乾隆聽了，龍顏大悅。

以「一桶薑山」音諧「一統江山」，劉墉之所以能拿平常之物換取皇帝的喜悅，是因為他抓住了統治者的心理。

不去也只是這一瓶

有客久飲不去，主人便說一故事與他聽：

外道多虎傷人，有客販賣瓷器，忽撞見一虎開口近前。其客慌忙將一瓷瓶投之，其虎不去，客又將一瓶投之，又不去。一擔瓷瓶投之將盡，只留一瓶，乃高聲曰：「畜生畜生，你去也只是這一瓶，不去也只是這一瓶！」

主人明裡罵虎，暗裡罵不辭酒的貪杯客人。用借意雙關法，正所謂指桑罵槐。客人聞此言，慚愧而去。

呆鳥不知飛

甲到乙家做客，在乙家住了很久，還沒有離去的意思，乙很不高興。有一日，乙帶著甲到門前閒望，忽然見到一隻個頭像家雞一般大小的鳥，乙說：「快拿斧頭把樹砍倒，抓住這隻鳥給我的老丈人當菜。」

甲道：「只怕樹砍倒了，鳥也飛了。」

乙說：「你不知道，這鳥很呆，樹倒了也不知道飛走。」

主人此話明裡說樹上之鳥，暗裡卻是嘲諷客人久住其家而不知離去。

竹籃盛東西

相傳，有一次，乾隆攜紀曉嵐等人到郊外遊玩，看到有一個婦女提著個竹籃在路上走。乾隆故意指著竹籃問紀曉嵐：「那是什麼？」

紀曉嵐答曰：「竹籃子。」

乾隆又問：「做什麼用？」

紀曉嵐答曰：「盛東西。」

乾隆接著又問：「為什麼盛『東西』，而不是盛『南北』？」

紀曉嵐答：「東方甲乙木，

西方庚辛金。這木和金都能裝入籃中，所以叫盛東西。而南方丙丁火，北方壬癸水，竹籃盛火，必被焚燒，竹籃盛水，水會漏光，所以不能叫做盛南北。」

乾隆聽了，點頭稱是。

落地與及地

有個書生在書僮的陪伴下進京趕考，一不小心帽子掉在了地上，書僮關心地說：「相公，帽子落地（第）了。」

書生知道書僮是在關心自己，但趕考的路上說落第，有點不吉利，便對書僮說：「以後東西掉在地上，不許說落地，要說及地。」書僮依從了，挑起行李，準備上路。

書生說：「小心地挑。」

書僮順口答道：「相公放心，無論如何也不會及地（第）的。」

「及第」為中選之意，弄得這位書生哭笑不得。

諸葛恪得驢

三國時，吳國有個叫諸葛恪的孩子，非常聰明，七、八歲時就出入皇宮，是個頗有名氣的「小人

物」了。

諸葛恪的父親就是吳國大將軍諸葛瑾，字子瑜。諸葛瑾的臉長而瘦，吳王孫權常拿他開玩笑，說他長著副驢臉。

一天，吳王孫權舉行宴會，招待滿朝文武百官。小諸葛恪也跟著他的父親出席了這次宴會。酒過數巡，菜過百味，孫權喝得微有醉意，趁著酒興，他又拿諸葛子瑜開玩笑。只見他把一個侍者叫到跟前附耳低言之後，那個侍者便離席而去。

過了一會兒，那個侍者牽著一頭毛驢走進了大廳，驢臉上掛著一個牌子，上書「諸葛子瑜」四個大字，宴會廳上頓時哄堂大笑。這下弄得諸葛瑾很難堪，心裡雖然十分不快，但表面上也不敢有什麼不滿的表示。

小諸葛恪見吳王在眾人面前戲弄自己的父親，真氣壞了。但他一句話也沒說，快步跨到孫權面前，倒身下拜，說：「請大王允許我再添上兩個字，好嗎？」孫權見此情景，一愣，說：「好吧，哈哈⋯⋯」

諸葛恪起身抄筆在手，走到

毛驢跟前，在「諸葛子瑜」四字下面，端端正正加上了「之驢」二字。宴罷，他牽著此驢回家了。

和尚有兩「妻」

相傳當年乾隆皇帝下江南時，去常州的天寧寺。有人報告說，這個寺的住持和尚不守清規。入寺後，與住持談話時，乾隆突然提問：「你有幾個妻子？」住持和尚不慌不忙地回答：「兩個。」乾隆聽了一驚，忙追問：「當真？」和尚慢條斯理回話：「夏擁竹夫人，冬懷湯婆子，不正是兩個妻子？」原來，和尚說的是兩種生活用品，竹夫人是青竹編成的長籠，夏天抱著睡覺可以消暑；湯婆子是用金屬或陶瓷製成的扁圓形壺，裝熱水後放入被窩中取暖用。乾隆明白和尚是在說笑話，也哈哈一笑，不再追問。

縣官畫虎

相傳，有一個縣官非常喜歡畫老虎，可是畫工不佳，總是把老虎畫成了貓。

有一天，他畫完一隻老虎，問一個差役，畫得像不像。差役告訴縣官這是一隻貓，結果遭到縣官一頓訓斥。縣官又問另外一個差役，這差役看完後對縣官說：「老爺，我不敢說。」

「你怕啥？」

「我怕老爺。」

縣官挺生氣，就又問：「我怕誰？」

「老爺怕皇上。」

「皇上怕誰？」

「皇上怕老天。」

「老天怕什麼？」

「老天怕雲。」

「雲怕什麼？」

「雲怕風。」

「風怕什麼？」

「風怕牆。」

「牆怕什麼？」

「牆怕老鼠。」

「老鼠怕什麼？」

這時，差役指著畫說：「就怕老爺這張畫！」

對聯趣事

漁翁巧思出巧聯

相傳，一秀才進京趕考，途中看見一座關帝廟前面有一條小溪，小溪上面有一座獨木橋，他觸景生情，吟出一句上聯：

孤廟獨橋，一關公單刀匹馬

這上聯也巧，「孤」「獨」「一」「單」「匹」五字，都是「單一」的意思。秀才思考了好久也沒有想出下聯，於是繼續趕路。

正巧迎面走來兩位漁翁，便與之交談。一位漁翁想了想，說：「有了，何不就以我們捕魚的事相對？」於是吟道：

夾河兩岸，二漁翁對釣雙鈎

「夾」「兩」「二」「對」「雙」五字，都有「一對」的意思，與出句相對，真是天衣無縫，工巧之極。

僧人挨罵

于謙字廷益，號節庵，官至少保，世稱于少保，明代名臣，民族英雄。于謙從小就聰慧好學，機敏出眾。七、八歲時便能出口成對，揮筆成章，人稱「神童」。

某年盛夏，酷暑天熱。于謙要

去學館念書，他的母親為他把頭髮梳成兩隻上翹的羊角辮。路上于謙碰到一位和尚，這和尚見于謙的兩條辮子似一對小角，便和他開玩笑道：

牛頭且喜生龍角

于謙知道和尚在取笑他，便反脣相譏道：

狗嘴豈能吐象牙

和尚討了個沒趣，滿面羞愧，匆匆而去。

第二天，于謙的母親又為于謙梳了個三角髻，路上于謙竟然又再碰上了那個和尚。和尚見于謙改了髮型，又再逗他道：

三角如鼓架

于謙又見和尚再取笑他，生氣道：

一禿似搗槌

接連兩次，和尚都挨罵，方知于謙的利害。

尚書悔悟

尚書霍韜，曾經想霸佔寺廟的地基建私宅，多次催促縣令把和尚攆出寺去。和尚離寺時，在寺牆上題詞道：

學士家移和尚寺，

會元妻臥老僧房。

霍韜見了，感到非常羞愧，遂打消了占寺建宅的念頭。

這副對聯既是寫實，更巧妙地含有尖銳辛辣的諷刺。

臣節重如山乎

洪承疇為明朝大臣時，深受崇禎皇帝寵幸，他自己也得意揚揚，曾在廳堂掛出一副對聯：「君恩深似海；臣節重如山。」後來洪承疇在松山戰役失敗後降清，於是有士人將他這副對聯各加一字：「君恩深似海矣！臣節重如山乎？」直接打他的嘴巴。

據說洪承疇恬不知恥，在自己六十生日時，大擺排場，隆重慶壽。有個他的門生引為恥辱，特披麻戴孝，用竹竿挑一對聯前往祝壽。人們蜂擁圍觀，只見對聯上寫：

史鑑流傳真可法，
洪恩未報反成仇。

聯中嵌名歌頌史可法，並諧「承疇」音直指他「洪恩」「成仇」。

老畜生怎能出蹄

入進士後的翰林大學士解縉，生性豪爽，敢於直言。所以，無論是朝中官員還是皇帝，他都毫無忌諱，利用吟詩作對，嘲笑怒罵，張口即成。於是朝中官員，無不視之為敵，常常發難。有一次朝廷宴會上，有人擬出上聯要謝縉對句：

二猿斷木深山中，小猴子也敢對鋸

謝縉反脣相譏對出下聯：

一馬陷足汙泥內，老畜生怎能出蹄

兩人互嘲，用的都是諧音雙關法。那位權貴大人用「小猴子」喻指解縉，以「鋸」諧「句」，出言不遜；解縉以牙還牙，擬權貴為「老畜生」，以「蹄」諧「題」，反脣相譏，針鋒相對，銳不可當。

巧妙的人名諧音巧聯

四川有一座十層高塔，名叫三元塔，整座塔都是用青磚砌成。在這座塔上刻有一副三國人名的諧趣聯：

身居寶塔，眼望孔明，怨江圍實難旅步；鳥在籠中，心思槽巢，恨關羽不得張飛

此聯以諧音法道出了包括諸葛亮（孔明）、姜維（江圍）、呂布（旅步）、曹操（槽巢），以及關羽、張飛三國時的六位名人。孔明、關羽、張飛在聯中都不作人名理解，分別表示「窗孔明亮」「閉合羽翼」「展翅騰飛」之意，切景切物，甚為巧妙。

張弓手與李木匠

從前，有位叫張弓的弓手正在習射，連發十箭，箭箭命中靶心，圍觀的人齊聲叫好。張弓十分得意，即出一上聯云：

弓長張張弓張弓手張弓射箭箭箭皆中

大家看都看不懂，更不用說對得上了。這時，一位賣弓的人走過來，讓張弓試一試他的弓，張弓拉了幾張都拉不動。那木匠說：「這是我李木用李木做的弓，李木非良材，但到我李木手中就能做出良弓。」於是，對出下聯云：

木子李李木李木匠李木雕弓弓弓難開

眾人聽了哈哈大笑，都稱讚李木本事大，而張弓卻羞得抬不起頭

來。

狂秀才遭羞

一日一秀才經過一學堂門前，看到一群學童在興致勃勃地交談，便想在他們面前顯示一下自己的才學。他一語雙關地問：

稻梁菽，麥黍稷，這些雜種，哪些是先生

眾學童面面相覷，無言以對。這時，一個眉清目秀的學童走了出來，不慌不忙地答道：

詩書易，禮春秋，許多正經，何必問老子

眾學童聽了，哈哈大笑起來。狂秀才羞得滿臉通紅，羞愧地走開了。

貪官對聯裡藏玄機

一位新任縣官，為了表示清廉，在門上貼了一副對聯：

若受暮夜錢財，天誅地滅；如聽衙役說話，男盜女娼

百姓看了，以為他是清官，很是高興。

誰知過了不久，這位「清官」就變著花樣貪贓撈銀子。老百姓犯嘀咕了：那對聯不是說得好好的，怎麼也貪起來了呢？

慢慢一思量，發現這對聯只是表面清廉，實際是宣佈：凡行賄的，都得在白天公開進行；錢財呢，要當事人自己親送，不許衙役經手。

方小泉改聯

壽州咸豐狀元一代帝師孫家鼐，有五個兒子，其中有四個登科（老四未能登科），三個進士（老三不是進士），於是，在某年春節，孫家鼐決定寫一副對聯來顯示榮耀。這副對聯是：

一門三進士，五子四登科

此聯一出，引來不少人投以敬慕的眼光。而被譽為「神童」的壽州著名詩人方小泉，以為孫老沒有將事實講清楚，於是在此聯上添了幾個，變成了：

一門三進士三不進士，

五子四登科四未登科

老三、老四看後火冒三丈，這不是在輕視自己嗎？要找方小泉問罪。然而，孫家鼐卻不動聲色地來到門前，邊看邊誇：「改得好，改得對！方小泉真壽州才子也！」然後轉身向兄弟們說：「此乃事實，

一本書讀懂國學句典

方小泉何罪之有？」從此，孫家鼐再也沒有在自家的大門上貼這樣的對聯。

鄭板橋借住持的話諷住持

有一次鄭板橋到一間寺廟遊覽，臨走時前去拜訪住持。寺廟住持並不認識鄭板橋，見他相貌平常，因此隨意說了句：「坐。」對侍者說：「茶。」鄭板橋便隨便坐下，與住持對談了幾句。住持見鄭板橋談吐優雅，很有氣質，因而心生敬意，便說：「我們換個地方談吧。」

於是，住持把鄭板橋請到一個非常乾淨的雅室，說「請坐」，又囑咐打雜的小和尚「敬茶」。

品茶談話之中，住持得知他就是大名鼎鼎的鄭板橋時，態度大變，畢恭畢敬地說：「請上坐。」連忙叫侍者：「敬香茶。」

兩個人聊完天，當鄭板橋欲離去時，住持請鄭板橋題字留念，當侍者奉上筆硯，只見鄭板橋不假思索地寫下了：

坐，請坐，請上坐。茶，敬茶，敬香茶。

住持原先還滿心歡喜，但仔細一看，這聯正是剛才他說過的那幾句話，才知被板橋戲弄了。

星夜換聯氣縣官

清朝末年，山東萊陽有位縣官貪婪無比，過春節時還大言不慚地自撰一聯貼在門上：

愛民如子

執法如山

老百姓見他這樣厚顏無恥，個個心裡憤憤不平。於是，有人也寫了一副對聯，趁著夜色偷偷地將縣官門上的對聯換了，於是便成為：

愛民如子，金子銀子皆吾子也

執法如山，錢山靠山豈為山手

老百姓看了這副對聯，無不拍手稱快，但縣官卻是勃然大怒。

秀才作聯嘲官場

清朝的官吏分「正途」和「異途」：通過科舉考取舉人、進士而做官的稱為「正途」，花錢買官做的稱為「異途」。起初對「異途」的晉升、任職有不少限制，後來限制越來越少，再以後幾乎各種限制全為金錢所打破，與「正途」無異。

當時廣州知府管某和番禺知縣

張某，朋比為奸，大肆收受賄賂，競相搜刮民財。士子紛紛走後門，連衙中差役，受賄亦相效尤。某秀才特將這種科舉怪狀綴成一聯：

> 頭場劉，二場宋，宋進去，劉出來，彼此同樂
>
> 知府管，知縣張，張得開，管不緊，上下皆鬆

官場腐敗，舞弊營私，令人憎惡。此聯借用諧音法與借義法，巧妙雙關，對這種腐敗現象進行了諷刺。

巴縣走狗

從前，四川巴縣有個衙吏，仗著和縣官有點關係，到處敲詐勒索，搜刮民財，弄得百姓怨聲載道，敢怒不敢言。有一次，這位衙吏新蓋了一所豪華住所。落成之日，請來了很多名流鄉紳前來捧場。其中有一個秀才，極不情願來，但又不敢不來，於是決定寫一副對聯嘲諷下這位衙吏。這副對聯是：

> 邑懸起敬，口心己文

送上對聯後，秀才立馬就走了。客人們對這副對聯讚賞不已，都說是縣民對衙吏肅然起敬，秀才心服口服，趕來送聯表示心意。

其實他們都沒有看出秀才這副對聯的妙處。這是一副對聯謎，上聯「邑懸起敬」四字倒沒問題，但聯結下聯，如果把上聯各字的部首「口心己文」去掉，就成了「巴縣走苟（狗）」。這也難怪，秀才送上對聯就走了。

父子戊子，師徒司徒

紀曉嵐是清朝的第一大才子，博學多才，思維敏捷，擅長對對子。有一天，他去老師家拜訪，遇到一對父子，這對父子是在戊子年（1768）科舉考試時同榜舉人。

客人來訪，自然少不了設宴款待。席間，老師一時高興，便想借這對同榜舉人父子，出一對聯考考紀曉嵐。老師說：「曉嵐，你很會對對子，現在我出上聯，如果你能即席對出下聯，我將以一方百金古硯相贈，要是對不上來，就罰酒三大杯！」紀昀微笑點頭答應。

於是，老師說：

> 父戊子，子戊子，父子戊子

老師剛說完，紀曉嵐就知道這是個極其難對的上聯。因為「父子」和「戊子」，下字相同，上字

一本書讀懂國學句典

一為「父」一為「戊」，雖非同字，卻是諧音。全句兩「父」三「戊」五個「子」字，要對得字字工穩，實在不易！

但紀曉嵐「清朝第一大才子」的頭銜，也不是浪得虛名。只見他沉思了片刻，便吟出下聯：

師司徒，徒司徒，師徒司徒

紀曉嵐說完，全堂掌聲雷動，滿面春風的老師親自把價值百金的古硯送到了紀昀的手上。

原來，紀曉嵐的老師現任戶部尚書，自己現任戶部侍郎，是一正一副的戶部長官。而古代管領全國戶口簿籍的長官，叫司徒，因此，後世也將戶部尚書和侍郎俗稱為司徒。紀曉嵐就是藉此，對出了一句妙不可言的下聯。

老私塾以對贏官司

據說，鄭板橋在淮縣任縣官時，一位白髮蒼蒼的私塾先生前來告狀，狀告一位財主。據說財主請他教學，許諾一年酬金為八吊錢，但到結帳時財主卻分文不給。

鄭板橋聽了半信半疑，同時又懷疑這位塾師無能，誤人子弟，導致主人不給酬金。於是說：「你口

說無憑，我不能相信你一面之詞，這樣吧，我當面試你一試，你看可好？」

私塾先生說：「請大人出題了。」

鄭板橋略一沉思，說：「就以『塾師』為題目，你自撰一副對聯吧。」私塾先生拿過紙筆，寫下一副自道苦衷的聯句：

傷心夜雨打蕉窗，點半盞殘燈，替眾生改之乎者也

回首秋風掃梧院，剩一支禿筆，為舉家謀柴米油鹽

鄭板橋見他寫得甚是工整，生動淒苦之情躍然紙上，不禁點頭稱好，但還是不放心。又說，我再出個上聯，你對對看。於是便以燈籠為題，出聯：

四面燈，單層紙，輝輝煌煌，照遍東西南北

塾師順口對道：

一年學，八吊錢，辛辛苦苦，歷盡春夏秋冬

鄭板橋見塾師對對還比較工整，並非平庸之輩，於是便把欠下塾師酬金的財主找來，當下判定塾師為勝。財主不敢再賴帳，乖乖拿出八吊錢給了塾師。

考生綿裡藏針

明武宗即位後的1510年，戶部主事李夢陽（號空同子）被平反復官，升為江西提學副使，為振興學校，力變士習，想了不少辦法，但他恃才傲物，對考生出題極為古怪刁難。

有一次，他在江浙一帶督學時，發覺某考生竟與他同姓同名，便找來質問是怎麼回事。考生答道：「我名乃父母所取，不敢擅改也。」

李夢陽一想，言之有理，但心裡還是想考生把名字改了，於是他對考生說：「我出一上聯考你，你若能對上，繼續用這個名字，如果對不上，就把名字改了。」考生欣然答應。

李夢陽突然想到藺相如，聯曰：

藺相如，司馬相如，名相如，實不相如

此聯居高臨下，盛氣凌人。考生思考片刻，對曰：

魏無忌，長孫無忌，彼無忌，此亦無忌

對句綿裡藏針，不卑不亢，且和上聯一樣，巧用歷史人名，渾然一體。

李夢陽聽罷，拍案叫絕，又隨口念道：

長空同，幼空同，實屬空同

考生答曰：

大學問，小學問，皆算學問

李夢陽又是一喜，當即錄取，並在當天出榜公佈。從此，這個故事在考場傳為佳話。

巧改對聯嘲相士

清代有位相士，本領不大，口氣卻不小。自詡熟讀《太清神鑑》《麻衣相法》《柳莊相法》之類的相術經典，並且天生一雙神目，斷人窮通壽夭，不差分毫。他嫌嘴上炫耀不過癮，就乾脆寫副對聯，貼在門上。聯曰：

幾卷書，談名談利；一雙眼，知吉知凶

有位好事者見相士吹牛太離譜，心中有氣，乘著黑夜，就在對聯上加了幾個字：

幾卷破書，也要談名談利；一雙瞎眼，哪能知吉知凶

祝枝山投桃報李

一天，祝枝山閒遊西湖，遇到了杭州舉人徐子建。徐子建說：「久仰祝兄大名，幸會幸會！今有一聯請教，未知可否？」

祝枝山表面客氣，語言上卻不饒人，他說：「你就馬兒伸腿——出題（蹄）吧！」

徐子建豈能不知，這是祝枝山借出題罵他。於是，徐子健便以「蹄」為題，出了一上聯：

馬過木橋，蹄擂鼓，咚咚咚

說著，舉手連擂了祝枝山三拳。

祝枝山也不是傻子，他知道這是徐子健借聯打他，於是，祝枝山決定投桃報李，就隨口吟道：

雞啄銅盆，嘴敲鑼，哐哐哐

隨手打了徐子建三個耳光。徐子建不但不惱，連說：「佩服！佩服！」

每逢萬壽疆無

慈禧七十壽辰，她要求全國上下每家每戶都要貼上「一人有慶，萬壽無疆」的對聯。然而，慈禧每次慶壽中國都要丟失一部分疆土：慈禧五十歲壽辰，中法戰爭爆發，中國開放了雲南等地；六十歲壽辰，甲午海戰，中國把臺灣等地割讓；這次七十壽辰是日俄戰爭之後，又是東三省大片領土喪失。對此，革命志士章太炎感到非常氣憤，於是作了一對聯，一針見血地揭露了腐朽封建統治者的罪惡行徑，對其進行了絕妙而深刻的諷刺。這副對聯是：

今日幸南苑，明日幸北海，幾忘曾幸古長安，億兆民膏血輕拋，只顧一人慶有

五旬割雲南，六旬割臺灣，而今又割東三省，數千里版圖盡棄，每逢萬壽疆無

絕妙的諧音啞聯

蘇東坡被貶黃州後，一日與好友佛印和尚在江上泛舟。蘇東坡看見一條黃狗正在啃骨頭，於是讓佛印觀看。佛印看後便將自己手中題有蘇東坡詩句的蒲扇拋入水中，蘇東坡見後便大笑起來。

原來，這是一副絕妙的諧音啞聯。蘇東坡的上聯是：狗啃河上骨。佛印的下聯是：水流東坡詩。

「河上骨」諧音為「和尚骨」，

「東坡詩」諧音為「東坡屍」，用的是諧音雙關法。

周家三郎聯對迎嬌妻

舊時山東登州府有個周家莊，周家莊有位周塾師，生了三個兒子。由於家境貧困，三個兒子到了談婚年齡，也沒有媒人前來幫助提親。但在周塾師調教下，周家三郎個個出口成章，提筆能文，尤其是擅長對對聯。

有一天，周家三郎聽說，距周家莊百里開外宋家莊的宋員外有三個如花似玉的女兒，正用對聯徵婚。

大姐的上聯是：

天垂山邊走進山邊天還遠

二姐的上聯是：

船載貨物貨重船輕輕載重

三妹的上聯是：

北雁南飛雙翅東西分上下

聽到這樣的消息，兄第三人便摩拳擦掌，下決心想出漂亮的下聯前去爭個高低。兄第三人一宿未睡，並分工明確，大哥對大姐，二哥對二姐，三弟對三妹。

大哥對大姐的下聯是：

月出水面撥開水面月又深

二哥對二姐的下聯是：

尺量土地地長尺短短量長

三弟對三妹的下聯是：

前車後轍兩輪左右走高低

三姊妹一看周家三兄弟的下聯，個個滿意。於是，宋氏三姊妹與周家三兄弟便結成三對夫妻，花好月圓，傳為美談。

富商出聯促生意

民國時期，有一位富商，在福建泉州市的北角開了一座茶樓，因為地理位置不好，前來喝茶的人很少。富商為此請教了很多人，如何讓茶樓的生意好起來。大家各出對策，可是沒有一條讓富商滿意。後有人出個主意給富商，讓富商請人為茶樓題了一條向顧客徵求下聯的上聯，懸掛在茶樓門口，並誇下海口，有能對出下聯者，到茶樓免費喝茶一年，還贈特等好茶十斤，以吸引文人雅士的注意。

懸掛的上聯是：

為名忙，為利忙，忙裡偷閒，飲杯茶去

這招果然奏效，茶樓的生意變得好起來了，有不少文人墨客前來茶樓品茶對句，但始終沒有得出絕

妙的下聯。

一天，一個書生氣十足的人走進茶樓，問：「哪位是老闆？」

此時恰巧富商在座，忙迎上前來，問：「先生有何吩咐？」

書生氣十足的人說：「老闆掛聯求對，賞賜可是當真？」

富商說：「絕無戲言。」

書生氣十足的人說：「好！」然後要來紙筆，一揮而就：

勞心苦，勞力苦，苦中尋樂，拿壺酒來

對句一氣呵成，與上聯相映成趣，富商連連稱妙，忙吩咐手下人準備賞賜去了。

劉師亮諧聯諷軍閥

清末民初，進步文人劉師亮與厚黑教主李宗吾合稱「四川雙傑」。劉師亮是一個疾惡如仇的怪才，特別擅長的是對聯與竹枝詞，經常以這種方式來諷時罵世，嘲官斥吏。

一年春節，劉師亮看到一些軍閥門口貼著「民國萬歲，天下太平」的對聯，非常氣憤，便在家門口貼出一副對聯：「民國萬稅，天下太貧。」此聯一成，立即在全國流傳，為人稱道。

劉師亮這副對聯，就地取材順手接過兩句官方口號，運用諧音手法，將「歲」字改成「稅」字，將「平」字改成「貧」，頓時化褒為貶，一語道破了「民國萬歲」背後的實質，撕破了「天下太平」的畫皮。

解縉妙對老者，成佳話

相傳明代解縉參加鄉試中了第一名，稱解元，聞名遠近。一次他遊山口渴，向一位老者討茶喝。老者問他身份，解縉直報自己是「解解元」。老者想挫挫解縉的銳氣，說能對上他出的對子，方能賜茶。因以出句：

一碗清茶，解解解元之渴

解縉一聽，覺得這三個解字連用，還真不易對出。茶且慢喝，先聊了起來，他得知老人姓樂，過去是朝廷樂府的官員，又見壁上掛著七弦琴，便說：「請老丈撫琴，我自有對。」

「好！好！」老人取琴，彈奏了一曲《高山流水》。解縉笑著說：「請聽下聯！」接著高聲念道：

七弦妙曲，樂樂樂府之音

「妙！妙！絕妙！」老人讚不絕口，於是捧了上好的清茶讓解縉品嘗。

原來，老丈出句的「解解解」三字，三音三意：一「解」作動詞，解除的意思；二「解」作名詞，為姓；三「解」作名詞，是解縉的身份。

解縉對句的「樂樂樂」三字，也是三音三意，恰好與「解解解」為對：一「樂」作動詞，喜歡的意思；二「樂」作名詞，老者之姓；三「樂」作名詞，「樂府」是老者的身份。

巧出巧對，留下一則聯壇佳話。美中不足，音律差些，但瑕不掩瑜。

況鍾巧對縣太爺

明代清官況鍾，二十歲時在江西靖安縣衙任職，官屬從足，尚未入流。一次，知縣在庭前納涼，一手扇一手捋鬚，頗為得意。不一會，他出一上聯讓屬下對：

　　一扇千鬚動

這個出句表面上講扇扇，實際上一語雙關，包含著「號令百姓」

的意思。看起來容易，也不易對好。但況鍾沉著應對：

　　三梳萬髮齊

對句以「梳髮」為題，與「扇扇」比較匹配。同時，這「梳髮」也是個比喻，隱含著「治理天下」的意思，表現了遠大的抱負。

孔子改錯

傳說，孔子帶領弟子外出講學。一天，師生來到海州，遇上狂風暴雨，躲進山洞避雨。山洞面對大海，這裡也是漁翁歇腳的地方。孔子觀看雨中的海景，吟成一聯：

　　風吹海水千層浪，

　　雨打沙灘萬點坑。

漁翁聽了忙道，此聯不妥，應改為：

　　風吹海水層層浪，

　　雨打沙灘點點坑。

孔子聽過漁翁改的詩句，猛然間發現自己犯了一個大錯誤，於是把弟子招攏一起，嚴肅地說：「為師以前對你們講過『生而知之』這話錯了。大家要記住：『知之為知之，不知為不知，是知也！』」說罷，沉思片刻，吟出小詩一首：「登山望滄海，茅塞豁然開。聖賢

若有錯，即改莫徘徊！」這個故事教義極深，它告訴人們，知錯必改，要實事求是，要虛心向他人學習。

雪上加霜，雲開見日

韓公雍，曾做明代巡按御史，一年冬季，他到江西巡視。一天，正當他在南昌察看死囚牢房時，下起了大雪。他邊走邊想，即景吟出一上聯：水面結冰，冰積雪，雪上加霜。吟罷，好久想不出下聯來。這時，他見一囚犯在傷傷心落淚，遂上前問道：「你為何落淚？」

囚犯說：「大人所言『冰、雪、霜』三者交加，實為死囚處境，聽後不覺傷心。」韓巡按聽了，覺得此人談吐不凡，於是問道：「你莫非有求生之心？」囚犯拱手說道：空中騰霧，霧成雲，雲開見日。

韓公雍聽後，不禁高聲稱讚：「天才，天才！」

原來，這個死囚姓孫，是南昌的一個秀才，因上告官府貪贓枉法，而被誣為謀反，判處死刑。韓公雍伸張正義，為孫秀才討回了公道，並依法懲辦了南昌知府，萬民稱頌。

孫秀才對得好，也對得妙。「雲開見日」更是一語雙關，含義深遠，表現出他對撥雲見青天的渴望。明察秋毫的韓公雍，一眼便讀懂了秀才的心。

秀才補考

有個秀才，因為一些事情誤了考期，苦苦哀求主考，網開一面，准他補試。主考無奈，想考考秀才的才學，如果秀才有真才實學就准他補考，如果沒有便讓他回家。於是，主考對秀才說：「如果你能夠以『一』到『十』這十個數作個上聯，說明自己誤期的原因，然後再對出下聯，就讓你補考。」

秀才思考了片刻，便吟道：

一葉孤舟，坐上二三個騷人，啟用四槳五帆，經過六灘七灣，歷盡八顛九簸，可歎十分來遲

主考又說：「那下聯呢？」

秀才又把「一」到「十」的10個數字反過來用了一遍：

十年寒窗，進過八九家書院，拋卻七情六欲，苦讀五經四書，考了三番兩次，而今一定要中

主考聽了，心中稱奇，覺得秀

才果然很有才氣，於是准他補考。

村童對對戲大員

古時，在長沙湘江湖畔的橘子洲，有一處樓閣叫天星閣。一天，一位姓鄒的大員路過橘子洲，前往天星閣觀賞江景。見有幾隻鴿子在天空盤旋後，落在閣瓦上，便想在大家面前炫耀箭術。於是張弓搭箭向鴿子射去，不料沒有射中，鴿子受驚後全飛了。弄得大員相當尷尬。

一位極善奉迎的隨員，便借機討好說：「大家不安靜，把鴿子驚跑了。大人文武雙全，何不吟詩取樂呢？」

大員見有人替自己開脫，便說：「好好好，我出一句對子，你們來對，對上的賞銀十兩！」他想了想，便借自己出的醜，說出了一上聯：

天星閣，鴿上閣，鴿飛閣不飛

隨員們一個個抓耳撓腮，一時想不出合適的下聯，乾瞪著銀子流口水。大員見此情景，露出了滿意的笑容。這時，一個臨時侍茶的村童插話說：「啟稟大人，小的倒想出敝句，不知對不對。」鄒大員

說：「講來。」村童誦道：

冰陸洲（即橘子洲），舟上洲，舟行洲不行

隨員一聽，都認為對仗工整，毫無破綻，堪稱妙對。大員聽後也很滿意，隨即賞給村童十兩銀子。

幾天後，大員回到府衙，將此事告訴了夫人。夫人一聽，大罵大員是笨蛋，被一個小孩戲弄了，還不知道。

原來，那位村童是借諧音奚落大員，「洲不行」的意思是說「鄒不行」，笑話鄒大員箭術不行，文才不高。後來，人們背地裡就將鄒大員稱為「鄒不行」。

書法家智補門聯

東晉時，有一位很有名氣的書法家，很多人都想得到他親筆書寫的字。一年春節將至，他揮筆寫了一副門聯：

春風春雨春色，新年新歲新景

不料，貼出去沒多久，就被人毫無聲息的揭走了。於是，他又寫了一副：

鶯啼北里，燕語南鄰

同樣，貼出去沒多久又被揭走了。這位書法家感到苦惱，過年總

一本書讀懂國學句典

不能連一副春聯都沒有吧！於是，他想出了一個妙法——寫好春聯後，他讓兒子把對聯攔腰剪斷，上下聯都只貼上半截：

福無雙至

禍不單行

果然，這種不吉利的春聯，再也沒有人前來揭走。到初一黎明時，書法家親手將春聯的後半截貼在下面，那對聯便成了：

福無雙至今朝至

禍不單行昨夜行

鄰居及過路的人見了，無不稱妙。

想娘狂郎忙

明代文學家邊貢的繼妻胡氏頗通文詞。邊貢多侍姬，與胡氏嘗反目。一日邊貢宴客，客出句曰：

討小老嫂惱

這顯然是在開邊貢的玩笑，用的又是「一韻對」法，對句頗有難度，邊貢一時語塞。胡氏在屏風後聽見，即以紙片書下聯傳出，語曰：

想娘狂郎忙

胡氏的對句也是五字連續同韻。「娘」作少女、姑娘講。上聯生動刻畫了胡氏不滿丈夫討小的惱怒之態；下聯針鋒相對，把邊貢好色思淫的醜態也和盤托出，讀後確實讓人解頤。

童生答聯譏先生

某童生身患疥瘡，常常奇癢難忍，禁不住拚命抓癢，先生屢禁難止，心甚惱之，於是出上聯，罰童生對下聯。先生說道：

抓抓癢癢，癢癢抓抓，不癢不抓，不抓不癢，越癢越抓，越抓越癢

童生見先生用出聯取笑他，越想越氣，於是對道：

死死生生，生生死死，好生好死，好死好生，先生先死，先死先生

笛清難比簫和

相傳，明朝有一個小孩叫陳洽，聰穎過人，能詩善對。有一天，父親帶他到江邊玩耍，見江上兩船齊發，一艘搖櫓，一艘揚帆，揚帆的居先，見此情景，父親吟道：

兩船並行，櫓速不如帆快

陳洽聽後，一時尋不到對句。

忽然從遠處飄來悅耳的笛聲和簫聲，此景觸發了陳洽的靈感，即擬句對曰：

八音齊奏，笛清難比簫和

他的父親聽了大加誇獎。

上下聯巧妙地用諧音作對。上聯的「櫓速」與三國時東吳大都督「魯肅」諧音，「帆快」與西漢大將「樊噲」諧音；下聯中的「笛清」，是北宋大將「狄青」的諧音，「簫和」是漢高祖劉邦的大臣「蕭何」的諧音。以古人名諧音成聯，不僅道出眼前之景，又敘出古人之事，魯肅不如樊噲之勇，狄青也難比蕭何之智，無疑增添了情趣。

蔡鍔買筆

蔡鍔從小聰慧好學，思維敏捷。1895年春，湖南省學政江標到寶慶（今邵陽）舉行歲試。蔡鍔跟隨父親蔡正陵從鄉下來到寶慶城。

一天，蔡鍔到著名的寶元文具店買筆。老闆見他小小年紀便來府城應試，十分高興，便想考考他的才學。老闆說：「我出上聯給你對，對上了，我送你一支筆。」小蔡鍔點點頭。

老闆的上聯是：

小學生三元及第

蔡鍔擺著小腦瓜，對曰：

大老闆四季發財

老闆聽了很興奮，連聲叫好。因為下聯不但對仗工整，而且很合老闆經商發財的心意。老闆不食諾言，馬上送給小蔡鍔一支上等的好筆。

紀曉嵐答聯戲太監

有一次紀曉嵐入值南書房，有位老太監久聞紀曉嵐大名，特地前來一睹風采。只見他身穿皮袍，手持摺扇。這位太監便出聯：

小翰林，穿冬衣，持夏扇，一部春秋曾讀否

此聯巧妙地將春夏秋冬四季相嵌，且暗含對紀曉嵐打扮的譏諷，不易回對。

不料紀曉嵐輕鬆應對：

老總管，生南方，來北地，那個東西還在麼

對句嵌句不僅道出了東南西北，對他的「春夏秋冬」，還巧妙地調笑了他，因為太監的那個「東西」早就被閹割了。

一本書讀懂國學句典

賈仁聞鼠聲得下聯

宋代書生賈仁赴京趕考，途中口渴，向一村婦討茶喝。村婦見他是書生，便想考考他的才氣，於是出了一個上聯：

> 飢雞盜稻童筒打

聽完村婦的上聯，賈仁就知道這是一個生活寫照聯，意思是：餓慌了的雞偷食穀子，一個小孩用竹筒追打。但同時賈仁也覺得這是一個非常難對的上聯，因為語句中包含了四個名詞——雞、稻、童、筒，一個形容詞——飢，兩個動詞——盜、打。而且，這七個字有三對諧音：「飢」與「雞」、「盜」與「稻」、「童」與「筒」。

但賈仁怎甘示弱？就坐在茶亭裡冥思苦想。忽然，他看見茶亭的梁上趴著一隻老鼠，有人咳嗽一聲，老鼠便嚇跑了。賈仁從中得到靈感，對句有了：

> 暑鼠涼梁客咳驚

「涼梁」，（老鼠）在梁上納涼，這是一種擬人手法。這個對句有也三對諧音（「暑」與「鼠」，「涼」與「梁」，「客」與「咳」），足與上聯匹配，共同構成一幅極富鄉村生活氣息的民俗畫卷。

曹尚書砍竹子

小時候，解縉與曹尚書是鄰居。某年除夕，十四歲的解縉見曹尚書家竹林裡的竹子長得非常茂盛，於是藉此在自己家的大門上寫了一副春聯：

> 門對千根竹，家藏萬卷書

曹尚書見了很不高興，心想，以我家的竹子襯托你家藏書多，沒門！於是讓人把竹子砍掉了一半。

解縉見此情景，便在聯末各加一字：

> 門對千根竹短，家藏萬卷書長

曹尚書見這樣都沒有難倒解縉，心中十分惱火，乾脆讓人把竹子全部砍掉了，心想，你解縉這下沒法寫了吧？可是解縉泰然自若，只是在上下聯又添一字：

> 門對千根竹短無，家藏萬卷書長有

曹尚書終於再也無計可施，只可惜了那一園好竹子！

解縉兩次在聯尾加字，表面上看很有些「無理」，從內容上講是

畫蛇添足，語法上也有些不通，但在這則故事具體情況中，這種「無理」卻是絕妙的「有理」。真是「運用之妙，存乎一心」！

皇天竟不祐天皇

1945年8月，經過八年艱苦抗戰，中國終於打敗了日本侵略者。日本宣佈無條件投降之日，舉國歡騰。湖南桃江有位叫龍逸才的教書先生撰寫了一副對聯：

> 本日果然亡日本
> 皇天竟不祐天皇

上聯中，「本日」與「日本」顛倒運用，下聯中「皇天」與「天皇」（日本國家元首）又顛倒運用，妙若天成。

上聯「果然」二字，視抗日勝利為意料中事，指出了「正義之師必勝，玩火者必自焚」的歷史規律。「亡日本」，趕走日本侵略者，不是「滅亡日本」。下聯「竟不祐」三字，充分表現了對侵略者的諷刺與奚落。

全聯表達了人民揚眉吐氣的喜悅心情和對日本侵略者的藐視諷刺。此聯一出即不脛而走，迅速流傳海內外。

奇妙的撤字聯

兩秀才相遇，彼此間都不服對方的才華，便鬥起了聯。

甲秀才以乙秀才名字中「溪」字為題，出上聯曰：

> 沒水念奚，有水念溪，溪字去水，添鳥變雞（鷄）

一語雙關，帶有嘲弄對方的意思。乙秀才也不示弱，即以對方名字中的「澆」字為對，擬下聯曰：

> 沒水讀堯，有水讀澆，澆字去水，添火變燒

此對特點有拆字，有雙關，兩方互嘲，謔而不虐。

農家小事成妙對

唐伯虎為人聰明機智，才思敏捷，在對聯創作中也有很多佳作。

有一天，唐伯虎路過一個小村，見一婦女邊打掃門口亂柴，邊叫小叔子來捆。正覺得有趣，忽見一少女挑水挑塌了扁擔，把只水桶箍跌落了，連忙叫小姑來箍。於是唐伯虎隨口占了一趣妙聯：

> 嫂掃亂柴呼叔束，姨移破桶令姑箍

上下聯寫的都是最尋常不過的

農家小事，但聯中運用了同音異義的字，便成千古妙對。

韓慕廬解謔

清初，長洲出了一個狀元，叫韓慕廬，他未及第時曾在某家私塾當先生。這家主人雖然識字不多但卻喜賣弄，故經常替韓慕廬上課，以炫耀自己的學問。有一天，這家的主人替韓慕廬教學生讀《禮記》中的《曲禮》一篇時，竟將「臨財毋苟得，臨難毋苟免」中的「毋」字讀成「母」字，於是「毋苟」聽起來便成了「母狗」。

此時正巧一位飽學之士由學堂窗前經過，錯以為是韓慕廬讀的，感到好笑後，就在窗外高聲誦出「曲禮一篇無母狗」的上聯藉以嘲笑。

韓慕廬一聽哭笑不得，知道是名士誤會了。他想解釋又怕講不清，反而越抹越黑，更添笑料。於是靈機一動，對了一個下聯：春秋三傳有公羊。

那人聽後，方知韓慕廬先生不是凡俗之輩，於是登門求見，成為好友。

《春秋》一書有三部解釋它的著作，即《左傳》《公羊傳》《穀梁傳》。這三部書又分別稱為《左氏春秋》《春秋公羊傳》《春秋谷穀傳》，合稱「春秋三傳」。

下聯說「春秋三傳有公羊」，史據鑿鑿，又恰好與上聯成對。同時又悄悄轉移了受攻擊目標，巧妙應對了名士的嘲謔。

唐伯虎的「絕對」

李調元是清代的文學家，才氣十足，他的大名傳遍大江南北，無人不曉。

相傳，有一次，李調元到一座山上遊玩。來到一座寺廟裡，廟中長老素聞李調元之名，便盛情款待了李調元。在李調元將要離開時，長老拿出一幅留傳下來的畫。畫的是兩三枝出水的荷花，上面還提有一上聯：

畫上荷花和尚畫

長老告訴李調元，畫上的荷花是以前的長老所畫，而這句上聯是江南才子唐伯虎親筆所寫，由於當時想不出下句，就擱置在那兒了，一直也沒有人能對出下聯。

李調元開始並沒有在意，但聽完長老的話，興趣陡增，馬上仔

細查看，果然是唐伯虎的真跡。他望著這個對子一尋思，才發現其中的妙處。原來，這句七字對構思奇巧，具有諧音和回文的特點，無論順念、倒念，發音完全一樣。難怪200多年來一直沒有人對出下聯。

李調元對畫沉思良久後，微微一笑，向長老和尚說：「大師，請借墨硯一用！」長老和尚將大號提筆一支捧到李調元面前說：「請大人錦上添花！」只見李調元提筆在手，略一沉思，便緊靠唐伯虎對聯之旁，寫下一聯：

書臨漢帖翰林書

上聯說「畫」，下聯對「書」，非常工整。而且同樣也是諧音回文。

從此，這幅畫就作為這座寺廟的鎮寺之寶，掛在這個方丈室中了。

妙對「洗冤」

某秀才被指稱為殺人凶手，公堂之上，大呼「冤枉」。審案的知縣仔細看了案卷，知道秀才確實受誣陷，便說：「我出一個對子，你若對得上，就判你無罪。」於是出了上聯：

投水屈原真是屈

這裡借用屈原的事蹟，一語雙關，隱指秀才的遭遇。聯中有兩個「屈」字，無疑不易對好。

秀才聽了，聯想到自己無端被誣，又想到《戰國策》中「曾參殺人」的故事，便脫口答道：

殺人曾子又何曾

太守一聽，拍案叫絕，於是馬上把他釋放了。值得注意的是，太守愛才之心固然可嘉，但這種斷案方法卻並不可取。

李漁與且停亭

1645年，明代大戲劇家李漁，因不滿清朝統治，回到浙江蘭溪夏李村老家，做了一名布衣。在他村前有一條大路，來往客商，絡繹不絕。為方便行人，李漁帶頭造了一座過路涼亭，其中財主李富貴出的銀兩最多。涼亭落成那天，李富貴提出要為亭子起一個名字，藉以揚名，留芳百代，便對李漁說：「誰先想好了名字，就先用誰的。」

李漁說：「且停亭。」

李富貴說：「還要停什麼，我已想出好幾個佳名來了，隨你挑用一個吧。」說罷就在手掌上寫起字來。

李漁說：「我不是最先說了嗎，叫『且停亭』。」李富貴還沒有領悟過來，李漁已在一旁即興吟出一副對聯：

名乎利乎道路奔波休碌碌，來者往者溪山清靜且停停

李漁的這副對聯至今依然掛在他的家鄉——浙江蘭溪夏李村的且停亭裡。

粗毛野獸石先生

蒲松齡在寫《聊齋志異》之前，在鄉里就因為有才氣而出了名。同鄉有個姓石的豪紳，人稱石先生，他粗通文墨，自命不凡，不服蒲松齡的才學，要與他一比高低。一天，他們碰在一起。石先生看見一隻小雞死在磚牆後面，便出個上聯為難蒲松齡：

細羽家禽磚後死

蒲松齡一聽，這是為難我呀！便暗想一計，故意裝作初學無能，謙虛地說：「我不會對，但又不能不從命，我就學著一字一字地對看，望先生別笑話，並請一字一字地幫我記下來。」

石先生差點樂出聲來：一個字一個字對，說不定出什麼洋相呢！

他滿口答應下來。

蒲松齡看著上聯，一本正經地對道；「粗對細，毛對羽，野對家，獸對禽，石對磚，先對後，生對死，完了。」

石先生寫完一看，見錄出的下聯是：

粗毛野獸石先生

他頓時面紅耳赤，無地自容，自認晦氣。從此，再不敢與蒲松齡比高低了。

夫妻之對

清朝末年有個姓劉的秀才，好對對聯。有一天，劉秀才到同窗好友李秀才家拜訪，少不了要喝上幾杯。酒過三巡之後，劉秀才又來了對對聯的興致，於是說：「我們倆個只喝悶酒沒啥意思，對上幾句如何？」李秀才欣然答應。

劉秀才出口說道：

此世界，彼世界，大千諸世界，並作新世界，大世界，可謂遊戲世界，歡樂世界

李秀才聽了上聯，思考了好久也沒有想出下聯。見此狀，劉秀才暗自偷笑，並對李秀才說：「這樣吧，我到外面去一趟，回來你再對

不上，不僅要罰三杯，還要罰你去酒店打一瓶酒來給我。」

說完，劉秀才就出去了。李秀才的老婆見劉秀才不在，便遞了一張紙條給李秀才，李秀才看了，只覺豁然開朗。

劉秀才回來，馬上催李秀才說出下聯，李秀才不慌不忙說道：

似夫妻，非夫妻，算什麼夫妻？勿論長夫妻，短夫妻，不如患難夫妻，恩愛夫妻

劉秀才聽後，頓時心中不是滋味，一句話也不說，只顧喝悶酒。原來，劉秀才向來夫妻不和，想不到家醜讓李秀才知道了，自覺臉上無光，並深為內疚。此後，劉秀才對妻子逐漸好了起來。

徐渭的絕聯

徐渭（1521～1593），字文長，號青藤居士，山陰（今浙江省紹興）人。徐渭天資聰穎，生性狂放，性格恣肆，為明代著名的才子，在詩文、戲劇、書畫等各方面都能獨樹一幟。他曾自撰一副對聯：

幾間東倒西歪屋，一個南腔北調人

這副對聯很有個性，簡直是他活生生的一個畫像：放浪形骸，憤世嫉俗。「東倒西歪」與「南腔北調」，成語相對，幽默且工絕。

徐渭還有一副怪聯：

好讀書不好讀書，好讀書不好讀書

此聯是告誡年輕人要刻苦讀書。乍看此聯，上下一樣，何以成對？其實，認真思考，便知奇妙。上聯是說，一個人年少的時候，耳聰目明，精力充沛，時光大好，此時為好讀書也；可惜有人不知讀書的重要，只顧玩耍，不愛讀書，這叫不好讀書。下聯是說，年老時方知讀書重要，而好讀書，卻因耳聾眼花力不從心，不能好好讀書！這個「好」字，一字兩個讀音，兩重意思，交錯相對，耐人尋味，就是這副對聯的奇妙所在。

挑禾上與抱繡裁

沈石田是一位出家人，與祝枝山是好友。一次，他們相伴出行，在途中，祝枝山看見田裡有一個尼姑挑著一擔禾走過來。於是，祝枝山便想出一上聯，來戲謔沈石田。這句上聯是：

師姑田裡挑禾上

師姑，即尼姑。「挑禾上」，雙關語，諧音挑「和尚」。

沈石田豈能不明白祝枝山的意思？他並沒有生氣，而是應聲對出下聯：

美女堂前抱繡裁

抱繡裁，諧音抱「秀才」。秀才暗指祝枝山。

祝枝山一聽，哈哈大笑。

孔子巧聯借路

一次，孔子和他的弟子出遊，途中遇農民挖土修築河堤，擋住去路。孔子請農民讓路，農民不肯，說：「讓路不難，須有一對，對得上，再挑一擔泥土，便讓。」於是出句曰：

一擔重泥攔子路

這是一個諧音雙關上聯，把孔子的字「仲尼」和學生「子路」的名字嵌進去了，孔子被攔在這裡冥思苦想，對不上來。

這時，孔子的另一個弟子顏回想去把那擔泥巴挑走，試了試挑不動。水田裡的農夫見顏回這副模樣，都哈哈大笑起來。這情景使孔子為之一動，於是大吟出了下聯：

兩岸夫子笑顏回

「夫子」，詞面上指兩位抬泥的農夫，另指「孔子」（人稱「夫子」）；「笑顏回」，詞面上說「笑著回首」，另指孔子的一名叫「顏回」（即顏淵）的弟子。

農民聽後，說：「好句！好句！與上聯正是一對。」於是便讓開了路。

諷刺老童生之佳聯

清代各府縣儒學生員，俗稱秀才，為科舉制度上最基本的功名，有了秀才資格，才能參加省級的舉人考試（鄉試）。秀才考試又稱小試或童子試，每三年舉行二次。逢辰、戌、丑、未年，稱為歲試，文武童生並考；逢寅、申、己、亥年，稱為科試，只考文童生。每次的考試，都必須經過縣試、府試、院試（學政）三個階段，考生無論年紀多大，通稱為「童生」，但考試時則分「已冠」（十六歲以上）「未冠」（十五歲以下）兩個層級出題。後者比前者要容易很多。

有些人年過中年甚至老年，仍考不上秀才。於是乎，拔鬚染髮裝童子，冒領「未冠題」。這類事當

時並不為奇，而嘲諷他們的詩對也屢見不鮮。

如有人改唐人詩曰：

少小離家老大回，

鄉音未改嘴毛摧

老妻相見不相識，

笑問兒從何處來

又一人考至腿軟耳聾，終未及第，因賦一絕自嘲曰：

縣試歸來日已西，

老妻扶杖下樓梯

牽衣附耳高聲問，

未冠今朝出甚題

還有一副對聯嘲笑這種「老童生」：

行年七秩尚稱童，可謂壽考

到老五經猶未熟，不愧書生

此聯就事寫實，句尾「壽考」「書生」寓意雙關，構思巧妙，語氣幽默，讀來使人哭笑不得，實乃諷刺文字之佳品。

統而言之，不是東西

袁世凱竊位後，倒行逆施，鎮壓革命，實行獨裁專制。

當時曾任國史館館長兼參政院參政的湖南巨紳王闓運，對袁世凱的竊國擅權極為憤慨，因而給袁世凱的總統府擬了一副名聯：

民猶是也，國猶是也，何分南北

總而言之，統而言之，不是東西

橫批是：

旁觀者清

聯中嵌入「民國總統」四字，並在聯尾點出「不是東西」，上聯的「也「字和下聯的「之」字都運用得很好，如去掉虛字，則難稱佳作。以虛字入聯，多用於古人祠堂、集字集句聯。

醉秀才對縣官

古時候有個秀才愛喝酒，每天都醉醺醺的。有一天他醉臥街頭被送到縣衙門，縣官對他說：「身為秀才，爛醉如泥，成何體統？本應重責，念你初次被送來，我出幾副對聯的上句，你若能對得上，這次就饒了你。」

縣官首先念了一句上聯

五經四書百家論

秀才對道：

頭曲三花二鍋頭

聽秀才所對言不離酒，縣官不禁深深歎了口氣，說：

朽木不可雕也

秀才以為縣官又出了上聯，馬

一本書讀懂國學句典

上對道：

美酒焉能辭乎

縣官氣極，拍桌子呵斥：

一派胡言

秀才仍然慢條斯理地對曰：

兩壇老酒

縣官大喊：

給我打

秀才樂道：

再打四兩足矣

縣官被秀才直弄得哭笑不得。

筵上出枇杷，河中觀蚱蜢

有位先生寫信給友人言事，不小心把「琵琶」寫成了「枇杷」，把「舴艋」寫成了「蚱蜢」。

朋友看完信後，搖頭大笑，毫不客氣地回了一封信給這位先生，信中只寫了一副對聯。其聯文曰：

筵上出枇杷，吃乎？彈乎？原本是無聲之樂；河中觀蚱蜢，蹦也！跳也！還同那不繫之舟

作者抓住錯別字的特徵，別出心裁，巧製成工整的對聯，進行善意的諷刺，可謂戲而不謔之佳作也。

劉鳳誥妙聯祝壽

壽聯，即生日祝壽時人們題贈的對聯。既有表示祝賀之意，又有對受祝者的尊敬和評價。

壽聯起於北宋末年，據宋人孫奕《示兒篇》載：黃耕庾夫人三月十四日生，吳叔經為作壽聯：「天邊將滿一輪月，世上還鍾百歲人。」壽聯之風始此。

清代文學家劉鳳誥，才思敏捷，涉筆成趣。一日，一老翁用貴重的紙請他寫副壽聯，當時他正伏在桌旁寫字，就問老翁：「何時出生？」老翁笑道：「十一月十一日。」劉鳳誥即在紙上寫道：

十一月十一日

老翁看了暗暗叫苦，但不敢出聲。他又問老翁今年多大歲數了。老翁說：「正好八十歲。」於是，劉鳳誥接著續寫下聯：

八千春八千秋

老翁喜出望外，稱謝而去。

這個下聯簡直是太好了，扭轉了乾坤。「八千春八千秋」，典出《莊子・逍遙遊》：「上古有大椿者，以八千歲為春，八千歲為秋。」老人實際上是八十歲，寫

「八千春八千秋」，是不是太誇張了？當然不是，祝壽是不怕誇張的，通常如「壽比南山」也是誇張的說法。

學生諷勸老師

某私塾裡有位老師，喜歡喝酒，但不能自制，常常喝醉了發酒瘋。一天，老師見外面下著雨，就想藉此景讓學生和他一起對對子。首先先生出：

雨

學生答：

風

接著先生添成三字對：

催花雨

學生答：

撒酒風

先生又添成七字對：

園中陣陣催花雨

學生齊答：

席上常常撒酒風

學生彷彿是在採用「誘敵深入」之法，最後擊中先生的痛處，讓先生下不了臺。當然，這是對先生進行諷勸，也算難能可貴。

何紹基巧寫輓聯

何紹基（1799～1873）字子貞，號東洲，別號東洲居士，晚號蝯叟。湖南道州（今道縣）人。歷嘉慶、道光、咸豐、同治四朝，晚清詩人、畫家、書法家。

相傳，何紹基一次出遊，路經湖南瀏陽南邦寺時，剛好寺廟裡有一個德高望重的和尚圓寂了。住持早聞何紹基大名，便要請他寫一副輓聯。何紹基提筆就寫：

南邦寺死個和尚

此句一出，和尚們都議論開了，認為何紹基太不尊敬死者了。但何紹基不動聲色，馬上又續出下聯：

西竺國添一如來

「西竺國」即印度，佛教中的西天極樂世界。「如來」，佛教中的最高佛祖。死個和尚，卻成了佛祖。下聯化平淡為神奇，有扭轉乾坤之力。

胯下無物，有何神氣呢

明朝正德年間，有個姓王的太監坐鎮福州。為了顯示自己高高在上，在他做六十大壽時，竟然把

戲臺搭在鬧市區朱紫坊巷口，然後自己站在戲臺上看著行人從臺下鑽過，發出得意的笑聲。對於王太監的這種行為，百姓們敢怒不敢言。

有位秀才名叫鄭堂，見此情景甚為生氣，準備挺身而出與太監評理。這天，他故意反穿大皮襖，手執大紙扇去與太監爭辯，駁得太監無言以對。

為了讓自己不失面子，王太監說：「拆戲臺可以，但你應對個對子，對得好就拆，對不好，請你也得鑽戲臺。」鄭堂同意。太監說：

穿冬衣，執夏扇，不知春秋

鄭堂知道他諷刺自己，便不慌不忙地道出下聯曰：

朝北闕，鎮南邦，沒有東西

周圍百姓立即會意地大笑起來，弄得王太監面紅耳赤地認輸了。原來這「沒有東西」既笑他沒有學問，也諷刺他是個「閹官」——胯下無物，有何神氣呢！

蔣燾切瓜分客出妙聯

明朝的時候，有一個才子名叫蔣燾。有一次，幾位客人前來登門拜訪。當時，正是炎熱的夏天，蔣燾拿出大西瓜招待大家。就在眾人拿起西瓜剛要吃的時候，忽然有一個客人說道：「暑天吃西瓜，豈可無有文字助興？這樣吧，我出一個上聯，看看誰能對出下聯。」他略一沉思，說道：

凍雨灑窗，東兩點，西三點

他的這副上聯用的是對聯中的「拆字格」的形式，將凍字拆成「東」字加兩點，將「灑」字拆成西字加三點，非常巧妙。他的上聯剛剛說出來，正在一旁的蔣燾接著說道：

切瓜分客，上七刀，下八刀

滿座賓客見此下聯拆「切分」二字，妙語雙關，理趣天然，無不嘆服。

窮教師祝壽，氣昏縣長

湖北某縣有一縣長為慶壽印發請束一萬多張，散發全縣，號召百姓「自願送禮」，弄得全縣怨聲載道。

有位窮教師接到請束後，雖然身無分文，卻欣然如期前往。在酒宴上，來賓送的都是貴重賀禮，唯有窮教師端坐椅上，面帶冷笑，紋風不動。待縣長管家來催禮時，窮老師才從才從衣袋裡掏出一卷紅

紙，高聲說：「縣長大人做壽，敝人無所奉獻，這裡有對聯一副，權當賀禮。」

說罷，便當眾念道：

大老爺做生，金也要，銀也要，紅白一起抓，不分南北

小弟子該死，穀未熟，麥未熟，青黃兩不接，哪有東西

窮教師念完對聯揚長而去，縣長當場氣昏。

朱先生三個牛頭

相傳，在某年春節將要到來之際，祝枝山到杭州遊玩，見許多人家的門上貼兩個紅紙條，而不寫文字（這是取全年無事之意），祝枝山一時高興，就揮筆在這些紙條上寫上了吉祥如意的對聯。

不料，這一舉動得罪了本城顯貴徐某。徐某覺得這是祝枝山在賣弄才華，不把杭州的文人學士放在眼裡，於是徐某邀集杭州文人學士，從中選出三人，要和祝枝山對句，一試高下。祝枝山本無此意，覺得冤枉，便答應了。

第一人首先出句：

屋北鹿獨宿

五字同韻。祝枝山對：

溪西雞齊啼

第二人見沒難住祝，躊躇滿志地又出個上聯：

童子打桐子，桐子落，童子樂

祝枝山又是脫口而出：

麻姑吃蘑菇，蘑菇鮮，麻姑仙

第三人接著出句：

大太夫半節人體

前三字的下半截都含「人」字，包含對祝枝山的輕蔑之意。祝枝山聽說三人中有二人姓朱，便反脣相譏：

朱先生三個牛頭

徐某見祝枝山每一對，都對得工整、貼切，不得不佩服他的才學。

婆媳皆失夫

相傳，有一個沒學識的財主，花錢買為自己和兒子各買了個進士功名，妻因夫貴，婆媳二人也加封為夫人。

大年三十，為炫耀門庭，財主家的大門上貼了這樣一副對聯：

父進士，子進士，父子同進士

婆夫人，媳夫人，婆媳皆夫人

鄰里看了不順眼，於是夜裡偷偷地在財主家的門聯上加了幾筆，

一本書讀懂國學句典

變成了一副意思完全相反的凶聯：

父進土，子進土，父子同進土

婆失夫，媳失夫，婆媳皆失夫

第二天，財主出門一看，氣得發昏。

老財主受辱，卻無可奈何

祝枝山是明朝的四大才子之一，尤其是書法堪稱一絕，很多人都上門求他的字。一年春節，一家姓錢的老財主特登門拜訪，請祝枝山為自己寫春聯。祝枝山對這位老財主平時的做法很是不滿，於是便想藉此羞辱他一番，於是答應老財主，寫兩副春聯。

第一副春聯是：

此地安能居住

其人好不悲傷

第二副春聯是：

明日逢春好不晦氣

終年倒運少有餘財

老財主看後大為惱火，責問祝枝山為何如此咒罵他。祝枝山笑著解釋說：「這哪裡是咒罵您呢？第一帖應該這樣讀：此地安，能居住；其人好，不悲傷。第二帖則為：明日逢春好，不晦氣；終年倒運少，有餘財。」

老財主明知受辱，卻也無可奈何。

林則徐騎父趕考

清代愛國英雄林則徐，幼年時去應童子試，因人群擁擠，他的父親就扛著送他進考場。考官見他父子這副樣子，開玩笑道：「以父作馬」，引起哄堂大笑，弄得林則徐父親面紅耳赤，覺得受了莫大侮辱。誰知，林則徐脫口而出「望子成龍」，滿場為之驚歎不已。林則徐的下聯既解了父親的窘迫，又道出了父親盼兒成材的心情，一時傳為佳話。

願師匠僕

清代才子李調元能詩善文，才華橫溢。一次，他與夫人一起對對子，對好以後，丫鬟說：「夫人出得好，老爺對得妙，何不用羊毫筆寫在紅綾紙上。」不料丫鬟的這句平常話，卻觸發了夫人的文思，不覺吟出一句：「羊毫筆寫紅綾紙……妙！就以這句為聯，再請一對。」

李調元說：「這樣的隨口話，何用對它。」夫人說：「你不要輕

看隨口話，且試試嘛。」李調元不忍掃了夫人的興致，尋句來對，不料竟沒有一句話合宜。他停下酒杯，思索一會越覺難對，一直到深夜，還是沒有對上，只好擱下酒杯不飲了。

第二天，李調元聽見丫鬟、匠僕們在一起談論這件事，他們個個都對出了下聯。

丫鬟說：「老爺是天下奇才，沒想到被我一句隨口語『羊毫筆寫紅綾紙』給難倒了，這有什麼難的，對『鹿角杈涼紫羅裙』不就得啦！」

廚子說：「對『牛鼻索捆青杠柴』也可以嘛。」

轎夫說：「『虎頭靴套麻草鞋』也成。」

書僮說：「對『木扁擔挑黑書箱』更好。」

李調元聽在耳裡，愧在心裡。他猛然悟出一個道理：詩發於情，文出於理，對子生於感觸。匠僕們之所以都能對得上，是由於他們熟悉生活。想到這裡，這位頗負盛名的才子便放下架子，拜匠僕們為師。

憶當年，誰肯雪中送炭

從前，有個窮秀才，經常衣不遮體，食不果腹。為此，他經常需要向一些親朋好友借錢。可是，這些人見他如此窮困潦倒，而且考了幾次都沒有高中，便不願意借給他，甚至有時還會出言嘲諷。

後來皇天不負有心人，秀才終於高中了。當他的親朋好友聽說他要回家探望，便都備了厚禮，約定某日去攀附巴結。

秀才對此痛恨至極。到了那天，他不但不備酒禮迎，而且還在關著的大門貼上一副對聯，拒見這些勢利客。對聯曰：

憶當年，一貧如洗，缺柴缺米，誰肯雪中送炭

到今朝，獨佔鰲頭，有酒有肉，都來錦上添花

這類對聯民間流傳甚多，如下面這一副：

回憶去歲飢荒，五六七月間，柴米盡焦枯，貧無一寸鐵，賒不得，欠不得，雖有遠戚近親，誰肯雪中送炭

所幸今朝科舉，一二三場內，文章皆合式，中了五經魁，名也

香，姓也香，不拘張三李四，都來錦上添花

寇謙續聯

寇謙是一位非常有名的道士，在中嶽廟修道時，很多人慕名前來拜訪，以致常有東西丟失，還影響寇謙修道。於是，道童們就在寇謙修道室門上寫了一副對聯：

閒人免進

盜者莫來

寇謙看後，覺得這樣好是好，但有些不妥，因為進出他修道室的並非都是閒人和盜者，還有不少是賢人志士以及前來找他研究學問的教友。於是，寇謙在這幅對聯上又加了幾個字，成為：

閒人免進賢人進

盜者莫來道者來

道童們一見續字後的對聯都拍手稱妙，敬佩寇謙的高明。

王安石巧對贏婚姻

王安石赴京趕考，在途中看見一家門樓上掛著一只走馬燈，上面寫著一條上聯：

走馬燈，燈馬走，燈熄馬停步

王安石不由脫口而出：「好對，好對。」

這家門樓的主人是馬員外，他的一位管家聽王安石說要對對聯，忙過來打招呼說：「請稍候，待我去稟報員外大人。」

王安石趕考心切，不等員外出來便急急忙忙地走了。

考試結束後，王安石返回故鄉，途經馬員外大門口時，等候已久的管家笑臉相迎，連聲親切地說：「恭候多時，請進室內，有事求教。」

原來這馬員外有一女，才貌出眾，但年過二十八，尚未婚配。為此，馬員外很著急，但由於對女兒疼愛有加，不想隨隨便便就嫁了，於是擬出上聯，公開求對，為女兒選一才學富有之士為夫。

王安石瞭解這一情況後，聯想到應試時所見彩旗情景，神態自若地對出了下聯：

飛虎旗，旗虎飛，旗捲虎藏身

馬員外見對得如此工整、貼切，深為滿意，於是授意管家招他為婿。

清官員對對捍衛祖國尊嚴

十九世紀末，美、英、法、

俄、德、義、奧、日八國聯軍相互勾結，先後佔領了天津和北京，腐敗無能的清政府屈膝求和。議和會上，有個外使陰陽怪氣地挑撥：「聽說中國有一種獨特的文學形式，稱作對聯，現在我出一上聯，看你們是否能對出下聯？」霎時間，得到了幾個聯軍代表的捧場。那傢伙所出上聯為：

騎奇馬，張長弓，琴瑟琵琶八大王王王在上，單戈作戰

八國聯軍本以為無人能對此聯，想藉此羞辱一下清廷。但當時清朝的一位官員昂然對出下聯：

偽為人，襲龍衣，魑魅魍魎四小鬼，鬼鬼犯邊，合手即拿

這副對聯是典型的拆字聯。上聯「騎」字拆開為「奇」和「馬」字，「張」拆「長」和「弓」，「琵琶琴瑟」四字上半部分分開即位八個王字，隱喻八國聯軍；「王王在上」是妄自提高他們的地位，目中無人！而清朝官員巧用「魑魅魍魎」四字皆為鬼字旁，通常泛指妖魔鬼怪之類，藉以反擊，痛斥八國聯軍的侵略行徑，捍衛祖國的尊嚴！形式臻於完美，內容針鋒相對，聯軍挑釁者聽後，一個個像洩了氣的皮球，垂頭耷耳，相顧無言。

朱元璋出對求賢

明朝開國皇帝朱元璋，在未登基前就酷愛對聯，故有「對聯天子」的雅稱。

元末，天下大亂，民不聊生。朱元璋當時剛想舉事。在一個大雪紛飛的途中，他遇到了一個名叫葛恩的人，邁開大步，走得很快，朱元璋便問他有何急，葛恩答道：「天寒地凍，不知百姓如何禦寒，特出來四處看看。」

頓時，朱元璋覺得此人與自己甚是志同道合，於是口出一聯，以試其才學，聯曰：

天寒地凍，水無一點不成冰

葛恩一聽，就知道是拼字對，「水」加一點是個「氷」字（冰的古時寫法），遂據此結構，即刻對道：

國難民愁，王不出頭誰是主

王字上面加一點是個主字，好似「王」出頭，一語雙關。朱元璋聽後，暗自高興，於是相邀共圖大事。

武則天出對求吹捧

武則天登上皇位後，非常想聽大臣們的吹捧之詞，可是身為九五之尊又不能直接說出來。她左思右想，終於想出了一個以對對來滿足自己私心的方法。

有一天，武則天在金鑾殿召集翰林院諸學士，出題令其對答，她的上題是：

玉女河邊敲嘰棒，嘰棒嘰棒嘰嘰棒

學士們雖搜索枯腸，一時也沒有想出什麼好的下聯。一陣沉默過去，有個慣於獻媚的學士，似乎猜透了武則天的心思，忽地吟道：

金鑾殿前呼萬歲，萬歲萬歲萬萬歲

武則天一聽，龍顏大悅，大加讚揚。從此，「萬萬歲」一詞便傳播開來。

馬童妙對應乾隆

乾隆三下江南時，見一農家大院內正在操辦喜事，於是他逢場作戲，送上三個銅錢，在禮帳桌前出了一副上聯：

三個銅錢賀喜，嫌少勿收，收則愛財

滿心以為農家收也不是，不收也不是。正在此時一個馬童脫口而出：

兩間茅屋待客，怕窮莫來，來者好吃

眾人拍手叫好，連聲稱妙，反而讓乾隆感到左右為難。

最早的春聯

早在秦漢以前，民間每逢過年就有在大門的左右懸掛桃符的習俗。桃符是用桃木做成的兩塊大板，上面分別寫著傳說中的降鬼大神「神荼」、「鬱壘」的名字，用以驅鬼鎮邪。

據歷史記載，在西元964年春節前夕，後蜀的國君孟昶突然下了一道命令，要求群臣在桃符上題寫對句，以試才華。當大臣們把自己寫的對句給孟昶看時，孟昶都不滿意。於是，他親筆在桃符上寫道：

新年納餘慶，嘉節號長春

這就成了中國有文字記載的最早的一副春聯。從此，人們每到春節就把聯語題寫在桃木板上，用來代替降鬼大神的名字。宋朝以後，民間懸掛春聯已經相當普遍，王安

石詩中「千門萬戶瞳瞳日，總把新桃換舊符」之句，就是當時盛況的真實寫照。

最早的壽聯

據現在所能知道的文獻史料，祝壽聯應該起源於宋代。孫奕的《學兒篇》記有吳叔經為慶賀黃耕庾夫人寫的壽聯：

天邊將滿一輪月，世上還鍾百歲人

黃夫人是三月十四生，故云「將滿」之月，而且預祝其能壽登百歲，這是一副地地道道的壽聯。

金聖歎刑場吟對

清代康熙年間，著名文人金聖歎批點、校注了《西廂記》《水滸傳》等古典文學作品，又善創作傳奇劇。後因冒犯皇帝受哭廟案牽連被朝廷處以極刑。

臨刑前，心愛的兒子匆匆忙忙，呼天搶地地趕到了刑場，置酒菜進行生祭，與慈父訣別。金心情酸苦，先吟出一則上聯：

蓮子心中苦

暗寓「憐」子苦心。當其子悲痛欲絕、泣不成聲時，繼吟下聯：

梨兒腹中酸

暗寓「離」兒心酸，一副對聯寫盡胸中怨憤，正是大文學家的手筆。

教書先生巧作新婚聯

從前有一家旅店，為了提醒路人，過了這個村，就沒這個店了，就在門旁掛了一副對聯：

日之夕矣君何往

雞即鳴兮我不留

一天傍晚，有一教書先生來店投宿，還沒有進門就看到這副對聯，連聲稱妙。這時，有一村夫拿著一張空白紅紙進來了，告訴店主，朋友今晚結婚，請他去喝喜酒，想在店中找一位識文墨的先生寫副婚聯，以示慶賀。

店主看了看這位教書先生，對村夫說：「就請他寫吧！」先生也不推辭，一邊研墨鋪紙，一邊思考。突然，他想起了門上的那副對聯，靈機一動，留頭去尾，大筆一揮，一副新婚聯，就渾然天成了。聯曰：

日之夕矣君何

雞即鳴兮我不

一本書讀懂國學句典

情感寫真

◆一跤跌在青雲裡——好雲（運）氣

◆丈母娘看女婿——越看越喜歡

◆過年娶媳婦——雙喜臨門

◆胸口上掛鑰匙——開心

◆懷裡揣梳子——梳（舒）心

◆八月裡的石榴——合不上嘴

◆土地公的姑娘嫁玉帝——一步登天

◆小偷娶媳婦——賊高興

◆牛郎約織女——喜相逢

◆玉帝娶親閻王嫁女——歡天喜地

◆玉帝下請帖——天大的好事

◆玉帝娶親——天大的喜事

◆打翻了蜜罐子——甜滋滋的

◆老太太騎驢——樂顛啦

◆船上開晚會——載歌載舞

◆喜鵲飛進洞房裡——喜上加喜

◆喜鵲進門——喜盈門

◆新科狀元招駙馬——喜上加喜

◆大旱天的甘霖——點點喜心頭

◆啞巴討老婆——喜不待言

◆喜鵲登枝喳喳叫——無喜心裡樂三分

◆下雨天出太陽——假晴（情）

◆雨過送傘——虛情假意

◆問客殺雞——虛情假意

◆千里送鴻毛——禮輕情意重

◆剃頭匠的挑子——一頭冷一頭熱

◆一根藤上的瓜——苦甜是一家

◆一刀子割不斷——連襟（筋）

◆冷鍋炒熱豆——越吵（炒）越冷淡

◆玉皇大帝送禮——天大人情

◆白娘子哭斷橋——想起舊情

◆白娘子借傘——一見鍾情

◆白娘子盜靈芝草——捨命不捨夫

◆青菜炒大蔥——親上加親（青上加青）

◆半夜開窗戶——心（星）掛外頭

◆光棍漢子出家——無牽無掛

◆關雲長守嫂嫂——情義為重

◆麥草棍兒打鼓——咋都不想（響）

◆張飛戰關公——忘了舊情

◆林黛玉焚詩稿——斷了痴情

◆卓文君賣酒——夫唱婦隨

◆爐子靠水缸——你熱他不熱

◆扁擔挑水——掛兩頭

◆荷花結子——心連心

◆桃園結義——同了心

◆熱面孔碰到冷毛巾——無情

◆秤不離砣——公不離婆

◆雪美人往懷裡抱——露水夫妻難久長

◆獸醫閹牛——一刀兩斷（蛋）

◆裁縫搬家——依依（衣衣）不捨

◆賣香囊掉淚——睹物傷情

◆蓮蓬桿打人——私（絲）情不斷

◆鴛鴦一對——兩相歡

◆燒火棍子——一頭熱

◆一丈二尺長的扁擔——摸不著頭尾

◆二姑娘耍石頭——有點接不住

◆火燒桅杆——長嘆（炭）

◆白糖拌苦瓜——又苦又甜

◆老太太吃柿子——撿著軟的捏

◆買個罐子打掉了鼻——別提了

◆針尖上削鐵——有限得很

◆麻繩捆豆腐——提不起來

◆一口吞下十兩——大吃一驚（斤）

◆井裡的蛤蟆跳上山——開了眼界

◆月亮裡的桂花樹——高不可攀

◆天下烏鴉一般黑——到處一樣

◆冬天喝涼水——寒心

◆周瑜打黃蓋——一個願打，一個願挨

◆鬍鬚上的米——吃不飽

◆四面下雨中間晴——好情（晴）難長

◆半天裡抓雲——難哪（拿）

◆半夜做惡夢——虛驚一場

◆老太太吃黃連——苦口婆心

◆老龍王投江——死得其所

◆老虎上吊——玄乎（懸虎）

◆吃罷黃連勸兒媳——苦口婆心

◆竹籃打水上山峰——一場歡喜一場

一本書讀懂國學句典

空

◆好花插在牛糞上——可惜

◆阿公吃黃連——苦也（爺）

◆林沖到了野豬林——絕處逢生

◆雨後披氈衫——時過境遷

◆岳飛屈死風波亭——好人落難

◆秋後的扇子——無人過問

◆脫了毛的鳳凰——不如雞

◆麻雀拉雞屎——事（屎）大了

◆林子大了——什麼鳥都有

◆閹了的公雞——沒名（鳴）

◆朝廷的太監——後繼無人

◆魯肅上了孔明船——後悔莫及

◆童養媳拜天地——熬到時候了

◆蝸牛赴宴——不速之客

◆躲過野牛碰上虎——一個更比一個

凶

◆新郎官揭蓋頭——真相大白

◆滴水穿石——不是一日之功

◆寡婦燒靈牌——一了百了

◆人心隔肚皮——識不透

◆九牛一毛——微不足道

◆井底裡栽花——無出頭之日

◆未婚妻做了望門寡——真冤

◆老虎離山林——抖不起威風了

◆偷雞不著——反蝕一把米

◆船到橋頭——不順也得順

◆貓被老虎攆上樹——多虧留了一手

◆閻王爺好見——小鬼難纏

◆梁園雖好——不是久留之地

◆煮熟的鴨子飛上天——怪事

◆寡婦門前——是非多

◆鞋內跑馬——沒多大發展

◆半夜裡要飯——到哪兒去討

◆打掉的牙往肚裡吞——有苦說不出

◆用水煮石——難熬

◆偷來的鑼鼓——想（響）不得

◆黃連樹下吹簫——苦中作樂

◆大漢蓋短被窩——兩頭顧不著

◆大姑娘相親——羞羞答答

◆大姑娘要婆家——嘴裡說不出來

◆大姑娘做媒——有口難開

◆叫花子唱山歌——窮開心

◆叫化子過年——窮歡樂

◆上了鏽的剪刀——口難開

◆木偶做戲——受人牽連

◆公要餛飩婆要麵——眾口難調

◆心裡撒上了辣椒——不是滋味

◆心裡塞團麻——亂糟糟

◆水缸裡按葫蘆——鬆不得手

◆打翻五味瓶——說不上是何滋味

◆東吳招親——弄假成真

◆東施照鏡子——不知醜

◆屋漏又遭連陰雨——禍不單行

◆鈍刀砍竹——想（響）不開

◆滿口的黃連——說不出的苦

◆ 冬天賣醋——寒酸

◆ 冰塊掉進醋缸裡——寒酸

◆ 討飯的搬家——一無所有

◆ 出門雨淋頭——失（濕）意（衣）得很

◆ 老公為老婆扇風——淒（妻）涼

◆ 老夫少妻對面坐——各想各的心事

◆ 老牛憋氣——不吭聲

◆ 老虎瞅天鵝——瞪著眼乾著急

◆ 老鴨吞田螺——難言（咽）

◆ 老鼠的腦殼——灰頭土臉

◆ 老鼠爬燈檯——好上難下

◆ 過了火的豬腦袋——焦頭爛額

◆ 舌頭掉進肚裡——吐不出來

◆ 孫權定下招親計——賠了夫人又折兵

◆ 孫悟空打豬八戒——倒挨一耙

◆ 啞巴吃黃連——有苦說不出

◆ 啞巴打官司——有口難辯

◆ 兩個啞巴睡一頭——沒有話講

◆ 畫虎不成反類犬——弄巧成拙

◆ 畫蛇添足——弄巧成拙

◆ 沒路標的三岔口——左右為難

◆ 抱起煤炭親嘴——碰一鼻子灰

◆ 春蠶作繭——自己束縛自己

◆ 藥王爺的肚子——苦水多

◆ 順著媳婦得罪娘——兩頭難

◆ 貓頭鷹抓耗子——做好事，落罵名

◆ 閹豬割耳朵——兩頭受罪

◆ 割屁股敬神——得罪了神，也丟了人

◆ 一口吞下個熱紅薯——咽氣又燒心

◆ 竹篩子兜水——漏洞百出

◆ 八個歪脖子坐一桌——誰也不正眼看誰

◆ 背靠背睡覺——體貼人

◆ 吃了三碗紅豆飯——滿肚子相思

◆ 岔路上分手——各奔前程

◆ 彩虹和白雲談情——一吹就散

◆ 單身漢跑江湖——無牽無掛

憤怒憎惡

◆ 老鼠過街——人人喊打

◆ 要飯的打狗——窮橫

◆ 兒子給老爹搽胭脂——要老子好看

◆ 上墳不帶燒紙——惹祖宗生氣

◆ 屎殼郎搬家——滾蛋

◆ 豌豆下坡——滾

◆ 茶鋪裡的水——滾開

◆ 木魚張嘴——等著挨敲

◆ 牛皮蒙鼓——等著挨敲

◆ 長尾蛆做夢——想死（屎）

◆ 打架的公雞——橫眉豎眼

一本書讀懂國學句典

◆鍋爐上放屍首——氣死人

◆叫花子進茅房——討死（屎）

◆茅房打燈籠——找死（照屎）

◆白菜煮柿子——給點顏色看

◆半夜揉肚子——趕死（屎）

◆發了酵的麵粉——氣鼓鼓的

◆公公給兒媳拜年——豈有此理（禮）

◆老母豬進玉米地——尋著棒子吃

◆老虎不發威——你當我是病貓

◆老虎抓老鼠——耍什麼威風

◆扛著扁擔進森林——別橫行

◆鴨子死到田坎上——嘴巴還挺硬

◆光頭捕馬蜂——挨螫

◆吃了生鐵拉下鋼——越來越硬

◆大肥豬進屠場——自尋死路

◆狗咬呂洞賓——不識好人心

◆老壽星吃砒霜——活得不耐煩

◆老母豬夜拱屠戶門——送死不等天亮

◆狗咬石匠——想挨錘子了

◆老鷹不抓兔——吃飽了撐著

◆孫悟空守桃園——自食其果

◆屁股上吊沙罐——等死（屎）

◆青蛙鼓肚子——氣呼呼的

◆茅坑裡拉風箱——氣憤（糞）

◆茅房裡耍秤桿——過分（糞）

◆板上切西瓜——看你怎麼圓

◆汽車按喇叭——靠邊站

◆買鹹魚放生——不知死活

◆爐膛冒煙——好大的火氣

◆皇帝拍桌子——盛（聖）怒

◆耗子拖老虎——惡（餓）紅了眼

◆趕車拉大糞——送死（屎）

◆燒乾的鍋爐——氣炸了

◆煙囪裡釣魚——勾（鉤）起了火

◆酒肉和尚菜道士——豈有此理

◆捧屁股親嘴——不知香臭

◆掂著鑼上門——把人當猴子耍

◆閻王爺抽煙——鬼火直冒

◆騎驢看唱本——走著瞧

◆棺材鋪拜神——想人死

◆搽胭脂親嘴——血口噴（碰）人

◆提上燈籠上吊——尋死等不到天明

◆蒸籠裡的蝦子——氣得鼓眼

◆錦雞進鐵籠——由不得你了

◆牆上貼草紙——太不像話（畫）

◆瞎子拜丈人——有眼不識泰山

◆蝌蚪跟著鴨子轉——找死

◆癩蛤蟆挺肚皮——氣還不小

◆虎嘴拔毛——好大膽子

◆敢在太歲頭上動土——膽子不小

◆三平加一豎——想稱王了

◆小鬼拜見張天師——自投羅網

◆好馬不吃回頭草——去了莫來

◆夜叫鬼門關——自來送死

◆ 啞巴挨罵——氣不可言

◆ 鬼畫符——莫名其妙

◆ 腦袋繫在褲帶上——不要命了

◆ 涼水倒火爐——氣往上沖

◆ 豬八戒背媳婦——受了猴子騙

◆ 焊條碰鋼板——冒火啦

◆ 大姑娘要嫁妝——不害臊

◆ 三更半夜出世——害死人（亥時人）

◆ 三斧頭砍不入的臉——好厚

◆ 公墓上彈吉他——吵死人

◆ 冬瓜纏到茄田裡——東攀西攀

◆ 張飛擺屠案——凶神惡煞

◆ 一根笛子八個眼——一氣相通

◆ 一群麻雀吃食——嘰嘰喳喳

◆ 武大郎跳舞——抱人家的大腿

◆ 八哥學舌——人云亦云

◆ 水田裡的螞蟥——你不找他，他找你

◆ 龍王爺出海——興風作浪

◆ 蠟燭當簫吹——油嘴光棍

◆ 口袋裝釘子——個個想出頭

◆ 叫春的貓——沒好聲調

◆ 白露的雨水——到一處壞一處

◆ 司馬昭之心——路人皆知

◆ 有奶就是娘——不分好歹

◆ 死人托夢——陰魂不散

◆ 交通警察的指揮棒——指東指西

◆ 西湖邊搭草棚——大煞風景

◆ 大聖聽到緊箍咒——頭痛

◆ 紂王造鹿臺——勞民傷財

◆ 兩人奏笙——你吹我捧

◆ 兩口子唱戲——一唱一和

◆ 李逵罵宋江——過後賠不是

◆ 吳剛砍桂樹——沒完沒了

◆ 縣太爺放屁——官氣燻人

◆ 坐山頂上乘涼——老占上風

◆ 飯店裡的臭蟲——吃客

◆ 雞食盆裡鴨插嘴——沒有你的事（食）

◆ 雨打棺材——嬌（澆）死人

◆ 狐狸騎老虎——狐假（駕）虎威

◆ 狗皮膏藥貼膿瘡——揭也揭不掉

◆ 狗熊吃竹筍——瞎巴結（扒節）

◆ 鹽廠的掌櫃——儘管閒（鹹）事

◆ 酒壺打醋——辣味沒去酸味又來了

◆ 淘稀泥抹光牆——和事佬

◆ 裁縫摸尺子——專門衡量別人

◆ 喝水塞了牙——活該倒楣

◆ 黑瞎子掉井——倒楣到底

◆ 寒流過了來暖流——冷嘲（潮）熱諷（風）

◆ 腰裡掛榔頭——吊兒郎（榔）當

◆ 二流子打鼓——吊兒郎當

◆ 牆角上開門——邪（斜）門歪道

◆ 籮筐盛石灰——處處留痕跡

◆鯊魚上岸——凶得不知死活

◆螃蟹教子——不走正道

◆翻潭的大魚——興風作浪

◆警犬的鼻子——真靈

◆打足了氣的皮球——愛蹦

◆龍王爺亮相——張牙舞爪

◆出門逢債主——掃興

◆鳥槍換炮——威風起來啦

◆冰窖裡打哈哈——冷笑

◆墳頭上的烏鴉——人人都憎

◆扯著虎尾巴——耍威風

◆披著虎皮進村——嚇唬老百姓

◆狐狸精放屁——怪氣

◆狗進茅坑——文（聞）進文（聞）出

◆給了九寸想一尺——得寸進尺

◆豬八戒的嘴巴——就知道吃喝

◆挨打的狗去咬雞——拿別人出氣

◆暴雨前的閃電——大發雷霆

◆鼻孔裡長瘤子——氣不順

◆鼻涕往上流——反了

◆撥開竹葉見梅花——分清白

◆踩著鼻子上臉——欺人太甚

◆踩著肩頭往頭上拉屎——硬欺負人

◆毛驢啃石磨——好硬的嘴

◆吹鬍子瞪眼——氣到極點

◆吹鼓手的肚子——氣鼓氣脹

◆吃了炸藥——火氣沖天

◆打破嘴巴罵大街——血口噴人

◆硬牛皮——看你怎麼吹

◆挨了巴掌賠不是——奴顏媚骨

◆出鍋的大蝦——卑躬（背弓）屈膝

◆上岸的魚蝦——活蹦亂跳

◆山中無老虎——猴子稱大王

◆白骨精扮新娘——妖裡妖氣

◆白骨精說人話——妖言惑眾

◆財神爺戴烏紗帽——錢也有，權也有

◆鼻子上掛肉——油嘴滑舌

◆閉著眼和麵——瞎摻和；亂摻和

◆瘟肚蚊蟲——要叮人

◆大花臉舞刀——耍威風

◆池塘裡的癩蛤蟆——叫起來沒個完

◆蒼蠅放屁——嚇唬誰

◆臭蟲咬人——出嘴不出身

◆廁所裡照鏡子——臭美

◆吃魚不吐骨頭——說話帶刺兒

◆茶裡放鹽——惹人嫌（鹹）

◆毒蛇吐芯——出口傷人

◆大海裡的水——到哪裡哪裡嫌（鹹）

◆大嘴烏鴉吃食——一副貪相

◆對天鳴槍——嚇唬人

◆毒蛇爬行——沒正道

◆二郎神放屁——神氣

驚慌抱怨

◆ 小鬼敲門——要命

◆ 老鼠見了貓——怕得很

◆ 宋三的弟弟——送死（宋四）

◆ 眉毛上掛炮仗——禍在眼前

◆ 閻王爺開飯鋪——鬼都不上門

◆ 鞋裡邊長草——慌（荒）了腳

◆ 胸口長草——心慌（荒）

◆ 瞎漢理髮店——哪一個敢去理

◆ 公雞給黃鼠狼拜年——凶多吉少

◆ 大熱天發抖——不寒而慄

◆ 小雞看見了鷹——只想躲

◆ 見了蚊子就拔劍——大驚小怪

◆ 十五個吊桶打水——七上八下

◆ 老虎駕車——誰敢（趕）

◆ 老母豬遇屠夫——在劫難逃

◆ 老虎闖狼窩——有好看的

◆ 老虎進棺材——嚇死人

◆ 老虎身上的蝨子——惹不得

◆ 老虎的屁股——摸不得

◆ 老虎的尾巴——拉不得

◆ 老虎的鬍鬚——捋不得

◆ 老虎洞裡擺神像——沒人敢進（敬）

◆ 老虎進村——沒人敢理

◆ 老虎餵豬——不放心

◆ 地做琴來路為弦——沒人敢談（彈）

◆ 墳頭上耍大刀——嚇死人

◆ 夜走薄冰——戰戰兢兢

◆ 穿木屐上高牆——戰戰兢兢

◆ 豬雜銷售店——提心吊膽

◆ 小鬼看見鍾馗像——望而生畏

◆ 聽見貓叫身發抖——膽小如鼠

◆ 驚弓之鳥——心有餘悸

◆ 山羊見了老虎皮——望而生畏

◆ 扒了牆的廟——慌了神

◆ 膽小鬼的眼睛——見啥怕啥

◆ 躲在暖房的小偷——不寒而慄

◆ 咬口生薑喝口醋——嘗盡辛酸

◆ 秋天剝黃麻——淨是扯皮事

◆ 兒子不養娘——白疼他一場

◆ 下賤陀螺——不打不轉

◆ 手指下的算盤珠——撥一下動一下

◆ 石獅子的鈴鐺——搖不動敲不響

◆ 茅房裡的攪屎棒——愈攪愈臭

◆ 打不著狐狸——惹一身臊

◆ 打飽嗝放屁——兩頭沒好氣

◆ 打著手電筒送客——光照別人

◆ 東家的飯碗——難端

◆ 瓜地裡挑瓜——越挑越差

◆ 外公死兒——沒救（舅）

◆ 冬天的蟒蛇——有氣無力

◆ 包辦婚姻——不由自主

◆半天雲裡的風箏——由不得自己

◆瞎子幫忙——愈幫愈忙

◆讓老狗吃糞——存心整人

◆頭頂燈草——輕巧

◆聖人廟——供養閑（賢）人

◆對著棺材唱戲——死不聽

◆老牛拉稀屎——接連不斷

◆嘴裡含燈草——說得輕巧

◆老竹做笛子——盡受氣

◆夾著尾巴做人——漏盡了氣

◆扛著漁網進廟堂——勞（撈）神

◆機帆船趕快艇——老落後

◆卡車的拖斗——老落後

◆當鋪裡拋出孩子來——拿人不當人

◆羊兒拉屎——一粒一粒

◆江湖佬耍猴子——名堂多

◆好心遭雷打——冤枉

◆王八拉車——有前勁沒後勁

◆楊志賣刀——無人識貨

◆吹火筒——兩頭受氣

◆老公公背兒媳過河——費力不討好

◆聽評書掉眼淚——瞎操閑心

◆床底下吹喇叭——低聲下氣

◆雞毛當令箭——大驚小怪

◆雞子啄米——亂點頭

◆賣了兒子招女婿——瞎忙

◆抱泥菩薩洗澡——淘神費力

◆抱著黃連敲門——苦到家了

◆和尚拆屋——廢事（寺）

◆廟祝公餵狗——費（吠）神

◆單身漢娶媳婦——自作主張

◆藥王爺的嘴——吃盡苦頭

◆耍皮影的手——盡捉弄人

◆牽著不走，打著倒退——死不進步

◆燒香惹鬼叫——好心沒好報

◆燒粥放鹽不配菜——光吃閑（鹹）飯

◆望著高爐發愣——恨鐵不成鋼

◆閻王爺審案子——全是鬼事

◆筷子頂豆腐——豎（樹）不起來

◆媳婦給公公捶背——好心成了惡意

◆蜘蛛走路——事連事（絲連絲）

◆踩著麻繩當作蛇——大驚小怪

◆木匠手裡借斧子——砸人飯碗

◆吃剩飯長大的——盡出餿主意

◆灶上的抹布——酸甜苦辣都嘗盡了

◆盲人帶路——瞎指揮

◆捉住跳蚤放頭裡——自作自受

◆高價買來低價賣——盡做賠本事

◆蚊子挨人打——全怪那張嘴

◆懶驢子上磨——屎尿多

◆大石沉海——一落千丈

◆六月天吃涼粉——涼心

◆公雞下蛋——沒指望

◆肉包子打狗——有去無回

◆屎殼郎跟著屁飛——只能聞香

◆泥牛入海——有去無回

◆柳樹開花——無結果

◆神仙茅坑——沒有份（糞）

◆夢中結婚——好事不成

◆瞎子打槍——無指望

◆夢裡拾到錢——空歡喜

◆一盆涼水淋在頭上——從頭涼到腳

◆一棵蔫倒的蔥——扶不起來

◆十月裡的桑葉——誰來睬（採）你

◆三個老爺兩頂轎——哪有你的份

◆飛了鴨子打了蛋——兩頭落空

◆天津衛的包子——狗不理

◆雲裡撐篙子——天差地遠

◆東去的江水——留（流）不住

◆畫餅充飢——空歡喜

◆夜壺裡泅水——一世不能出頭

◆香爐上打噴嚏——一鼻子灰

◆耗子鑽牛角——已至盡頭

◆金針落海——永無出頭之期

◆四兩棉花十張弓——從何談（彈）起

◆冬天吃冰——涼透心啦

◆半天雲中扭秧歌——空歡喜

◆臺上唱戲，臺下打鼾——看不上眼

◆動物園裡的猴子——沒一個老實

◆老鼠看倉——看個精光

◆戲臺上得子——白歡喜

◆買牛得羊——大失所望

◆楊七郎搬兵——一去不回

◆醫生搖頭——沒希望了

◆閻王爺招手——沒救了

◆雞飛蛋打——一場空

◆賣麵粉遇大風——吹啦

◆虎嘴裡討肉——沒指望

◆爛透的倭瓜——捧不起來了

◆除夕晚上盼月亮——沒有指望

◆熱身子掉進冰窟裡——涼了半截

◆鈴鐺掉了舌頭——沒想（響）頭了

◆海底撈月——一場空

◆麻雀飛到糠籮裡——一場歡喜一場空

◆望風捕影——一場空

◆斷了線的風箏——拉不回來了

◆鏡裡觀花——空歡喜

◆下了河灘的鴨子——不回頭了

◆竹籃打水網攔風——全落空

◆屎殼郎遇到放屁的——空喜一場

◆籮內挑瓜——越挑越差

◆神仙打架——凡人遭殃

◆八月十五雲遮月——掃興

◆病人拍皮球——有氣無力

◆打敗仗的士兵——垂頭喪氣

◆吹鼓手坐宴席——顧吃不顧吹

◆城隍廟裡的小鬼——老瞪眼睛不開腔

◆初二三的月亮——不明不白

◆擋風板做鍋蓋——受了冷氣受熱氣

◆打靶不中——偏了心

◆東西耳朵南北聽——橫豎聽不進

◆半個月繡不出一朵花——真（針）慢

◆大街得信小街傳——道聽塗說

◆倒了油瓶不扶——懶到家了

◆冬瓜熬清湯——乏味

◆爆米花泡茶——泡湯了

◆白水煮白菜——淡而無味

◆跛子趕馬——望塵莫及

◆冰山上的雪蓮——凍了心

◆財神爺放帳——無利可圖

◆成熟的南瓜——黃了

◆蒼蠅叮菩薩——看錯人了

◆痴情碰冷遇——傷心

◆大風捲小雪——吹了

◆笛子吹火——到處洩氣

◆餓著肚子出差——空跑一趟

◆大霧天看山峰——渺茫

◆暴風雨中的航船——頂風破浪

◆百靈戲牡丹——鳥語花香

◆長工血汗錢——來之不易

◆船老大帶徒弟——從何（河）說起

◆炒豆發芽——好事難盼

◆城隍與玉皇——有天地之別

◆地下流出來的水——來路不明

◆大風刮倒了帥旗——出師不利

◆大河漂油花——一星半點

◆肚皮上磨刀——好險

◆短木搭橋——難到岸

焦急盼望

◆王八肚子上插雞毛——歸（龜）心似箭

◆上午栽樹，下午乘涼——哪有那麼快

◆老頭買官米——乾瞧著便宜，擠不進去

◆吃蛋等不得鴨子落屁股——瞎著急

◆熱鍋上的螞蟻——走投無路

◆殺豬未死，先談分湯——未免過早

◆上不著天，下不著地——兩頭不著實

◆口含鹽巴望天河——遠水不解近渴

◆登上泰山望運河——遠水解不了近渴

◆馬不停蹄，鞭不停揮——老趕

◆火燒城隍廟——急死鬼

◆火燒額頭——迫在眉睫

◆伍子胥過昭關——一宿頭髮都白了

◆兔子想吃靈芝草——都急紅了眼

◆江河漲水——誰（水）能不急

◆紅火炭揣在懷裡——焦心

◆豆萁燒柴火——著急（萁）

◆報時的雄雞——不用催

◆近視眼看告示——迫在眉睫

◆抽打的陀螺——團團轉

◆兔子上樹——趕急了

◆城隍爺出巡——慌了土地佬

◆土地老爺撲螞蚱——慌了神啦

◆城牆上點烽火——告急

◆孫悟空大鬧天空——天翻地覆

◆缸缽裡的泥鰍——團團轉

◆說起風便扯篷——太性急

◆耗子鑽米櫃——刻（嗑）不容緩

◆腳生雞眼臀生瘡——坐立不安

◆一鋤頭想挖口井——心急辦不到

◆當夜捉賊，當夜送衙——馬上行事

◆關進籠裡的狗熊——團團轉

◆聽風就是雨——太快了

◆雞屁股裡掏蛋——等不得了

◆拉白灰遇上傾盆雨——心急火燎

◆狗等骨頭——急得很

◆急驚風碰上慢郎中——急煞怨煞

◆漁網打疙瘩——急（結）上加急（結）

◆烏龜爬門檻——但看此一番（翻）

◆老太太摸雞——終歸有一蛋

◆泥水匠無灰——專（磚）等

◆做夢娶媳婦——空想好事

◆旗杆上放爆竹——想（響）得高

◆九月初八問重陽——不久

◆大姑娘趕嫁妝——算日子

◆瞌睡遇著枕頭——正好

◆花果山的日子——猴年猴月

◆找個姑娘當媒人——不成也有點希望

◆透過窗縫看落日——一線希（西）望

◆二月的春雷——想（響）得很

◆按住電鈴不離手——老是想（響）

◆做夢吃黃連——想得好苦

◆做夢吃仙桃——痴（吃）心妄想

◆騎著蝸牛奔泰山——等到啥年月

◆麻雀飛大海——無著落

◆打柴的下山——擔心（薪）

胸有成竹

◆五十兩元寶——一定（錠）

◆天師過河不用船——自有法度（渡）

◆半夜打雷心不驚——問心無愧

◆走得了和尚走不了廟——儘管放心

◆罐子裡摸烏龜——手到便拿

◆籠裡抓雞——手到擒來；十拿九穩

◆青蛙跳大鼓——懂（咚）

◆盤裡魚，甕中鱉——有把握

◆甕中之鱉——一個也跑不了

◆比著葫蘆畫個瓢——走不了樣

◆手裡的雞蛋——十拿九穩

◆關著門摸瞎子——跑不了

◆麥田裡捉龜——十拿九穩

◆滾湯潑老鼠——一個也跑不了

◆網裡的魚，籠中的鳥——跑不了

◆老虎吃豆芽——小菜一盤

◆老廚師熬粥——難不住

◆老鼠進糧倉——穩吃

◆老鼠站鍋臺——熟路

◆老鷂子抓兔子——穩拿

◆老鱉吃泥鰍——有辦法了

◆死胡同裡截驢——看你往哪裡跑

◆毯子掉根毛——小意思

◆剛下轎的新媳婦——不好看也愛看

◆網中抓魚——篤定

◆網套裡的山雞——逃不出去

◆華佗治病——妙手回春

◆閉著眼睛哼曲子——心裡有譜

◆關老爺看《春秋》——一目了然

◆燈草買賣——輕巧得很

◆如來佛的手心——誰也別想跳出去

◆如來佛捉孫大聖——易如反掌

◆豆腐乾煮肉——有分數（葷素）

◆兩個手指捏芝麻——穩當拿來

◆兩隻手卡魚——滿有把握

◆扳倒樹掏鳥巢——穩當著來

◆郵遞員送信——包在我身上

◆禿子頭上打蒼蠅——一個也跑不了

◆禿子頭上的蝨子——明擺著

◆佘太君掛帥——馬到成功

◆肚子裡長筍子——胸有成竹

◆張天師捉妖——拿手好戲

◆驢子拉磨——跑不出這個圈

◆單眼看老婆——一目了然

◆駝子撿針——伸手就是

◆娃娃看病——小兒科

◆老太太坐牛車——穩穩當當

◆胸口掛郵包——滿懷信心

◆諸葛亮三氣周瑜——略施小計

◆船上喝魚湯——平常得很

◆騎著老馬閉眼走——熟門熟路

◆煮熟的鴨子——飛不了

◆棋盤裡的老將——出不了格

◆棺材板上敲釘子——定（釘）死了

◆廚房裡的垃圾——雞毛蒜皮

◆蛤蟆撲螞蚱——穩拿

◆猴子爬樹——拿手戲

◆蜘蛛擺下八卦陣——專捉飛來將

◆槽頭牽馬——穩拿

◆瘸騾子脫韁——跑不了

◆大輪船下錨——穩當當

◆老哥哥拍胸膛——兄弟放心

◆進了套的黃鼠狼——跑不了

◆順溝摸魚——沒有漏掉的

◆皇帝的女兒——不愁嫁

◆洗衣不用搓板——就憑兩手

◆屎殼郎滾糞蛋——拿手戲

◆捏死手中鳥——容易得很

◆家門口的塘——深淺我知道

◆崖頭縫裡逮螃蟹——十拿九穩

◆斷了腿的螞蚱——跑不了，跳不走

◆繩子牽羊羔——讓它上哪就上哪

◆裝死的狐狸——逃不過獵人的眼睛

◆神槍手打靶——十拿九穩

◆筆桿子吞進肚——胸有成竹

◆保險櫃掛大鎖——萬無一失

◆春天的柳樹枝——落地生根

◆兜裡的錢，鍋裡的肉——跑不了

驕橫頑固

◆城樓上亮相——高姿態

◆動物園裡的長頸鹿——心高氣傲

◆大雞不吃碎米——看不上眼

◆戴斗笠坐席子——獨霸一方

◆鵝在水中尋食——尾巴翹上天

◆丈八高的燈檯——照遠不照近

◆山水畫——沒人

◆孔夫子門前賣《論語》——自稱內行

◆關上門做皇帝——自尊自大

◆老太太坐飛艇——抖起來啦

◆空棺材裡出來——目（木）中無人

◆眼睛生在頭頂上——目空一切

◆瞎子坐上席——目中無人

◆孫悟空照鏡子——目中無人

◆又吹喇叭又打鼓——自吹自擂

◆土地佬騰空——神起來了

◆門裡金剛——自高自大

◆小貓伸懶腰——唬（虎）起來了

◆王府裡做親——大來大往

◆鬥贏的公雞——神氣極了

◆孔夫子肚皮脹——自（字）滿

◆孔雀開屏——翹尾巴

◆土地公放屁——神氣十足

◆腳面上長眼睛——自看自高

◆田螺走上旗杆頂——唯我獨尊

◆仙女下凡——飄飄然

◆白娘子喝雄黃酒——得意忘形

◆昂首看天——旁若無人

◆單身漢過日子——獨攬一切

◆皇上的聖旨——個人主義（意）

◆麻臉婆照鏡子——自我觀點

◆瘋狗咬月亮——狂妄

◆慈禧太后聽政——獨斷專行

◆雕塑匠手裡的泥巴——隨心所欲

◆霸王做生意——開的是一言堂

◆元帥升帳——威風凜凜

◆吃了豹子膽——天王老子都不管

◆燈草灰兒——輕狂

◆ 烏梢蛇出洞——不咬也嚇人

◆ 姑娘當大媒——自己作保

◆ 野馬脫韁——橫衝直撞

◆ 驚雷疾雨——氣勢逼人

◆ 牙膏脾氣——不擠不出

◆ 糞缸裡練游泳——真不怕死（屎）

◆ 烏龜墊床腳——硬撐

◆ 茅廁裡的石頭——又臭又硬

◆ 六月裡的糞缸——越掏越臭

◆ 孔夫子的煙荷包——斯文呆呆（袋袋）

◆ 冬瓜撞木鐘——想（響）也不想（響）

◆ 牆上跑馬——轉不過彎

◆ 算盤珠子——撥一個動一個

◆ 一條犁溝走到底——死不回頭

◆ 一條道路走到黑——死心眼

◆ 二牛打架——角頂角

◆ 下塘挖藕——追根

◆ 上鏽的鐵鎖——打不開

◆ 小卒過河橫了心——要和老帥爭高低

◆ 王八咬人——叮住不放

◆ 不到黃河心不甘——死心塌地

◆ 牛皮浸水——韌得很

◆ 石榴開花——紅到底

◆ 北極的冰川——頑固不化

◆ 頂風頂水行船——硬撐

◆ 胖子下山——滾到底

◆ 生成的相，做成的醬——變不了

◆ 冬天的洋蔥頭——根焦葉爛心不死

◆ 死胡同裡趕大車——拐不過彎來

◆ 過河的牛尾巴——拉不回頭

◆ 吃了扁擔——橫了心

◆ 吃石頭拉硬屎——頑固到底

◆ 張飛吃秤砣——鐵了心了

◆ 花崗岩雕的腦袋——死不開化

◆ 兩個聾子說話——誰都聽不進

◆ 狗走千里吃屎，狼走千里吃肉——本性難改

◆ 背起靈牌上前線——要拚命

◆ 瘋狗咬人——死不鬆口

◆ 綁到案上的豬——死到眼前還叫喚

◆ 耗子鑽竹筒——死不回頭

◆ 餓狼撲兔——按住不放

◆ 黃牛打架——死頂

◆ 黃鼠狼不出洞門——死守巢穴

◆ 象棋盤上打仗——沒船也要過河

◆ 棕包的腦殼——不開竅

◆ 鏽死的鐵鎖——難以開竅

◆ 榆木腦袋——難開竅

◆ 敲不響的木鼓——心太實

◆ 鯉魚下油鍋——死不瞑目

◆ 簷下滴水——點點不移

◆ 藤子纏樹——死抱著不放

◆ 霸王的鞭——越使越硬

◆ 一本通書讀到老——食古不化

◆ 山裡的石頭——雷打不動

◆ 不見棺材不落淚——死心眼

◆ 石碾子腦袋——不開竅

◆ 吃屎狗難斷吃屎路——本性難改

◆ 雞窩邊的黃鼠狼——不輕易回頭

◆ 背起棺材跳水——安心尋死

◆ 鐵豆子下鍋——有（油）言（鹽）
難進

◆ 餓豬占木槽——死不放

◆ 燒紅了生鐵——越打越硬

◆ 晒過的麻稈——寧折不彎

◆ 生成的牛角——拉不直

◆ 抱著葫蘆不開瓢——死腦筋

◆ 出膛的子彈——不會拐彎

◆ 大象的屁股——推不動

◆ 吊死鬼瞪眼——死不瞑目

華而不實

◆ 大桅尖上拉二胡——唱高調

◆ 水上油——漂在上面

◆ 半空裡翻筋斗——不著實地

◆ 少年郎穿花旗袍——花花公子

◆ 繡出來的壽桃——好看不好吃

◆ 拿著鑰匙滿街跑——當家不主事

◆ 牆上畫大餅——中看不中吃

◆ 酒糟鼻子不喝酒——虛有其表

◆ 豬八戒做報告——說大話

◆ 上這山看那山高——見異思遷

◆ 衛生口罩——嘴上一套

◆ 雲裡貼告示——空話連篇

◆ 馬吃白灰——一張白嘴

◆ 驢頭伸進馬奶桶——一張白嘴

◆ 馬謖用兵——言過其實

◆ 雲頭上打靶——放空炮

◆ 木匠的鋸子——不具實（鋸石）

◆ 木偶脫睡衣——成了光架子

◆ 牙齒縫裡插花——嘴上漂亮

◆ 公雞打架——全仗著嘴

◆ 玉皇大帝講天書——空談

◆ 月亮裡點燈——空掛名（明）

◆ 湯鍋裡煨鴨——只露一張嘴

◆ 繡花枕頭——一草包

◆ 紙糊燈籠——一戳就穿

◆ 牛皮燈籠——不亮

◆ 狗掀門簾——全仗一張嘴

◆ 羊看菜園——靠不住

◆ 半空盪鞦韆——不落實

◆ 頭上長嘴——說天話

◆ 老母豬打架——光會使嘴

◆ 老母豬耕地——光會使嘴

◆ 豬嘴的能耐——光會拱

◆ 光打雷不下雨——虛張聲勢

◆ 光說不練——假把戲

◆自己的優點像蘆笙——到處吹

◆關上大門演皇帝——自得其樂

◆米粉包餃子——只能蒸不能煮

◆燈草箍水桶——一挑就崩

◆江湖騙子耍貧嘴——誇誇其談

◆豆腐身子——不經摔打

◆抓住頭髮就織布——自以為是（絲）

◆灶王爺騎竹馬——神上天了

◆雞毛上天——輕飄

◆青蛙的眼睛——長在頭頂上

◆鬍子上天——虛（鬚）飄飄

◆駱駝跑到羊群裡——自高自大

◆啄木鳥打跟頭——賣弄花屁股

◆籠裡的鸚哥——成天耍嘴

◆豬八戒戴紅花——自覺自美

◆麻袋裝菱角——硬出頭

◆棺材上開氣孔——死出風頭

◆翹棍子打蛇——沒有一頭著實

◆喇叭匠娶老婆——自吹

◆喇叭匠揚脖子——起高調

◆喝江水，說海話——沒邊沒沿

◆蜻蜓點水——東一下，西一下

◆算命瞎子進村——一陣橫吹

◆鼻樑上擺攤子——眼界寬

◆額角上長眼睛——眼界高

◆嘴上沒把門的——隨口出

◆壁上的地圖——江河雖多沒有水

◆麻雀子下鵝蛋——講大話

◆一葉障目——不見泰山

◆月亮當鏡子——太把自己看大了

◆殺狗不會，談狗有餘——會談不會做

◆狗尾巴上的露水——經不起搖擺

◆螞蟻過壟溝——覺得是一江

◆螞蟻爬樹梢——好高騖遠

◆穿上航空衣——要飛了

◆穿背心作揖——光想露兩手

◆拿了秤桿忘秤砣——不知輕重

◆唐僧念緊箍咒——就此一招

◆貓兒尾巴——越摸越翹

◆樑上君子——上不沾天，下不著地

◆彈琵琶的人——愛抖擻

◆猴子看鏡——得意忘形

◆猴子戴涼帽——不知幾品

◆沙子築壩——一沖便垮

◆壁畫上的耕牛——不中用

◆癟粒兒的麥穗——頭揚得高

◆蟲蛀的老槐樹——腹內空空

◆穿綢緞吃粗糠——外光裡不光

◆草原上的百靈鳥——嘴巧

自私貪婪

◆吃著雞，抓著鴨——貪得無厭

◆ 吊死鬼上銀行——死要錢

◆ 乾絲瓜開膛——滿肚子私（絲）

◆ 叫花子討飯——各顧各的

◆ 兩口子鋤地——不顧（雇）人

◆ 麥秸做吹火筒——小氣

◆ 爹死娘嫁人——各人顧各人

◆ 鐵公雞——一毛不拔

◆ 禿子的腦袋——一毛不拔

◆ 頭髮鬍子一把抓——主次不分

◆ 蝸牛蓋房子——自己顧自己

◆ 老蜘蛛的肚子——都是私（絲）

◆ 老蜘蛛跑腿——辦私（絲）事

◆ 花燈鑼鼓——各打各的

◆ 吝嗇鬼過日子——一分錢攥出汗來

◆ 懷裡打算盤——打進不打出

◆ 腰裡掛算盤——光為自己打算

◆ 兔子分家——各逃各的

◆ 冷水燙雞——一毛不拔

◆ 螞蟻覓食——顧自家

◆ 屎殼郎進了屠宰場——出不了一滴血

◆ 緊口罎子——裝得多，倒得少

◆ 聾子擂鼓——各打各

◆ 麻雀的內臟——小心肝兒

◆ 成天想蠶繭——只顧私（絲）

◆ 缺口的鑷子——一毛不拔

◆ 拿著野雞作貢獻——家財難捨

◆ 黃牛角，水牛角——各（角）顧各

（角）

◆ 雀兒的肚子——心眼小

◆ 豬八戒吃西瓜——心裡想不著大家

◆ 鼻涕流進喉嚨裡——吃虧沾光沒外人

◆ 劉備借荊州——一借永不還

◆ 嚴嵩慶壽——照單全收

◆ 抱著元寶跳井——捨命不捨財

◆ 茶壺裡下元寶——只進不出

◆ 粉球滾芝麻——多少沾一點

◆ 跌倒還要抓把沙——不落空

◆ 一口飲盡四海水——好大胃口

◆ 一錢不落虛空地——全有目的

◆ 大海裡撐篙子——點不到底

◆ 上了山頂想上天——不知足

◆ 小孩子拜年——伸手要錢

◆ 無底的提包——裝不滿

◆ 見了蒼蠅撕條腿——貪得無厭

◆ 見物手癢，見錢眼紅——利慾薰心

◆ 嘴巴上擦石灰——白吃

◆ 棺材裡伸手——死要錢

◆ 老壽星吃人參果——嫌命短

◆ 老虎不嫌山羊瘦——沾葷就行

◆ 老虎吃天，蛇吞象——光想弄大的

◆ 百家姓不念第一個——開口就是錢

◆ 吃了五穀想六穀——老是不滿足

◆ 吃著碗裡瞧著鍋裡——貪婪

◆ 後背挨了棍子——望錢（往前）撲

◆蒼蠅鑽茅房——沾腥惹臭

◆蒼蠅的世界觀——哪裡臭往哪裡鑽

◆豆腐放在殺豬鍋裡——沾點油水

◆兩塊銀元做眼鏡——睜眼就是錢

◆縣太爺盜金庫——財迷心竅

◆肚皮裡的蛔蟲——只等著吃

◆灶臺上的抹布——專門揩油

◆屁股上吊算盤——見利就沾

◆抱著錢罐子打盹——財迷

◆蠶寶寶吃桑葉——胃口越來越大

◆剖腹藏珍珠——捨命不捨財

◆眼睛上貼鈔票——見錢不見人

◆銅圓做鏡子——滿眼是錢

◆銀子拴在肋骨上——動就心疼

◆得了雨帽又要傘——貪心不足

◆館子裡的廚師——鹹淡都得嘗

◆閻王爺挑庫兵——看錢鬼

◆藍采和的花籃——裝不滿

◆雁過拔毛——撈一把

◆嘴扛在肩上——到處吃人家

◆土地爺剃頭——生刮死刮

◆米滿糧倉人餓倒——愛財不愛命

◆貪吃不留種——過了今天，不要明天

◆蕭何月下追韓信——愛才如命

◆餓狗下茅坑——飽餐一頓

◆得隴望蜀——貪心不足

◆腳踏棒槌，頭頂西瓜——兩頭要

◆貓爪伸到魚池裡——想撈一把

◆寄槽養馬——愛便宜

◆隔牆果子分外甜——別人家的好

◆蒙著被子放屁——獨（毒）吞

陰險狡詐

◆深山裡的餓虎——窮凶極惡

◆被窩裡磨牙——懷恨在心

◆背後拉弓——暗箭傷人

◆半空的雲彩——變化多端

◆吃了蠍子——心腸歹毒

◆吃了海椒啃甘蔗——嘴甜心辣

◆半夜捅雞窩——暗中搗蛋

◆大蟲打哈哈——笑面虎

◆毒蛇出洞——伺機傷人

◆低頭狗——暗下口

◆惡狼對羊笑——不懷好意

◆矮子打狼——光喊不上

◆半路上留客——嘴上熱情

◆半夜彈琴——暗中作樂

◆扯旗杆放炮——生怕別人不知道

◆打一巴掌揉三揉——假仁假義

◆蚌殼裡取珍珠——謀財害命

◆烏鴉難入鳳凰群——太黑了

◆袖裡藏寶劍——殺人不露風

◆老虎請客——吃人

◆老蠍子撒尿——毒汁四濺

◆老鷹吃麻雀——連皮帶骨一起吞

◆吃人飯拉狗屎——沒人味

◆朱洪武火燒慶功樓——一窩端

◆醫生開刀——盡往人的痛處挑

◆秀才哭哥——凶（兄）啊

◆前胸貼後背——惡（餓）得要命

◆屁股上的瘡——陰毒

◆荊軻刺秦王——圖窮匕見

◆秋後的蚊子——臨死還要咬幾口

◆捉了老虎再燒山——連窩端

◆家雀撲老鷹——凶得不要命

◆豬八戒啃蹄爪——自殘（餐）骨肉

◆驚蟄後的蜈蚣——越來越毒

◆清水河裡倒馬桶——損人不利己

◆朝天辣椒——又尖又辣

◆牆角追狗——回頭一口

◆踢寡婦門，挖絕戶墳——無惡不作

◆蠍子翹尾巴——好毒的招子

◆蠍子敲門——毒到家

◆嘴巴裡藏刀子——出口傷人

◆凶神扮惡鬼——又凶又惡

◆好心走一遭，回轉被狗咬——以怨報德

◆砒霜拌大蒜——又毒又辣

◆送到屋頂抽梯子——斷人後路

◆閻王發令箭——要命

◆趁水踏沉船——助人為惡

◆白眼狼戴眼鏡——冒充好人

◆刀切豆腐——兩面光

◆閻王爺的扇子——兩面陰

◆黃鼠狼給雞拜年——不安好心

◆翻手為雲，覆手為雨——出爾反爾

◆東吳殺人——移禍於曹

◆病好打太醫——恩將仇報

◆豬八戒敗了陣——倒打一耙

◆一肚子花花腸子——找不到心

◆大金牙說媒——滿口謊（黃）言

◆大姑娘上花轎——臉上哭，心裡笑

◆丈母娘疼姑爺——為閨女

◆山羊打架——鉤心鬥角

◆王婆子照應武大郎——不是好事

◆天蓬元帥下凡——盡走邪門

◆長蟲爬樹——專繞彎

◆長尾巴蠍子——一肚子壞水

◆月亮底下掄大刀——明刀暗砍

◆雙黃的雞蛋——兩個心

◆孔明斬魏延——借刀殺人

◆滅燈打人——暗裡下手

◆白骨精化美女——人面鬼心

◆白糖嘴巴刀子心——口蜜腹劍

◆臺上握手，臺下踢腳——兩面派

◆朽木搭橋——存心害人

◆當面誦善佛，背後念死咒——陽奉陰違

◆米篩子當玩具——耍心眼

一本書讀懂國學句典

◆陰天望太陽——盡幹不露臉的事

◆走路繞小道——淨拐彎

◆豆腐燴泥鰍——軟加滑

◆豆腐嘴刀子心——口善心惡

◆郵差的挎包——心（信）多

◆坐山觀虎鬥——想從中漁利

◆床底下支張弓——暗箭傷人

◆偵察員破案——暗中活動

◆劊子手燒香——假裝慈悲相

◆狗舔貓鼻子——存心不良

◆荊軻獻地圖——暗藏殺機

◆啞巴打錘——暗使勁

◆啞巴看書——毒（讀）在心裡

◆螞蟥吸血——上當了才曉得

◆鴨子划水——上面靜，底下動

◆曹操用計——又奸又滑

◆腳底下使絆子——暗中害人

◆臉上帶笑，肚裡藏刀——假充好人

◆混凝土裡的鋼筋——暗中使勁

◆猴子看果園——監守自盜

◆魔術師演戲——變化多端

◆魔術師的本領——弄虛作假

◆一手遮天，一手捂地——上下兩瞞

◆一時貓臉，一時狗臉——變化無常

◆不叫的狗——暗裡咬人

◆瘌子開刀——一包膿

◆賣布不帶尺——存心不良（量）

◆狐狸做夢——想著投機（偷雞）

◆藥鋪裡招手——把人往苦處引

◆煙囪裡招手——往黑處引

◆惡人告狀——居心不良

◆閻王爺出主意——盡是詭（鬼）計

◆牆縫裡的蠍子——螫人不顯身

◆又做巫婆又做鬼——兩頭出面裝好人

◆戲臺上小旦——裝模作樣

◆老虎頭上掛佛珠——假慈悲

◆花被蓋雞籠——外面好看裡頭空

◆唱戲哭娘——假淚兩行

◆猴子的舅舅——假惺惺（猩猩）

◆下雨灑街，颱風掃地——假積極

◆大年初一見了人——盡說吉利話

◆一拳頭打死隻蚊子——冒充好漢

◆火車進站——叫得凶走得慢

◆孔明哭周瑜——假慈悲

◆水獺上山——裝雄（熊）

◆葉公好龍——口是心非

◆王八敬神——假裝正經

◆忤逆子講孝經——假做作

◆貓哭老鼠——假慈悲

◆對著鏡子作揖——自己恭維自己

◆包子破了皮——露餡

◆半天雲裡打靶——放空炮

◆寫文章怕落筆——肚裡沒貨

◆南郭先生吹竽——不懂裝懂

◆母雞打鳴——假逞英雄

◆ 老虎坐蓮台——假充善人

◆ 老狼哭羊羔——虛情假意

◆ 吊死鬼搽胭脂——死要面子

◆ 吃蜂蜜說好話——甜言蜜語

◆ 劉備摔阿斗——收買人心

◆ 冰上蓋房子——不牢靠

◆ 戲臺上找對象——早就合計好了

◆ 戲臺上的朋友——假仁義

◆ 戲臺上賭咒——口是心非

◆ 猢猻掃地——眼前光鮮

◆ 泥水匠的瓦刀——光圖（塗）表面

◆ 李鬼舞雙斧——硬充好漢

◆ 坐飛機講哲學——空談理論

◆ 尿壺鑲金邊——圖好看

◆ 紙糊的岩鷹——有翅難飛

◆ 爛茅屋上掛繡球——假漂亮

◆ 拉大旗作虎皮——嚇唬人

◆ 羅漢菩薩——個個都是笑臉

◆ 廟裡的牌位——擺設

◆ 掛羊頭賣狗肉——名不副實

◆ 養蜂人的嘴巴——甜言蜜語

◆ 洞房裡的悄悄話——甜言蜜語

◆ 鴨子進難群——擺架子

◆ 借花敬神——假恭敬

◆ 唱戲的打轉——走過場

◆ 唱戲的抖威——假神氣

◆ 臉上寫字——表面文章

◆ 豬八戒相親——怕露嘴臉

◆ 猴子看書——假斯文

◆ 路邊含羞草——見人就低頭

◆ 舞臺上親嘴——逢場作戲

◆ 稻田裡的稗草——看看是稻，其實是草

◆ 稻草肚子棉花心——虛透了

◆ 嘴請客，手關門——無真心

◆ 一棵大樹枯了心——外強中乾

◆ 馬撩後腿——逞強

◆ 開弓不放箭——虛張聲勢

◆ 吃著鳳梨問酸甜——明知故問

◆ 雨淋菩薩兩行淚——假慈悲

恭維稱讚

◆ 一丈二加八尺——仰仗（兩丈）

◆ 十個小錢掉一個——久聞（九文）

◆ 山頭打虎——高名在外

◆ 出嫁的姑娘——滿面風光

◆ 城頭上栽花——高中（種）

◆ 眉毛上掛剪刀——高才（裁）

◆ 高山上打鑼——四方聞名（鳴）

◆ 鯉魚跳龍門——高升了

◆ 十字街頭開飯店——四方吃得開

◆ 大師傅下伙房——來了行家

◆ 王母娘娘看姑爺——不是凡人

◆ 長白山的人參——越老越好

一本書讀懂國學句典

◆ 出水的芙蓉——一塵不染

◆ 白鶴落到雞群裡——高眾一頭

◆ 聖人從軍——文武雙全

◆ 對著窗口吹喇叭——名（鳴）聲在外

◆ 老將出馬——一個頂兩個

◆ 地裡的辣椒——老來紅

◆ 芝麻開花——節節高

◆ 一雷天下響——處處皆知

◆ 孫悟空七十二變——神通廣大

◆ 花綢子上繡牡丹——錦上添花

◆ 坐著飛機放聲唱——高歌猛進

◆ 坐著飛機吹軍號——聲震遠方

◆ 肚子裡行船——內行（航）

◆ 肚子裡面好撐船——氣量大

◆ 武松打虎——一舉成名

◆ 虎死不倒屍——雄心在

◆ 趙雲大戰長阪坡——大顯神威

◆ 秋天的柿子——越老越紅

◆ 秋天的菊花——經得起風霜

◆ 重錘敲鑼鼓——響噹噹

◆ 棒槌打鑼——響噹噹

◆ 姜子牙娶媳婦——老來喜

◆ 姜太公八十遇文王——走老運

◆ 泰山頂上看日出——高瞻遠矚

◆ 高粱結子——一窩紅

◆ 盛夏的荷花——滿堂（塘）紅

◆ 菜園裡的苦瓜——越老心越紅

◆ 啄木鳥的嘴——硬功夫

◆ 清晨的太陽——紅彤彤

◆ 彈花匠上朝——有功（弓）之臣

◆ 騎兵隊長打衝鋒——一馬當先

◆ 隔山射虎——全憑硬功（弓）

◆ 矮子上樓梯——步步高升

◆ 腳踏梯子——步步高升

◆ 鞋頭上刺花——前程錦繡

◆ 千里投軍，志在報國——好漢一個

◆ 禿子枕門檻——名（明）頭在外

◆ 春茶尖——又細又嫩

◆ 烈馬揚蹄——噠噠響

◆ 諸葛亮做丞相——鞠躬盡瘁，死而後已

◆ 雪地裡的青松——巍然挺立

◆ 臘月裡的梅花——傲霜鬥雪

◆ 瘦死的駱駝——比馬大

◆ 海瑞上書——為民請願

◆ 諸葛亮揮淚斬馬謖——執法如山

◆ 蜜蜂釀蜜——不為自己

◆ 關雲長做木匠——大刀闊斧

◆ 諸葛亮六出祁山——圖謀大業

◆ 小蔥拌豆腐——一青（清）二白

◆ 老鴉站樹頭——呱呱叫

◆ 孤廟立旗杆——獨一無二

◆ 和尚的房子——妙（廟）

◆ 皇帝的祠堂——太妙（廟）

◆ 帽子裡藏蟬——頭名（鳴）

◆順風划船——又快又好

◆鼻子上掛燈籠——高明

◆豬八戒耍釘耙——有兩下子

◆十月懷胎——肚裡有貨

◆土地公公打算盤——神算

◆孔明借箭——滿載而歸

◆鴨子喊伴——呱呱叫

◆包老爺的作風——鐵面無私

◆半夜三更放火炮——一鳴驚人

◆出山的太陽——火紅一片

◆孕婦拍肚子——太（胎）好

◆剛出山的老虎——有股猛勁

◆劉伯溫的八卦——神機妙算

◆花果山的美猴王——個小本領強

◆杏花村的酒——衝勁大

◆豆餅餵豬——是好料

◆低頭見雞，抬頭見雁——順眼

◆雨後山洪——衝勁大

◆羅成的回馬槍——絕招

◆偵察機上天——高見

◆金戒上鑲寶石——錦上添花

◆趙子龍帶兵——一世不打敗仗

◆俏媳婦戴鳳冠——好上加好

◆姜太公算卦——好準

◆桂林風光——山清水秀

◆破土的春筍——拔尖

◆海龍王搬家——屬害（離海）

◆菩薩進蒸籠——真（蒸）神

◆騎馬上天山——步步登高

◆喇叭花開——紅在心裡

◆魯班的手藝——巧奪天工

◆醬油燒豆腐——出色

◆蜜蜂採花——勞苦功高

◆墨斗魚下酒——沒刺可挑

◆剛出籠的年糕——炙手可熱

◆高山上的松柏——四季常青

◆麻雀雖小——五臟俱全

◆沙漠裡的水——點滴都可貴

◆少林寺的高僧——身手不凡

◆燒火不旺——天才（添柴）

◆嫦娥跳舞——兩袖清風

◆才子配佳人——十全十美

◆穿不破的鞋——底子好

◆吃桑葉吐絲——肚裡有貨

◆大鵬展翅——前程萬里

◆大理石做門匾——牌子硬

◆大廳中央掛字畫——堂堂正正

◆刀剜黃連木——刻苦

◆大腿上掛篷帆——一路順風

穩重精明

◆和尚數念珠——心裡有數

◆粉絲炒海帶——黑白分明

◆碟子裡盛水——一眼看到底

◆ 瞎子吃餛飩——心裡有數

◆ 衙門的獅子——明擺著

◆ 石斧開山——實（石）打實（石）

◆ 啞巴吃元宵——肚裡有數

◆ 十字街頭告示——眾所周知

◆ 半夜打雷心不驚——問心無愧

◆ 老牛犁田——實實在在

◆ 老道畫符——自己明白

◆ 當面鑼對面鼓——明打明敲

◆ 關公開刀鋪——貨真價實

◆ 壘起來的石堆——穩得很

◆ 駱駝走沙灘——穩重

◆ 耗子出洞——先聽動靜

◆ 臭豆腐——聞著臭，吃著香

◆ 腳上綁石頭——圖穩不圖快

◆ 脫了鞋跑步——腳踏實地

◆ 騎驢走山道——穩重

◆ 裁縫打狗——有尺寸

◆ 棒槌裡插針——粗中有細

◆ 榔頭落地——一錘一個坑

◆ 晴帶雨傘飽存糧——有備無患

◆ 摸著石頭過河——穩當些

◆ 溫室裡的莊稼——旱澇保收

◆ 火燒房子還瞧唱本——沉得住氣

◆ 孔明彈琴退仲達——好沉著

◆ 半夜敲門心不驚——問心無愧

◆ 板上敲釘子——穩紮穩打

◆ 穿釘鞋走泥路——步步扎實

◆ 穿的沒底鞋——腳踏實地

◆ 鐵匠鋪裡的買賣——樣樣過得硬

◆ 雪地裡走路——一步一個腳印

◆ 揭開廬山真面目——心裡有數了

◆ 半天雲裡打算盤——算得高

◆ 挑水娶了個賣茶的——配得好

◆ 一張漁網千隻眼——一環扣一環

◆ 泥水匠拜佛——心裡明白

◆ 小菜籃裡看形勢——以小見大

◆ 心裡點燈——亮亮堂堂

◆ 快刀斬亂麻——乾淨俐落

◆ 燒香望和尚——一舉兩得

◆ 田埂上修豬圈——肥水不落外人田

◆ 包老爺審堂——是非分明

◆ 立秋的石榴——光點子

◆ 老媽媽補衣裳——見縫插針

◆ 老鷹捕食——見機（雞）行事

◆ 西瓜地裡散步——左右逢源（圓）

◆ 山谷裡打噴嚏——想（響）得遠

◆ 閉著眼睛吃餛飩——自家肚裡有數

◆ 米篩擋房門——心眼多

◆ 燈籠裡的火——心裡亮

◆ 茶館裡的買賣——滴水不漏

◆ 響鼓不用重錘——一點就明（鳴）

◆ 胸口掛算盤——心中有數

◆ 諸葛亮的錦囊——用不完的計

◆ 諸葛亮借東風——神機妙算

◆ 諸葛亮皺眉頭——計上心來

◆麻子管事——點子多

◆章魚的腦殼——辮子多

◆章魚的肚子——有墨水

◆隨口唱山歌——心裡早有譜

◆葫蘆蜂的窩——心眼多

◆魯班皺眉頭——別具匠心

◆媒婆的嘴——能說會道

◆楚河漢界——一清二楚

◆管家婆的雞蛋——有數

◆藕做的心——淨眼兒

◆豆腐燉骨頭——有軟有硬

◆光屁股坐板凳——有板有眼

◆一把利劍藏袖筒——不露鋒芒

◆禿子頭上擦油——又光又滑

◆腦門上擦豬油——滑頭

◆糞船過江——裝死（屎）

◆老鼠吃高粱——順杆兒往上爬

◆木船下水——見風使舵

◆公雞跌下油缸裡——毛光嘴滑

◆皮球擦油——又圓又滑

◆老艄公撐船——看風使舵

◆地面上的水——哪裡低往哪裡流

◆過河尿尿——隨大流

◆我解纜，你推船——順水人情

◆雞蛋掉在油鍋裡——滑透了

◆和尚打赤腳——兩頭光

◆貨郎的鼓——兩邊搖

◆哪吒的乾坤圈——收放自如

◆秋後的枯葉——隨風跑

◆挨鞭抽的陀螺——滴溜溜地轉

◆腳踏瓜皮——真滑

◆燕子尾巴——兩股岔（叉）

◆水裡的泥鰍——滑得很

◆向日葵的頭——跟著太陽轉

◆河裡的石頭——又圓又滑

◆說書的嘴巴唱戲的腿——有伸有縮

◆荷葉上的水珠——滾來滾去

◆倒吊臘雞——一嘴油

◆腳板抹豬油——滑得很

◆螺螄屁股——轉彎多

◆白紙做的燈籠——一點就亮

◆曹操做事——乾乾淨淨

◆沙灘上走路——一步一個腳印

規勸開導

◆石頭拋上天——總有落腳之處

◆擔百斤行千里——任重道遠

◆月光夜點燈籠——多事

◆孫二娘開飯店——進不得

◆老和尚的木魚——勿敲勿響

◆啞巴拜年——只作揖少說話

◆捧著銀碗做叫花——何必求人

◆殺雞給猴看——做個榜樣

◆雞蛋碰石頭——自己吃虧

◆ 二虎相爭——必有一傷

◆ 十年寒窗中狀元——先苦後甜

◆ 十字路口造涼臺——方便眾人

◆ 人家的老婆——過不得夜

◆ 大肚子走鋼絲——鋌（挺）而走險

◆ 上籠的包子——爭（蒸）的就是這口氣

◆ 門縫裡照鏡子——把自己給瞧扁了

◆ 小火燉蹄筋——慢慢來

◆ 車到山前必有路——走著瞧

◆ 公園裡的蹺蹺板——此起彼落

◆ 麵條點燈——犯（飯）不著

◆ 捂著屁股過河——多加一分小心

◆ 刀架在心頭上——忍吧

◆ 讓了甜瓜尋酸李——自討苦吃

◆ 考生看榜文——先管自己，再管別人

◆ 老虎的兒子——別看他（牠）小

◆ 老虎嘴裡搶肉吃——危險

◆ 老和尚看廟——守業

◆ 吃燒餅掉芝麻——免不了

◆ 關門打狗——不留出路

◆ 燈草搭浮橋——走不得

◆ 江心補漏——無濟於事

◆ 殺雞取蛋，乾塘打魚——只圖一回

◆ 過河拆橋——不留後路

◆ 豆腐盤成肉價錢——划不來

◆ 兩人一條心——黃土變成金

◆ 兩口子推磨——同心協力

◆ 千日管子百日笙——練出來的

◆ 冷水泡茶——慢慢來

◆ 沙灘上揀小米——不夠工夫錢

◆ 屁股裡插竹筒——一氣到底

◆ 張天師下海——莫（摸）怪

◆ 張天師被鬼迷——明白人也有糊塗時

◆ 紙紮的老虎——不用怕

◆ 紙裡包火——瞞不過去

◆ 狗夾尾巴——自滅威風

◆ 放風箏的撒線——脫手容易收回難

◆ 放虎歸山——後患無窮

◆ 爐外的錘子——趁熱打鐵

◆ 河邊洗黃連——何（河）苦

◆ 拿著頭碰頭——何苦

◆ 藥店裡賣棺材——往最壞處打算

◆ 臨陣磨槍——不快也光

◆ 狐狸的尾巴——藏不住

◆ 孩童玩積木——不成重來

◆ 給你麥芒——豈能當真（針）

◆ 捂著錢包捉賊——多加一分小心

◆ 船到橋頭——自然直

◆ 前事不忘——後事之師

◆ 麻線穿針眼——過得去就行

◆ 程咬金做皇帝——當不得真

◆ 楚漢相爭——在謀不在勇

◆ 才輸了當頭炮——慌什麼呢

◆ 亡羊補牢——為時未晚

◆ 不入虎穴——焉得虎子

◆ 不結網的蜘蛛——逮不住蟲子

◆ 牛棚裡不要插進馬嘴來——少管閒事

◆ 打蛇不死——遺留禍害

◆ 生氣踢石頭——只痛自己的腳

◆ 老母雞孵雞蛋——收收心了

◆ 有棗無棗打一棒——試試看

◆ 有尺水行尺船——量力而行

◆ 殺雞取蛋——得不償失

◆ 燒掉房子撿釘子——因小失大

◆ 燈草打圈圈——莫扯

◆ 關雲長走麥城——吃虧全在大意

◆ 關羽失荊州——驕兵必敗

◆ 青石頭上雕花——起頭難

◆ 拉長線放風箏——慢慢來

◆ 拼死吃河豚——犯不著

◆ 挖肉補瘡——得不償失

◆ 破鼓——甭敲打了

◆ 鐵杵磨成針——功到自然成

◆ 拿舌頭磨剃刀——吃虧的是自己

◆ 拿著刀刨黃連——自找（掏）苦吃

◆ 站著身子正——哪怕影兒斜

◆ 家有梧桐樹——鳳凰自然來

◆ 硬擰的瓜——不甜

◆ 溪水遇上了擋路石——繞道走

◆ 慢火煮肉——別性急

◆ 傷了皮毛——無傷大體

◆ 尚方寶劍在手——可以先斬後奏

◆ 巴掌穿鞋——行不通

◆ 抱著鐵耙子親嘴——自找釘子碰

◆ 比著被子伸腿——量力而行

◆ 白天盼月亮——甭想

◆ 鞭打快牛——忍辱負重

◆ 包公鍘皇親——法不容人

◆ 冰上走路——小心在意

◆ 醜媳婦見公婆——遲早有一次

◆ 床底下關雞——提（啼）醒你

◆ 唱戲的挨刀——不怕

◆ 倒吃甘蔗——甜頭在後

◆ 地頭蛇，母老虎——不是好惹的

◆ 大人的演出——不是兒戲

◆ 電鍋煮飯——不要火

詛咒痛罵

◆ 抱著金磚挨餓——活該

◆ 背鼓追槌——自討打

◆ 笨賊偷法官——自投羅網

◆ 半山腰倒水——下流

◆ 宦官不叫宦官——太賤（監）

◆ 曹操下江南——來得凶，敗得慘

◆ 吃過屎的狗——嘴巴臭

◆ 毛驢碰門——來的不是人

◆財主劫路——為富不仁

◆吃水不記掘井人——忘本

◆蒼蠅會蜘蛛——自投羅網

◆臭水坑裡的核桃——不是好人（仁）

◆出頭的釘子——想挨敲

◆城隍老爺剃腦殼——鬼頭鬼腦

◆種了黃豆不出苗——孬種

◆鯉魚跳到漁船上——自尋死路

◆公公向孫子磕頭——豈有此理（禮）

◆頭頂上長瘡，腳底下流膿——壞透了

◆老和尚的木魚——天生挨揍的貨

◆八哥學話——說人話不辦人事

◆閻羅王的爹——老鬼

◆千層底做腮幫——臉皮厚

◆開了花的竹子——短命

◆水牛肚子——草包

◆麥秸裝枕頭——草包

◆田間老鼠——嘴尖牙利

◆比穀子高一節——稗（敗）子

◆掃帚頭上戴帽——不算人

◆臨死挨一嘴巴——死不要臉

◆白岩石放在雞窩裡——混蛋

◆老肥豬上屠場——挨刀的貨

◆機器人——沒心肝

◆光屁股上吊——死不要臉

◆吃了包子付麵錢——混帳

◆吃了煤炭——黑了良心

◆當著閻王告判官——沒你的好

◆年豬不吃食——活到時候了

◆後主降魏——不知羞恥

◆吃了雞下巴——愛答嘴

◆守著廁所睡覺——離死（屎）不遠

◆出東門，往西拐——糊塗東西

◆蘆花枕頭——不是正經貨

◆蘆花彈棉被——不是正胎子

◆豆豉口袋——臭東西

◆抓蜂吃蜜——恬（甜）不知恥（刺）

◆縣太爺鬥雞玩狗——不務正業

◆郵差造反——背信棄（起）義

◆身在曹營心在漢——吃裡爬外

◆坐轎子打瞌睡——不識抬舉

◆判官敲門——催命鬼

◆陳世美殺妻滅子——忘恩負義

◆雞穿大褂狗戴帽——衣冠禽獸

◆雞蛋炒鴨蛋——混蛋

◆賣麵的不帶秤——居心不良（量）

◆廁所裡吃甘蔗——臭嚼

◆廁所頂上裝煙囪——臭氣沖天

◆廁所題詩——臭秀才

◆放屁打冷戰——臭抖摟（哆嗦）

◆城隍老爺發神經——鬼迷心竅

◆背著鑼鼓進廟門——一副挨打的相

◆ 是非不清隨大流——糊塗蟲

◆ 狗咬月亮——不知高低的東西

◆ 螞蟥的身體——軟骨頭

◆ 哪吒出世——怪胎

◆ 看到姑娘喊大嫂——瞎了眼睛

◆ 疤子上長瘡——壞到一塊去了

◆ 瘋狗的脾氣——見人就咬

◆ 舉手放火，收拳不認——無賴

◆ 祖墳上插香——缺德又冒煙

◆ 神仙不做做凡人——賤骨頭

◆ 神像拍胸口——沒心沒肺

◆ 屎殼郎下蛋——壞種

◆ 屎殼郎傳種——遺臭萬年

◆ 屎殼郎打噴嚏——滿嘴臭氣

◆ 娃娃魚上樹——左看右看不是人

◆ 耗子眼睛——賊溜溜

◆ 惡狼生個賊狐狸——不是好種

◆ 熱臉孔貼人家冷屁股——奴顏媚骨

◆ 娶了媳婦忘了娘——昧了良心

◆ 黃魚腦袋——笨頭笨腦

◆ 黃鼠狼串門——到處放臭屁

◆ 黃鼠狼的臀——放不出好屁來

◆ 閻王開會——都不是人

◆ 清道夫拉貨——一堆廢物

◆ 落雨天打磚——沒好的

◆ 棕樹的一生——千刀萬剮

◆ 棺材裡偷漢子——死不要臉

◆ 跛驢配瞎馬——一對糟爛貨

◆ 鵝伸頸項——等著挨刀

◆ 猴子戴面具——人面獸心

◆ 糞船上吹喇叭——臭名（鳴）遠揚

◆ 腮幫兒貼膏藥——不要臉面

◆ 鼻子上掛釘錘——可（磕）恥（齒）

◆ 豪豬拱洞——吃裡扒外

◆ 騾子馱重不馱輕——生得賤

◆ 橡膠樹——天天挨刮

◆ 烏賊的肚子——黑心肝

◆ 三十晚上要帳——催命鬼

◆ 石匠的鑿子——盡挨錘子

◆ 打斷的胳膊——往外拐

◆ 白蘿蔔挨刀子——不出血的東西

◆ 老太太上雞窩——笨（奔）蛋

◆ 自大一點——臭

◆ 米湯淋頭——糊塗到頂

◆ 沒牙的徒弟——無恥（齒）之徒

◆ 茅坑裡打呵欠——滿嘴臭氣

◆ 狗兒子——爹多娘少

◆ 看衣裳行事——狗眼看人

◆ 胸前害瘡，背後冒膿——壞透了心

◆ 頭頂上流膿——壞到了頂

◆ 豬八戒下凡——沒個人模樣

◆ 猴子吃仙桃——不知好歹

◆ 眼睛長在腦背後——不向前看

◆ 殺凳邊的豬——活不久了

猜疑阻撓

◆ 矮子穿高跟鞋——高也有限

◆ 豺狼請客——絕無好事

◆ 洞裡的蛇——不知長短

◆ 呆子把脈——摸不著

◆ 呆子哼曲子——沒譜

◆ 打酒只問提壺人——錯不了

◆ 白天捉鬼——沒影子的事

◆ 扁擔做桅杆——擔風險

◆ 鼻孔喝水——夠嗆

◆ 茶壺裡開染房——不好擺布

◆ 鋤頭鉤月亮——搆不著

◆ 沒骨子的傘——支撐不住

◆ 床底下掄大斧——不好使傢伙

◆ 刺蝟在巴掌上打滾——棘手

◆ 船尾朝北——難（南）行

◆ 田裡的蚯蚓——滿肚疑（泥）

◆ 包子未動口——不知啥餡

◆ 八九不離十——差不多

◆ 女孩子的心思——捉摸不透

◆ 鐵拐李的葫蘆——不知賣的什麼藥

◆ 水中撈月——拿不穩

◆ 郵包掉在水田裡——半信半疑（泥）

◆ 聽見風就是雨——瞎猜

◆ 秀才的書箱——內中有文章

◆ 兔子轉山坡——遲早還得回老窩

◆ 廟裡的豬頭——有主的

◆ 法院裡的檔案——成（盛）問題

◆ 空手進衙門——非輸不可

◆ 耗子出窩——一定沒好事

◆ 耗子滾到米缸裡——不偷不可能

◆ 胸口掛王八——心裡有鬼（龜）

◆ 雪裡埋死人——早晚現世（屍）

◆ 常在河邊走——哪有不濕鞋

◆ 閻王爺叫門——絕沒好兒

◆ 屠夫手下的豬——躲不了挨刀

◆ 斑鳩不下樹——肚裡有事（食）

◆ 喜鵲落滿樹，烏鴉漫山飛——吉凶未卜

◆ 喝生水，拿髒錢——早晚是病

◆ 臘月搖扇子——反常

◆ 隔肚皮看人心——難猜

◆ 照方抓藥——差不多

◆ 照葫蘆畫瓢——不像也有個七八分

◆ 二心的夫妻——早晚散夥

◆ 乾草點燈——十有九空

◆ 大鵬飛入網——只怕網不住

◆ 大榔頭敲豆腐——篤定

◆ 子午卯酉——總有一天

◆ 天上的星星——數不清

◆ 開水潑老鼠——不死也得脫層皮

◆ 手裡提個禿鎬頭——沒把握

◆ 風掃楊花——不知下落

- ◆風地裡的一盞燈——不知啥時滅
- ◆蒼蠅不抱沒縫的蛋——一定有事情
- ◆沙裡淘金——有也不多
- ◆補過的碗盞——總有痕跡
- ◆狗不吃屎——誰信
- ◆漁場上起火——枉（網）然（燃）
- ◆潑婦撒野——沒好話
- ◆空中掛燈籠——懸了
- ◆磚窯裡失火——謠言（窯煙）
- ◆螞蟻搬家——不是風，就是雨
- ◆養在豬圈裡的豬——少不了挨一刀
- ◆眉毛上打鞦韆——玄（懸）而又玄（懸）
- ◆捕風捉影——有假無真
- ◆黃鱔過河灘——不死也要落一身殘
- ◆騎馬見判官——馬上見鬼
- ◆綠葉著火烤——非黃不可
- ◆照貓畫虎——差不多
- ◆穿蓑衣救火——遲早也是燒
- ◆丈母娘誇姑爺——可以
- ◆褲襠上沾黃泥——不是死（屎）也是死（屎）
- ◆萬歲爺的口——說了算
- ◆木頭人投河——不沉（成）
- ◆電燈點火——其實不然（燃）
- ◆夫妻倆打架——沒有事
- ◆泥牛耕田——靠不住
- ◆張天師家鬧鬼——說也不信

- ◆和尚梳辮子——沒有
- ◆挑雪填井——枉費心
- ◆梁山上的軍師——無（吳）用
- ◆閻羅王嫁女兒——鬼要
- ◆三月的綠苔——不能（嫩）
- ◆殺人償命，借債還錢——理所應當
- ◆羊兒打架——對頭了
- ◆買帽子當鞋穿——不對頭
- ◆關帝廟裡找美髯公——保你不撲空
- ◆放糧官封倉——不濟
- ◆穿著靴子搔癢癢——沒用
- ◆費了燈油亮了家——值得
- ◆姥姥疼外孫——自然的事
- ◆臘肉上席——不用言（鹽）
- ◆牆上長草——立不住腳
- ◆一隻螃蟹八隻腳——沒有錯
- ◆一碗水端平——沒得說
- ◆一錘子買賣——做不成
- ◆金鑾殿上打滾——總算值得
- ◆狗咬屁股——肯（啃）定（腚）
- ◆啞巴找到媽——沒話說
- ◆順著磨道找驢印——容易
- ◆捆綁的夫妻——成不了對
- ◆頭髮絲穿豆腐——提也不要提
- ◆姑娘嫁太監——死也不去
- ◆婆媳二人雙守寡——沒工（公）夫
- ◆牆上掛胡弦——不談（彈）
- ◆大米粥裡放花椒——麻煩（飯）

◆ 大拇指挖耳朵——進不去

◆ 大廈將傾——一木難支

◆ 小孩挑重擔——壓力太大

◆ 小寡婦改嫁——另找對象

◆ 甘蔗支危房——頂不住

◆ 兩個啞子捆在一起——談也不要談

◆ 扁擔插進橋眼裡——提不起

◆ 一條扁擔挑泰山——擔當不起

◆ 燈草拐杖——做不得主（柱）

◆ 沒水了渴死人——與我（餓）無關

◆ 老壽星騎仙鶴——沒路（鹿）

◆ 老鼠啃石柱——吃不消

◆ 地板上的骨頭——沒人肯（啃）

◆ 吃了五味想六味——辦不到

◆ 向死人討東西——沒門

◆ 向姑娘討孩子——難為人

◆ 木腦殼咳嗽——沒得談（痰）

◆ 關著門炒辣椒——夠嗆

◆ 油鍋裡炸辣椒——真夠嗆

◆ 燈草掉在水裡——不成（沉）

◆ 水上的葫蘆——不成（沉）

◆ 燈籠做枕頭——承受不起

◆ 守著公雞下蛋——空等

◆ 好馬走不了兩條路——主意自己拿

◆ 蘆柴杆做門閂——頂不住

◆ 豆腐做門墩——難負重壓

◆ 兩口子拜年——不必

◆ 兩座山親嘴——辦（搬）不到

（倒）

◆ 旱坡上划船——行不通

◆ 禿子頭上抓小辮——沒有把握

◆ 秀才推磨——難為聖人

◆ 灶王爺看家——作不了主

◆ 擔山填海——心有餘而力不足

◆ 按倒牛頭喝水——辦不到

◆ 胖鴨子上天——有心無力

◆ 荷葉當雨傘——撐不起

◆ 鐵樹開花馬長角——辦不到

◆ 拿根蘆葦當扁擔——挑不起

◆ 做無米之炊——難煞巧婦

◆ 棉花店打烊——不談（彈）

◆ 逼著牯牛下兒——強人所難

◆ 登著梯子想上天——沒門

◆ 嗓門裡噴胡椒粉——夠嗆

◆ 鄱陽湖打籬笆——難為（圍）

◆ 嘴脣上貼膏藥——免開尊口

◆ 土地爺賣房子——盛（神）不住了

◆ 木頭人跳河——萬萬不成（沉）

◆ 石臼做帽子——頂當不起

◆ 兔子駕轅——難辦

◆ 閻王爺招駙馬——誰願去做鬼

惹是生非

◆ 一枝筷子吃藕——挑眼

◆小爐匠戴眼鏡——找碴

◆吹鼓手趕集——無事找事

◆一張篾篩子——盡是缺點

◆雞蛋裡挑骨頭——沒事找事

◆老鼠逗貓——沒事找事

◆西施臉上出天花——美中不足

◆過界的蠻牛——想找頂角來的

◆竹子長杈——節外生枝

◆會計拿算盤——找仗（帳）打

◆麥子不割砍高粱——專找硬茬

◆走了和尚捉道士——有辮子抓了

◆蒼蠅飛到雞蛋上——尋縫鑽

◆豆腐房的磨——道道多

◆吹鼓手背號筒——專門找事

◆雞蛋背籠裡蓋石頭——故意找麻煩

◆狗上鍋臺——找事（食）

◆泥匠拿瓦刀——到處找氣（砌）

◆耗子啃草笠——想扣帽子

◆繡花雖好不聞香——美中不足

◆打得鴨子上架——有意為難

◆平地裡起墳堆——無中生有

◆石板上釘釘——硬對硬

◆針鋒對麥芒——尖對尖

◆梁山上的弟兄——不打不親

◆騎驢看唱本——走著瞧

◆賊娃子偷強盜——一個比一個屬害

◆一口棺材睡兩人——死對頭

◆雙胞胎比長相——一個模樣

◆東施笑麻子——不知自己醜

◆銅盆碰上個鐵掃帚——誰也不讓誰

◆半斤對五兩——一樣的

◆竹竿打水平平過——不分高低

◆赤膊上陣——拚命

◆兩個縣長比官——大小一樣

◆兩隻公雞打架——誰也不讓誰

◆釘頭碰著鐵頭——狠對狠

◆亂墳堆裡找人——都是死硬貨

◆龜笑鱉爬——彼此一樣

◆驢頭馬面——一路貨色

◆苦鬼遇餓鬼——都是一樣命

◆英雄遇好漢——有了對手

◆雨天尿褲子——裡外一樣

◆賣了餛飩買餃子——差不多

◆拐女嫁了瘸郎——誰也不嫌誰

◆抱著門板去投江——要死就一塊死

◆抬花轎遇上送殯的——你死我活

◆抬棺材上陣——拚命一回

◆金瓜配銀瓜——兩個頂呱呱

◆狐狸找豺狼——一個刁，一個狠

◆夜貓子跟著烏鴉飛——誰也別裝俊鳥

◆泥神笑菩薩——你也好不了多少

◆春三月開桃花——你不讓我，我不讓你

◆秤砣碰鐵蛋——硬對硬

◆隼鳥打架——凶對凶

一本書讀懂國學句典

◆ 胳膊扭大腿──撐不過

◆ 燒窯的賣瓦的──都是一路貨

◆ 繡花姑娘打架──針鋒相對

◆ 黃鼠狼罵狐狸──都不是好貨

◆ 黃鱔鬥泥鰍──滑頭對滑頭

◆ 做賊的碰上偷人的──兩個都怕

◆ 象牙筷子夾涼粉──滑頭對滑頭

◆ 豬八戒娶親──一個高興一個哭

◆ 蒜薹炒丸子──光棍兒遇上了渾球

◆ 新媳婦煮飯──三日見高低

◆ 瘸兔子碰見個瞎眼鷹──誰也不怕

◆ 土地難比門神──一高一低

◆ 麥田裡的韭菜──難分色

◆ 彭祖遇壽星──各有千秋

◆ 逼公雞下蛋──有意為難

◆ 穿釘鞋踩屋瓦──捅漏子

◆ 對著張飛罵劉備──找氣惹

◆ 逗貓惹狗──無事生非

◆ 裁縫鋪扯筋──爭長論短

◆ 楚漢相爭──勢不兩立

◆ 穿冰鞋上沙灘──你別想溜

◆ 池裡的龜，塘裡的鱉──一路貨

◆ 仇人打擂台──有你無我

裝瘋賣傻

◆ 蔥頭不開花──裝什麼蒜

◆ 廁所裡的糞缸──裝死（屎）

◆ 揣著明白說糊塗──裝傻

◆ 茶壺裡喊冤──胡（壺）鬧

◆ 對著鏡子揮拳頭──自己嚇自己

◆ 對著鏡子講假話──自己騙自己

◆ 對著鏡子親嘴──自己哄自己

◆ 冬天的癩蛤蟆──裝死

◆ 一排爆竹──連騙（片）帶詐（炸）

◆ 算命先生的話──一肚子鬼

◆ 空中布袋──裝瘋（風）

◆ 光骨頭哄小孩──作弄人

◆ 木魚敬齋公──哄鬼

◆ 白紙上墳──哄鬼

◆ 道士吹螺──唬鬼

◆ 城隍廟裡賣藥──哄鬼

◆ 對著棺材撒謊──哄死人

◆ 對著棺材許願──哄死人

◆ 吃酒陪新娘──裝樣

◆ 舌頭上打滾──含糊過去

◆ 關上門賣麻布──鬼扯

◆ 關上門查戶口──抓鬼

◆ 戲臺上吹鬍子──假的

◆ 戲臺上的夫妻──假的

◆ 戲臺上打仗──哄人

◆ 水仙花不開花──裝蒜

◆ 小孩子供神佛──你哄我，我哄你

◆ 反穿皮襖──裝樣（羊）

◆口傳家書——言而無信

◆戲臺上送詔書——假傳聖旨

◆紅紙裱燈籠——裝門面

◆孫二娘開店——坑人

◆花心蘿蔔充人參——冒牌貨

◆空肚子打飽嗝——假裝

◆瞎子戴眼鏡——裝腔

◆蒼蠅採花——裝瘋（蜂）子

◆巫婆子跳神——故弄玄虛

◆巫婆打哈欠——裝神弄鬼

◆巫婆的表情——裝模作樣

◆巫婆看病——妖言惑眾

◆豆腐渣上供——糊弄神仙

◆扯起眉毛哄眼睛——自己騙自己

◆財神爺要飯——裝窮

◆沒睡打呼——裝迷糊

◆張天師畫符——玩的騙人術

◆紙做斗笠——假冒（帽）

◆紙糊的棺材——哄弄死人

◆老鼠住在佛龕上——裝神

◆兔子進磨房——裝驢

◆屎殼郎戴烏紗帽——假充黑老包

◆給死人烤火——哄（烘）鬼

◆狸貓換太子——以假充真

◆閻王辦事——盡耍鬼

◆閻王爺話家常——盡是鬼話

◆閻王爺的畫冊——鬼話（畫）連篇

◆閻王爺變戲法——鬼把戲

◆閻王爺說謊——騙鬼

◆閻王開店——盡是鬼貨

◆騎馬上墳——欺祖

◆騾子打滾——撒（耍）驢來

◆癩子頭上戴花——裝樣子

◆許不下羊羔許駱駝——巧言哄人

◆孫臏吃屎——裝瘋賣傻

◆拿著活人當熊耍——愚弄人

◆半夜叫城門——自找釘子碰

◆祠堂裡敬佛祖——拜錯廟門

◆吃了對門謝隔壁——弄錯了

◆和尚廟裡去借梳子——走錯了門

◆看見和尚喊姐夫——亂認親人

◆蚊子咬菩薩——認錯了人

◆褲腰帶繞在脖子上——記（繫）錯了

◆喝開水，使筷子——多此一舉

◆大鍋烙餅子——乾貼

◆不敬東家敬夥計——認錯了主

◆牛拉犁頭——上了圈套

◆伸著嘴巴找籠頭——自己上了套

◆文盲貼對子——上下不分

◆賈寶玉遊魂——誤入迷津

◆丟西瓜撿芝麻——大處不算小處算

◆丟了黃牛攆兔子——不知哪大哪小

◆客氣碰著老實——虛情當成真意

◆九曲橋上散步——盡走彎路

◆草帽子當鑼——想（響）不起來

◆蠶子吐絲——作繭自縛

◆捉住蝌蚪丟了牛——貪小失大

◆腦袋裡拌糨糊——糊裡糊塗

◆豬八戒遇見了白骨精——處處上當

◆豬肉湯洗臉——昏（葷）頭昏（葷）腦

◆豬油蒙了心——一世糊塗

◆黏米煮山芋——糊糊塗塗

◆騎豬鑽籬笆——昏頭昏腦

◆蔣幹盜書——上了大當

◆棒槌為針——粗細不分

◆楚人誇矛又誇盾——自相矛盾

◆矮子面前說短話——惹人多心

◆躲鬼躲進城隍廟——出生入死

◆新娘子坐在床沿上——還愁睡

◆滿天飛老鴰——一片黑

◆敲山震虎——瞎詐唬

◆糊塗官判無頭案——審不清，斷不明

◆一個將軍一個令——到底聽誰的

◆石灰點眼——自找難看

◆作繭自縛——自尋煩惱

◆魚吞香餌——不知有鉤

◆洋鬼子看京戲——傻瞪眼

◆鐵匠做事——只講打

◆拿著狗屎當麻花——香臭不分

◆唐僧碰見白骨精——敵友不分

◆送豬肉上砧板——上門挨刀

◆聾子聽話——傻瞪眼

◆霧裡看花——辨不清

◆大海撈針——不知何處下手

◆半夜吃黃瓜——不知頭尾

◆劉姥姥進大觀園——不知看哪裡好

◆啞子唱戲——莫名其妙

◆肉骨頭敲鼓——昏懂懂（葷咚咚）

◆瞎子望天窗——不明不白

◆香油倒在水缸裡——昏（混）啦

◆閃電娘娘丟了鞋——不知雲裡霧裡

◆色盲眼看花——青紅不分

◆豆腐拌腐乳——越拌越糊塗

◆兩口子的帳——算不清

◆何仙姑走娘家——雲裡來，霧裡去

◆坐南宮守北殿——不分東西

◆狗咬王八——找不到頭

◆向瞎子問路——指不出方向

◆渾水裡捉魚——大小難分

◆樹大陰涼少——照應（映）不到

◆半路丟斗笠——冒（帽）失

◆百年老松，十年芭蕉——粗枝大葉

◆竹筒裡看豹——只見一斑

◆金彈打麻雀——因小失大

◆關帝廟求子——拜錯了神

◆陰溝裡翻船——沒想到的事

◆媽媽的姐——大意（姨）

◆奪下羊羔放走狼——留下後患

◆巡捕抓暗探——誤會

◆ 豆腐渣炒藕片——迷（彌）了眼

◆ 岳老爺升天——上了奸人的當

◆ 棒槌當蠟燭——好粗的心

◆ 棺材當馬槽——用才（材）不當

◆ 螳螂捕蟬——不顧後患

◆ 大蛇過街——莽（蟒）行

◆ 聾子看戲——只飽眼福

◆ 水缸的王八——瞎撞

◆ 狗熊捉螞蚱——瞎撲

◆ 醉酒的雷公——胡劈

◆ 雪人烤火——不顧性命

◆ 照葫蘆畫瓢——走不了樣

◆ 茶館店裡擺手——胡（壺）來

◆ 小雞吃米——老點頭

◆ 小和尚念經——有口無心

◆ 丈人死了哭爹——跟著瞎哄

◆ 牛頭不對馬嘴——胡拉亂扯

◆ 月黑天打靶——沒影

◆ 沒眼的石匠——瞎鑿

◆ 盲人騎瞎馬——亂闖

◆ 半夜裡收玉米——瞎扳

◆ 老鼠鑽到煙囪裡——兩眼一抹黑

◆ 吹燈念古詞——瞎叨叨

◆ 蒼蠅見面——瞎嗡嗡

◆ 蒼蠅跟著屁飛——瞎轟轟

◆ 雞拿耗子貓打鳴——亂套

◆ 鬍子眉毛一把抓——無主次

◆ 漫天撒網——沒目標

◆ 木偶表演——隨著人家的指頭轉

◆ 沒頭的蒼蠅——亂鑽

◆ 大腿上把脈——瞎摸

嘲笑譏諷

◆ 案板上的擀麵杖——光棍一條

◆ 背著哈哈鏡走路——不怕後人見笑

◆ 鼻子裡灌醋——酸溜溜的

◆ 鼻子下面掛電燈——聞名（明）

◆ 不熟的葡萄——酸氣十足

◆ 包子吃到豆沙邊——嘗到甜頭

◆ 財神爺發慈悲——有的是錢

◆ 財神爺摸腦殼——好事臨頭

◆ 蟲吃沙梨——心裡肯（啃）

◆ 臭蟲爬到拜盒裡——抓住理（禮）了

◆ 扯起風帆又蕩槳——有福不會享

◆ 帶著老婆出差——公私兼顧

◆ 一個人拜把子——你算老幾

◆ 丫鬟戴鳳冠——有點不配

◆ 孔夫子的手巾——包輸（書）

◆ 叫花子誇祖業——自己沒出息

◆ 老和尚吹管子——不懂的（笛）

◆ 床底下放風箏——飛不高

◆ 螢火蟲的屁股——沒多大的量（亮）

◆狗尾巴上的露水——經不起搖擺

◆耗子掉進麵缸裡——白眼看人

◆豬八戒的脊背——無能之輩（悟能之背）

◆程咬金的斧頭——頭三下子

◆象棋鬥勝——紙上談兵

◆碟子裡種麥——紮不住根

◆戴斗篷親嘴——差得遠

◆大霧中行船——看不遠

◆才出殼的小雞——嫩得很

◆小小秧雞下鵝蛋——自不量力

◆癩蛤蟆想吃天鵝肉——妄想

◆王八打滾——翻不起大浪來

◆井底之蛙——見識短淺

◆井底看天——所見有限

◆開會請假——沒出席（息）

◆牛屎上插牡丹——不配

◆草上的露水——不長久

◆烏鴉鼓噪——什麼調子

◆甘羅拜相——小人得志

◆母雞起床——沒名（鳴）

◆吃飯泡湯——喝粥的命

◆回爐的燒餅——不香甜

◆四月的青蛙——叫一陣子

◆屎殼郎放屁——臭上加臭

◆屎殼郎叫門——臭到家啦

◆外鄉人過河——不知深淺

◆冬天的雪人——一見太陽就流汗

◆半瓶水——響叮噹

◆老鴰跟著孔雀飛——冒充俊鳥

◆老牛吃嫩草——想得美

◆王婆賣瓜——自賣自誇

◆戲臺裡喝采——自吹自擂

◆不聽梆子聽大鼓——說的比唱的好聽

◆老爺坐在糞桶上——贓（髒）官

◆老虎上磅秤——自稱威風

◆老虎打哈欠——口氣真大

◆老虎出山林——逞威風

◆老城牆上的土——厚著呢

◆老鼠扛大槍——窩裡逞能

◆老鼠鬧洞房——嘰嘰喳喳

◆老鼠跳龍門——好自（耗子）逞能

◆西施上磅秤——自稱美女

◆吃了三天齋就想上西天——功底還淺

◆劉備的兒——無能之輩

◆燈芯做琴弦——不值一談（彈）

◆燈草灰過大秤——沒有分量

◆燈罩裡的蛾子——撲騰不到哪裡去

◆江裡洗臉，雲裡翻身——想得寬綽

◆半夜雞叫——不知分曉

◆包腳布做鞭子——文（聞）也文（聞）不得，武（舞）也武（舞）不得

◆醜婆娘照鏡子——就那個樣子

◆孔子面前賣文章——好不識相

◆不開花的玫瑰——淨是刺

◆太平洋上的員警——管得寬

◆大門口掛糞桶——臭名在外

◆狗攔老鼠——多管閒事

◆買鹹魚放生——不知死活

◆麥稈當秤——沒斤沒兩

◆花公雞的能耐——就會叫那麼幾聲

◆胸前吊門板——好大的牌子

◆墳地裡澆醋——酸死人

◆蒼蠅叮大糞——臭味相投

◆托著手鼓捏著笛子——吹吹拍拍

◆李鬼劫路——盜名欺世

◆扭著脖子想問題——盡是歪道理

◆伸手摸月亮——想得高

◆半天雲裡打算盤——算得高

◆佛爺臉上的金子——淺薄

◆坐在井沿上放屁——臭得不淺

◆屁股上畫眉毛——好大的面子

◆屁股上抹香水——不值一文（聞）

◆屁股底下上彈簧——蹦起來

◆尿盆裡起霧——臊氣

◆尿桶底子——越刷越臭

◆坐飛機搽胭脂——美上天了

◆雞蛋碰石頭——自不量力

◆玩把戲的作揖——沒本事了

◆賣了孩子唱大戲——慶的什麼功

◆賣糖人的手藝——靠吹

◆披著雨衣戴斗笠——多此一舉

◆脫褲子放屁——多此一舉

◆爬上馬背想飛天——好高騖遠

◆兔子拜月亮——妄想成仙

◆放下笛子拿二胡——能吹會拉

◆盲人摸象——不識大體

◆河灘上的鵝卵石——越滾越滑

◆小孩童吹喇叭——口氣不小

◆草上露水瓦上霜——不久長

◆背著嗩吶坐飛機——吹上天了

◆秋天裡賣涼粉——不識時務

◆秋後的螞蚱——蹦躂不了幾天

◆看著天說話——不知天有多高

◆螞蟻搬山——瞎逞強

◆哈巴狗見主人——搖頭擺尾

◆哈巴狗逮耗子——像貓沒貓的本事

◆哈巴狗撐老虎——不自量力

◆屋裡稱皇帝——自尊自貴

◆屎殼郎坐大堂——擺啥臭架子

◆耗子戴眼鏡——鼠目寸光

◆趕馬不拿鞭子——光拍馬屁

◆桌子當舞臺——唱不了大戲

◆鐵拐李擺攤——蹩腳貨

◆腦袋上頂尿盆——要多臭有多臭

◆海馬望天——妄想成龍

◆家鴨子亮翅——飛不起來

◆銅錢眼裡打鞦韆——小人

◆猛虎抖毛——使威風

一本書讀懂國學句典

◆ 麻稈做扁擔——不是那個料

◆ 騎著騾腚敲大鼓——馬屁拍得震天響

◆ 喇叭掉進糞坑——吹死（屎）了

◆ 隔著雲層望山頭——見物（霧）不見人

◆ 新官上任——三把火

◆ 敲碎的銅鑼——名（鳴）聲不好

◆ 癩蛤蟆夢吃天鵝肉——痴心妄想

◆ 上嘴皮挨天，下嘴皮貼地——好大的口

◆ 剛出山的猛虎——威風不小

◆ 兩狗打架——你咬我，我咬你

◆ 拍馬屁拍到馬嘴上——倒咬一口

◆ 拍馬屁拍到蹄子上——倒挨一腳

◆ 炒熟的黃豆——發不了芽

◆ 墳頭上耍大刀——嚇鬼

◆ 姨太太當家——小人得志

◆ 秤砣掉在大海裡——富（浮）不起來

◆ 秤鉤掛在屁股上——自己秤自己

◆ 碟子裡的豆芽——開不了花，結不了果

◆ 螳螂當車——不自量力

◆ 臉盆裡練憋氣——不知深淺

◆ 燈盞無油——枉費心

◆ 井裡撈月亮——枉費心機

◆ 無病服藥——自討苦吃

◆ 放屁堵耳朵——瞎小心

◆ 搬起石頭砸腳——自討苦吃

◆ 挨了刀的肥豬——不怕滾水燙

◆ 飛蛾撲火——惹火燒身

◆ 叫花子起五更——窮忙

◆ 叫花子擺堂會——窮作樂

◆ 叫花子醉酒——窮開心

◆ 老榆樹上的喜鵲——淨揀高枝攀

◆ 老鼠給貓拜年——全體奉送

◆ 螞蟻搖大樹——不懂事

◆ 大老爺坐堂——吆五喝六

◆ 小爐匠造高樓——做大工程

◆ 小廟的神——沒見過大香火

◆ 王八看綠豆——對上眼了

◆ 風吹牆頭草——兩邊倒

◆ 井底之蛙——見識淺小

◆ 烏鴉笑豬黑——自己不覺得

◆ 牛皮燈籠——照裡不照外

◆ 自己說話聽不見——夢話

◆ 泥菩薩洗臉——越洗越難看

◆ 武大郎踩高蹺——高不成，低不就

◆ 十八羅漢請觀音——客少主人多

◆ 屎殼郎戴花——臭美

◆ 花下堆大糞——臭美

◆ 眼鏡上貼相片——光看見自己

◆ 豬八戒照鏡——裡外不是人

◆ 七八月的南瓜——皮老心不死

◆ 七仙女下凡——貪戀紅塵

◆ 望鄉臺上戲牡丹——死愛貪花

◆ 三九天開桃花——動（凍）了春心

◆ 挨著火爐吃辣椒——裡外發騷（燒）

◆ 挨打的烏龜——縮脖子啦

◆ 矮子想登天——不知天高地厚

◆ 山雞娶鳳凰——不般配

◆ 少時衣裳老時穿——過時的貨

◆ 蛇吃大象——好大的胃口

◆ 山中的野豬——嘴巴厲害

◆ 背著醋罐子討飯——窮酸

◆ 舌頭舔鼻子——差一截

◆ 背陽坡上的太陽——不長久

◆ 白日做夢——胡思亂想

◆ 閉著眼睛跳舞——盲目樂觀

◆ 半斤放在四兩上——翹得高

◆ 病貓的尾巴——翹不起來

◆ 玻璃缸裡的金魚——掀不起大浪

◆ 剝蔥搗蒜——幹的小事

◆ 才出窩的麻雀——翅膀不硬

◆ 初生的娃娃——小手小腳

◆ 穿拖鞋戴禮帽——不倫不類

◆ 抽煙不帶火——沾光

◆ 臭蟲咬胖子——沾油水

◆ 草裡的斑鳩——不知春秋

◆ 草繩子拔河——經不住拉

◆ 拆襪子補鞋——顧面不顧裡

◆ 唱戲的點兵——名不副實

◆ 燈盞裡洗澡——不曉得大小

◆ 笛子獨奏——自吹

◆ 對著鏡子豎拇指——自以為了不起

◆ 大年初一串門——見人就作揖

◆ 大江裡一泡尿——有你不多，無你不少

◆ 豆腐擋刀——自不量力

◆ 大雁跟著飛機跑——落後了

進退兩難

◆ 戴鋼盔爬樹——硬著頭皮上

◆ 大風地裡吃炒麵——開不了嘴

◆ 一根香敬兩尊佛——左不是右不是

◆ 天高皇帝遠——管不著

◆ 王婆賣了磨——沒有推的

◆ 老牛拖破車——走不動

◆ 老虎吃天——無處下口

◆ 沙灘行船——進退兩難

◆ 孝堂裡看媳婦——哭也不是，笑也不是

◆ 秀才遇到兵——有理說不清

◆ 半夜裡下飯館——有什麼算什麼

◆ 濕手抓麵粉——要甩甩不掉

◆ 嫁出的女兒潑出的水——不由己

◆ 瞎子丟了棍——沒靠處

◆ 奶媽抱孩子——人家的

◆ 一根刺卡嗓眼——難言（咽）

◆一口吃包迴紋針——滿肚子委屈

◆人在屋簷下——不得不低頭

◆木匠鋸板——推來推去

◆山洪沖石子——不滾也得滾

◆砧板上的魚——任人宰割

◆旱地的魚蝦遭天旱——活不下去

◆一根頭髮牽牛——力薄勢單

◆張飛穿針——大眼瞪小眼

◆井裡打撲騰——死不死，活不活

◆井底撐船——無路可走

◆大廟不收小廟不留——無路好走

◆沒有根的浮萍——無依無靠

◆開水洗面——難下手

◆開線的口袋——越摸越沒底

◆雲霧裡面談戀愛——遲早要散

◆牛尾巴上拴稻草——想吃不得吃

◆月亮趕太陽——老是碰不到頭

◆甘蔗地裡栽蔥——比別人矮一截

◆一盆水潑地——再也收不回

◆狗咬粽子——無法解

◆生米煮成熟飯——已成定局

◆兩手捧刺蝟——拿不起，放不下

◆晴天霹靂——無法防備

◆叫花子想公主——一廂情願

◆皮球遭腳踢——帶著氣滾出去

◆出窯的磚頭——定型了

◆寺裡的木魚——任人敲打

◆關在欄裡的肥豬——等著宰

◆過年的豬——早晚得殺

◆吃奶的孩子——扔不下

◆竹排放魚鷹——卡著脖子幹

◆叫花子咬牙——發窮狠

◆關上門放屁——偷偷地消氣

◆陰天立旗杆——四下不見影

◆罎子裡和麵——使不上勁

◆兩隻耳朵——見不到面

◆豆腐坐監獄——平白無故

◆坐廟裡等雨下——依神靠天

◆沒過河的卒子——只好頂撞

◆張飛死在小卒手裡——死了也委屈

◆驢子趕到磨道裡——不轉也得轉

◆林沖上梁山——被逼的

◆林黛玉葬花——自嘆命薄

◆項羽過江東——罷（敗）了

◆活蝦煲蓮藕——入窟是死，出窟也是死

◆黃連釀酒——苦打成招（糟）

◆崔鶯鶯送郎——一片傷心說不出

◆崇禎上吊——走投無路

◆貓偷食狗挨打——無辜受累

◆梁山上的好漢——逼出來的

◆騎牛攆兔子——有勁使不上

◆新修的馬路——沒轍

◆鼻頭上掛燒餅——聞香吃不到

◆敲下去的釘子——定了

◆蠍子爬在嘴上——說不得，動不得

◆ 箭在弦上——不得不發

◆ 和尚的腦袋——實在沒法（髮）

◆ 霸王敬酒——不乾也得乾

◆ 霸王別姬——無可奈何

◆ 端別人的碗——服別人管

◆ 千里送客——總有一別

◆ 為妻罵愛寵——不得已

◆ 水過灘頭——勸不回

◆ 孫猴子遇見如來佛——有法難使

◆ 甕裡燒木炭——有火沒處發

◆ 茶壺裡煮餃子——肚裡有貨倒不出

◆ 染坊裡的衣料——任人擺佈

◆ 染缸裡落白布——再也洗不清

◆ 養蛇咬自己——不怨別人

◆ 唐僧的緊箍咒——老得念著

◆ 腿肚子擰不過大腿——乾受壓

◆ 大肚羅漢戲觀音——睜隻眼閉隻眼

◆ 大道邊兒的驢——誰愛騎誰騎

◆ 小姑娘梳頭——自便（辮）

◆ 老和尚撞鐘——過一日是一日

◆ 光頭打傘——無法（髮）無天

◆ 將軍不下馬——各自奔前程

◆ 新媳婦坐轎——左右隨人擺佈

◆ 萬歲爺剃頭——不要王法（髮）

◆ 馬戲團的猴子——隨便人耍

◆ 天上的浮雲，地下的風——無拘無束

◆ 天天練打靶——睜隻眼閉隻眼過日子

◆ 天要下雨，娘要嫁人——你管不著

◆ 木匠吊線——睜一隻眼，閉一隻眼

◆ 叫花子坐火車——到哪兒算哪兒

◆ 瞎子放驢——隨它去

◆ 池塘裡的浮萍——隨風飄

◆ 花籃子裝泥鰍——走的走，溜的溜

◆ 低個子看戲——隨人家說

◆ 判官手中筆——生死由你

◆ 沒有關緊的水龍頭——放任自流

◆ 張三打鳥，李四放生——各有所好

◆ 武科場上選將——有本事就上

◆ 輪船上潑水——隨波逐流

◆ 甕裡的蛤蟆——讓他（牠）跳去

◆ 廟裡的鼓——隨便敲

◆ 茶館裡的板凳——隨便坐

◆ 姜太公釣魚——願者上鉤

◆ 籠裡的鳥——隨你逗

◆ 脫了繩子的猴子——無拘無束

◆ 豬晃尾巴猴眨眼——習以為常

◆ 隔牆扔扁擔——橫豎由他（它）去

◆ 吹牛皮不犯死罪——大話由你說

◆ 一張嘴巴兩張皮——橫說豎說都由你

◆ 牛欄裡關貓——出進由你

◆ 古廟裡的籤筒——大家抽

◆ 正月裡的龍燈——由人耍

◆ 出門兩條腿——隨人走

◆出籠的小鳥——自由飛翔

◆失舵的小舟——隨波逐流

◆舌頭不是寶——好壞由它攪

◆舌頭沒骨頭——願怎麼說就怎麼說

◆染匠來到糞池邊——看他怎樣擺佈

◆蘿蔔青菜——各有所愛

◆臉盆裡的泥鰍——看你滑到哪裡去

◆清水下雜麵——看你怎麼吃

◆清晨的雲雀——展翅飛翔

◆雙手一攤——不管啦

◆瞎子背拐子走——由你指點

◆出巢的黃蜂——滿天飛

◆把臉裝進褲襠裡——見不得人

◆半夜吃黃連——暗中叫苦

◆呆子求情——有理說不清

人際人生

◆矮梯子上高房——搭不上言（簷）

◆山羊野馬在一起——不合群

◆上天的風箏——靠人牽線

◆抱著菩薩親嘴——一頭熱手

◆得牛還馬——禮尚往來

◆半天空中開當鋪——難來往

◆白菜熬豆腐——誰也不沾誰的光

◆人情一把鋸——你不來，我不去

◆人行影子走——寸步不離

◆豆腐渣貼門對——兩不黏

◆一腳踢翻煤球爐——散夥（火）

◆木匠拉鋸——有來有往

◆夜貓子上宅——無事不來

◆磁石吸芝麻——沾不起來

◆冰糖熬黃連——同甘共苦

◆戲臺上的鼓槌——誰也離不開誰

◆戲臺底下睡覺——沒關係（觀戲）

◆豆油滴在水碗裡——和不起來

◆豆腐渣下水——全散了

◆豆腐渣包包子——捏不到一起

◆姐倆找婆家——各走各的路

◆兩個啞巴見面——二話不說

◆兩條褲腿——一個襠

◆快鑼配慢鼓——不合拍

◆板門上門神——一對

◆金雞配鳳凰——天生一對

◆廟門口的石獅子——天生一對

◆白藕綠葉荷花——原來是一家

◆西湖裡的鴛鴦——成雙成對

◆樹倒猢猻散——各奔前程

◆麵粉摻石灰——難分難解

◆神仙女下凡——天配良緣

◆賈寶玉結婚——不是心上人

◆鴛鴦戲水——成雙成對

◆浪打船頭——兩邊分

◆宰相門第元帥府——門當戶對

◆繡球配牡丹——天生的一對

◆ 笨蛋罵傻瓜──一對

◆ 照相挪機子──對象（像）

◆ 井水不犯河水──兩不相干

◆ 牛郎配織女──天生的一對

◆ 風馬牛──不相及

◆ 兩匹馬賽跑──各奔前程

◆ 兩股道上跑的車──走的不是一條路

◆ 前腳不離後腳──密切著哩

◆ 鴨子的腳掌──連（聯）著

◆ 臉蛋上的痤瘡──疙疙瘩瘩

◆ 棒打鴛鴦──兩分離

◆ 滾水煮餃子──你不靠我，我不靠你

◆ 鹽店裡的老闆──閒（鹹）人

◆ 孔夫子的徒弟──閒（賢）人

◆ 小碗吃飯──靠天（添）

◆ 上吐下瀉──兩頭忙

◆ 孔夫子掛腰刀──不文不武

◆ 姜太公做買賣──樣樣賠本

◆ 今年竹子來年筍──無窮無盡

◆ 包老爺的衙門──好進難說

◆ 老頭子打哈欠──一望無涯（牙）

◆ 家雀變鳳凰──越變越好

◆ 篩子做門──難遮眾人眼目

◆ 螃蟹過門──七手八腳

◆ 二八月的莊稼──青黃不接

◆ 馬高鐙短──上下兩難

◆ 下雨天背稻草──愈背愈重

◆ 戈壁灘上找泉水──困難得很

◆ 趕鴨子上樹──難

◆ 泥菩薩過江──自身難保

◆ 叫花子請長工──大家挨餓

◆ 下雨天打麥子──難收場

◆ 小房子裡耍扁擔──四面碰壁

◆ 烏龜進砂鍋──丟盔卸甲

◆ 鳳凰掉雞窩──落魄了

◆ 公牛身上拔根毛──難

◆ 叫花子打了碗──傾家蕩產

◆ 老鷹見小雞──一個喜來一個憂

◆ 過冬的麻雀──難找食

◆ 竹排進淺灘──紮不牢，游不開

◆ 關公走麥城──前景不妙

◆ 孫悟空鬧地府──只想活命

◆ 孫猴走路──光翻筋斗

◆ 麥子未熟秧未插──青黃不接

◆ 窮漢下飯館──肚子空空袋也空

◆ 窮寡婦趕集──要人沒人，要錢沒錢

◆ 屁股上吊響鈴──窮得叮噹響

◆ 敗家子數元寶──光出不進

◆ 泥塘裡滾碓臼──越滾越深

◆ 姑娘做媒人──自顧不暇

◆ 膽汁滴在眉毛上──苦在眼前

◆ 膽裡摻黃連──苦上加苦

◆ 屋漏又遭連夜雨──禍不單行

一本書讀懂國學句典

◆駱駝打滾——翻不過身來

◆黃連樹下喊上帝——叫苦連天

◆船漏又遇頂頭風——禍不單行

◆腳板上釘釘——寸步難行

◆脖子上套磨盤——重任在肩

◆喜鵲老鴰同枝叫——悲喜交加

◆新郎官戴孝——悲喜交集

◆朝裡無人莫做官——無靠山

◆棺材擺在床頭邊——大難臨頭

◆蛤蟆看王八——大眼瞪小眼

◆寒蟬抱枯枝——日暮途窮

◆榜眼爺看榜文——比前不足，比後有餘

◆饅頭做枕頭——不愁吃

◆樵夫賣柴——兩頭擔心（薪）

◆一個巴掌拍不響——孤掌難鳴

◆大風吹倒帥旗——出師不利

◆四面楚歌——末日臨頭

◆鄰家失火——不救自危

◆青蛙遇田雞——難兄碰見難弟

◆緊著褲子數日月——日子難過

◆寅吃卯糧——預支

◆騎在老虎背上——難下來

◆東施先發言——醜話說在前

◆三十晚上餵年豬——來不及了

◆正月十五賣門神——過時了

◆雨過了才送傘——不領你的情

◆兔子尾巴——長不了

◆屎脹挖茅廁——來不及了

◆口渴打井——來不及

◆臨時抱佛腳——來不及

◆荷花塘裡著火——偶然（藕燃）

◆隔年的皇曆——瞧不得了

◆老虎打瞌睡——難得的機會

◆一輩子守寡——命裡沒福（夫）

◆上有金木，下有水土——還差火

◆瞎貓碰上死老鼠——難得

◆叫花子打野雞——來財了（來菜了）

◆瓜熟蒂落——時機到了

◆過了霜降割豆子——晚了三秋啦

◆財神爺招手——來福了

◆枝頭蓓蕾——含苞待放

◆肥豬拱門——送肉來了

◆春分得雨——正逢時

◆順風扯篷——正及時

◆架著的鍋，點著的火——樣樣現成

◆夏至插秧——遲了

◆鐵樹開花——千載難逢

◆燒黃青菜煮焦飯——過火

◆家雀飛了才放槍——錯過良機

◆勒著馬不發弓——待機而動

◆雪中送炭——及時

◆售貨員下鄉——送貨上門啦

◆盤古開天地——很早的事

◆望江亭上度中秋——近水樓臺先得

月

◆ 落地的山梨——熟透了

◆ 朝陽的春花——爭先（真鮮）

◆ 一根頭髮繫磨盤——千鈞一髮

◆ 木匠進山林——盡是材料

◆ 進了地府才後悔——來不及了

◆ 飯後做客——不達時

◆ 轎子進門再放炮——晚了

◆ 賊去才關門——晚了一步

◆ 借來的鑼鼓——此時不打何時打

◆ 清晨吃晌飯——早呢

◆ 趁熱打鐵——恰到好處

◆ 小偷進牧區——順手牽羊

◆ 撐船不要篙——放任自流

◆ 池塘裡的荷葉——隨風擺

◆ 大街上彈琴——聽不聽隨你

◆ 打鳥姿態——睜隻眼，閉隻眼

◆ 湖裡的野鴨——無人管

◆ 戴上籠頭的小毛驢——聽人使喚

◆ 上了羈絆的騾子——踢打不開

◆ 上吊的遇上濟公——想死死不了

◆ 蝨子躲在破襖——有得住，沒得吃

◆ 背著黑鍋做人——直不起腰

◆ 白虎進門——大難臨頭

◆ 八卦陣裡騎馬——闖不出路

◆ 被埋沒的陶俑——難出頭

◆ 百里草原一人家——孤孤單單

◆ 玻璃罩裡的蒼蠅——到處碰壁

◆ 蟲蛀的扁擔——受不了兩頭壓

◆ 穿了鼻環的牛——讓人牽著走

◆ 楚霸王困垓下——四面楚歌

◆ 拆了東籬補西壁——顧此失彼

◆ 百家姓上少了第二姓——缺錢

個性習慣

◆ 生意人的秤——斤斤計較

◆ 豹子進山——渾身是膽

◆ 吃了雷公的膽——天不怕地不怕

◆ 單槍匹馬上陣——孤膽英雄

◆ 一根腸子通到底——只會說直話

◆ 小巷子裡拿竹竿——直來直去

◆ 嘴對著心——直來直去

◆ 土地老爺的五臟——實（石）心腸

◆ 知府到縣衙——直出直入

◆ 鋼條針——寧折不彎

◆ 人死大夫到——馬後炮

◆ 大炮性子——一著就轟

◆ 導火線——一點就著

◆ 吃了炸藥——開腔就爆

◆ 丈母娘遇親家母——婆婆媽媽

◆ 上了膛的子彈——一觸即發

◆ 天馬行空——獨來獨往

◆ 六月裡賣火盆——熱心的人

◆ 火車頭拉磨——不會轉彎抹角

◆三錐子紮不出一點血——老牛筋

◆說話放炮——痛痛快快

◆四川的擔擔麵——又麻又辣

◆冬天的乾牛糞——一點就著

◆包公升堂——儘管直說

◆包公的鍘子——不認人

◆包公斷案——認理不認人

◆樂山的大佛——老實（石）人

◆房頂開門——六親不認

◆倒米兼拍籮——一點不留情

◆司馬懿的毛病——多疑

◆光腳趕朝廷——苦盡忠

◆殺雞不斷喉——欠果斷

◆黃牛咬黃連——吃苦耐勞

◆冰槽裡冰黃瓜——乾脆

◆孫悟空出世——天不怕，地不怕

◆麥稈吹火——小氣

◆走上步看下步——瞻前顧後

◆快刀切蘿蔔——乾脆

◆青油炸麻花——乾乾脆脆

◆林黛玉的性子——多愁善感

◆林黛玉的脾氣——愛使小性子

◆周瑜的脾氣——一急就上陣

◆大冷天吃辣椒——嘴辣心裡暖

◆螞蟻上爐子——待不住

◆螞蟻的腿——勤快

◆前怕狼，後怕虎——膽小鬼

◆鐵路上的火車——直來直去

◆胸口烙餅——熱心腸

◆燒蝦等不到紅——急性子

◆宰相肚裡能行船——心胸開闊

◆諸葛亮彈琴——臨危不亂

◆蕭何薦賢——急人之所急

◆麻雀打鼓——調（跳）皮

◆寅時點兵，卯時上陣——說幹就幹

◆蘸水鋼筆——沒有膽

◆一口想吃個胖子——性急

◆刀子嘴豆腐心——嘴硬心軟

◆三棒打不出屁來——老實到家了

◆木匠的鉋子——抱（刨）打不平

◆王八上岸遇電打——縮頭縮腦

◆手像蒲扇，腳像釘耙——大手大腳

◆肉案上的買賣——斤斤計較

◆關雲長單刀赴會——有膽有魄

◆砂鍋裡的火藥——容不得半點火星

◆鈍刀子割肉——不爽快

◆舉重比賽——計較

◆唐僧的肚皮——慈悲為懷

◆燒紅的生鐵——越打越硬

◆聾子不怕雷——膽子大

◆罹患軟骨症——沒點剛勁

◆火絨子腦袋——沾火就著

◆孔夫子看書——文裡文氣

◆三根屎棍撐住桌子——擺臭架子

◆賣豆腐上戰場——擺你那架子

◆理髮店關門——不理

◆ 二八月的天氣——冷熱無常

◆ 三九天談心——冷言冷語

◆ 三顧茅廬——好難請

◆ 木偶弔孝——無動於衷

◆ 五月裡打擺子——忽冷忽熱

◆ 五月的麥子——一天變了樣

◆ 晚娘的臉——說變就變

◆ 月亮上的兔子——捉摸不到

◆ 鬥敗的老牛——不服氣

◆ 背著手撒尿——不服（扶）

◆ 秋後的大蔥——不甘（乾）心

◆ 鐵菩薩過河——不服（浮）

◆ 鬥敗的公雞——垂頭喪氣

◆ 玉米秸裡的蟲——專（鑽）心

◆ 石灰見水——齜牙咧嘴

◆ 叫驢拉磨——不等到上套先開腔

◆ 頭頂癢癢撓腳心——反來

◆ 老太太殺雞——猶豫不決

◆ 鐘錶裡的擺——左右不定

◆ 耳朵長在膝蓋上——懶得聽

◆ 床上的花枕頭——置之腦後

◆ 做一天和尚撞一天鐘——得過且過

◆ 冰上趕鴨子——你滑我也滑

◆ 孫悟空吃蟠桃——滿不在乎

◆ 巡警打兒子——公事公辦

◆ 劉備對孔明——言聽計從

◆ 死爹哭娘——心不在焉

◆ 雨夜觀天象——無心（星）

◆ 女婿哭丈人——有口無心

◆ 沙和尚挑擔子——忠心耿耿

◆ 玩具店裡的娃娃——有口無心

◆ 拐子進醫院——自（治）覺（腳）

◆ 抬著棺材進諫——死盡忠

◆ 廟裡的泥菩薩——目瞪口呆

◆ 疙瘩餅子送閨女——實心實意

◆ 姑娘繡荷包——專心致志

◆ 秀才老爺看易經——一本正經

◆ 歪脖子出征——扭頭便走

◆ 歪著臉瞧人——偏見

◆ 看到失火唱山歌——幸災樂禍

◆ 俞伯牙搬家——不留情（琴）

◆ 架起鍋頭等豆子——準備吵（炒）

◆ 砸鍋賣鐵——豁出去了

◆ 箭頭離了弦——豁出去了

◆ 背著棺材上陣——豁上命

◆ 破罐子破摔——自暴自棄

◆ 捏著鼻子哄眼睛——自欺欺人

◆ 捏起鼻子喝水——一聲不響

◆ 缺牙嘴巴啃豬蹄——橫扯筋

◆ 鴛鴦浮水——優哉遊哉

◆ 瓷器店裡捉老鼠——謹小慎微

◆ 林黛玉進賈府——謹小慎微

◆ 酒缸邊搭床鋪——醉生夢死

◆ 黃忠叫陣——不甘示弱

◆ 黃忠出陣——不服老

◆ 黃昏時的燕子——不想高飛

◆ 掩耳盜鈴——自欺欺人

◆ 睜著眼睛打呼嚕——裝腔作勢

◆ 裁縫師傅戴眼鏡——認真（紉針）

◆ 棺材鋪老闆謝財神——幸災樂禍

◆ 剪羊毛換掛麵——不圖賺錢圖方便

◆ 麻雀和老鷹鬥嘴——拿性命開玩笑

◆ 曾老九的弟弟——真（曾）老實（十）

◆ 隔岸觀火——袖手旁觀

◆ 隔牆丟簸箕——反覆不定

◆ 霜打的茄子——蔫了

◆ 一雙腳踏兩隻船——三心二意

◆ 土地爺過日子——混貢（供）獻

◆ 丈母娘踩腳——後悔了

◆ 小媳婦做事——小心翼翼

◆ 開了鎖的猴子——得意忘形

◆ 雙腳踩在棉絮上——不踏實

◆ 懷裡揣鳥——心裡不安

◆ 廟裡的泥神——不請不出門

◆ 泥水匠整耗子——敷衍（眼）了事

◆ 南郭先生吹笙——濫竽充數

◆ 俘虜兵——沒腔（槍）

◆ 剃頭的罷工——不理他了

◆ 挨了棒的狗——氣急敗壞

◆ 高山頭上點燈——來明的

◆ 曹操吃雞肋——食之無味，棄之不捨

◆ 野馬上籠頭——服服帖帖

◆ 貓蓋屎——胡應付

◆ 到手的肥肉換骨頭——心總不甘

◆ 打鼓不打面——旁敲側擊

◆ 包公斬包勉——正人先正己

◆ 不見兔子不放鷹——抓得準

◆ 老媽媽吃柿子——挑軟的吃

◆ 韓信點兵——多多益善

◆ 常添燈草滿添油——做好準備

◆ 外甥打燈籠——照舊（舅）

◆ 打磨匠修磨子——依原路

◆ 麥場上掛馬燈——照常（場）

◆ 茶館搬家——另起爐灶

◆ 為蝨子燒了舊棉襖——小題大做

◆ 上山釣魚，下山打獵——路線錯了

◆ 千個師傅萬個法——各有各的法

◆ 馬籠頭給牛戴——生搬硬套

◆ 太監讀聖旨——照本宣科

◆ 見人先作揖——禮多人不怪

◆ 楊家將上陣——全家上馬

◆ 打蛇打在七寸上——擊中要害

◆ 東施效顰——醜上加醜

◆ 電話拜年——兩頭方便

◆ 司馬遷的名著——死（史）記

◆ 對著靶子射箭——有的放矢

◆ 地道裡下臺階——步步深入

◆ 西面敲鼓東面響——聲東擊西

◆ 當面剝蔥——一層一層來

◆ 近視眼相媳婦——走一步，瞧一瞧

◆ 銅匠挑擔——走一步想（響）一想（響）

◆ 閉門造車——難求合轍

◆ 按著前人的腳印走——錯不了

◆ 林沖棒打洪教頭——專找破綻下手

◆ 披西裝穿草鞋——土洋結合

◆ 卒子過河——一步步進攻

◆ 春耕夏耘，秋收冬藏——因時制宜

◆ 茶館裡擺陣——想到哪裡說哪裡

◆ 順風撐船——不費力

◆ 爛肉餵蒼蠅——投其所好

◆ 孩子哭了給娘抱——一推了事

◆ 破銅爛鐵進高爐——化零為整

◆ 諸葛亮用兵——出奇制勝

◆ 黃牛犁地——有勁慢慢使

◆ 豬往前拱，雞往後刨——各有各的門道

◆ 猛張飛挺矛——亂衝一氣

◆ 韓信伐楚——明修棧道，暗度陳倉

◆ 愚公之居——開門見山

◆ 矮子踩高蹺——取長補短

◆ 蠍子刺蜈蚣——以毒攻毒

◆ 三十六計——走為上計

◆ 山林裡烤火——就地取材

◆ 開溝挖井——步步深入

◆ 打蛇隨棍上——因勢乘便

◆ 打鐵匠繡花——幹的不是那行

◆ 鄭人買履——生搬硬套

◆ 南轅北轍——越走越遠

◆ 穿衣戴帽——各有一套

◆ 鴨子上架——逼出來的

◆ 鑽井出油——全靠壓力

◆ 拿著棍子叫狗——越叫越遠

◆ 諸葛亮隆中對策——先聲奪人

◆ 蛇吞鼠，鷹叼蛇——一物降一物

◆ 笨鳥先行——早入林

◆ 騎馬時間少，擦鐙時間多——本末顛倒

◆ 揪住耳朵擤鼻涕——力氣用錯地方

◆ 量體裁衣——正合身

◆ 廚房裡的貓——總不記打

◆ 扯亂了的絲線——找不到頭

◆ 挨鞭子不挨棍子——吃軟不吃硬

◆ 呆子看戲——光圖熱鬧

◆ 醋罈子打酒——滿不在乎（壺）

◆ 吃不了兜著走——自擔責任

◆ 大肚子上班——挺著幹

◆ 白娘子救許仙——盡心盡力

◆ 打更人睡覺——做事不當事

言行舉止

◆ 二兩棉花一張弓——細談（彈）

◆ 打開天窗——說亮話

◆ 小鬼吹燈——瞎話

◆ 山頭唱歌——調子太高

◆ 老太婆的裹腳布——又臭又長

◆ 老鼠落在書箱裡——咬文嚼字

◆ 冰糖葫蘆——一串一串的

◆ 壽星唱曲子——老調

◆ 壽星彈琵琶——老生常談（彈）

◆ 螞蟻吹簫——好大的口氣

◆ 貴州驢子做馬叫——南腔北調

◆ 城隍菩薩拉二胡——鬼扯

◆ 麥苗當成韭菜割——胡拉胡扯

◆ 閻王出告示——鬼話連篇

◆ 膝蓋上釘蹄鐵——離題（蹄）太遠

◆ 掀開簾子說話——沒裡間沒外間

◆ 狗扯羊腸——愈扯愈長

◆ 瞎子算命——胡說

◆ 貓談情——怪叫

◆ 敲邊鼓——旁敲側擊

◆ 半空落大雪——天花亂墜

◆ 媒婆誇閨女——天花亂墜

◆ 發高燒打擺子——亂講話

◆ 竹林裡逮兔子——劈裡啪啦

◆ 麻雀當家——嘰嘰喳喳

◆ 鹽巴撒進火堆裡——劈裡啪啦

◆ 閉眼睛發言——瞎說

◆ 陰間秀才——陰陽怪氣

◆ 知了唱歌——單調

◆ 狐狸吵架——一派胡（狐）言

◆ 亭子裡談心——全是風涼話

◆ 結巴子講話——吞吞吐吐

◆ 結巴郎吵架——張嘴結舌

◆ 耕地甩鞭子——吹（催）牛

◆ 鴨子開會——無稽（雞）之談

◆ 酒店裡的掌櫃——盡說胡話

◆ 《聊齋》上的文章——鬼話連篇

◆ 斜眼木匠吊歪線——句句（鋸鋸）錯

◆ 貓頭鷹唱歌——瞎叫喚

◆ 麻子跳傘——天花亂墜

◆ 蘇三上公堂——句句是實話

◆ 牆上掛磨子——實話（石畫）

◆ 大海行船——漫無邊際

◆ 半天抓雲——一句空話

◆ 放了多年的臘肉——乾巴無味

◆ 王八中解元——規矩（龜舉）

◆ 太歲頭上動土——惹禍

◆ 頭髮窠裡的蝨子——亂跑亂跳

◆ 老鼠鑽牛角——越鑽越緊

◆ 螃蟹過街——橫行霸道

◆ 拿著酒壺打架——豁（喝）著幹

◆ 秤砣掉在雞窩裡——搗蛋

◆ 臘月裡的天氣——動（凍）手動（凍）腳的

◆ 鞋底抹油——開溜

◆ 金蟬脫殼——溜了

◆ 乾河撒網——瞎張羅

◆ 餵飽的豬——死睡

◆傻子看媳婦——發呆

◆王母娘娘坐月子——養起神來

◆犬守夜，雞司晨——各守本分

◆方不方，圓不圓——沒有規矩

◆屎殼郎搬家——不守本分（糞）

◆仙女的裙子——拖拖拉拉

◆老牛拉破車——慢吞吞

◆新媳婦上轎——忸忸怩怩

◆京戲走臺步——慢慢挪

◆出洞的老鼠——東張西望

◆老太婆進廟——尊尊都要揖一下

◆老狗看夜——嘴動身不動

◆老鼠偷雞蛋——拖的拖，抱的抱

◆光屁股坐板凳——有板有眼

◆紅娘牽線——成人之美

◆花和尚吃酒肉——明知故犯

◆睜著眼睛尿了床——明知故犯

◆沙灘上放木排——一拖再拖

◆張果老倒騎毛驢——背道而馳

◆撕衣衫補褲子——於事無補

◆雨後打傘——無濟於事

◆麥稭子頂牆壁——瞎費勁

◆老太太紡線——慢慢拉

◆盲人看書——慢慢摸

◆李闖王進北京——殺富濟貧

◆看見和尚罵禿驢——當面指責

◆酒壺裡翻筋斗——胡（壺）鬧

◆黃牛拉磨——慢工出細活

◆乾隆下江南——遊山玩水

◆曹操割鬚——以己律人

◆腳板抹油——溜之大吉

◆豬八戒進屠場——自己貢獻自己

◆豬八戒摔耙子——不幹啦

◆豬食盆裡雞伸頭——亂插嘴

◆猛虎跳山澗——往上一躥

◆麻子打哈哈——全面動（洞）員（圓）

◆麻媳婦相親——不露面

◆閻王過生日——鬼鬧

◆葛藤上樹——慢慢纏

◆魯智深買肉——挑肥揀瘦

◆童養媳當婆婆——慢慢熬

◆隔山打炮——瞎轟一氣

◆雷公打架——鬧翻了天

◆廉頗拜藺相如——負荊請罪

◆鼻涕流到嘴裡——吃現成的

◆打鐵不看火色——傻幹

◆老牛吃青草——兩邊掃

◆剛買來的馬——不合群

◆兩個啞巴說話——比比劃劃

◆穿著孝衣去道喜——瞎胡鬧

◆曹劌論戰——一鼓作氣

◆雪花飄下河——不聲不響

◆脫線鳶子——東飄西蕩

◆傻子打泥巴——閒著無事幹

◆殺豬割耳朵——不是要害

◆ 殺豬捅屁股——各有各的刀路

◆ 抱著黃連做生意——苦心經營

◆ 白娘子水漫金山——大動干戈

◆ 柏油燙豬頭——連根拔

◆ 吃稀飯泡米湯——多餘

◆ 船到竹篙撐——隨機應變

◆ 吃了冰糖吃豆腐——先硬後軟

◆ 池中撈藕——拖泥帶水

◆ 出門帶傘——有備無患

◆ 帶了秤桿忘了砣——丟三拉四

◆ 長衫子改夾襖——取長補短

◆ 長阪坡上的趙子龍——單槍匹馬

◆ 洞門邊捉黃鱔——出來就抓

◆ 打燈籠訪親戚——明去明來

◆ 打傘披雨衣——多此一舉

◆ 大口唅住包子餡——抓重點

◆ 鍛工的榔頭——趁熱打鐵

◆ 二郎神鬥孫悟空——以變應變

◆ 抱著琵琶跳井——越談（彈）越深

◆ 白開水畫畫——輕（清）描淡寫

◆ 冰天雪地發牢騷——冷言冷語

◆ 長江流水——滔滔不絕

◆ 從小沒娘——說來話長

◆ 貂蟬唱歌——有聲有色

◆ 東扯葫蘆西扯瓢——胡拉亂扯

◆ 百家姓裡的老四——說的是理（李）

◆ 地窖裡聊天——說黑話

◆ 挨了打的鴨子——亂竄

◆ 崩了群的馬——四處逃散

◆ 比賽場上的運動員——爭先恐後

◆ 不著窩的兔子——東跑西顛

◆ 吃完飯就砸鍋——不幹了

◆ 出家人娶媳婦——不守規矩

◆ 大自然的風——來去匆匆

◆ 斷藤的西瓜——滿地亂滾

意料之外

◆ 蚌裡藏珍珠——好的在裡面

◆ 阿斗的江山——白送

◆ 對聾子說話——白張嘴

◆ 打著兔子跑了馬——得不償失

◆ 打魚賣錢抽大煙——水裡來，火裡去

◆ 下雨不戴帽——輪（淋）到頭上

◆ 瞎貓碰到死老鼠——碰巧

◆ 何家姑娘給鄭家——正合適（鄭何氏）

◆ 做賊的遇見截路——趕巧了

◆ 兩個乞丐拜堂——窮配

◆ 芝麻落到針眼裡——湊巧

◆ 瞎雞啄蟲——靠造化

◆ 高山滾石頭——真是大翻身

◆ 石頭上開出了花——出人意料

◆ 狼吃狼——冷不防

◆ 二四六八十——無獨有偶

◆ 又敲鑼鼓又放炮——想（響）在一起了

◆ 馬背上打電話——奇（騎）聞

◆ 玉皇大帝做媒——天作之合

◆ 老鼠睡貓窩——送來一口肉

◆ 過河碰上擺渡的——巧啦

◆ 張嘴飛進白饅頭——天福

◆ 雞啄螞蚱——正合適（食）

◆ 作揖抓腳背——一舉兩得

◆ 挖井碰上自流泉——正合心意

◆ 剃頭捉虱——一舉兩得

◆ 捉雞趕鴨——一舉兩得

◆ 燒香遇上活菩薩——求之不得

◆ 鼓槌打石榴——敲到點子上

◆ 許仙碰著白娘子——天降良緣

◆ 麻線捆螽子——枉費心思

◆ 骨頭打狗——白送

◆ 麥稭頂門——白費力

◆ 抽刀斷水——枉費功夫

◆ 麻子搽粉——白坑人

◆ 網子揩屁股——不惜代價

◆ 街上傳單——白給

◆ 糞叉上鑲寶石——不值得

◆ 隔山喚羊——白喊

◆ 隔河牽牛——枉伸手

◆ 搬石頭進山——浪費力氣

◆ 搬著梯子上天——瞎折騰

◆ 檀香木當柴燒——糟蹋

◆ 一槍打死個蒼蠅——不夠火藥錢

◆ 金盆盛泔水——可惜了材料

◆ 大白天打燈籠——白搭工

◆ 天亮公雞叫——白提（啼）

◆ 井裡頭打水往河裡倒——胡折騰

◆ 月亮下晒被子——白搭

◆ 為人作嫁——徒勞一場

◆ 眉眼做給瞎子看——白搭

◆ 因螽子燒襖——不值得

◆ 殺雞用牛刀——小題大做

◆ 雜燴湯裡的豆腐——白搭

◆ 燈草架屋——白費力

◆ 燈草燒窯——不顧本錢

◆ 江心補漏——不濟事

◆ 兩口子拜年——多餘

◆ 肥料澆到莠草上——勞而無功

◆ 夜明珠埋在糞堆裡——屈才（財）

◆ 臨死打呵欠——枉張嘴

◆ 給死人送醫——枉費功夫

◆ 鴨背上潑水——勞而無功

◆ 拳頭打跳蚤——白費力

◆ 望風撲影——一場空

◆ 蜻蜓點水魚打花——沒有用

◆ 對牛彈琴——白費心思

◆ 老鼠偷秤砣——倒貼（盜鐵）

◆ 死人身上貼膏藥——白貼

一本書讀懂國學句典

◆用盡力氣吹網兜——白搭

◆大炮打麻雀——浪費

◆孔夫子教三字經——大材小用

◆高射炮打蚊子——大材小用

◆烏龜吃大麥——糟蹋糧食

◆豬八戒食人參果——暴殄天物

◆瞎子點燈——白費蠟

◆龍袍當蓑衣——白糟蹋

◆赤膊帶領帶——窮要好看

◆赤膊捅馬蜂窩——不惜血本

◆麻袋裝麵粉——浪費太大

◆白貓鑽灶坑——自己給自己抹黑

丟人現眼

◆頂風放屁——自己搞臭自己

◆逗啞巴挨口水——自討沒趣

◆門牌上畫個鼻子——好大的臉面

◆賣茶湯的回家——沒面（麵）了

◆歪嘴媳婦照鏡子——當面出醜

◆搽粉進棺材——死要面子

◆麻子照鏡子——當面難堪

◆隔牆甩孩子——丟人

◆光屁股打燈籠——自己獻醜

◆縣太爺洗澡——不怕失（濕）官體

◆郵差丟郵包——失信了

◆坐飛機扔相片——丟人不知深淺

◆閒著沒事摸鍋底——往自己臉上抹黑

◆畫虎成貓——惹人笑

◆抬棺材掉褲子——羞死人

◆和尚抬木頭——羞死（修寺）了

◆背著油墨去掃墓——給祖宗抹黑

◆炭堆裡打噴嚏——淨往臉上抹黑

◆桌子光剩四條腿——失面子

◆胭脂水粉雪花膏——全挨面子

◆蚯蚓翻跟斗——直不起腰

◆豬八戒進水簾洞——光賠不是

◆馬打架用嘴碰——顧不了臉面

◆老虎沒了皮——威風掃地

◆後脖子抽了筋——抬不起頭來

◆把鼻涕往臉上抹——尋著難看

◆落湯雞——抬不起頭來

◆蛟龍困在沙灘上——威風掃地

◆就坡騎驢——好下臺階

◆楚霸王逼死烏江——沒臉回江東

◆床底下拜年——抬不起頭來

◆弄著煤炭當粉搽——自找難看

◆胖子觸電——肉麻

◆五更天唱曲子——高興得太早了

◆瓦匠幹活——拖泥帶水

◆烏鴉身上插花翎——自以為美

◆東施上墳——醜死人

◆老虎進山洞——顧前不顧後

◆代別人寫情書——亂表心意

◆老鼠給貓祝壽——送貨上門

◆老鼠給貓捋鬍子——溜鬚不顧命

◆老鼠偷吃——鬼鬼祟祟

◆老鱉下蛋——瞅著瞅著變了樣

◆灰堆裡放屁——烏煙瘴氣

◆死囚牢裡看《西廂》——做個風流鬼

◆過冬的鹹菜缸——泡著吧

◆剛出水的胖頭魚——乾張個嘴

◆剛孵出的小雞——嘴硬腳軟

◆肉骨頭打鑼——想昏（響葷）了

◆講話沒人聽，下令沒人信——光桿司令

◆許褚戰馬超——赤膊上陣

◆冰縫裡撈魚吃——辛苦掙來快活用

◆觀音菩薩下凡——救苦救難

◆戲子教徒弟——幕後指點

◆戲臺下掉眼淚——替古人擔憂

◆買個老驢不吃草——毛病不少

◆紅漆糞桶——臭講究

◆壽星娶小——人老心不老

◆壽星跳舞——老天真

◆蒼蠅嘴巴狗鼻子——真靈

◆尿罐裡泡茶——色道正味道不正

◆雨後春筍——一天一個樣

◆廁所裡照鏡子——臭美

◆拆掉屋子放紙鷂——只圖風流不顧家

◆和尚瞧媳婦——眼紅

◆周瑜打瞌睡——夢想荊州

◆油條泡湯——渾身發軟

◆城隍老爺獻計——出鬼點子

◆蝦米吞礁石——好大的胃口

◆螞蟻吞象——野心不小

◆哪壺不開單提那壺——沒眼力

◆皇帝的閨女——金枝玉葉

◆桅杆上掛燈籠——有名（明）的光棍

◆高山上建涼亭——圖風流

◆燒香刮蠟油——你好意思

◆家雀變鳳凰——越變越俏

◆被窩裡撒香水——能文（聞）能武（捂）

◆黃連拌陳醋——又苦又酸

◆銀樣鑞槍頭——上陣就軟

◆做夢變蝴蝶——想入非（飛）非（飛）

◆做夢看牡丹——心裡想的一朵花

◆做夢娶媳婦——想偏了心

◆豬八戒進了女兒國——看花了眼

◆豬八戒舞釘耙——有兩下子

◆獵狗追狐狸——盯梢（騷）

◆閻王爺生天花——淨出鬼點子

◆深山裡的墳堆——久慕（墓）

◆綠皮南瓜——嫩著哩

◆越王獻西施——美人計

◆ 裁縫做嫁衣——替別人喜歡

◆ 棺材上畫美人——逗死人

◆ 臘月天的梧桐——光棍

◆ 笤箕裝土地——閣神

◆ 一網打盡天下魚——想得太美

◆ 八面找九面——沒見過世（十）面

◆ 土地爺喊城隍——神乎（呼）其神

◆ 天上掉餡餅——想得美

◆ 肥皂泡兒——起得快，滅得快

◆ 放了氣的皮球——硬不起來

◆ 看人挑擔——不知吃力

◆ 醬油泡稀飯——圖的姿（糍）色

◆ 螳螂落油鍋——全身都酥了

◆ 萬丈懸崖折牡丹——貪花不要命

海鴿 文化出版圖書有限公司
Seadove Publishing Company Ltd.

作者	智華
美術構成	騾賴耙工作室
封面設計	斐類設計工作室
發行人	羅清維
企畫執行	林義傑、張緯倫
責任行政	陳淑貞

古學今用 129

一本書讀懂
國學句典

出版	海鴿文化出版圖書有限公司
出版登記	行政院新聞局局版北市業字第780號
發行部	台北市信義區林口街54-4號1樓
電話	02-27273008
傳真	02-27270603
e－mail	seadove.book@msa.hinet.net

總經銷	創智文化有限公司
住址	新北市土城區忠承路89號6樓
電話	02-22683489
傳真	02-22696560
網址	www.booknews.com.tw

香港總經銷	和平圖書有限公司
住址	香港柴灣嘉業街12號百樂門大廈17樓
電話	（852）2804-6687
傳真	（852）2804-6409

出版日期	2019年09月01日　一版一刷
特價	399元
郵政劃撥	18989626戶名：海鴿文化出版圖書有限公司

國家圖書館出版品預行編目資料

一本書讀懂國學句典／智華著--
一版，--臺北市：海鴿文化，2019.09
面；　公分．－－（古學今用；129）
ISBN 978-986-392-290-2（平裝）

1. 漢學　2. 通俗作品

030　　　　　　　　　　　　　　108013478